普通高等教育“十三五”规划教材

江西省青年井冈学者奖励计划
国家社会科学基金重点项目（18AGL002） 资助

冶金技术经济学

郑明贵　罗婷　董娟　刘贻玲　易璐　编著

北京
冶金工业出版社
2019

内 容 提 要

本书内容主要包括：冶金工程概论、冶金产品市场分析与预测、冶金项目技术评价、冶金项目环境影响评价、冶金建设项目工程造价计量、冶金项目经济效果分析方法、冶金项目财务评价方法、冶金项目设备更新和改扩建技术经济分析以及两个案例。

本书为高等院校冶金工程、技术经济及管理等专业的本科生、研究生教材，也可供相关学科教师及冶金工业技术人员、管理人员参考。

图书在版编目(CIP)数据

冶金技术经济学/郑明贵等编著.—北京：冶金工业出版社，2019.12

普通高等教育“十三五”规划教材

ISBN 978-7-5024-8359-3

Ⅰ.①冶…　Ⅱ.①郑…　Ⅲ.①冶金工业—工业经济—高等学校—教材　Ⅳ.①F407.3

中国版本图书馆 CIP 数据核字(2019)第 292859 号

出 版 人　陈玉千

地　　址　北京市东城区嵩祝院北巷 39 号　邮编　100009　电话　(010)64027926

网　　址　www.cnmip.com.cn　电子信箱　yjcbs@cnmip.com.cn

责任编辑　郭冬艳　美术编辑　吕欣童　版式设计　禹　蕊

责任校对　石　静　责任印制　李玉山

ISBN 978-7-5024-8359-3

冶金工业出版社出版发行；各地新华书店经销；三河市双峰印刷装订有限公司印刷

2019 年 12 月第 1 版，2019 年 12 月第 1 次印刷

787mm×1092mm　1/16；19.75 印张；473 千字；302 页

48.00 元

冶金工业出版社　投稿电话　(010)64027932　投稿信箱　tougao@cnmip.com.cn

冶金工业出版社营销中心　电话　(010)64044283　传真　(010)64027893

冶金工业出版社天猫旗舰店　yjgycbs.tmall.com

(本书如有印装质量问题，本社营销中心负责退换)

前　言

技术经济学科一方面研究经济领域的技术问题，另一方面研究技术领域的经济问题。20 世纪 60 年代以来，特别是改革开放以来，在老一辈专家学者的带领下，中国技术经济学科的从业者勤奋努力，不断从国民经济建设和发展中寻找问题，研究现实、发现规律和建立方法，为我国国民经济发展和技术经济学科发展做出了令世人瞩目的贡献。

1962 年 12 月，中央提出要编制 1963~1972 年国民经济长期计划和科学技术长期计划。当时中央科学领导小组决定在原来苏联专家协助制订的第一个全国科学技术长远发展十二年规划（1956~1967 年）的基础上，依靠中国自己的专家独立自主地制订第二个全国科学技术长远发展十年规划（1963~1972 年）。为此，中央科学领导小组成员、著名经济学家于光远提出技术发展及其政策制定要讲求经济效果，技术与经济要结合，并指定徐寿波作专门调查：国外有什么科学专门研究技术与经济结合。1963 年 1~4 月，徐寿波负责起草了全国科学技术发展规划纲要第七章“技术经济”。1963 年 12 月，该纲要被中共中央、国务院正式批准，为创建技术与经济相结合的新学科做出了重大贡献。1980 年，徐寿波公开出版了《技术经济学概论》一书（上海科技出版社出版），在国内外产生巨大反响，这是我国第一本关于技术经济学的专著，1984~1988 年先后出了第二、三、四版，2012 年 2 月第五版正式发行。

随后，技术经济学教材出版的较多，比较有代表性的有清华大学傅家骥教授主编的《工业技术经济学》(清华大学出版社，1986 年第一版、1991 年第二版，1996 年第三版)，成为技术经济学的经典教材之一。近二十年来，不断有技术经济学教材出版，丰富和充实了技术经济学科内容，但从理论、方法与应用方面来看，应用性创新多，理论性突破少。

从研究对象来看，技术经济学可以分为研究工程（项目）、企业、产业和国家等四个层面技术经济问题的子学科，其学科构成包括基础理论、基本方法以及理论方法的应用等三个方面。本书定位在工程（项目）层面，针对冶金项目的技术经济问题进行专题研究。

从已经公开出版发行的教材来看，早在1986年，东北大学毕梦林教授主编的《冶金技术经济学》在冶金工业出版社正式出版发行，是我国第一本冶金技术经济学教材；1990年毕梦林教授在科学出版社出版了《冶金技术经济》(修订版)；1999年，昆明理工大学陈雯教授等主编的《冶金技术经济分析》在重庆大学出版社出版发行。随着技术经济学科不断向纵深发展，原有的教材体系与内容已经不能满足我国冶金工业发展的新要求，新的跨学科的理论、方法及应用案例急需补充到教材中。2017年，我们组织编写了《矿业技术经济学》并在冶金工业出版社出版发行，社会评价较好，这给了我们较多动力来尝试编写其姊妹篇《冶金技术经济学》。《矿业技术经济学》教材编写的理念、方法与内容成为本书编撰的重要基础。

本书与上述已出版的《冶金技术经济学》教材一脉相承，但更多地体现学科发展的最新内容、最新参数，以及国家、行业最新规定、最新做法和案例。

本书内容由江西理工大学郑明贵教授负责整体设计、组织协调和最终定稿，罗婷负责全书统稿和第一次校稿。本书是在借鉴吸收国内外相关著作、论文和优秀教材的基础上，结合作者多年的教学、科研工作成果编写而成。全书共11章，其中第一章和附录由郑明贵负责编写，第二、四章由刘贻玲负责编写，第三、七章由罗婷负责编写，第五章由董娟、郑明贵负责编写，第六章、第九章由易璐负责编写，第八、十、十一章由董娟负责编写。

本书内容为国家社会科学基金重点项目（18AGL002）、江西省社会科学规划项目（17GL11）、江西理工大学重大项目培育计划（19ZDPY-08）、2019年江西理工大学研究生课程体系建设项目的部分成果，同时得到了江西省青年井冈学者奖励计划的资助。在编写过程中，参考了有关中外文献，最新数据和案例，在此，特向文献作者表示由衷的感谢！江西理工大学经济管理学院马艳丽老师提供了大量宝贵的案例资料，梁宏波、陈星、王佳男、黄珍、王训洪、黄明旺、文唯、袁纬芳等参编者在编写前期也付出了诸多努力，才使得本书得以顺利付梓。在此一并表示感谢！

由于编者才疏学浅、水平有限，书中疏漏和不足之处在所难免，恳请广大读者和同行予以批评指正。

编　者

2019年8月

目　　录

第一章　绪　　论

第一节　技术与经济的关系

一、相关概念

为了更好地理解技术经济学的学科定义与研究对象，需要对一些基本概念与研究范围加以界定。

（一）科学、技术、工程

1. 科学

科学是关于事物的基本原理和事实的有组织、有系统的知识，它是人类探索、研究、感悟宇宙万物变化规律的知识体系的总称。科学的任务是研究关于事物和事实（自然界和社会）的本质和机理，以及探索它们发展的客观规律。其中，基础科学（basic science）如数学、物理、化学、天文、地理和生物等，其任务是研究自然界最基本的客观规律；近现代发展起来的技术科学（technological science），如固体力学、流体力学、机械学、电工学、电子学等，其任务是研究相邻几门学科共同性的自然规律。

科学家（scientist）则是从事科学研究的专家学者，包括自然科学家和社会科学家。

2. 技术

技术是指根据实践经验和自然科学原理而发展成的各种生产工艺、作业方法、操作技能、设备装置的总和。技术的英文名有两个：technology 和 technique。前者全名为技术学，是一种学术，有它的理论基础，也有实用技术；后者是单纯经验性的技术。

世界知识产权组织在 1977 年版《供发展中国家使用的许可证贸易手册》中，给技术下了定义："技术是制造一种产品的系统知识，所采用的一种工艺或提供的一项服务，不论这种知识是否反映在一项发明、一项外形设计、一项实用新型或者一种植物新品种，或者反映在技术情报或技能中，或者反映在专家为设计、安装、开办或维修一个工厂或为管理一个工商业企业或其活动而提供的服务或协助等方面。"实际上，知识产权组织把世界上所有能带来经济效益的科学知识都定义为技术。

技术的任务是利用自然，以其开发的产品为人类服务。其中工程技术有冶金、土木、材料、机械、电子、电讯、化工、计算机等；农业技术有种植、畜业、造林、园艺等。技术家（technologist）则是从事技术工作的专家，工程师、农艺师、医师等都是技术家。

3. 工程

工程是运用科学原理、技术手段和实践经验改造自然，生产和开发对社会有用的产品和服务等人类实践活动的总称。工程具有社会性、综合性、实践性、实用性、经济性、技术与艺术统一性等基本属性。

4. 三者区别

科学、技术和工程三个名词常常互为搭档，成双成对地出现。但三者是不同的概念，其主要区别如表 1-1 所示。

表 1-1 科学、技术和工程的区别

项 目	科 学	技 术	工 程
范 畴	知识	实践	活动
目 的	解决 是什么和为什么	解决 做什么和怎么做	解决 做多少和做多好
任 务	以发现为己任 认识自然界	以发明为宗旨 利用自然界	以发展为核心 改造自然界（顺应）
方 法	观察与思考	实验与体验	运作与整合
产 出	原理与规律	产物与技法	产品与服务
效 果	从未知到已知 由愚昧到智慧	从无到有 由劣到优	由稀到丰 由贵到廉
评价标准	正确或准确与否	有用或有效与否	经济、适用与否
动 力	求知欲	创造欲	占有欲
社会属性	共享权	知识产权	所有权
从事者	科学家	发明家	工程师

（二）经济、经济学

1. 经济

经济是一个多义词：（1）指经世济民，治理国家；（2）从政治经济学角度来看，指社会生产关系的总和，是上层建筑的基础；（3）在经济学中，指从有限的资源中获得最大的利益；（4）指国民经济的总称，或指国民经济各部门（工业经济、农业经济、商业经济等）；（5）指物质资料的生产、交换、分配、消费等活动，即指社会生产和再生产（工业经济学）；（6）指节约、节省，含效益之意（技术经济学）。

本书所研究的经济是指价值的创造、转化与实现。人类经济活动就是创造、转化与实现价值，满足人类物质文化生活需要的活动。经济可划分为宏观经济和微观经济两个层面，也可划分为宏观经济、中观经济和微观经济三个层次。

2. 经济学

经济学是一门科学，是研究人类社会在各个发展阶段上各种经济活动和相应经济关系及其运行、发展规律的学科。经济学的核心思想是资源的优化配置与优化再生。经济是价值的创造、转化与实现，而经济学是研究人类经济活动的规律即研究价值的创造、转化与实现的规律——经济发展规律的理论，分为理论经济学和应用经济学。

（1）理论经济学。理论经济学是由经济学基本概念、范畴与范畴体系组成的理论体系，包括一般的理论经济学与特殊的理论经济学。人类经济学、科学经济学是一般的理论经济学，政治经济学是特殊的理论经济学。理论经济学为分支经济学提供理论基础。科学的理论经济学是反映人类经济发展一般规律的经济学理论，由经济学公理、定理与定理体系组成。科学的理论经济学不但有经济学基础理论，还有经济学基本原理。政治经济学只有经济学基础理论，没有真正的经济学基本原理。政治经济学分为宏观经济学与微观经济学；科学的理论经济学是整体经济学，是宏观经济学与微观经济学的统一。

（2）应用经济学。应用经济学主要指应用理论经济学的基本原理研究国民经济各个部门、各个专业领域的经济活动和经济关系的规律性，或对非经济活动领域进行经济效益、社会效益的分析而建立的各个经济学科。它大体上可分为如下几个分支：

1）以国民经济个别部门的经济活动为研究对象的学科，如农业经济学、工业经济学、建筑经济学、运输经济学、商业经济学等。

2）以涉及国民经济各个部门而带有一定综合性专业经济活动为研究对象的学科，如计划经济学、劳动经济学、财政学、货币学、银行学等。

3）以地区性经济活动为研究对象的学科，如城市经济学、农村经济学、区域经济学等。

4）以国际间的经济活动为研究对象的学科，如国际经济学及其分支：国际贸易学、国际金融学、国际投资学等。

5）以企业经营管理活动为研究对象的学科，如企业管理、企业财务、会计学、市场（销售）学等。

6）与非经济学科交叉联结的边缘经济学科，如与人口学相交叉的人口经济学；与教育学相交叉的教育经济学；与法学相交叉的经济法学；与医药卫生学相交叉的卫生经济学；与生态学相交叉的生态经济学或环境经济学；与社会学相交叉的社会经济学；与自然地理学相交叉的经济地理学、国土经济学、资源经济学；与技术学相交叉的技术经济学等。这些边缘经济学科主要研究这些非经济领域发展变化的经济含义、经济效益和社会效益等，从中找出它们的规律性。

二、技术与经济的相互关系

技术与经济在人类进行物质生产、交换等活动中始终并存，是不可分割的两个方面。两者互相促进又互相制约。技术具有强烈的应用性和明显的经济目的性，没有应用价值和经济效益的技术是没有生命力的。而经济的发展必须依赖于一定的技术手段，世界上不存在没有技术基础的经济发展。技术与经济的这种特性使得它们之间有着紧密而不可分割的联系。

（一）技术与经济的相互促进性

技术与经济是相互建构、共同发展的。任何技术都是在一定的经济背景下产生的，技术在现代社会所具有的有效性、创造性和巨大力量并不是与生俱来的。即便是当代，强有力的技术也不能离开经济因素，因而技术的发展在很大程度上受到经济因素的影响。

工业革命使技术的社会价值得到了充分体现。经济影响着技术问题的提出与解决，同时技术也受到经济发展所带来的巨大推动。技术是一个社会文明、进步的标志。技术的出现与发展改变了人类经济生活的方式、人们的经济地位、经济领域、参与经济的方式、获取经济的渠道、建立经济制度的措施，甚至经济发展的途径都因技术的革新而发生了巨大变化。因此，人们可以通过技术更好地指导经济、认识经济、了解经济，进而建立适应社会发展要求的经济。

在不同内涵背景下的经济，技术的发展方向、规模和速度也会呈现出很大差异。一般来说，代表生产力前进方向的经济为技术的发展提供了更大的可能性：一方面，经济借助于技术活动创造自己的发展模式；另一方面，技术活动对经济又有潜在的反作用。作为与经济相伴而生的一种极为重要的社会实践活动，技术具有自然属性和社会属性的双重特质，它的发展有其自身相对独立的规律性，但同时又必须接受经济的选择。

（二）技术与经济的相互矛盾性

(1) 技术与经济可行性的矛盾。缺乏足够的资金，就很难进行重大领域的科学研究或引进他人的先进技术为己所用。直接来看，这是经济对技术的制约；从后果来看，这将导致技术与经济陷入双重落后的困境。

(2) 技术先进性与适用性的矛盾。技术的先进性反映技术的水平和创新程度，技术的适用性则表示技术适应市场需要的程度。因此，先进的技术不一定适用，适用的技术不一定最先进。人们往往希望技术越先进越好，但它只有在对使用者适用、为使用者所掌握时，才会受到青睐，否则就不可能发挥其先进性的作用，并且会在闲置中随科技进步与经济环境的变化而贬值。特别是在市场经济条件下，技术成为商品，如果技术研究开发脱离了市场需求，根本不可能体现其自身的价值。

(3) 技术效益的滞后性与应用者渴望现实盈利的矛盾。技术成果的应用会带来超额利润，但技术应用有一个被市场吸收、消化、再创新的过程，不一定会立刻带来效益；而投资者期望能尽快得到资金回报，从而可能将资金另辟蹊径，使技术得不到应用。因此，投资者可能由于舍弃先进技术的应用而造成机会成本损失。

(4) 技术研究开发应用的效益与风险的矛盾。技术研究开发应用的效益与风险是并存的，研究开发应用一旦成功，就会因掌握了先进的技术而带来领先的市场优势从而获得超额利润。但研究开发应用过程也充满着风险，包括技术选择失策、开发失败、时机滞后、技术供求关系变化、竞争失利、技术应用达不到预期效益等。有时人们因畏于风险而放弃新技术的开发应用，也可能因此失去机遇。

(5) 技术研究开发应用成本与新增效益的矛盾。技术越先进，往往支付的代价越高昂，从而出现支付成本与预期效益的矛盾。先进技术开发应用成本应低于预期效益，否则，再先进的技术也难以推广应用。

（三）技术与经济的统一体——工程

工程常是技术与艺术的统一体，但更是技术与经济的统一体。

1. 工程领域主要关注的问题

一是科学技术方面。研究如何把自然规律应用于工程实践，这些知识构成了诸如冶金、工程力学、工程材料学等学科的内容；二是经济分析方面。研究经济规律在工程问题中的应用，这些知识构成技术经济或工程经济类学科的内容。

2. 工程项目的双重属性

(1) 技术先进性。技术先进性主要表现在两个方面：一方面它能够创造落后技术所不能创造的产品和劳务，例如生物冶金技术、海底资源开发技术、宇宙航行技术、原子能利用技术等；另一方面它能够用更少的物力和人力创造出相同的产品和劳务。

(2) 经济合理性。经济合理性是对多种技术方案或技术经济措施进行择优的一个基本标准。经济合理性与技术先进性的关系密切，后者是前者的基础。随着技术的进步，经济合理性的要求也会提高。旧的方案随时有可能被新的方案所替代。

3. 工程项目技术经济评价的总体准则

一项工程项目被接受须具备两个条件：技术上可行、经济上合理。技术可行是必要条件，经济合理是目标。

第二节 技术经济学概述

一、产生渊源

20 世纪 50 年代，技术经济学诞生于中国，具有中国特色，是应用经济学的一个分支。在我国经济建设和社会经济发展的实践之中，技术经济学不断总结和吸收国外相关学科的理论与方法，继而逐步成为跨技术学科领域和经济学科领域的新兴综合性交叉学科。技术经济学的产生渊源是工程经济学。一般来说，工程经济学产生与发展的历史，大致可归纳为以下三个阶段。

（一）萌芽阶段（1844~1929 年）

1844 年，法国工程师杜普特（J. Dupuit）在《公用事业效用测量》一文中，用费用-效益的观点讨论在什么条件下建设桥梁和设立公用事业设施是正确的。1887 年，美国工程师威灵顿（A. M. Wellington）出版了《铁路布局的经济理论》，首次将成本分析方法应用于铁路的最佳长度或路线的曲率选择问题，并提出了工程利息的概念，开创了工程领域的经济评价工作。

（二）形成阶段（1930~1950 年）

1930 年，格兰特（E. L. Grant）教授提出了工程的评价准则，出版了教科书《工程经济原理》，被誉为工程经济学的经典之作，奠定了经典工程经济学的基础，首创了工程经济学的评价理论和原则，被称为“工程经济学之父”。

20 世纪 30 年代，美国在开发西部的田纳西河流域中，开始推行可行性研究，把技术与项目的经济问题研究提高到了一个新的阶段。通过总结完善，逐渐形成了一套比较完善的理论、工作程序和评价方法。

（三）发展阶段（1951 年至今）

第二次世界大战后，随着西方国家经济的复兴，工业投资机会急剧增加，出现了资金短缺的局面。如何使有限的资金得到最有效的利用成为当时投资者与经营者普遍关注的问题。于是，工程经济分析的理论和实践得到了进一步发展。1951 年，迪安（J. Dean）在《投资预算》一书中阐述了贴现法以及资本合理分配等方法在工程经济中的应用，提出了折现现金流量和资本分配的现代研究方法。

1976 年，布兰克（L. Blank）《工程经济学》正式出版，主要从四个层面系统介绍工程经济学的理论与应用，即利率与资金的时间价值，分析评价工具、决策方法与通货膨胀，成本估算、折旧方法、税后问题，灵敏度分析与风险研究。该书 2010 年已出版第六版，并作为优秀教材引入我国，影响较大。

1978 年，布西（L. E. Bussey）《工业投资项目的经济分析》一书出版。该书全面地总结了工程项目的资金筹措、经济评价、优化决策以及项目的风险分析和不确定因素分析等。1982年，里格斯（J. L. Riggs）的《工程经济学》出版。该书系统地阐述了货币的时间价值、时间的货币价值、货币理论、经济决策和风险以及不确定性理论等，把工程经济学向前推进了一大步。工程经济学在世界各国得到了广泛的重视和应用，其理论方法仍然在不断发展之中。

二、发展历史

我国是从1963年经中央和国务院批准的第二个科学技术发展规划纲要开始进行技术经济学研究的。20世纪60年代初是我国国民经济调整时期，当时有了第一个五年计划的正面经验，比较注意技术和经济相结合，深感有必要建立一门专门研究技术和经济相结合的科学，并加强在该方面的研究工作。1978年11月成立了中国技术经济研究会；1980年中国社会科学院成立了全国第一个技术经济研究所，中国社会科学院研究生院成立了技术经济系，在全国率先培养技术经济研究生。之后，全国各地区和各部门也相继成立了技术经济研究会，许多理工科大学开设了技术经济学课程，不少文科大学也开设了技术经济学课程，一些大学和研究机构开始培养技术经济专业本科生、硕士生和博士生。20世纪90年代以来，技术经济论证工作在我国经济建设中普遍展开，技术经济学的研究范围不断丰富，完善了微观层次的理论和方法，并将研究领域扩展到宏观层次。

三、学科定义

技术经济学是一门研究技术和经济之间辩证关系的交叉学科。它是从经济角度研究在一定社会条件下的再生产过程中即将采用的各种技术措施和技术方案的经济效果的科学。

技术经济学研究的不是纯技术，也不是纯经济，而是两者之间的关系，即把技术与经济结合起来，将技术问题置于经济建设的大系统之中，用系统的观点、系统的方法进行各种技术经济问题的研究，以选择最佳技术方案。其主要目的在于将技术更好地应用于经济建设，包括新技术和新产品的开发研制、各种资源的综合利用、发展生产力的综合论证。

四、研究对象

关于技术经济学研究对象的主张可以大致分为以下四类：

一是将技术经济学看作对技术活动进行经济分析和评价，包括对技术措施、技术方案、技术政策进行经济评价和论证的学科。这类主张从本质上延续了技术经济学初创时期“研究工程项目或生产过程经济效果”的学科定位，代表性学者包括李京文院士、龚飞鸿教授等。

二是强调技术经济学是应用经济学的分支学科，运用经济学的理论方法研究技术问题。代表性学者有陶树人教授和郭励弘教授等。陶树人教授将技术经济学归类为研究技术要素的经济学，研究技术要素如何产生，包括技术创新机理、技术贸易、技术转移及技术的选择利用等；郭励弘教授则从应用的角度提出与技术有关的经济问题都是技术经济的研究范畴。

三是在主张研究技术活动经济规律的同时，也强调研究技术与经济的互动关系。这类主张基本能涵盖技术经济学的绝大多数研究对象，代表性学者包括徐寿波院士、李平教授、郭树声教授。徐寿波院士提出技术经济学是研究技术和经济之间的矛盾关系及其发展变化规律性的科学；李平教授提出，技术经济学狭义讲是运用经济学的理论方法研究技术的形成、扩散、应用和发展，广义讲包括技术变化所引起的相应经济后果及其作用形式，即生产率研究、技术进步研究等；郭树声教授认为，技术经济学是关于技术的经济学研究，它以当代经济学的理论为指导，研究技术活动的经济规律以及技术与经济的互动关系。一方面，对技术的生成、应用、扩散、引进、转移等进行经济分析，分析技术采用和发展的经济条件与途径；另一方面，从技术的变化分析经济的变化，这些经济变化不仅仅是总量的增加，还包括经济效率的提高、经济结构的变化和经济的现代化。

四是在研究技术领域中的经济活动规律和经济领域的技术发展规律之外，还强调研究技术发展的内在规律。主张这类观点的代表性学者包括傅家骥教授、雷家骕教授等。他们还进一步主张在上述三个领域中，技术经济学应研究“工程（项目)”、“企业”、“产业”和“国家”四个层面的问题。

五、研究内容

技术经济学研究的内容涉及生产、分配、交换、消费各个领域和国民经济各个部门、各个方面，也涉及生产和建设的各个阶段。

从全局的范围来看，技术经济学研究技术进步对经济发展的速度、比例、效果、结构的影响，以及它们之间的最佳关系问题；生产力的合理布局、合理转移问题；投资方向、项目选择问题；能源的开源与节流、生产与供应、开发与运输的最优选择问题；技术引进方案的论证问题；外资的利用与偿还，引进前的可行性研究与引进后的经济效果评价问题；技术政策的论证、物资流通方式与渠道的选择问题；项目的后评价问题等。

从部门和企业范围看，技术经济学研究厂址选择论证，企业生产规模分析，产品方向确定，技术设备选择、使用与更新分析，原材料路线选择，新技术、新工艺经济效果分析，新产品开发论证与评价等。

从生产与建设的各个阶段看，技术经济学研究试验研究、勘测考察、规划设计、建设施工、生产运行等各个阶段的技术经济问题，综合发展规划和工程建设项目的技术经济论证与评价等。

六、研究方法

（一）主要研究方法

目前，技术经济学的研究方法早已超越了传统的投资回收期、时间价值分析、内部报酬率、社会报酬率等。包括数学规划、成本-收益分析在内的诸多定量分析工具在技术经济研究中均得到了广泛运用。研究方法涉及的学科主要包括运筹学、会计学、计量经济学、投入产出分析、数理经济学、概率统计、经济模拟（仿真)、控制论等。除了大量运用定量分析工具外，逻辑推演、案例分析、综合判断等定性方法在技术经济研究中始终有着重要和不可或缺的作用。

（二）研究方法体现的学科特点

一是研究方法上的多学科交叉综合体现了技术经济学综合性、边缘性的学科特点。现代科学的发展越来越呈现出专业化和综合化两种截然不同的趋势。一方面，学科分工越来越细，学科的专业性越来越强；另一方面，学科之间的交叉、渗透和综合越来越多，不断产生新的边缘学科。技术经济学的产生和发展正是上述两种趋势的产物和具体体现。因此，技术经济学在研究方法上存在多学科交叉综合也是一种必然。

二是需要大量运用现代实证分析的各种数量方法和工具。技术经济学归根到底是一门应用性非常强的学科，研究的直接目的是为经济和技术实践活动提供指导性意见和建议。在指导性意见的形成过程中，需要进行大量实证分析才能归纳提炼出相关规律。随着研究时间跨度的延长、涉及范围的扩大和复杂程度的提高，必须借助运筹学、计量经济学、经济模拟（仿真）等数量分析工具。

三是需要注重定量方法和定性分析相结合。这也充分体现了技术经济学科的应用性特点。为了能够给经济和技术活动提供具有操作性的意见和建议，一方面，需要通过定量分析为定性分析提供更为科学、严密的论证和支持；另一方面，定量分析得出的相关结果还需要经过定性综合判断，才能形成最终的决策和行动意见。

四是体现了技术经济学"学科边界明确、研究对象开放"的特点。从学科边界来讲，虽然技术经济学涉及的研究范围非常广，但基本都可以纳入"经济活动评价"、"技术进步对经济活动影响"、"技术活动的经济规律"这三类范畴。与此同时，随着科学技术的不断进步和经济社会的不断发展，具体的研究对象和研究内容还会不断丰富扩展。

第三节 冶金技术经济学概述

冶金技术经济学是研究冶金领域技术和经济之间辩证关系的交叉学科，其研究内容相当广泛。由于本书主要定位在工程（项目）层面，针对冶金项目技术经济问题进行专题研究，因此，从工程（项目）层面来看，冶金技术经济学的研究内容与发展方向可以大致归纳为但不限于以下方面。

一、研究内容

（1）冶金技术经济学的基础理论与方法。冶金技术经济学的基础理论应包括马克思的扩大再生产理论、技术周期理论、技术进步和技术创新理论、经济增长理论等。冶金技术经济学的应用理论除了技术创新的转移和扩散、技术选择理论等之外，向前延伸到前端是技术生成的制度、环境和政策，涉及技术战略和技术政策等领域，后端延伸到技术效果的评价，包括技术效果的载体——冶金项目的评价。另外，冶金技术经济学除了研究现存资源的优化配置外，还应研究技术资源的创造和开发。因此，冶金技术经济学的应用理论应包括经济效果理论、技术转移理论、技术选择理论、技术扩散理论、技术经济计算参数的确定理论以及技术经济评价方法等。

（2）冶金产品市场分析与预测。冶金产品市场分析与预测是通过市场调查，分析冶金产品的市场供求关系和发展趋势，预测未来冶金产品市场供求变化趋势，从而为冶金项目的技术经济评价提供科学依据。市场分析与预测是冶金项目技术经济评价的重要基础。

（3）冶金项目技术评价。包括冶金企业生产规模的确定、冶金项目建设与生产条件评价、冶金项目工艺流程与技术方案评价以及冶金项目工程设计方案评价等内容。

（4）冶金项目环境影响评价。包括环境影响评价的基本理论与方法、水环境影响评价、声环境影响评价、大气环境影响评价、土壤环境影响评价、固体废弃物环境影响评价、生态环境现状与影响评价以及环境经济损益分析与评价等。

(5) 冶金项目经济效果分析与财务评价。包括冶金建设项目工程造价计量、冶金项目经济效果分析方法、冶金项目财务评价方法、冶金项目设备更新和改扩建项目技术经济分析、冶金项目后评价理论与方法等。

(6) 冶金环境与资源综合利用问题。包括冶金工业环境污染与生态破坏的经济损失估算、环境政策与管理的技术经济分析、节能技术的经济评价、替代能源及新能源技术应用的经济分析；废气、废水、固体废弃物的污染与治理过程中的技术经济问题等。

(7) 冶金厂址选择、设备选型、工艺流程、生产控制系统的选择问题。

(8) 冶金项目建设中提出的各种具体的技术经济问题。

二、研究方法

冶金技术经济学除了遵循技术经济学的一般研究方法外，还必须结合冶金工业的特点，采用现场调查研究和理论研究相结合的方法。同时，必须跟踪冶金工业发展动态，适时采用合适的研究方法。

三、研究步骤

冶金技术经济学的研究工作和其他学科一样，也有它自己的研究工作程序，一般包括以下几个步骤：

(1) 确定要决策的问题，明确决策目标。确定要研究的课题、明确决策的问题和决策的总目标是冶金技术经济学进行研究工作的首要步骤。决策目标是指在一定的外部环境和内部环境条件下，在市场调查和研究的基础上所预测达到的结果。决策目标是根据所要决策的问题来确定的，因此，必须把握住所要决策问题的要害。只有明确了决策目标，才能避免决策的失误。

(2) 调查研究、收集和分析各种信息资料。根据确定的冶金项目决策问题和决策目标，首先进行有针对性的调查研究，并广泛收集有关技术、经济、市场、政策和法规等信息、资料和数据。这些信息资料可以帮助拟定各种可能的备选方案，也可以作为评价时的参考。因此，在收集各种信息资料时必须保证资料的真实性、准确性、可靠性，为最后的决策提供科学的依据。

(3) 建立各种实际可能的技术方案。在调研分析的基础上，结合实际情况，设计各种可能的备选技术方案。在设计技术方案时，既不能把实际可能的技术方案漏掉，也不能把实际上不存在或不可能实现的技术方案列进来。因此，应根据掌握的资料和情况进行全面细致地考虑，以保证选出的方案为真正最优的方案。

(4) 技术方案的定性比较。比较各种技术方案的优劣，分析不同技术方案对内外部的技术、经济、社会、环境等方面的影响。

(5) 技术方案的定量评价。根据各种可能的技术方案数目、技术经济指标、技术方案参数，以及影响各指标的技术经济参数等，建立各种不同的数学模型。如厂址的选择、生产规模的确定、原材料和能源的选择、工艺和设备的选择、生产控制系统的选择、各种建设方式的选择模型等。计算求解公式和模型，以获得经济效果最大或费用指标最小的方案。可采用列表和图解的方法，也可采用数学分析和运筹学的方法。

（6）技术方案的综合评价。即对各技术方案在资源、技术、经济、社会、生态环境等方面的优劣进行综合分析、论证和评价，以选出综合效果最好的技术方案。

（7）技术方案的反馈控制。上面所进行的技术经济工作步骤是一种动态过程。有时要根据经济评价和综合评价的结果进行反馈控制，对最初建立的一些方案进行修改和补充，然后重新进行技术经济评价工作，使方案的经济效果计算更加符合实际。

以上工作步骤只是冶金技术经济学研究一般技术经济问题的主要程序，并不是唯一的程序。在实际工作中，应根据问题性质的不同，还可以采用其他的工作程序和研究方法。

四、发展方向

（1）冶金技术发展态势评价。包括冶金技术发展阶段及差距评价、领先国家冶金技术发展评价、我国冶金技术发展态势评价等。

（2）冶金工业经济安全评价理论与方法。包括冶金产品供需情景分析、经济安全评价指标体系与测算方法等。

（3）冶金生产系统、经营管理等风险评价理论与方法。包括冶金生产系统、经营管理系统等风险构成要素、风险生成机制、风险评估模型、风险预警理论与方法等。

（4）绿色冶金评价理论与方法。以冶金工业生产与社会、经济、环境协调发展为出发点，分析冶金工业现状和存在的主要环境问题，系统研究绿色冶金的技术和评价体系，资源综合利用、生态恢复等评价理论与方法。

（5）冶金工业可持续发展的技术经济问题。

（6）冶金工业信息化、智能化过程中所涉及到的技术经济问题。

复习思考题

一、名词解释

科学、技术、工程、经济、经济学、技术经济学

二、简答题

1. 科学、技术和工程的主要区别是什么？
2. 怎样理解技术与经济的相互关系？
3. 技术经济学的研究对象、研究内容是什么？
4. 技术经济学的研究方法及其所体现的学科特点是什么？
5. 冶金技术经济学的研究内容与发展方向是什么？
6. 冶金技术经济学的研究步骤与方法是什么？

第二章　冶金工程概论

第一节　冶金基础知识

一、冶金概述

冶金是一门研究如何经济地从矿石或精矿或其他原料中提取金属或金属化合物，并用各种加工方法制成具有一定性能金属材料的科学。简言之，就是从矿石、精矿及其他原料中提取、精炼金属，并加工成产品的科学和技术。

（一）冶金方法

冶金的方法很多，根据金属生产过程的特点，可归结为以下五种。

1. 火法冶金

火法冶金（pyrometallurgy）是指在高温下矿石或精矿经熔炼与精炼反应及熔化作业，使其中的金属与脉石和杂质分开，获得较纯金属的过程。矿石或精矿中的部分或全部矿物在高温下经过一系列的物理化学变化，生成另一种形态的化合物或单质，分别富集在气体、液体或固体产物中，达到所提取的金属与脉石及其他杂质分离的目的。火法冶金一般包括炉料干燥、焙解、焙烧、熔炼、精炼、蒸馏等过程。过程所需能源，主要靠燃料燃烧供给，也有依靠过程中的化学反应热来提供。

多年以来，有色重金属铜、镍、铅、锌、锡、汞等的生产就是以火法冶金为主，从焙烧、熔炼到精炼为成品，都是在高温下进行的。由于温度高、反应速度快，设备单位容积的处理量大，金属的生产成本较低，并且经过历年的改造，已逐步实现机械化、自动化、连续化和大型化。但火法冶金不容易实现矿物原料中贵金属的全面回收和其他伴生金属的综合利用，因此经过纯火法产出粗金属后大都还要采用电解或其他湿法工艺。

2. 湿法冶金

湿法冶金（hydrometallurgy）是指在常温（或低于100℃）常压或高温（100～300℃）高压下，用溶剂处理矿石或精矿，使所要提取的金属溶解于溶液中，而其他杂质不溶解，然后再从溶液中将金属提取和分离出来的过程。由于绝大部分溶剂为水溶液，故也称水法冶金。该方法主要包括浸出、液固分离、溶液净化、溶液中金属提取及废水处理等工序。

湿法冶金主要针对不适用火法冶金的氧化矿物原料及海水、废水、废渣、尾矿中所含有色金属的冶炼与提取。例如低品位氧化铜矿、铜矿山的废矿堆、浮选尾矿、含铜矿水等矿物的冶金。此外，轻金属冶金中的铝电解、由海水炼镁、用硫化法浸出炼锑以及黄金生产中普遍采用的氰化法工艺，都可以说是湿法冶金。

3. 电冶金

电冶金（electrometallurgy）是指利用电能提取和精炼金属的方法，按电能转化形式的不同，可分为电热冶金和电化学冶金两类。

（1）电热冶金。电热冶金是指利用电能转变为热能，在高温下提炼金属，其本质与火法冶金相同。电热冶金根据电能转变为热能的方法不同，又分为电弧熔炼、电阻熔炼、电阻-电弧熔炼、感应熔炼、电子束熔炼、等离子体冶金等。

与一般火法冶金相比，电热冶金具有加热速度快，调温准确，温度高（可到2273K），可以在各种气氛、各种压力或真空中作业，以及金属烧损较少等优点，成为冶炼普通钢，铁合金，镍、铜、锌、锡等重有色金属，钨、钼、钽、铌、钛、锆等稀有高熔点金属以及某些其他稀有金属、半导体材料等的一种主要方法。但电热冶金消耗电能较多，只有在电源充足的条件下才能发挥其优势。

（2）电化学冶金。电化学冶金是指利用电化学反应使金属从含金属的盐类水溶液或熔体中析出，前者称为水溶液电解，如铜的电解精炼和锌的电解沉积，可归入湿法冶金；后者称为熔盐电解，如电解铝，可归入火法冶金。

电化学冶金是利用电极反应而进行的冶炼方法，其原理是对电解质水溶液或熔盐等离子导体通以直流电，电解质便发生化学变化，在阳极（电流从电极向电解液流动的电极）上发生氧化反应（阳极反应），而在阴极（电流从电解液流向的电极）上则发生还原反应（阴极反应）。

4. 粉末冶金

粉末冶金（powder metallurgy）是制取金属粉末或用金属粉末（或金属粉末与非金属粉末的混合物）作为原料，经过成形和烧结，制取金属材料、复合材料以及各种类型制品的工艺技术。粉末冶金技术具备显著节能、省材、性能优异、产品精度高、稳定性好等一系列优点，非常适用于大批量生产。此外，部分用传统铸造方法和机械加工方法无法制备的材料和复杂零件，也可用粉末冶金技术制造。目前，粉末冶金技术已被广泛应用于交通、机械、电子、航空航天、兵器、生物、新能源、信息和核工业等领域。

粉末冶金的主要工艺步骤组成：配料、压制成型、坯块烧结和后处理。对于大型的制品，为了获得均匀的密度，需要采取静压（各方向同时受液压）的方法成型。粉末冶金的生产工艺与陶瓷产品的生产工艺非常相近。这种方法对于制造切削用的硬质合金（碳化钨、碳化钛等难熔碳化物的混合物）刀头特别重要，钨、铌、钽等高熔点块状合金一般用粉末冶金法制造，致密的钛零件也可用粉末冶金法生产。粉末冶金工艺发展较快，现在常用来制作减磨材料、摩擦材料、结构材料、刀具和模具材料、过滤材料等。

5. 生物冶金

生物冶金（biological metallurgy）是一门新兴的冶金方法，目前主要包括微生物冶金和植物冶金。

（1）微生物冶金。微生物冶金是指以细菌为主体的微生物技术应用于提取矿产资源的冶金，在相关微生物存在时，由于微生物的催化氧化作用，将矿物中有价金属以离子形式溶解到浸出液中加以回收，或将矿物中有害元素溶解并除去的方法。微生物冶金包括生物浸出、生物吸附、生物选矿和富集、废弃物生物重整等方面。

（2）植物冶金。植物冶金是指在低品位矿和尾矿上种植超富集植物，利用它们对重金属的超量吸收富集作用，将土壤中的重金属转移到地上部，然后将其收获进行焚烧以制成一种具有商业价值的生物矿石，从而回收其中重金属的冶金方法。

目前，生物冶金方法大多停留在实验室研究阶段，尚不具备工业可行性，但从资源节约、环境友好等角度考虑，生物冶金方法仍具备长期价值。

总而言之，采用哪种方法提取金属，按怎样的顺序进行，在很大程度上取决于金属及其化合物的性质、所用的原料以及要求的产品。冶金方法中以火法冶金和湿法冶金应用较为普遍。钢铁冶金主要采用火法，而有色金属提取则火法和湿法兼有。

冶金方法的采用，正面临着能源节约、环境保护、矿物资源日趋贫乏和资源综合利用等紧迫问题，这在一定程度上支配着冶炼厂的生产、设计、建厂和冶金技术的发展。节约能源依靠新技术和新方法，尤其是要改革电炉熔炼和有色金属电解生产过程的现有工艺，降低能耗。湿法冶金和无污染火法冶金能较好地满足日趋严格的环保要求，具有很大的发展前景。为了维持工业增长的需要，必须采取措施处理贫矿，一方面提高选矿技术，同时研究更有效的冶炼方法。矿物原料，尤其是多金属矿物原料的综合利用，是提取冶金、降低生产成本和提高经济效益的关键问题。近年来，有色金属冶金企业正在努力实现多产品经营，并把金属生产和材料加工结合起来，提高冶金产品附加值，借以降低主金属的冶炼成本。

（二）冶金工艺过程

在生产实践中，冶金工艺过程包括许多单元操作和单元过程。火法冶金主要包括干燥、焙烧、煅烧、烧结、球团、熔炼、精炼等单元操作过程；湿法冶金主要包括浸出、液固分离、溶液净化、溶液中金属提取及废水处理等单元操作过程。下面重点介绍几个单元冶金过程：

（1）干燥。干燥是指除去原料中的水分。干燥温度一般为400～600℃。

（2）焙烧。焙烧是指将矿石或精矿置于适当的气氛下，加热至低于它们的熔点温度，发生氧化、还原或其他化学变化的冶金过程。按焙烧过程控制气氛的不同，可分为氧化焙烧、还原焙烧、硫酸化焙烧、氯化焙烧等。

（3）煅烧。煅烧是指将碳酸盐或氢氧化物的矿物原料在空气中加热分解，除去二氧化碳或水分变成氧化物的过程，也称焙解。如石灰石煅烧成石灰，作为炼钢熔剂；氢氧化铝煅烧成氧化铝，作为电解铝原料。

（4）烧结和球团。烧结和球团是粉矿造块的两种工艺，是将粉矿或精矿加热焙烧，固结成多孔块状或球状的物料，以适应下一工序熔炼的要求。烧结是将粉状材料转变为致密体的一种传统工艺。例如烧结是铁矿粉造块的主要方法；烧结焙烧是处理铅锌硫化精矿使其脱硫并结块的鼓风炉熔炼前的原料准备过程。

（5）熔炼。熔炼是指将处理好的矿石、精矿或其他原料，在高温下通过氧化还原反应，使矿物原料中金属组分与脉石和杂质分离为两个液相层（即金属液和熔渣）的过程，也称冶炼。按冶炼作业条件可分为还原熔炼、造锍熔炼、氧化吹炼等。

（6）精炼。精炼是指进一步处理熔炼所得的含有少量杂质的粗金属，以提高其纯度。如熔炼铁矿石得到生铁，再经氧化精炼成钢；火法炼锌得到粗锌，再经蒸馏精炼成纯锌。精炼的种类很多，如氧化精炼、硫化精炼、氯化精炼、熔析精炼、碱性精炼、蒸馏精炼等。

（7）吹炼。吹炼是火法冶金的一个重要过程，是指在转炉中所进行的氧化熔炼。吹炼时，向熔融的锍或粗金属鼓入空气、工业纯氧或其他氧化性气体，使杂质氧化成气体（如二氧化硫、一氧化碳）逸出，或成为氧化物（如氧化铁、二氧化硅）造渣，以获得较纯的金属或高锍（如白冰铜）。吹炼广泛用于钢、铜和镍的冶炼。

（8）蒸馏。蒸馏是指将冶炼的物料在间接加热的条件下，利用某一温度下各种物质挥发度不同的特点，使冶炼物料中某些组分分离的方法。

（9）浸出。浸出是指用适当的浸出剂（如酸、碱、盐等水溶液）选择性地与矿石、精矿等矿物原料中金属组分发生化学作用，以使提取金属与脉石和某些杂质初步分离。浸出又称浸取、溶出、湿法分解，如在重金属冶金中常称浸出、浸取等，在轻金属冶金中常称溶出，而在稀有金属冶金中常常将矿物原料的浸出称为湿法分解。

（10）液固分离。液固分离是指矿物原料经过酸、碱等溶液处理后的残渣与浸出液组成的悬浮液，分离成液相与固相的湿法冶金单元过程。在该过程的固液之间，一般很少再有化学反应发生，主要是用物理方法和机械方法进行分离，如重力沉降、离心分离、过滤等。

（11）溶液净化。溶液净化是用于处理浸出溶液或其他含有杂质超标的溶液，除去其中杂质以达标的湿法冶金单元过程。其目的是使杂质不至于危害下一工序对主金属的提取。由于溶液中各种元素的性质不同，采用的净液方法也不同，一般常用的方法有沉淀法、离子交换法、溶剂萃取法、电渗析法、膜分离法等。

（12）水溶液电解。水溶液电解是指在水溶液电解质中插入两个电极（阴极与阳极），通入直流电，使水溶液电解质发生氧化还原反应的过程。水溶液电解时因使用的阳极不同，有可溶阳极与不可溶阳极之分，前者称为电解精炼，后者称为电解沉积。

（13）熔盐电解。熔盐电解是指用熔融盐作为电解质的电解过程。其主要用于提取轻金属，如铝、镁、钠等。原因是这些金属的化学活性较大，电解这些金属的水溶液得不到金属。为了使固态电解质成为熔融体，需要在高温条件下进行。

可见，冶金工艺过程是应用各种化学和物理的方法，使原料中的主要金属与其他金属或非金属元素分离，以获得纯度较高金属的过程。

（三）冶金工业分类

在现代工业中，习惯把金属分为黑色金属和有色金属两大类，铁、铬、锰三种金属属于黑色金属，其余金属属于有色金属。因此，冶金工业按照金属的两大类别，通常分为黑色金属冶金工业和有色金属冶金工业。前者包括铁、钢及铁合金（如锰铁、铬铁）的生产，故又称钢铁冶金。后者包括各种有色金属的生产，统称为有色金属冶金。常用有色金属有铜、铝、铅、锌、镍、镁、钛、锡、锑、汞等十种。

二、世界冶金技术发展史

人类的冶金技术大约有六千年的历史，经历了三次大发展，前两次发生在中国，第三次发生在欧美，发展的规模越来越大、速度越来越快。

（1）中国商周青铜冶铸技术。奴隶制社会发展的需要，中国充分运用了制陶和烧陶的技术优势以及丰富的资源优势，从青铜冶铸开始，经过红铜和青铜并用时期，到“六齐”青铜冶铸方法（锡、铜的六种不同合金比例而做出不同器具的冶炼技术），发明和使用各种铸造方法以及采用鼓风炉炼铜等。

（2）战国秦汉铸铁和生铁炼钢技术。封建社会发展的需要，中国充分运用鼓风炉炼铜和热处理的技术优势，发明了生铁铸造、生铁柔化和生铁炼钢技术。

(3) 欧洲近代冶金技术。资本主义社会发展的需要，欧美等国家充分利用蒸汽机、电动机和机械装置的技术优势以及金属理论优势，发明了液态炼钢、机械化冶炼和加工技术。

三、冶金工业在国民经济中的地位及发展趋势

(一) 冶金工业在国民经济中的地位

(1) 钢铁工业在国民经济中的地位。钢铁工业是国民经济的重要基础产业，是国家经济水平和综合国力的重要标志。衡量钢铁工业的水平，应考查其产量（人均年占有钢的数量)、质量、品种、经济效益及劳动生产率等各方面。纵观当今世界各国，所有发达国家无一不具有相当发达的钢铁工业。钢铁工业发展直接影响着与其相关的国防工业及建筑、机械、造船、汽车、家电等行业。随着国际产业的转移和中国国民经济的快速发展，中国钢铁工业取得了巨大成就。

钢铁工业的发展需要多方面条件，如稳定可靠的原材料资源，包括铁矿石、煤炭及某些辅助原材料（如锰矿、石灰石及耐火材料）等；稳定的动力资源，如电力、水等；由于钢铁企业生产规模大，每天原材料和产品的吞吐量大，需要庞大的运输设施为其服务，一般要有铁路或水运干线经过钢铁厂；对于大型钢铁企业来说，还必须有重型机械的制造及电子工业为其服务；此外，建设钢铁企业需要的投资大，建设周期长，成本回收慢，雄厚资金是发展钢铁工业的重要前提。

钢铁之所以成为各种机械装备及建筑、民用等各部门的基本材料，是因为其价格低廉，并具备以下优越的性能：1）有较高的强度和韧性；2）容易用铸、煅、切削及焊接等多种方式进行加工，以得到任何结构的工部件；3）所需资源（铁矿、煤炭等）储量丰富，可供长期大量采用，成本低廉；4）人类自进入铁器时代以来，积累了数千年生产加工钢铁材料的丰富经验，已具有成熟的生产技术。自古至今，与其他工业相比，钢铁工业生产规模大、效率高、质量好和成本低。

(2) 有色金属工业在国民经济中的地位。有色金属与人类社会的文明史息息相关。历史发展证明，材料是社会进步的物质基础和先导。金属的使用和冶金技术的进步与人类社会关系密切。历史学家曾将器物的使用作为社会生产力发展的里程碑，如青铜器时代、铁器时代等。

有色金属及其合金、化合物是现代材料的重要组成部分，在物质世界已发现的 119 种元素中，有色金属占 2/3 以上，它们与能源技术、生物技术、信息技术的关系十分密切，其应用遍及第一、第二、第三产业和现代高新技术的各个领域，在国民经济中占有重要地位。有色金属已成为国民经济和国防所必需的材料，许多有色金属，特别是稀有金属是国家重要的战略物资。一个国家有色金属的消费量和生产量是衡量国家综合实力和强盛与否的重要标志之一。随着经济发展和科技进步，有色金属的诸多优异特性和价值正逐渐被人们所发现，其应用领域越来越广阔，市场需求也越来越大。

(二) 冶金工业发展趋势

1. 钢铁工业发展趋势

钢铁工业具有如下发展趋势：

（1）钢铁工业发展的高效化、连续化、自动化，要求采用新流程、新技术、新装备代替传统的全流程生产方式，以获得优质产品、高效率和高生产率。

（2）节约资源、能源，降低制造成本，以增加钢铁生产在市场经济中的竞争力。同时，还要满足对钢材性能及质量不断提高的要求。

（3）发展高新技术所需的新材料。新材料是高新技术的基础，优质合金钢及超级合金钢在新材料中占有相当比重，要求通过改进钢的冶炼工艺、冶金质量、合金化、微合金化及凝固控制，进一步改善钢的性能。

（4）发展连铸技术，特别是高效连铸及终形连铸。其可显著提高钢材生产效率、质量和效益，对现代高效炼钢与高速连轧起衔接作用，使工业流程更紧凑，速度趋向临界值，实现产品专业化、系列化、优化和高附加值。

（5）发展近终成形金属毛坯制备新技术。近终成形是将金属合成、精炼、凝固、成形集中于一道工序，是物性转变的最佳短流程，能有效控制污染，使金属性能显著提高。其特点是：一次成形，不再进行热加工，大量减少切削加工，可达到提高金属利用率、节约工时、缩短生产周期的效果。

（6）21 世纪是智能和信息的时代，钢铁企业将实现计算机集成系统管理及流程的人工智能控制。以电子学为基础的自动控制机及信息网络渗入冶金领域，将推动钢铁工业的重大革新。

“十三五”期间钢铁工业发展的内涵是实现产业绿色发展，是在末端治理、节能减排、清洁生产、循环经济、低碳经济、工业生态链、绿色制造的基础上，以具备钢铁产品制造、能源转换、废弃物消纳-处理和再资源化等功能，具有良好的经济、环境和社会效益的新一代钢铁流程为特点的发展模式。

我国制定了钢铁工业“十三五”绿色发展路线图，就是系统集成烧结生产工序节能减排技术，系统集成烟气干法净化与余热余压综合利用技术，系统集成冶金渣处理利用与过程中余热利用技术。通过干熄焦、高炉干法除尘、转炉干法除尘“三干”技术，实现能源高效转移和利用、水资源高效与循环利用、铁资源高效与循环利用的“三利用”；对污染进行高效处理与无害化处理，实现废渣脱锌、废水脱盐、废气脱硫。

2. 有色金属工业发展趋势

A　世界有色金属工业发展的主要特点

（1）有色金属主要矿种供大于求。例如国际铜工业复苏时期，铜资源国家大力开发铜矿，不仅老矿进行扩建，而且新建了几座特大型富铜矿。湿法炼铜进展神速，铜产量迅猛增长，超过消费增长速度，国际铜市场出现供大于求的局面。目前世界电解铝厂的开工率保持在 90%以上，产量持续增加，但世界铝的消费量未见明显增加，已出现原铝生产大于消费、供过于求的倾向。铅、锌也存在类似情况。总体来看，随着世界经济的增长，世界有色金属需求量将稳步上升，但有色金属市场供大于求的总体趋势近期估计难以改变，市场竞争将更加激烈。

（2）世界有色金属工业发展日趋国际化、集团化。资本运营和生产经营紧密结合是全球有色金属工业发展的一大特征。近年来，为了适应市场竞争、实现规模化经营、垄断市场，国外大型有色金属企业集团和跨国公司通过不断收购、兼并、联合，组建起更大规模的跨国企业集团（其中多数为采、选、冶、加工联合企业）和跨行业（含金融、商业、贸易、服务业）联合企业，不断增强实力以期占有更大的市场份额。

（3）初级产品向低成本地区转移。高新技术的采用促使冶炼、加工产品向低成本和高、精、尖方向发展。有色金属工业属于资源性产业，随着有色金属市场竞争的加剧，出于对综合资源条件、能源供应、劳动力价格等生产成本要素的考虑，有色金属初级产品生产正向资源条件好、生产成本低的国家和地区转移。

（4）适应世界高新技术发展要求，有色金属新材料发展迅速。大直径半导体硅材料、磁性材料、复合材料、智能材料、超导材料生产技术的开发，使得结构材料复合化及功能化、功能材料集成化及智能化得以不断实现，既开拓了新的有色金属消费领域，又促进了新材料产业的发展。国际上大型企业和跨国公司十分重视并通过高技术新材料产品开发来保持其技术、产品优势，不断扩大高附加值产品的市场占有率，增强企业竞争力，提高企业经济效益。

B　我国有色金属工业发展存在的主要问题

（1）产能回潮，“去产能”能否巩固的问题。2016 年 6 月，国务院办公厅发布《关于营造良好市场环境促进有色金属工业调结构促转型增效益的指导意见》后，有色金属产品价格止跌回升，进入了新的上升通道。在此情形下，一度实施弹性生产的电解铝产能加速复产、新建待投产能快速释放、新开工项目投资增长，产能过剩压力持续加大。有色金属工业“去产能”向好发展的基础尚不牢固，盲目投资、无序发展、布局不够合理、产业集中度不高等深层次问题尚未根本解决。

（2）高端产品比重偏低，产品质量有待提高。当前有色金属工业新旧动能转换出现亮点，新能源汽车需求带动了有色金属钴、锂等新材料的发展，轨道交通和汽车用铝的产量、用量持续增长，促进了高端运输铝材的应用。但这些高端材料和新材料在产业体系中所占比重不高，新旧动能转换总体缓慢。

在创新能力方面，有色金属工业原始创新偏少、基础共性关键技术、精深加工技术和应用技术研发不足。例如美铝有 3 万项专利，飞利浦有 10 万项专利；相比之下，中国企业拥有专利较少，特别是原创性专利少。万吨挤压机等先进设备，虽然能制造，但关键控制设备还需要进口。

在质量方面，主要表现在：一是产品质量的一致性较差，均匀性、稳定性不足，造成下游用户使用困难；二是大路货产品多、高精尖产品少。由于产品存在质量稳定性差和成本高等问题，大飞机用铝合金预拉伸厚板和铝合金蒙皮板、乘用车铝面板等尚不能产业化生产，电子级 12 英寸硅单晶抛光片、部分大直径超高纯金属靶材、宽禁带半导体单晶抛光片、航空医疗领域高端钛产品、部分高端铜铝板带箔材等仍依赖进口。

（3）部分有色金属产品产量已接近或超过全球一半的供应，如原铝、铜、锌、锡、钒、稀土等。在矿产工业中，中国的供给市场一直存在较大风险：作为多项矿产出产的世界之最——稀土（2017 年占全世界供给的 81%）、锑（73%）、钒（54%）、铅（51%）、钼（45%）、锌（39%）、锡（34%）。

（4）环保压力大，绿色发展任务重。有色金属工业开采和冶炼废水、废气、废渣排放量较大，对生态环境影响突出，特别是重金属污染历史欠账多、社会关注度高，国家已将有色金属列为重金属污染防控重点行业。随着 2015 年新修订的《中华人民共和国环境保护法》和 2018 年《中华人民共和国环境保护税法》的陆续实施以及区域性和行业性的专项整治，中国有色金属工业环保治理与绿色发展面临越来越大的压力。部分企业将因为生产技术不达标、环保改造不到位面临被关闭的风险，一些企业将面临搬迁的问题，一些企业将因为环保治理投入加大造成成本上升而丧失市场竞争力。

C　我国有色金属工业发展规划

工信部公布的《有色金属工业发展规划（2016~2020年）》(简称《规划》）提出，“十三五”期间，以加强供给侧结构性改革和扩大市场需求为主线，以质量和效益为核心，以技术创新为驱动力，以高端材料、绿色发展、两化融合、资源保障、国际合作等为重点，加快产业转型升级，拓展行业发展新空间，到2020年底我国有色金属工业迈入世界强国行列。

（1）在加强资源保障方面。《规划》提出，围绕国家找矿突破战略行动，积极开展矿山密集区和老矿山的深部边部勘查，实现新老矿山有序接替。鼓励铜、铝、镍等紧缺矿产以及金银等贵金属矿加快勘探开发；完善钨等优势矿产限产保值机制，合理调控钨矿开采总量控制指标。统筹利用国内外两种资源，支持有实力的企业集团或联合体有序开展境内外资源勘探、开发和合作，构建多元化的矿产资源供应体系。鼓励企业通过绿地投资、并购投资、股权投资等方式，与相关国家和地区开展互利共赢的产业开发投资合作，稳步推进境外铜、铝、镍、稀贵金属等矿产资源生产基地建设。

（2）在推进两化深度融合方面。《规划》提出，在铜矿、铅锌矿、铝土矿、镍矿、金矿等矿山开采领域，推广成套智能化协同采矿技术体系与主体装备，集成空间信息、环境信息和定位导航信息，依托骨干企业建设数字化矿山并开展行业示范。力争2020年，实现矿山设计数字化率提高50%、矿石损失率和贫化率降低20%、自动数据采集率高于90%、生产效率提高25%、运营成本降低30%、能源利用率提高15%。

鼓励有色金属企业开展行业内上下游及跨行业联合重组，提高产业集中度，加强业务整合、流程再造，构建上下游一体化的完整产业链，增强企业实力和竞争力。推进资源枯竭地区的老工业区、独立工矿区改造转型，加大历史遗留问题突出、生态严重破坏、重金属污染风险隐患较大地区的综合整治。在风险可控、商业可持续的前提下，加大对符合行业规范条件、环境保护和安全生产持续达标、有市场前景和经营效益的骨干企业的融资支持。探索建立有色金属商业储备制度，健全政府储备与企业储备并举的储备机制。

第二节　几种典型金属冶金概述

一、钢冶金

（一）钢概述

通常把碳含量介于0.02%~2.11%之间的铁碳合金称为钢，钢与生铁的主要区别在于碳含量的不同，见表2-1。在钢中，碳元素和铁元素形成 Fe_3C 固溶体，随着碳含量的增加，其强度、硬度增加，而塑性和冲击韧性降低。由于钢具有很好的物理、化学性能和力学性能，可进行拉、压、轧、冲、拔等深加工，因此用途十分广泛。用途不同对钢的性能要求也不相同，从而对钢的生产也提出了不同的要求。石油、化工、航天航空、交通运输、农业、国防等许多重要的领域均需要各种类型的大量钢材，人们的日常生活更离不开钢。总而言之，钢材仍将是目前用途最为广泛的结构材料。

表 2-1　钢和生铁的区别

指　标	钢	生　铁
碳含量（质量分数）/%	0.02~2.11	>2.11
硅、锰、磷、硫含量	较少	较多
熔点/℃	1400~1500	1100~1400
力学性能	强度、塑性、韧性好	硬而脆、耐磨性好
可锻性	好	差
焊接性	好	差
热处理性能	好	差
铸造性	好	更好

注：碳含量低于 0.02%的为工业纯铁。

最早的炼钢方法是 1740 年出现的坩埚法，它是将生铁和废铁装入由石墨和黏土制成的坩埚内，用火焰加热熔化炉料，之后将熔化的炉料浇铸成钢锭。此法几乎不能去除杂质元素。经过长期发展，炼钢工艺技术已日趋成熟。

钢可分为两大类：一类是由铁、碳两种元素为主构成的，叫碳素钢，这种钢除铁和碳以外，还含有由生铁带来的少量锰、硅、硫、磷等元素；另一类是在碳素钢的基础上，为改善或获得钢的某种性能，按规定要求加入钨、钼、镍、锰、铬、钒、钛、铌、硅和稀土金属等合金元素，构成的合金钢。

由于钢品种繁多，目前已发展到数千种。按照钢的化学成分、品质、用途、冶炼方法等不同，可对钢加以分类。见表 2-2。

表 2-2　钢的分类

分类方法	类　别	说　　明
化学成分	碳素钢	低碳钢（碳含量<0.25%） 中碳钢（碳含量 0.25%~0.60%） 高碳钢（碳含量>0.60%）
	合金钢	低合金钢（合金元素的总含量<5%） 中合金钢（合金元素的总含量 5%~10%） 高合金钢（合金元素的总含量>10%）
品质	普通钢	钢中含杂质元素较多，含硫量一般<0.05%，含磷量<0.045%，如碳素结构钢、低合金结构钢等
	优质钢	钢中含杂质元素较少，含硫及磷量一般<0.04%，如优质碳素结构钢、合金结构钢、碳素工具钢和合金工具钢、弹簧钢、轴承钢等
	高级优质钢	钢中含杂质元素极少，含硫量一般<0.03%，含磷量<0.035%，如合金结构钢和工具钢等。高级优质钢在钢号后面，通常加符号“A”或汉字“高”，以便识别

续表 2-2

分类方法	类　别	说　　明
用途	结构钢	建筑及工程用结构钢，也称建筑用钢。用于建筑、桥梁、船舶、锅炉或其他工程上制作金属结构件的钢。如碳素结构钢、低合金钢、钢筋钢等
		机械制造用结构钢。用于制造机械设备上结构零件的钢，如优质碳素结构钢、合金结构钢、弹簧钢、滚动轴承钢等
	工具钢	一般用于制造各种工具，如碳素工具钢、合金工具钢、高速工具钢等
	特殊钢	具有特殊用途的钢，如不锈耐酸钢、高电阻合金钢、耐磨钢、磁钢等
	专业钢	各工业部门专业用途的钢，如汽车用钢、农机用钢、航空用钢、电工用钢、化工机械用钢、焊条用钢等
冶炼设备	转炉钢、平炉钢、电炉钢	
脱氧程度	沸腾钢、镇静钢、半镇静钢	
成形方式	锻钢、铸钢、热轧钢、冷轧钢、冷拔钢	

(二) 钢冶炼基本任务

炼钢过程实质上是许多非常复杂的高温物理化学转变的综合过程，它涉及多种以不同聚集状态存在的组元，如固态（炉料、辅助材料及炉衬等），液态（液体金属及炉渣）及气态（炉气、吹入金属内的空气或氧气等）。炼钢过程就是通过氧化反应，以氧气作为主要的氧化剂，将铁水中的杂质氧化分离，将其中的碳、硅、锰、磷、硫等控制在规定的范围内。同时，还需要提高钢水温度，合理控制冶炼、精炼、连铸过程中的钢水质量，生产出合格的连铸坯，为轧钢工序提供合理的原料。炼钢的基本任务可归纳为：

(1) 脱碳。碳含量是控制钢性能的主要元素。钢中碳含量增加，则硬度、强度、脆性都将提高，而延展性能将下降；反之，碳含量减少，则硬度、强度下降而延展性能提高。所以，炼钢过程中必须按钢种规格将碳氧化至一定范围。

(2) 脱磷、脱硫。对于绝大多数钢种来讲，磷、硫均为有害元素。磷可以引起钢的冷脆，而硫则引起钢的热脆，因此，要求在炼钢过程中尽量去除。

(3) 脱氧。由于在氧化炼钢过程中，向熔池输入大量氧以氧化杂质，致使钢液中溶入一定量的氧，这将大大影响钢的质量。因此，需降低钢中的含氧量。一般是向钢液中加入比铁有更大亲氧力的元素来完成（如 Al、Si、Mn 等）。

(4) 去除钢中的气体和非金属夹杂物。钢中气体主要是指溶解在钢中的氢和氮。非金属夹杂物包括氧化物、硫化物、磷化物、氮化物以及它们所形成的复杂化合物。在一般炼钢方法中，主要靠碳氧反应时产生的 CO 气泡，当它从钢液中逸出时，引起熔池沸腾来降低钢中气体和非金属夹杂物，也可以通过真空冶炼的方法去除。

(5) 调整钢液成分和温度。为了保证钢的各种物理、化学性能，除控制钢液的碳含量和降低杂质含量外，还应加入适量的合金元素使其含量达到钢种规格范围。

为完成上述各项任务并保证钢液能顺利浇铸，必须将钢液加热并保持在一定的高温范围内，一般在 1600~1700℃（与冶炼的钢种有关），同时根据冶炼过程的要求不断将钢液温度调整到合适的范围。

(6) 将钢液浇铸成质量合格的钢坯。通过连铸，将钢液浇铸成各种不同断面、不同尺寸、质量合格的钢坯。

(三) 钢冶炼工艺

钢冶炼主要包含铁碳合金的熔炼、提纯、精炼、连续浇铸等工艺流程。炼钢方法主要有转炉炼钢、平炉炼钢和电炉炼钢三种。下面重点介绍转炉炼钢工艺、电炉炼钢工艺以及钢的精炼与连铸。

1. 转炉炼钢工艺

转炉炼钢（converter steelmaking）是以铁水、废钢、铁合金为主要原料，不借助外加能源，靠铁液本身的物理热和铁液组分间化学反应产生热量而在转炉中完成炼钢过程。转炉按耐火材料分为酸性和碱性，按气体吹入炉内的部位有顶吹、底吹和侧吹，按气体种类分为空气转炉和氧气转炉。碱性氧气顶吹和顶底复吹转炉由于其生产速度快、单炉产量高、成本低、投资少，为目前使用最普遍的炼钢设备。转炉主要用于生产碳钢、合金钢及铜和镍的冶炼。转炉炼钢的生产工艺过程见图 2-1。

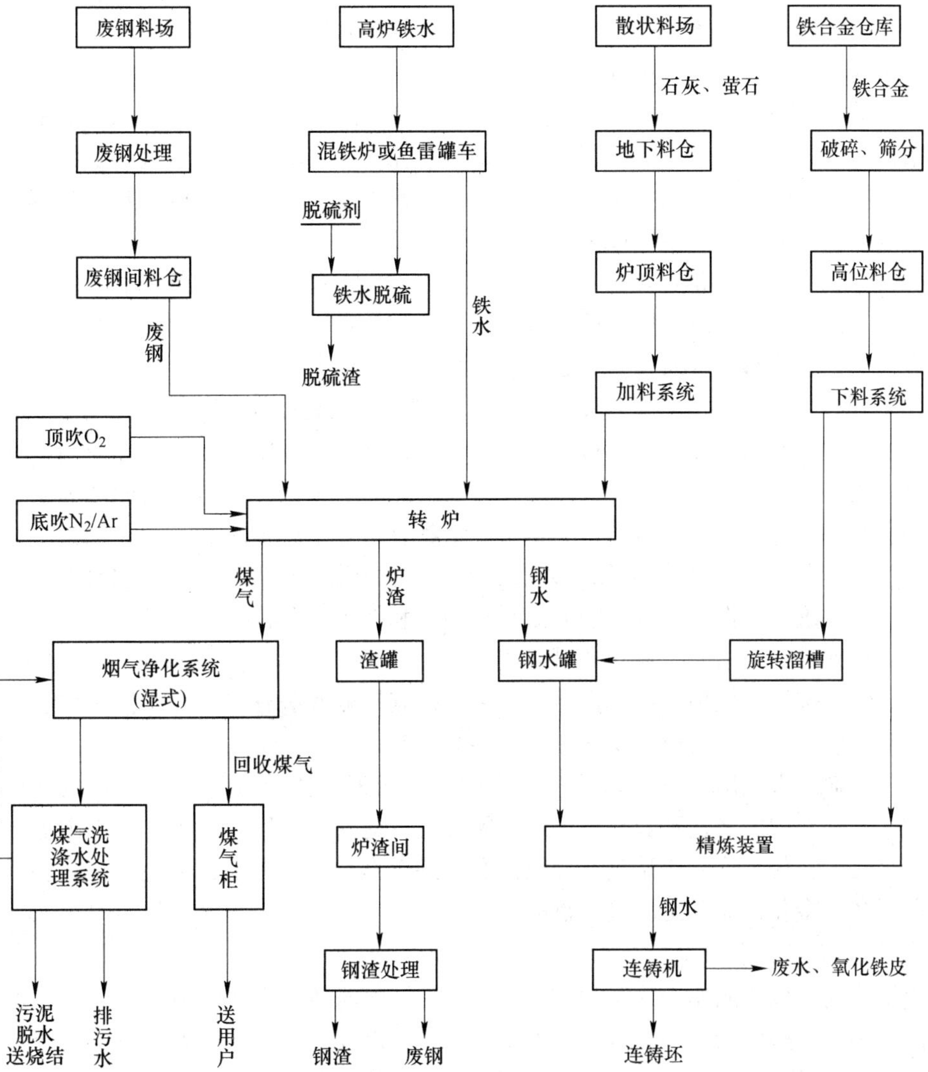

图 2-1　转炉炼钢工艺流程图

A 氧气顶吹转炉炼钢工艺的特点

(1) 完全依靠铁水氧化带来的化学热及物理热。

(2) 生产率高（冶炼时间在20min以内）。

(3) 质量好（氮、氢气体的含量少）。

(4) 冶炼成本相对较低，耐火材料用量比平炉、电炉低。

(5) 原材料适应性强，高磷、低碱条件下都可以进行冶炼。

B 转炉炼钢工艺的操作制度

转炉炼钢工艺的五大制度分别为：装入制度、供氧制度、造渣制度、温度制度、终点控制及脱氧合金化制度。这五大制度执行的好坏，对冶炼过程控制、钢种质量、炉衬寿命都有很大影响。

(1) 装入制度。装入制度就是要确定转炉合适的装入量以及合适的铁水废钢比。装入制度是一个炉役期中装入量的安排。氧气顶吹转炉的装入制度有定量装入、定深装入和分阶段定量装入。其中，定量装入生产组织简单，操作稳定，但不利于发挥转炉的生产能力；定深装入有利于发挥转炉的生产能力，但装入量频繁，生产组织困难；分阶段定量装入则吸取两者的长处，是常用的装料方法。

(2) 供氧制度。供氧制度是使氧气流股最合理地供给熔池，创造炉内良好的物理化学反应条件。完成吹炼任务，是控制氧气转炉工艺操作的中心环节。供氧制度的内容包括选择合理的喷头结构、尺寸和类型，确定合理的供氧强度、氧压和枪位。吹氧制度是否合理直接决定了生产的节奏和冶炼成本的高低。

(3) 造渣制度。造渣制度是确定合适的造渣方法、渣料的加入数量和时间，以及如何快速成渣。提高石灰成渣速度，即石灰溶解速度，是转炉造渣的关键。影响石灰溶解速度的因素很多，主要有石灰质量、熔池温度、炉渣氧化性等。

(4) 温度制度。温度制度包括过程温度控制和终点温度控制。过程温度控制的目的是使吹炼过程均衡升温，保证吹炼过程平稳，准确达到终点温度。终点温度控制是保证合适的出钢温度。在转炉吹炼过程中，温度是重要的热力学参数，也是重要的动力学参数，它对炉内反应、渣料熔化、炉衬寿命、钢水质量都有重要的影响。

(5) 终点控制及脱氧合金化制度。终点控制主要指终点温度及化学成分的控制，是转炉吹炼后期的重要操作。终点控制方法有拉碳法和增碳法两种，前者是当钢水碳含量和温度符合所炼钢种的要求时，即可停止吹炼，即“拉碳”；后者是把碳吹到0.04%~0.06%时停吹，然后按钢种规格在钢包内增碳。终点控制检测方法有人工经验控制法和自动控制法。对于中、小转炉，目前主要采用人工经验控制法。

在出钢前或者在出钢及其以后的过程中，根据钢种要求选择合适的脱氧剂及其加入量，加入到钢水中使之达到合乎规定的脱氧程度，这项工艺称为脱氧；向钢中加入一种或几种合金元素，使其达到成品钢成分规格要求的操作过程，称为合金化。在转炉炼钢过程中，脱氧和合金化往往都是同时进行的。

2. 电炉炼钢工艺

电炉炼钢是以电能作为热源的炼钢方式。根据电能转化为热能方式的不同，电炉可分为电渣重熔炉、感应熔炼炉、电子束炉、等离子炉以及电弧炉，世界上电炉钢产量的95%以上都是由电弧炉生产的，因此电炉炼钢主要指电弧炉。电渣重熔炉、电子束炉、等离子炉主要用于生产特钢，不适合生产碳钢及合金结构钢。感应熔炼炉（中频感应熔炼炉用于炼钢）及电弧炉均适合生产碳钢及合金结构钢。电炉炼钢的生产工艺过程见图 2-2。

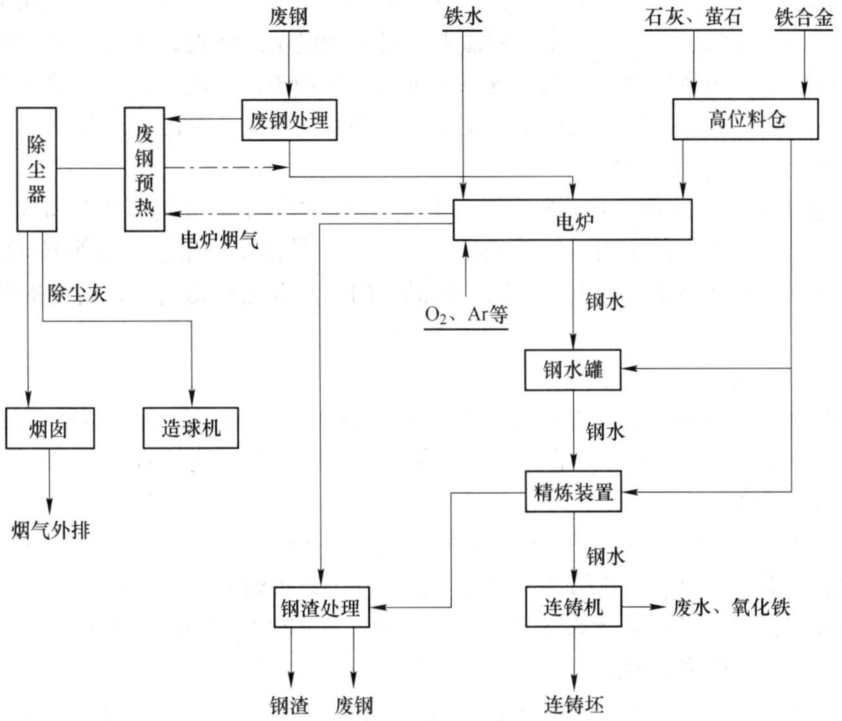

图 2-2　电炉炼钢工艺流程图

A　电渣重熔炉炼钢

电渣重熔是利用电流通过熔渣时产生的电阻热作为热源进行熔炼的方法。其主要目的是提纯金属并获得洁净组织均匀致密的钢锭。经电渣重熔的钢，纯度高、含硫低、非金属夹杂物少、钢锭表面光滑、洁净均匀致密、金相组织和化学成分均匀。电渣钢的铸态机械性能可达到或超过同钢种锻件的指标。电渣钢锭的质量取决于合理的电渣重熔工艺和保证电渣工艺的设备条件。

电渣重熔的产品品种多，应用范围广。其钢种有：碳素钢、合金结构钢、轴承钢、模具钢、高速钢、不锈钢、耐热钢、超高强度钢、高温合金、精密合金、耐蚀合金、电热合金等 400 多个钢种。此外，可用电渣法直接熔铸异形铸件，可以铸代锻，简化生产工序，提高金属的利用率。

电渣重熔技术作为冶炼优质钢锭的一种手段，以其优良的冶金反应条件及特殊的结晶方式有着其他炼钢方法所不能替代的优越性。另外，电渣熔铸工艺从根本上解决了一般铸造工艺的主要矛盾，它综合了电渣重熔-获得高冶金质量的金属和铸造-浇铸异型零件精化毛坯的长处，并具有与普通冶炼的变形金属相近的致密组织以及无各向异性的特点。与普通锻件相比，电渣熔铸件的各项性能指标完全达到同钢种的变型金属指标，甚至还避免了锻件的一些不足之处。

电渣重熔冶金工艺特点：

（1）高温活泼的炉渣。与电炉相比，熔渣占据绝大部分阻值。电流在通过熔渣时，产生大量的热，一般炉渣温度可超过2000℃。从金属电极熔化后滴落到熔池完全凝固，是强烈的渣金界面反应过程。

（2）渣洗过程。电渣重熔过程中，由于自耗电极埋在高温炉渣中，以金属熔滴的形式滴落且分散为细小的液滴，同时金属液滴要通过炉渣滴落到熔池，因此熔滴与炉渣之间有很大的接触面积，为金属液滴的精炼提供了良好的接触条件。此外，高温的炉渣，有利于渣金反应，为金属液滴的精炼提供了温度条件。炉渣的温差及电磁力的作用引起炉渣的搅动，进一步加强了动力学条件。

（3）金属液顺序凝固。由于金属熔池受到高温炉渣与金属液滴的加热和水冷结晶器水平与向下方向散热的双重作用，钢锭的结晶过程基本是由下向上呈人字形或者垂直生长，有利于钢液中气体和夹杂物的上浮去除。结晶方向由热源的移动速度即熔池的结晶速度和熔池的形状而定。

B　感应炉炼钢

感应炉炼钢是利用感应电热效应加热、熔化金属的炼钢方法。特别适于用优质原料（优质废钢、铁合金等）冶炼少量优质钢和合金。配有真空系统的真空感应炉更是冶炼优质合金的重要设备。

感应炉本身的工作条件和任务的特殊性，决定了感应炉冶炼对原料的特殊要求。感应炉炉渣的温度低，脱硫、脱磷的条件较差，而且整个冶炼时间很短，难以依靠炉前分析来控制化学成分，没有脱碳沸腾来保证除气。因此，感应炉冶炼中除要求精确地计算炉料外，还对原材料有较高的要求。

感应炉炼钢特点：（1）热能先达金属熔池，再传导给熔渣，所以熔渣温度较低；（2）圆柱形的熔池决定了坩埚熔炼中有较小的钢渣比界面积；（3）熔池受强烈的电磁搅拌。电源频率愈低，功率愈高，搅拌愈强烈，是限制最大比功率的主要因素；（4）与电弧加热相比，感应加热无热点、无电弧、环境污染较轻且温度均匀；（5）不增碳，不会局部过热，操作简单且合金烧损较少；（6）不能进行精炼反应，对炉衬要求较严，容量偏小，因不连续生产，故成本较高。

C　电子束炉炼钢

电子束熔炼以其杰出的精炼能力而著称，并且在热源上具有高度的灵活性。因此非常适合于在水冷无陶瓷铜模下利用高真空对金属和合金进行重熔和精炼。电子束重熔法是一种在真空度很高（0.133~0.00133Pa 即 10^{-3}~10^{-5}mmHg）的条件下，利用电子枪为阴极发射出高速的电子束来轰击阳极（被精炼的料棒和金属熔池），电子束所具有的动能在阳极转化成热能，从而使金属熔化的一种熔炼方法。

a　电子束重熔的优势

被精炼的金属在高真空和高温的作用下，其气体的析出，非金属夹杂物的分解和排出，金属夹杂物的挥发去除以及碳的脱氧反应等，比其他熔炼方法有更优越的热力学条件；熔滴的形成、滴落以及金属熔池能维持较长的时间，使金属在真空中暴露的时间和比表面积均明显增大，这些因素均能促进精炼反应速率的提高；被精炼的金属在水冷铜质结晶器中凝固，避免了炉衬耐火材料对金属的玷污。

b　电子束重熔的特点

相比于其他冶炼工艺，电子束重熔的冶金特点如下：

第一，电子束重熔是在很高的真空度下进行的，它比真空感应炉、真空电弧炉的真空度要高得多。因此对于金属中的气体、非金属夹杂以及某些有害元素的去除要完全和彻底得多。净化精炼反应的速率也较其他真空炉高。

第二，在重熔过程中，能对熔化炉料的功率和加热熔池的功率分别进行调节，因而当熔化速率改变时，仍可使熔池保持所需要的温度。由于能对熔化炉料的功率进行调节，加之送料速率可以调节控制，因此可在较大范围内调整金属炉料的熔化速率。

第三，由于射到阳极上的电子束释放很高的能量，使金属熔池能达到很高的温度（熔池表面温度可达1850℃），这不仅有利于重熔过程中精炼反应的进行，并且可以熔炼钽、铌、钨、钼等高熔点金属。

第四，电子束的可控性好，可通过控制电子束来控制熔池的加热部位，从而保证熔池温度分布均匀，这将有利于得到表面质量和结晶组织优良的金属锭。

这种重熔法的不足之处在于生产率低，设备结构比较复杂，需应用高压直流电源，设备投资费用高、生产费用也高。

D　等离子炉炼钢

等离子熔炼是利用等离子弧作为热源来熔化、精炼、重熔金属的一种新型冶炼方法。主要用于金属材料的精炼以及熔炼高纯度和特殊性能的钢与合金，尤其是高温合金和精密合金。

等离子熔炼的主要特点：（1）使用的电极和喷嘴都是金属制成的，因而钢液没有增碳的可能性；（2）可以较好地去除气体和非金属夹杂物。等离子弧的高温和等离子流的喷射作用下，金属材料中的气体和非金属夹杂物去除较为彻底；（3）炉内有气氛压力，可以减少主要金属元素的蒸发；（4）合金元素烧损小。等离子弧温度高、熔化速度快，加之反应过程中有惰性气体保护，合金添加剂能得到较为完全的回收。

E　电弧炉炼钢

电弧炉炼钢是通过石墨电极向电弧炼钢炉内输入电能，以电极端部和炉料之间发生的电弧为热源进行炼钢的方法。电弧炉炼钢以废钢为主要原料，根据炉衬材质和造渣材料不同，有碱性操作法和酸性操作法之分。最常用的是碱性操作法。碱性操作法以碱性耐火材料作炉衬，冶炼过程造碱性渣，其特点是可脱除原料中的硫和磷，使成品钢中硫、磷含量达（$100\sim10)\times10^{-4}\%$以下。

随着电弧炉设备的改进、冶炼技术的提高和电力工业的发展，电弧炉钢的成本不断降低，目前不但用于生产合金钢，而且还大量用来生产普通碳素钢，其产量在主要工业国家钢总产量中的比重不断上升。电弧炉炼钢的主要特点如下：

（1）电弧炉炼钢能灵活掌握温度。在电弧炉冶炼过程中，可以通过调节电压电流，灵活控制熔炼温度，满足不同钢种类的需求。

（2）电弧炉炼钢热效率高。在电弧炉冶炼过程中，没有大量气体的生成，不会出现高温炉气带走大量热量的现象，热效率可以达到65%以上。

（3）电弧炉内气氛可以控制。电弧炉炼钢中没有氧化性气氛，可以根据工艺要求造成任意的气氛（如还原性），因而可以脱除磷、硫等有害元素，生产的钢种也比较广泛。

（4）电弧炉炼钢可回收利用废钢。电弧炉炼钢是钢铁资源回收利用的重要手段，也是一种处理污染的环保技术，对社会发展和冶金工业而言都是有利的。

(5) 电弧炉炼钢流程短。相对于“高炉-转炉”为代表的常规流程而言，以电弧炉为代表的炼钢生产线具有工序少、投资低、建设周期短的特点，因此被称为短流程。从投资、效率和环保方面看，以电弧炉为代表的短流程具有明显优势。

3. 钢的精炼与连铸

钢的精炼是将初炼的钢液在真空、惰性气体或还原性气氛的容器内进行脱气、脱氧、脱硫、去除夹杂物和成分微调等。在炼钢过程中，炉外精炼是设置在转炉炼钢和连续铸钢间的连接工序，进行炉外精炼可提高钢的质量，缩短冶炼时间，优化工艺过程并降低生产成本。各种炉外精炼工艺冶金功能的比较见表 2-3。

表 2-3　各种炉外精炼工艺冶金功能比较

精炼工艺		搅拌	升温	合金化	精炼功能					生产调节
					脱气	脱碳	渣洗	喷粉	夹杂物处理	
非真空处理	CAS-OB	▲	▲	▲	—	—	□	—	△	▲
	CAB	□	▲	□	—	—	□	—	□	□
	LF	△	▲	▲	—	—	▲	—	▲	△
	AOD	▲	▲	△	□	△	△	—	△	□
真空处理	RH	▲	△	▲	▲	▲	□	▲	△	▲
	VD	△	—	▲	▲	□	△	—	△	△
	VOD	△	△	▲	▲	▲	△	▲	△	△

注：▲表示强；△表示一般；□表示较弱；—表示不具备。

连铸即为连续铸钢的简称。连铸是将装有精炼好钢水的钢包运至回转台，回转台转动到浇注位置后，将钢水注入中间包，中间包再由水口将钢水分配到各个结晶器中去。结晶器是连铸机的核心设备之一，它使铸件成形并迅速凝固结晶。拉矫机与结晶振动装置共同作用，将结晶器内的铸件拉出，经冷却、电磁搅拌后，切割成一定长度的板坯。与传统方法相比，连铸技术具有大幅提高金属收得率和铸坯质量，节约能源等显著优势。具体表现在以下几个方面：

(1) 简化生产工序。由于连铸可以省去初轧开坯工序，不仅节约了均热炉加热的能耗，而且也缩短了从钢水到成坯的周期时间。

(2) 提高金属的收得率。采用钢锭模浇铸从钢水到成坯的收得率约为 84%~88%，而连铸约为 95%~96%，因此采用连铸工艺可节约金属 7%~12%。

(3) 节约能量消耗。生产 1t 连铸坯比模铸开坯省能 627~1046kJ，相当于 21.4~35.7kg 标准煤，再加上提高成材率所节约的能耗大于 100kg 标准煤。按我国目前能耗水平测算，每吨连铸坯综合节能约为 130kg 标准煤。

(4) 改善劳动条件，易于实现自动化。连铸的机械化和自动化程度比较高，连铸过程已实现计算机自动控制，使操作工人从笨重的体力劳动中解放出来。近年来，随着科学技术的发展，自动化水平的提高，电子计算机也用于连铸生产的控制，除浇钢开浇操作外，全部都由计算机控制。

(5) 铸坯质量好。由于连铸冷却速度快、连续拉坯、浇铸条件可控、稳定，因此铸坯内部组织均匀、致密、偏析少、性能也稳定。用连铸坯轧成的板材，横向性能优于模铸，深冲性能也好，其他性能指标也优于模铸。

二、铜冶金

（一）铜概述

1. 铜的性质

铜的断面呈紫红色，原子序数为 29，相对原子质量为 63. 546。主要化合价为 0、+1、+2。铜的晶体结构为面心立方晶格，纯铜是柔软的金属，表面刚切开时为红橙色带金属光泽，单质呈紫红色。密度较大，熔点和沸点较高，具有良好的延展性、导电性、导热性和耐蚀性，可以组成众多种合金。铜合金机械性能优异，电阻率很低，其中最重要的是青铜和黄铜。此外，铜也是耐用的金属，可以多次回收而无损其机械性能。铜的主要参数见表 2-4。

表 2-4　铜的主要参数

名　称	单　位	参　　数
密度	g/cm^3	8. 96（固态）、8. 92（熔融液态）
沸点	℃	2562
熔点	℃	1083. 4
比热容（20℃时）	J/(kg · K)	385
熔化热	kJ/kg	205. 2
热导率（20℃时）	W/(m · K)	397
电阻率	Ω · m	1.75×10^{-8}
线（膨）胀系数	1/℃	黄铜（1.72×10^{-5}）、紫铜（1.78×10^{-5}）
电化当量	g/(A · h)	Cu^+(2. 371)、Cu^{2+}(1. 186)

铜在干燥空气中不被氧化，但若放置在含 CO_2 的潮湿空气中，铜表面会逐渐生成绿色的碱式碳酸铜，俗称“铜绿”。铜在温度高于 458K 时开始氧化，在温度低于 623K 时生成红色的氧化亚铜（Cu_2O），在温度高于 623K 时生成黑色的氧化铜（CuO）。

2. 铜的用途

由于铜及铜合金具有许多优异性能，现已成为第二大有色金属，是各行业中广泛需求的基础材料。铜的电导率高，仅次于银，在电气、电子技术、电机制造等工业部门应用最广，用量最大。铜的导热性能好，因此常用铜制造加热器、冷凝器和热交换器等。铜的延展性能好，易于成形和加工，在飞机、船舶、汽车等制造业中多用来生产各种零部件。铜的耐蚀性较强，在化工、轻工等行业中多被用来制造反应器、阀门及管道等。铜能与锌、锡、铝、镍和铍等形成多种重要合金，主要用于导电、导热、弹性、耐蚀、装饰、造币等方面。铜也是国防工业的重要原材料，用于制造各种子弹壳、飞机和舰艇等零部件。铜的化合物众多，是电镀、农药、颜料、染料、杀菌剂、原电池和触媒等行业的重要化工原料。

3. 铜冶炼技术发展动向

铜冶炼技术进步始终以环保、节能、提高经济效益为目标。其技术发展动向有如下特点：

（1）传统冶炼工艺逐渐被淘汰。如鼓风炉熔炼、反射炉熔炼及电炉熔炼，由于效率低、能耗高、环境污染严重逐渐被淘汰。

（2）20世纪60年代以来铜闪速熔炼迅速发展，特别是70~80年代几乎成为新建铜冶炼厂的首选方案。闪速熔炼炉的生产规模潜力大，稍加改造可使生产能力大幅增长，扩产改造在多数闪速熔炼工厂得以实行。

（3）20世纪80年代，多种熔池熔炼工艺相继问世，并实现工业化生产。新兴的熔池熔炼工艺由于熔炼强度高、能耗低、对原料适应性强、SO_2 烟气可经济的回收制酸等特点，因此得到较快发展，打破了闪速熔炼独步天下的局面。

（4）新的强化熔炼工艺普遍采用富氧鼓风，富氧浓度有越来越高的趋势。全球几乎所有的闪速熔炼工厂都采用富氧熔炼，把提高鼓风富氧浓度作为提高闪速炉生产能力的主要手段。目前生产每吨铜平均消耗氧气1t以上，从而使熔炼过程的燃料消耗降至最低，而且可获得体积更小、SO_2 浓度更高的冶炼烟气，硫酸车间投资、生产成本可降至更低。

SO_2 浓度的提高，使烟气制酸普遍采用两转两吸工艺，加上新型高效触媒的使用，使 SO_2 转化率达到99.80%以上。现代化铜冶炼厂硫的回收率为95%~96%，硫的总捕集率为99.9%以上。

（5）铜锍连续吹炼技术实现工业化应用。具有代表性的是闪速连续吹炼、三菱法连续吹炼和奥斯麦特连续吹炼。连续吹炼的问世，使传统的P-S转炉因间断作业而带来的烟气不连续、低空 SO_2 污染等缺陷大为改善。

（6）电解精炼向大型化发展。采用大型电解槽（每槽阴极数在50片以上）和大型极板（阴极尺寸为1000mm×1000mm）以及高效率的极板作业机组和专用吊车，使单个系列的精炼能力达到 10×10^4t/a以上的水平。永久性阴极电解法1978年在澳大利亚首先用于工业生产，以不锈钢板制成永久性阴极替代传统的始极片，可重复使用。其优点主要有：电流密度高，由传统的240~260A/m^2 提高至300~330A/m^2；永久不锈钢阴极的使用，省去了始极片的生产制作及相应的组装阴极作业，简化了生产工序，节省了劳动力；极距由传统的105~110mm缩小为95~97mm，提高了生产效率。

（7）湿法炼铜异军突起。近20年来湿法炼铜产铜量占铜总产量的20%左右，且生产成本低廉。原来难选的氧化铜矿和低品位硫化铜矿等资源得到开发利用。

（二）铜冶炼方法

铜的冶炼方法可分为火法冶炼和湿法冶炼两大类。目前世界铜产量中80%用火法冶炼生产，约20%用湿法冶炼生产。

1. 火法冶炼

铜的火法冶炼处理的原料是硫化铜精矿和废杂铜。火法冶炼具有适应性强、能耗低、生产效率高、金属回收率高等优点。火法炼铜的原理：利用铜与硫的亲和力大于铁和一些杂质金属，而铁与氧的亲和力大于铜的特性，在高温及控制氧化气氛条件下，使铁等杂质金属逐步被氧化后进入炉渣或烟尘中而被除去，而金属铜则富集在各种中间产物中并逐步得到提纯。

2. 湿法冶炼

湿法炼铜是用溶剂浸出铜矿石或铜精矿，使铜进入溶液，然后从经过净化处理后的含铜溶液中回收铜的方法。主要用于处理低品位硫化铜矿石、氧化铜矿石、硫化铜精矿、选厂尾矿和一些复杂的铜矿石。根据不同的原料性质，采取不同的浸出方法，这些方法主要有：氧化铜矿稀硫酸浸出法、氧化铜矿氨浸法、硫化铜矿生物浸出法、硫化铜精矿焙烧浸出法等。随着矿石逐渐贫化，氧化矿、低品位难选矿石和多金属复杂铜矿的利用日益增多，湿法炼铜将成为处理这些原料的有效途径。

（三）铜冶炼工艺

1. 火法炼铜工艺

火法炼铜是当今生产铜的主要方法，用于处理硫化矿。以硫化铜精矿为原料生产金属铜的工艺流程，如图 2-3 所示。其工艺过程主要包括造锍熔炼、铜锍吹炼、火法精炼和电解精炼。

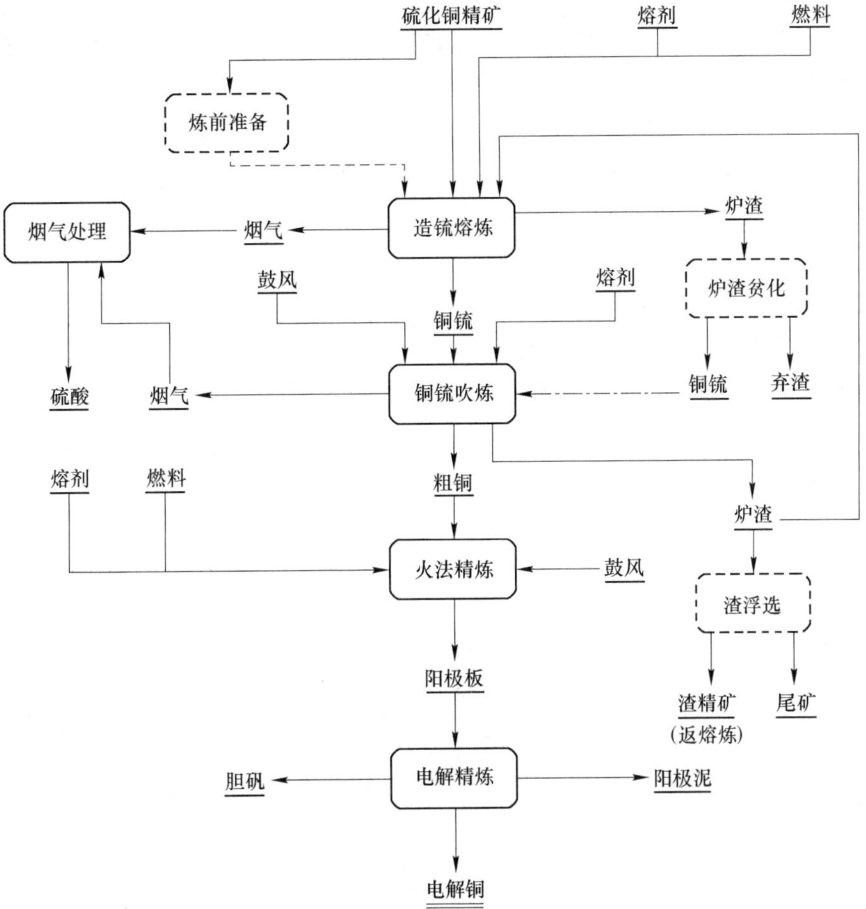

图 2-3　硫化铜精矿火法炼铜工艺流程图

（1）造锍熔炼。造锍熔炼是火法炼铜最重要的冶炼过程。近半个世纪以来，铜熔炼（包括造锍熔炼和铜锍吹炼）技术的变革是有色金属火法冶金领域发展中最活跃的部分。造锍熔炼的目的在于把炉料中的铜尽可能地富集在铜锍中，同时使脉石、氧化物等杂质形成炉渣，然后将铜锍与炉渣分离。造锍熔炼产出的铜硫，其含铜品位因熔炼方法而有差别。传统熔炼方法的铜硫品位一般为 30%～40%；新强化熔炼方法则视生产要求，通常在

50%~75%之间选定。

（2）铜锍吹炼。铜锍吹炼是指熔融铜锍经氧化造渣脱除硫和铁产出粗铜的火法炼铜过程。其目的是在氧气的作用下，将铜锍中的铁和硫等杂质氧化除去，得到含铜 98.5%~99.5%的粗铜。铜锍吹炼目前大多数炼铜厂采用 P-S 转炉。近年出现的闪速连续吹炼、三菱法连续吹炼和奥斯麦特连续吹炼等技术，共同特点是吹炼作业连续进行、烟气稳定、炉子密闭性好、烟气外泄造成的低空污染少。

（3）火法精炼。火法精炼是指在熔融高温条件下，除去矿产粗铜和再生铜中的硫、铁、铅、锌、镍、砷、锑、锡、铋等杂质，然后加入还原剂使铜中的氧除去，而使含铜品位达约 99.5%，最后得到化学和物理成分均符合电解精炼要求的阳极铜。热态的粗铜通常用回转式精炼炉精炼，具有操作简便、安全性高等优点。冷态粗铜和废铜料则常用反射式精炼炉精炼，具有熔化热效率高、设备简单等特点。

（4）电解精炼。电解精炼是指利用不同元素的阳极溶解或阴极析出难易程度的差异而提取纯金属的技术。电解精炼常用于有色金属的精炼。如粗铜、粗银、粗镍等的精炼。经火法精炼后的阳极铜通过电解精炼产生阴极铜。电解精炼一方面进一步除去少量的杂质，使产出的阴极铜品位达到 99.95%~99.99%的纯度要求；另一方面将金、银等贵金属富集到阳极泥中，以便进一步回收。

2. 湿法炼铜工艺

湿法炼铜主要用于处理氧化铜矿。氧化矿一般不易用选矿方法富集，而多用稀硫酸溶液直接浸出，所得溶液一般含铜 1~5g/L，然后用萃取-点积法提取铜。氧化铜矿湿法炼铜的工艺流程如图 2-4 所示。其工艺过程主要包括浸出、萃取、反萃取和电积。

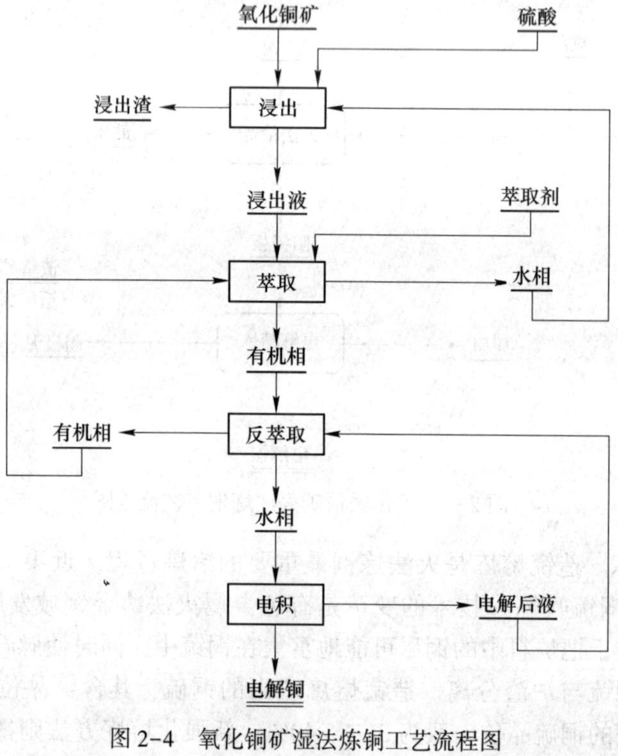

图 2-4　氧化铜矿湿法炼铜工艺流程图

（1）浸出。浸出的方式有多种，目前普遍采用的有槽浸、搅拌浸出、堆浸、就地浸出等方式。浸出方式的选择与矿石含铜品位及矿物组成、浸出难易程度、浸出工厂的具体条件等因素有关。氧化铜矿可以直接进行浸出，低品位氧化铜矿采用堆浸，矿山的残留矿石或未开采的氧化铜矿和贫铜矿采用就地浸出。硫化铜矿在一般情况下需要先焙烧后浸出，也可在高压下直接浸出。

（2）萃取。将铜浸出液（水相）与不相溶的萃取剂（有机相）搅拌混合，水相中的铜离子转移到或被萃取到有机相中，两相澄清分离后，留下荷载有机相，水相即成为萃余液返回浸出矿石。

（3）反萃取。以适当量的废电解液与荷载有机相进行搅拌混合，荷载有机相中的铜离子被转移到硫酸（废电解液）溶液中，即成为富铜电解液。反萃后的卸载有机相返回萃取，富铜液送往电解沉积。

（4）电积。用电解的方式从富铜液中沉积金属铜，是湿法炼铜的最后一道工序。铜的电积属于不溶性阳极电解，在阳极上进行水的分解析出氧气，阴极过程为铜离子还原析出金属铜。电积槽与可溶性阳极电解基本相同，只是用铅合金的不溶阳极，取代可溶铜阳极。

湿法炼铜主要技术经济指标，如表 2-5 所示。

表 2-5　湿法炼铜主要技术经济指标

序号	项　目	单　位	指　标
1	矿石铜品位	%	≥0.1
2	堆浸周期		
2.1	氧化矿	月	3~4
2.2	硫化矿	月	4~8
3	铜的浸出率		
3.1	氧化矿堆浸	%	50~80
3.2	硫化矿堆浸	%	20~60
3.3	浸出液铜浓度	g/L	0.5~3
3.4	萃取、电积回收率	%	97~98
4	吨电铜主要材料消耗		
4.1	硫酸		
4.1.1	氧化矿堆浸	kg	3~7
4.1.2	硫化矿堆浸	kg	0~1
4.2	萃取剂	kg	3~6
4.3	稀释剂（260 号溶剂油）	kg	80~120
4.4	电耗	kW·h/t	3800~5000
4.5	水	t	2~3
5	吨铜投资（不计采矿）	万元	0.8~1.2
6	吨铜生产成本	万元	0.6~0.7

三、铝冶金

（一）铝概述

1. 铝的性质

铝是元素周期表中第3周期ⅢA族元素，原子序数为13，相对原子质量26.98154，是地壳中含量最丰富的金属元素。铝是一种轻金属，具有银白色的金属光泽。

A　铝的物理性质

（1）熔点低。铝的熔点对纯度十分敏感，纯度越高，则熔点越高。常压下纯度为99.996%的铝，熔点为660.37℃，沸点高；液态铝的蒸气压不高，沸点为2467℃。

（2）密度小。常温下铝的密度为2.7g/cm^3。铝的密度与其中所含的合金元素或杂质的种类和数量有关。使其密度增大的元素有Fe、Cu、Mn、V、Cr、Ti、Pb等，使其减小的元素是B、Ca、Mg、Li等。工业纯铝的密度主要取决于其中Fe和Si的质量分数。一般$m(Fe)/m(Si)$为2～3，密度约为2.70～2.71g/cm^3。在950℃时，铝液的密度为2.303g/cm^3。

（3）电阻率小。高纯铝（其中铝的质量分数为99.995%）的电阻率在293K时为$2.62\times10^{-8}\sim2.65\times10^{-8}\Omega\cdot m$，相当于铜的标准电阻率的1.52～1.54倍。用作工业导电材料的铝在293K时，电阻率不大于$2.80\times10^{-8}\Omega\cdot m$；纯度为99.5%～99.7%的铝，电阻率为$(2.80\sim2.85)\times10^{-8}\Omega\cdot m$。铝中添加其他元素，都会增大铝的电阻率，固体和液体铝的电阻率均随温度降低而减小，靠近0K时，铝的电阻率接近零。

（4）具有良好的导热能力。在20℃时，铝的热导率为2.1W/(cm·℃)。在室温下，铝的导热系数大约是铜的1.5倍。

（5）具有良好的反射光线的能力，特别是对于波长为0.2～1.2μm的光线。

（6）没有磁性，不产生附加的磁场，所以在精密仪器中不会起干扰作用。

（7）具有良好的延展性，易于加工、压延和拉丝，可用一般的方法把铝切割、焊接或黏结、拉成铝线、压成铝板和铝箔。

（8）可同多种金属构成合金，如Al-Ti、Al-Mg、Al-Zn、Al-Si、Al-Fe、Al-Mn合金，某些合金的力学强度甚至超过结构钢。

B　铝的化学性质

（1）铝与氧反应，生成氧化铝。在空气中铝的表面能生成一层连续而致密的氧化铝薄膜，其厚度约为2×10^{-5}cm，因此铝具有良好的抗腐蚀性能。铝粉或铝箔在空气中强烈加热，即燃烧生成氧化铝。

（2）铝在高温下能够还原其他金属氧化物。利用这些反应可以制取纯金属，例如Mg、Li、Mn、Cr等。

（3）在2000℃左右，铝易于同碳发生反应，生成碳化铝（Al_4C_3）。有催化剂冰晶石存在时，Al_4C_3的生成温度可降低至900℃左右。在1000℃以上，铝同氮发生反应生成氮化铝（AlN）。在800℃以上，铝同三价卤化物（如AlF_3、$AlCl_3$、$AlBr_3$、AlI_3）发生反应，生成一价铝的卤化物。在冷却时，一价铝的卤化物分解出常价铝的卤化物和铝。利用这种分解反应，可以从铝合金中提取纯铝。

（4）由于铝的两性性能，铝既可溶于稀酸，又易于被苛性碱溶液侵蚀，生成氢气和可溶性铝盐。但高纯度铝可以抵御某些酸的腐蚀作用，可用来储存硝酸、浓硫酸、有机酸和其他化学试剂。

（5）铝不与其他碳氢化合物（饱和的或不饱和的、脂肪族或芳香族的）发生反应。但是因碳氢化合物中可能有一定量的酸或碱，铝也会受到腐蚀。铝不与酒精、酚、醛、酮等发生反应；但是铝与醋酸发生反应，温度升高，则反应加剧。

（6）铝的保护剂。铝的保护剂有多种有机的或无机的胶体（如树脂、树胶、淀粉等）、碱金属的铬酸盐和重铬酸盐、铬酸、高锰酸盐、过氧化氢以及其他氧化剂，它们能够促进生成铝表面上的保护性氧化膜。但是这些保护剂中往往含有某些有害的杂质，当环境不同时，它们的防护作用会减退。

2. 铝的用途

铝由于具有较多优良性能，其用途在日常生活、交通运输、航空航天、冶金和农业等方面都有广泛体现，是比较理想的应用型金属。

（1）传统用途方面。由于铝具有质轻、良好的导热性和导电性、可加工性及构成高强度、耐腐蚀性合金等优良性能，因而成为有色金属中应用最广泛的金属。大量的铝用于制造建筑用结构材料、包装材料、电力输送线、日用品和机械设备等方面。铝具有良好的导热性能，是制造机器活塞、热交换器、冷却器翅板、炊具、电熨斗等的理想材料。

（2）交通运输方面。一般而言，汽车上用铝代替钢，每千克铝可减轻车身质量1.5kg，而车身质量每减轻1kg，可在16×10^4km总行程中节省汽油10L。新型轿车采用铝合金横梁与坚固的压铸复合构件相连接的构造，不仅具有优于钢制车体的强度，而且使车体质量减轻了40%。

（3）航空工业方面。铝材是飞机的主要结构材料，一般占50%~80%。民用飞机铝材用量均在70%以上，未来铝合金仍然会是飞机的主要结构材料。此外，铝还是导弹与火箭的结构材料，除火箭发动机主要使用了钢材以外，其余部件基本上采用有色金属材料，且大部分以铝合金为主。

（4）冶金工业方面。在钢铁冶金工业上用铝作脱氧剂。钢锭浇铸时用作冒口发热剂，平均每吨钢需要铝0.8kg。此外，还用铝作还原剂，生成高熔点金属。

（5）农业方面。铝材在农业上可发挥重要作用，除制造各种农业机械外，还可以制作铝合金粮仓。用铝合金型板卷绕而成的螺旋型铝合金粮仓，与传统的钢筋混凝土粮仓相比，劳动强度减轻20%，基建投资减少1/3~1/2，且可在产粮地区就地建造，不受气候与土壤的限制，特别适用于南方潮湿多雨的地区。

3. 铝冶金原料

铝在地壳中的含量约为8.3%，仅次于氧和硅，居第三位。地壳中的含铝矿物约有250种，但炼铝最主要的资源是铝土矿，世界上95%以上的氧化铝是用铝土矿生产的。铝土矿是一种以氧化铝的水合物（$Al_2O_3 \cdot nH_2O$）为主要成分的矿石，Al_2O_3的含量为40%~70%。根据氧化铝所含结晶水数量及矿物结构不同又分为三水铝石铝土矿（$Al_2O_3 \cdot 3H_2O$）、一水软铝石铝土矿（$\gamma\text{-}Al_2O_3 \cdot H_2O$）和一水硬铝石铝土矿（$\alpha\text{-}Al_2O_3 \cdot H_2O$）。除氧化铝之外，铝土矿中常含有$SiO_2$、$Fe_2O_3$、$TiO_2$、碳酸盐及其他微量元素。

（二）氧化铝生产工艺

铝土矿中氧化铝水合物既能溶于酸也能溶于苛性碱溶液。因此，从矿石中提取氧化铝的方法分为酸法和碱法。由于酸有腐蚀性，耐酸设备难以解决，因此酸法生产未能在大工业中得以应用。目前在工业上采用的方法是碱法生产，包括拜耳法、碱石灰烧结法以及联合法等。

1. 拜耳法

拜耳法适用于处理高品位铝土矿，具有工艺简单、产品纯度高、经济效益好等优点，生产过程主要包括溶出、分解和煅烧三个阶段。铝土矿经过苛性钠溶液溶出，将其中的氧化铝充分溶解成为铝酸钠溶液，加入晶体（氢氧化铝）并经过搅拌，析出固体氢氧化铝。经过煅烧，使氢氧化铝脱水，得到不吸水的电解用氧化铝。拜耳法全流程主要的加工工序为矿石的破碎及湿磨、高温高压溶出、赤泥分离洗涤、晶体分解、母液蒸发及氢氧化铝焙烧。其基本工艺流程如图 2-5 所示。

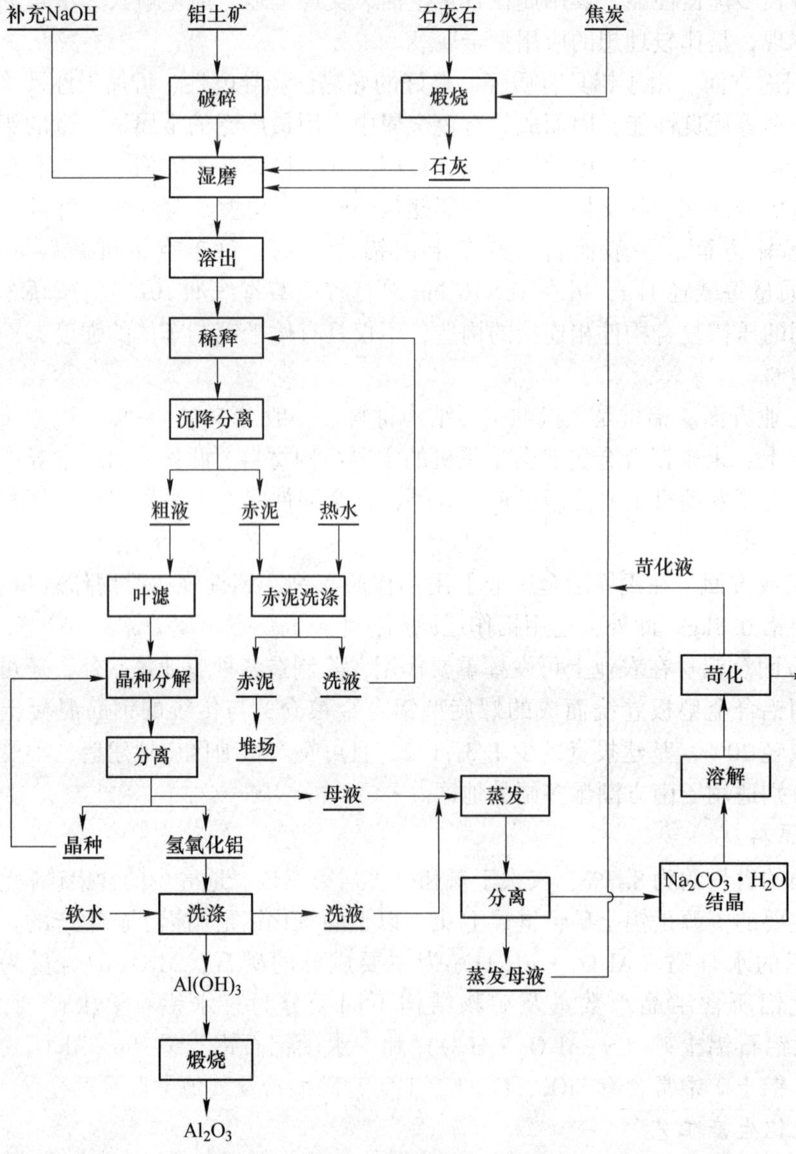

图 2-5　拜耳法基本工艺流程图

拜耳法生产氧化铝的主要工艺技术经济指标如表 2-6 所示。

表 2-6　拜耳法主要工艺技术经济指标

序号	项　　目	单　位	指　标
1	铝土矿（干矿）单耗	t/t	1.85
2	苏打单耗	kg/t	50
3	石灰单耗	kg/t	200
4	电单耗	kW·h/t	257
5	焙烧热耗	MJ/t	3.2
6	新水单耗	t/t	3.6
7	其他热耗（以蒸汽计算）	MJ/t	7.2

2. 碱石灰烧结法

碱石灰烧结法适用于处理低品位铝矿石，是在铝土矿中加入一定量的石灰（或石灰石）、苏打（含大量 Na_2CO_3 母液）配成炉料，在回转窑内进行烧结，得到可溶于水的固态铝酸钠熟料，再用水浸出得到铝酸钠溶液，最后通入二氧化碳分解铝酸钠溶液，便可以结晶出氢氧化铝。其基本工艺流程如图 2-6 所示。

烧结法流程比较复杂，能耗大，产品质量一般不如拜耳法好；但烧结法能有效地处理高硅铝土矿，而且所消耗的是价格较低的碳酸钠。一般来说，当矿石的铝硅比在 7 以下时，烧结法便优于拜耳法。

烧结法生产氧化铝的主要工艺技术经济指标如表 2-7 所示。

表 2-7　烧结法主要工艺技术经济指标

序号	项　　目	单　位	指　标
1	铝土矿单耗	t/t	2
2	苏打单耗	kg/t	108
3	烧成煤单耗	kg/t	770
4	石灰石单耗	t/t	1.8
5	焙烧耗油量	kg/t	78
6	焦炭单耗	kg/t	95
7	蒸汽单耗	t/t	4.2
8	生料加煤量	kg/t	100
9	压缩空气单耗	m^3/t	980
10	新水单耗	t/t	18
11	电单耗	kW·h/t	450
12	氧化铝总回收率	%	87

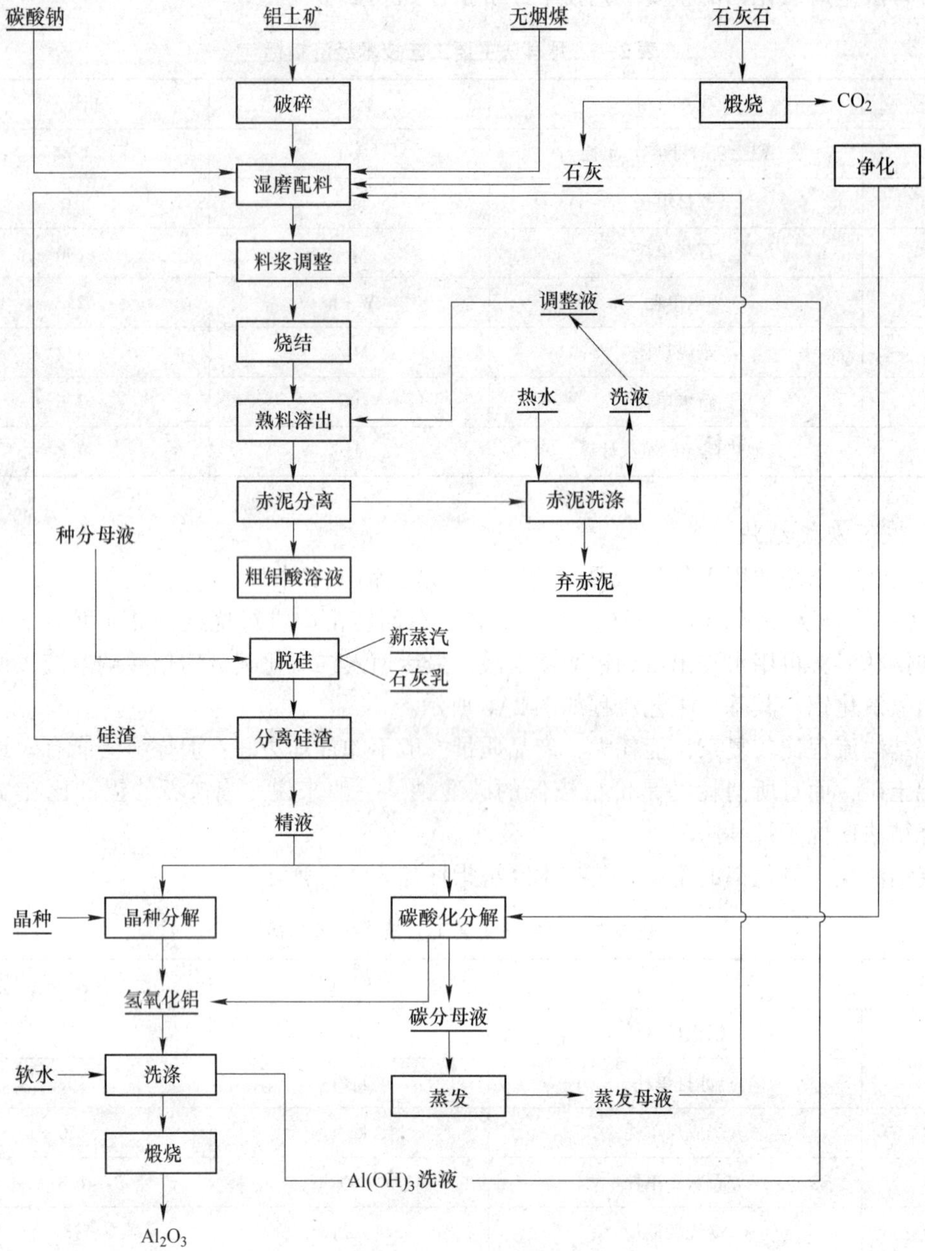

图 2-6　碱石灰烧结法基本工艺流程图

3. 联合法

拜耳法和碱石灰烧结法是氧化铝生产的两个主要方法，但各有优缺点。在某些情况下，采用拜耳法和烧结法的联合生产流程，可以兼收两种方法的优点，取得较单一的拜耳法或烧结法更好的经济效果，同时又使铝土矿资源得到更加充分的利用。联合法又分为并联法、串联法和混联法。并联法不限于处理高硅铝土矿，也可以烧结霞石、黏土等其他铝矿。串联法最适于处理中等品位铝土矿。

(1) 并联法。并联法是指拜耳法与烧结法平行作业，各自处理高品位及低品位的矿石，各自排出自己的残渣-赤泥。拜耳法与烧结法互为利用的方面是：拜耳法析出的碱不设苛化进行处理而是送烧结法配料；拜耳法的碱耗用烧结法的铝酸钠精液来补充；拜耳法与烧结法生产出来的氢氧化铝合并洗涤及焙烧。使用并联法时，工厂必须要有高品位矿及低品位矿的供应，高品位矿供拜耳法生产用，低品位矿供烧结法生产用。

（2）串联法。串联法是指拜耳法与烧结法串联的生产工艺过程，矿石先经拜耳法处理，产出的残渣-赤泥再经烧结法处理，最终的残渣由烧结法排出。串联法的优点是：矿石经两道处理，氧化铝回收率高、碱耗低；拜耳法部分处理能力较大，烧结法部分处理能力较小，故可使工厂减少投资、产品成本较低。

（3）混联法。混联法是指拜耳法与烧结法联合在一起，既有串联的内容也有并联的内容。较高品位的矿石先经拜耳法处理，产出的残渣-赤泥再经烧结法处理，同时在烧结配料时又加入低品位的矿石与拜耳法的赤泥同时处理，最终的残渣-赤泥由烧结法排出。混联法解决了赤泥熟料烧成时的技术难题，但是带来了配料复杂、烧结法产能加大，使产品成本提高等不利因素。郑州铝厂、贵州铝厂及山西铝厂目前都是采用混联法工艺流程。

联合法（串联法）生产氧化铝的主要工艺技术经济指标如表 2-8 所示。

表 2-8　联合法（串联法）主要工艺技术经济指标

序号	项　目	单　位	指　标
1	熟料单耗	t/t	2.62
2	碱耗 $NaCO_3$ 100%	kg/t	114.2
3	电单耗	kW·h/t	456
4	NaOH 100%	kg/t	10.6
5	蒸汽单耗	MJ/t	12.853
6	石灰石单耗附水 10%	t/t	1.42
7	烧成煤耗	kg/t	464.4
8	新水单耗	t/t	3.9
9	氧化铝总回收率	%	87.87

总而言之，用拜耳法处理铝土矿生产氧化铝投资省、成本低、产品质量好、易操作、易管理及可采用许多新工艺流程和新型高效设备。目前世界上约有 90%的氧化铝都是由拜耳法生产的。只有中国、俄罗斯、乌克兰、哈萨克斯坦等国采用联合法和烧结法。我国大多数铝土矿是中等品位的一水硬铝石型矿石，故串联法对于我国氧化铝工业来说是很有意义的方法。

（三）电解铝生产工艺

目前，铝的生产基本上都是采用冰晶石-氧化铝熔盐电解法。电解过程是在电解槽内进行的，直流电经过电解质时使氧化铝分解，在阴极上生成液体铝，在阳极上析出氧，同时氧化碳阳极中的碳，逸出 CO_2 和 CO。铝液用真空抬包抽出，经净化澄清后，烧铸成商品铝锭。

1. 铝电解中的电极过程

（1）阴极过程。电解铝时，电解槽作为阴极，其上面的铝氧氟络合离子中的 Al^{3+} 放电析出，有时也会有钠析出。

（2）阳极过程。以炭素材料烧结而成的炭块作为阳极，其本身参与电化学反应，同时铝氧氟络合离子中的O^{2-}在炭阳极上放电，生成二氧化碳。

（3）阳极效应。阳极效应是指铝电解过程中发生在阳极上的一种特殊现象。一般认为，阳极效应是由电解质对于炭阳极的湿润性的改变而引起的。

2. 铝电解的主要经济技术指标

在铝电解正常生产期，需要对各项工艺技术条件进行控制管理。这些工艺技术条件包括槽工作电压、加料量、铝液水平、极距、电解温度和电解质成分等，在保证电解槽操作质量的前提下，控制好这些技术指标，电解槽才能长期在稳定状态下工作，获得高的电流效率和低的能量消耗。

（1）槽工作电压。槽工作电压是指电解槽阳极母线至阴极母线之间的电压降，是与电解槽并联的直流电压表上反映出的供计算机控制用的实际槽电压。在正常生产期，操作者要控制稳定的槽工作电压，因为槽工作电压对电解温度有明显的影响，过高或过低的保持电压都会给电解槽带来变化。

槽工作电压过高不但浪费电能，而且电解质热量收入增多，会使电解走向热行程，炉膛被熔化，并使铝的质量受到影响，进而影响电流效率。槽工作电压过低也不行，虽然最初因热收入减少可能出现低温时的好处，但由于电解质冷缩，产生大量的沉淀，很快使炉底电阻增加而发热，由冷行程转为热行程，其结果的损失可能比高电压时要大得多；槽电压过低还可能造成压槽、阳极周边突出、滚铝和不灭效应等技术事故。

（2）加料量。铝电解槽的加料作业就是定时定量地向电解槽中补充氧化铝，新型电解槽采用所谓连续或点式下料，每次下料之间也有规定的时间间隔，连续下料的间隔只有20s左右，点式下料是每隔几分钟下一次料。

（3）铝液水平。生产槽中的铝液被装在所确定的炉膛内，在定型的炉膛中保持一定的高度，操作者通过控制铝液水平对出铝量进行控制。铝液水平的高低是影响电解槽热平衡的重要因素，不适当的铝液水平会对电解槽的正常运行产生有害的作用。每台槽的出铝量应等于出铝周期内所产生的铝量，目的是保持槽内有稳定的铝液水平，以使槽的热平衡不致被破坏。

（4）极距。极距是铝电解槽中铝液界面到阳极底掌的垂直距离。增加极距能减少铝的损失，会使电流效率提高。但是由于极距增加，槽工作电压也会升高，会增加电能的消耗。另外，电解质的热收入增多，温度升高又对电流效率产生不利影响。缩短极距可降低槽电压，节省电能，但过度地缩短极距会使铝的损失增加，电流效率降低。

（5）电解温度。铝电解槽的电解温度是指电解质的温度，一般取950~970℃，高出电解质的初晶温度15~20℃。铝的二次损失随电解温度的升高而增加，温度每升高10℃，则电流效率降低约1%。因此，在生产中力求降低电解温度，尽可能地在电解温度较低的条件下进行生产。

（6）电解质成分。电解质主要由熔融的冰晶石和溶解在其中的氧化铝组成，另外还会添加少量的MgF_2、CaF_2等。电解质成分涵盖电解质分子比、电解质中的氧化铝含量、电解质中添加剂和电解质水平。电解质的成分决定了电解质的性质，其中以冰晶石为主体的分子比对电解质的物理性质影响很大。

四、锌冶金

(一) 锌概述

锌呈银白色略带蓝灰色，具有金属光泽；在化学元素周期表中位于第 4 周期、第ⅡB族；熔点为 692.73K(419.53℃)，沸点为 1180K(907℃)，常温下密度为 7.14g/cm^3，热导率为 116W/(m·K)，电阻率为 $5.916\times10^{-8}\Omega\cdot m$。锌质软，性较脆，有延展性。锌的耐腐蚀性能好，常温下在干燥的空气中不易氧化。但在含有 CO_2 的潮湿空气中，其表面会逐渐氧化，生成一层灰白色、致密的碱式碳酸锌（$ZnCO_3\cdot 3Zn(OH)_2$）薄膜，保护内部锌不再被腐蚀。

由于锌在常温下表面易生成一层保护膜，所以其最大的用途是用于镀锌工业。锌能与许多有色金属形成合金，其中，锌与铝、铜等组成的合金，广泛用于压铸件；锌与铜、锡、铅组成的黄铜，用于机械制造业；含少量铅、镉等元素的锌板，可制成锌锰干电池负极、印花锌板、有粉腐蚀照相制版和胶印印刷版等；此外，锌粉、锌钡白、锌铬黄可作颜料；氧化锌可用于橡胶、陶瓷、造纸、颜料等工业；氯化锌可以用作木材的防腐剂，硫酸锌可以用于制革、纺织和医药等工业。

(二) 锌冶炼方法

锌矿物冶金生产出锌锭的方法分为两大类：火法炼锌和湿法炼锌。目前世界上主要炼锌方法是湿法炼锌，有 80%以上的原生锌锭是通过湿法炼锌生产的。

1. 火法炼锌

火法炼锌是将锌精矿进行氧化焙烧或烧结焙烧，使精矿中的 ZnS 变为 ZnO，再把 ZnO 和焦炭混合，在鼓风炉中加热至 1100~1300℃，使锌蒸馏出来。此过程包括焙烧、还原蒸馏和精馏。火法炼锌的基本原理是：将氧化锌在高温下用碳进行还原，同时利用锌沸点低的特点，使其以蒸气方式挥发，再冷凝成液态锌。

(1) 焙烧。锌精矿的焙烧主要是在高温下利用空气中的氧进行氧化焙烧，以改变其成分，适应下一步冶金处理的需求。

(2) 还原蒸馏。在火法炼锌蒸馏过程中，氧化锌被碳还原，生成金属锌。

(3) 精馏。利用杂质元素与锌的蒸气压和沸点不同，在高温下使它们与锌分离，进行蒸馏提纯，称为锌精馏。

2. 湿法炼锌

湿法炼锌主要有焙烧、浸出、净化和电积等过程。其基本原理是：锌精矿焙烧后用电解废液进行中性浸出，使大部分氧化锌溶解，得到的矿浆分离出上清液和底流矿浆。上清液净化后电积产出金属锌，熔铸成锭。底流矿浆进行酸性浸出以溶解残余的氧化锌，酸性浸出液返回到中性浸出；含锌约 20%的酸性浸出渣，需进一步处理，传统方法采用回转窑挥发，回收其中的锌、铅和部分稀散金属。

(1) 焙烧。焙烧是使精矿中的硫化锌转变为可溶于稀硫酸的氧化锌，即酸溶锌。焙烧用流态化焙烧炉，焙烧温度 850~900℃，过剩空气系数 1.1~1.2。焙烧矿中可溶锌应占全锌量的 90%以上，尽量减少不溶于稀酸的铁酸锌（$ZnO\cdot Fe_2O_3$）和难溶的硫化锌。

(2) 浸出。浸出是用稀硫酸溶液溶解锌焙砂中的氧化锌，硫酸溶液主要来自锌电解车间的废电解液。整个浸出过程分为中性浸出和酸性浸出两个阶段。中性浸出就是用锌焙砂来中和酸性浸出溶液中的游离硫酸，控制一定的酸度（pH=5.2~5.4），用水解法除去浸出液中溶解的杂质，得到的中性溶液经净化后电解收锌。中性浸出残渣中还含有大量的锌，需用含酸浓度较高的废电解液再进行酸性浸出，其目的是使浸出渣中的锌尽可能完全溶解，提高锌的浸出率。

（3）净化。锌焙砂浸出得到的硫酸锌溶液还含有许多杂质（铜、镉、镍和砷等），会给下一步锌的电解过程带来不利影响。因此，在电解前必须对该溶液进行净化，将浸出过滤后的中性上清液中的有害杂质除至规定的限度以下，以保证电积时得到高纯度的阴极锌及最经济的进行电积，并从各种净化渣中回收有价金属。由于原料成分的差异，各工厂中性浸出液的成分波动很大，因此所采用的净化工艺各不相同。净化方法可分为加锌粉置换法和加特殊试剂沉淀法两类。

（4）电积。电积是湿法炼锌的最后一个工序，是用电解的方法从硫酸锌水溶液中提取纯金属锌的过程。锌的电解沉积是将净化后的硫酸锌溶液（新液）与一定比例的电解废液混合，连续不断地从电解槽的进液端流入电解槽内，用含银0.5%~1%的铅银合金板作阳极，以压延铝板作阴极，当电解槽通过直流电时，在阴极铝板上析出金属锌，阳极上则放出氧气，溶液中硫酸再生。

（三）锌冶炼工艺

1. 火法炼锌工艺

火法炼锌的工艺有平罐炼锌、竖罐炼锌、电炉炼锌及密闭鼓风炉炼锌等，我国现存的火法炼锌只保留了后三种。不同的火法炼锌工艺比较如表2-9所示。

表2-9　不同火法炼锌工艺比较

工艺类型	特　点	缺　点	实　例
平罐炼锌	设备简单，能源、电力消耗少，便于建设，节省投资	能耗高、劳动条件差、间断生产	淘汰
竖罐炼锌	平罐炼锌基础上发展起来，蒸馏过程连续生产	能耗高、环境条件差，设备损耗大	少数中小炼锌企业
电炉炼锌	原料适应性好，能量利用率高，设备简单，节省投资	生产规模小，耗电大	云南地区少数中小炼锌企业
密闭鼓风炉炼锌	铅锌同时冶炼，原料适应性好	操作过程繁杂	韶关冶炼厂

（1）平罐炼锌。平罐炼锌是指用碳质还原剂，将置放在水平安置的蒸馏罐中的锌氧化物还原成金属锌的锌熔炼方法，又称横罐炼锌法。蒸馏罐为长约1.8m、直径约0.3m的耐火黏土制成的带底椭圆形圆筒，与同一材质制造的冷凝器及钢制延伸器等组成。1807年，世界上第一台平罐炼锌炉开始投入工业化生产，由此开创了现代锌冶金的先河。由于平罐炼锌法弊大于利，现已基本被淘汰。

（2）竖罐炼锌。竖罐炼锌是在平罐炼锌的基础上发展起来的，竖罐炼锌的原料性质、冶炼技术及操作条件等与平罐炼锌基本相同。与平罐炼锌相比，竖罐炼锌可连续生产，上方连续加料，上侧方连续出锌，实现了设备的大型化和机械化操作，提高了劳动生产率，在电力和焦炭缺乏的地区，竖罐炼锌具有独特的适应性。

（3）电炉炼锌。电炉炼锌是在19世纪末20世纪初发展起来的，与平罐及竖罐炼锌工艺相比，电炉炼锌是利用电能，在煤或焦炭存在的条件下直接加热炉料，从而使炉料中的锌挥发形成锌蒸气，经过冷凝得到金属锌。

（4）密闭鼓风炉炼锌。密闭鼓风炉炼锌是指用鼓风炉处理含铅锌的热烧结块或团矿，产出蒸馏锌和粗铅的工艺。该法是英国帝国熔炼公司开发的技术，20世纪50年代用于工业生产，到60年代已在澳大利亚、法国、日本等国设计建厂。中国于1966年采用这项技术，设计建成韶关冶炼厂。到20世纪80年代，各国采用该法所产锌量之和约占世界产锌总量的12%。与其他火法炼锌工艺相比，该法能直接处理铅锌混合精矿，对原料的适应性强、生产能力大、燃料消耗少、建设投资较少，在炼锌工业中具有一定的地位。

除了上述常见的火法炼锌工艺外，还有一些或已经在实践中进行试验，或已经被提出来但未在实践中应用的火法炼锌工艺。如等离子炼锌法、锌焙烧矿闪速还原法和喷吹炼锌法。

2. 湿法炼锌工艺

湿法炼锌工艺根据浸出过程中采用的浸出介质及操作条件的不同可分为常规浸出、热酸浸出和加压浸出等。其中，酸性浸出和热酸浸出的主要问题在于浸出液中的锌、铁分离。目前工业上采用的沉铁工艺有黄钾铁矾法、针铁矿法和赤铁矿法。各种湿法炼锌工艺的优缺点如表2-10所示。

表2-10　不同湿法炼锌工艺比较

工艺类型	特　点	缺　点	实例
常规浸出	以稀硫酸为浸出介质，分为中性浸出和酸性浸出两段工艺，浸出工艺简单，锌回收率高	铁酸锌等副产物无法溶解，需增加后续的除铁工艺，造成生产成本较高，环境污染较大	株洲冶炼厂
热酸浸出	分为中性浸出、热酸浸出以及沉铁三部分，解决了铁酸锌的溶解问题	沉铁产生渣量大，残渣难以处理，环境污染大	西北铅锌厂
加压浸出	减少硫化锌矿焙烧流程，硫化锌直接浸出，实现真正的全湿法工艺，原料适应性强	因加压设备的存在造成建设费用高，运行成本较大	加拿大Trail锌厂
常压浸出	在高温（100℃）常压环境下直接浸出硫化锌，操作简单，设备维护费用低	生产周期长，试剂费用高，热量损失大，渣量大	韩国锌业公司

（1）常规浸出。常规浸出是将锌焙烧矿与废电解液混合经湿法球磨之后，加入中性浸出槽中，控制浸出过程终点溶液的pH值为5.0~5.2。

（2）热酸浸出。热酸浸出是在常规浸出的基础上，用高温（>90℃）高酸（浸出终点残酸一般大于30g/L）浸出代替了其中的酸性浸出，以湿法沉铁过程代替浸出渣的火法烟化处理。

（3）加压浸出。加压浸出是将硫化锌或铅锌混合精矿、锌废电解液、氧气连续加入加压釜，在一定温度、压力的条件下，利用氧作为氧化剂，锌废电解液作为浸出剂，直接把硫化锌氧化成硫酸锌溶液，硫酸锌溶液再通过净化和金属锌的电解沉积产出金属锌。

（4）常压浸出。常压浸出是将铁溶解在高温浓酸中，并沉淀出铁矾，矿浆流到锌精矿浆化反应器中，然后通过泵使矿浆送达浸出反应器组中。

近年来，锌冶炼工艺日趋成熟和完善，新工艺也不断被提出，整体炼锌技术逐步向前发展。除火法和湿法两大炼锌工艺外，细菌冶金法、悬浮电解法、固硫还原法等新的锌冶炼方法应运而生。

五、锂冶金

（一）锂概述

锂，原子序数为3，相对原子质量为6.941，是最轻的碱金属元素。元素名来源于希腊文，原意是“石头”。1817年由瑞典科学家阿弗韦聪在分析透锂长石矿时发现。自然界中主要的锂矿物为锂辉石、锂云母、透锂长石和磷铝石等。金属锂为一种银白色的轻金属；熔点为180.54℃，沸点为1342℃，密度为0.534g/cm^3，硬度为0.6。锂具有高的比热和电导率，金属锂可溶于液氨。锂与其他碱金属不同，在室温下与水反应比较慢，但能与氮气反应生成黑色的一氮化三锂晶体。

由于锂的质量较轻，熔点较低，具有体心立方结构，所以经常用于合金生产。特别是铝合金、镁合金、铅合金等。在冶金工业上，使用锂能激烈地和O、N、Cl、S等物质反应的性质，充当脱氧剂和脱硫剂。第二次世界大战期间，由于军事工业的需求，锂工业得到阶段性发展，战后热核武器的发展，使美国的金属锂工业得到惊人发展。随后的几十年，锂及其化合物在铝电解、玻璃陶瓷、润滑脂、空调制冷等方面的应用取得较大进展，锂产量趋向稳步上升；特别是在轻质合金、储能电池、航空航天等行业高速发展的推动下，金属锂的需求量急剧增长，被称为“二十一世纪能源元素”。

（二）锂冶炼工艺

锂的提取主要分为锂盐的制取和金属锂的冶炼。目前工业金属锂主要通过电解熔融氯化钾-氯化锂体系取得，实验室、半工业化实验还有真空热还原提取工艺。其中真空热还原法根据还原剂的不同分为氢热还原法、碳热还原法、铝热还原法和硅热还原法等。

1. 初级锂盐的制取工艺

由于锂主要来源于含锂的矿物和卤水中，因此提取工艺可分为：从矿石中提取和从卤水中提取两种类型。矿石提锂的初级产物是碳酸锂，由矿石中提取锂盐的主要方法分为：硫酸钾法、硫酸法、石灰法和氯化焙烧法。

（1）硫酸钾法。硫酸钾法是指将硫酸钾与锂矿石混合煅烧后，使矿石中的锂被钾置换生成硫酸钾并加水浸出得到溶液，净化除铁锰后用苏打水饱和溶液沉淀出碳酸锂。

（2）硫酸法。硫酸法是将锂辉石（一般含氧化锂4%~6%）进行焙烧转型，与硫酸混合生成硫酸锂，经浸出、净化、蒸发、沉锂、干燥等工序，制得初级材料碳酸锂成品。

（3）石灰法。石灰法是将锂铝硅酸盐矿物通过石灰石焙烧，使主要杂质硅、铝生成难溶于水的化合物，而锂及其伴生有价金属钾、钠、镓生成易溶于水的化合物，然后用水浸出分离获得锂产品。

（4）氯化焙烧法。氯化焙烧法是将锂云母矿、氯化钙、氢氧化钠与复合粘结剂混合、造球、氯化焙烧，用含碳酸钠、碳酸钾的溶液浸出上述烟尘，钾、钠、铷、铯进入溶液，锂转化为碳酸锂，过滤后得到碳酸锂固体，过滤母液循环用于浸出烟尘，直至碱金属盐接近饱和后，利用焙烧炉气余热间接加热过滤母液蒸发部分水分，通入 CO_2 进行碳酸化，冷却结晶析出碳酸钾、碳酸钠混合盐，将该混合盐一部分返回作辅料与锂云母混合焙烧循环利用，一部分用作溶出时所需碳酸盐试剂，其余部分作为碳酸钾、碳酸钠副产品。

目前卤水提锂已经成为全球主流技术，根据不同地域自然环境和化学成分的不同卤水提锂方法主要有：沉淀法、溶剂萃取法、蒸发结晶法、离子交换吸附法、煅烧浸取法、盐析法等方法，其中沉淀法包括太阳能直接浓缩-碳酸锂沉淀法、铝酸盐沉淀法、磷酸盐沉淀法、离子交换树脂法和酸化-太阳能浓缩-沉淀碳酸锂法等。溶剂萃取法具有可连续操作、富集比高、产量高、设备简单、成本低和操作安全等优点而被广泛应用。

2. 金属锂制取工艺

A　工艺分类

a　熔盐电解法

熔盐电解工艺生产锂的方法是由岗茨于 1893 年提出的，即氯化锂-氯化钾熔盐电解法。其原理为：在温度 450℃左右，对含有等量氯化锂和氯化钾熔体进行电解制取金属锂。熔盐电解工艺流程如图 2-7 所示。

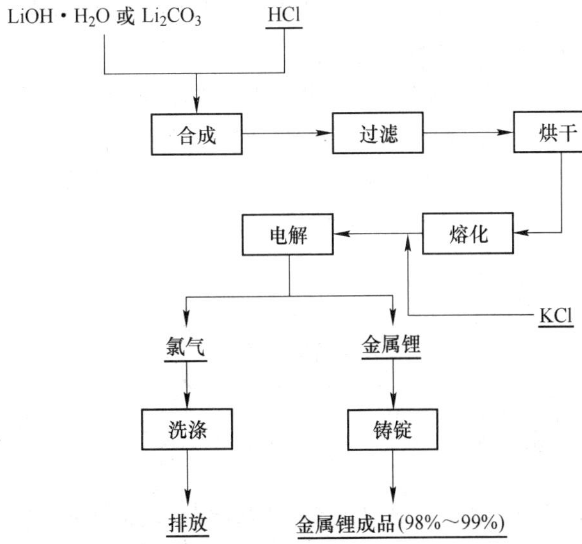

图 2-7　熔盐电解法制取锂工艺流程图

b　真空热还原法

真空热还原大多以碳酸锂经高温分解的氧化锂为原料，以碳、氢、金属单质（Al、Si 等）、合金（Al-Si、Si-Fe 等）为还原剂。根据还原剂的种类可将真空热还原法制备金属锂分为氢热还原法、碳热还原法、铝热还原法和硅热还原法等。真空热还原法制取锂工艺流程如图 2-8 所示。

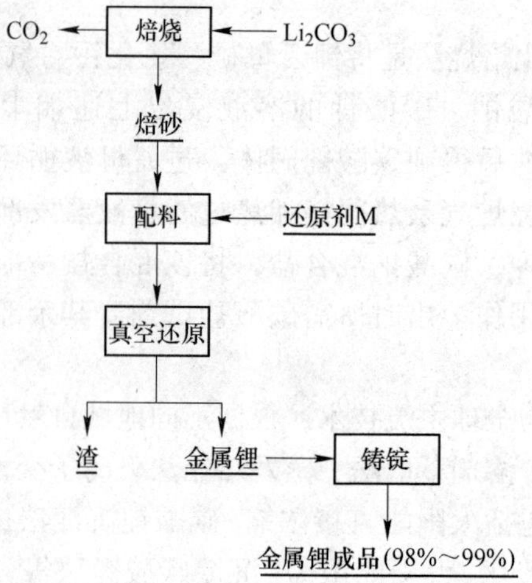

图 2-8 真空热还原法制取锂工艺流程图

B 工艺对比分析

（1）熔盐电解法生产金属锂的原料为高纯 LiCl，一般是由 Li_2CO_3 经盐酸浸出、净化、脱水制得，工艺过程复杂，生产成本高。而真空热还原法的原料为氧化锂，可直接煅烧碳酸锂制得，不需要经过锂盐的氯化合成，而且纯度要求不高，生产周期缩短，生产流程简化，成本降低。因此，真空热还原法比电解法具有较大的成本优势。

（2）熔盐电解法中电解质挥发大，阳极产生氯气污染环境且腐蚀设备。氯气的回收净化增加了金属锂的生产成本。而真空热还原法生产过程中不产生有害气体，但会产生大量还原渣，需要通过深入研究对其进行综合利用。

（3）熔盐电解法生产过程中，由于钠、钾的析出电位较低，原料中的钠、钾等杂质不可避免地进入金属锂中，严重影响金属锂的产品质量，同时传统电解槽采用槽衬，也会增加产品被玷污的几率。当采用真空热还原法生产金属锂时，由于钾、钠的蒸气压较高，可以避免其进入产品锂中，得到质量较好的金属锂。

复习思考题

一、名词解释

冶金、火法冶金、湿法冶金、电冶金、粉末冶金、生物冶金、转炉炼钢、电炉炼钢、连续铸钢、火法炼铜、湿法炼铜、拜耳法、碱石灰烧结法、熔盐电解法、火法炼锌、湿法炼锌、熔盐电解法、真空热还原法

二、简答题

1. 主要的冶金方法有哪些？
2. 冶金工艺过程有哪些？
3. 简述钢的分类。

4. 炼钢的基本任务是什么？
5. 简述转炉炼钢的工艺制度。
6. 电炉炼钢的分类及工艺特点。
7. 火法炼铜和湿法炼铜工艺的主要优缺点。
8. 简述拜耳法的基本原理及工艺优缺点。
9. 简述碱石灰烧结法的基本原理及工艺优缺点。
10. 简述拜耳法和烧结法联合生产流程分类及工艺过程。
11. 简述铝电解中的电极过程。
12. 简述火法炼锌和湿法炼锌的基本原理和工艺过程。
13. 熔盐电解法与真空热还原法制锂的工艺对比。

第三章　冶金产品市场分析与预测

第一节　冶金产品市场分析的意义及内容

一、冶金项目的主要风险因素

冶金产品未来市场状况的好坏是影响冶金项目成败的关键因素。除此之外，冶金项目的风险还来自于市场、产品生产、工程建设与技术、社会与环境等方面。

（1）市场方面。由于冶金产品市场需求的变化、冶金市场的竞争程度、冶金产品市场价格低迷等都有可能使得冶金企业产品产量和销售收入达不到预期目标，给项目预期收益带来损失。

（2）产品生产方面。由于冶金工艺的特殊性，冶金产品生产过程既有工艺技术所决定的高热能、高势能的风险，又有化工生产具有的有毒有害、易燃易爆和高温高压危险等带来的损失。同时，生产过程中机器设备故障、能源供应中断等均会造成巨大损失。

（3）工程建设与技术方面。不同的平面布置方案会对冶金项目的投资额度、运营成本、运营期面临的自然灾害和意外事故风险等形成不同的影响，要求更高的方案会给施工建设带来一定的技术风险。安装工程的运输、吊装、节点处理、焊接、紧固等大型工作量容易面临高空坠落、机械打击、设备倾覆、灼烫等意外事故风险。此外，冶炼工艺对工程项目提出的特殊功能要求，会给工程项目建设带来特殊的风险。

（4）社会与环境方面。冶金项目的劳动力素质，冶金企业经营管理水平，粉尘、噪声、辐射、高温等有害作业场所给劳动者带来的职业病，事故应急救援设施、辅助生产和生活卫生设施的供应，厂址及冶炼过程中对当地的环境影响等都将影响到冶金项目开发的顺利性和可行性。

（5）其他方面。包括冶金工业政策、项目配套条件、项目融资等也会影响到冶金项目的投资运营工作。

二、冶金产品市场分析的意义

冶金产品市场分析是冶金项目可行性研究的一项重要工作。市场分析的精度直接影响到冶金项目未来产品销售收入、生产成本的测算，影响到冶金企业未来的经济效益。因此，做好冶金产品市场分析是提高冶金项目技术经济评价工作质量的关键，关系到投资项目的成败。具体来说，做好冶金产品市场分析：

（1）有利于把握冶金产品市场的未来走势，在宏观层面形成基本认识和判断。

（2）可以为政府相关部门制订冶金工业发展政策提供参考依据。

（3）可以为冶金企业制订投资规划、生产计划等提供参考依据。

三、冶金产品市场分析的内容

从广义上讲，冶金产品市场分析的内容主要包括冶金产品市场调查、冶金产品市场供需分析以及供需预测等内容；狭义上主要是指冶金产品价格分析。

（一）冶金产品市场调查

冶金产品市场调查是获取冶金产品信息的一种重要手段，是进行冶金产品市场分析和预测的基础，通过收集整理反映冶金产品市场的历史、现状以及发展变化的资料，为项目可行性研究提供科学依据。

1. 冶金产品市场调查的类型

（1）冶金产品需求、供给调查。需求方面包括冶金产品消费者、潜在需求及其他情况；供给方面包括冶金产品可供量、销售渠道、销售组织和促销活动等。

（2）冶金产品数量、质量调查。包括冶金产品产量、产值、利润、销售量、销售额和销售利润等，以及冶金产品质量指标即合格率、纯洁度等。

（3）国内、国外冶金产品市场调查。

（4）静态、动态冶金产品市场调查。静态市场调查是现实冶金产品市场的真实写照，服务于短期预测；动态市场调查是研究冶金产品市场的发展、动向和趋势，服务于长期预测。

2. 冶金产品市场调查的内容

（1）冶金产品市场外部环境调查。包括社会经济环境、政治文化环境、自然地理环境等。

（2）冶金产品市场专题调查。包括冶金产品生产供应调查、冶金产品消费需求调查、冶金产品价格调查、冶金产品竞争调查、替代产品的研制、性能及价格等问题的调查以及销售渠道和推销策略的研究和制定问题的调查等。

3. 冶金产品市场调查的方法

（1）直接调查法。这种调查方法是将调查的内容，通过走访、电话、函件、通信等形式向被调查者询问，以获得所需要的原始数据与资料。

（2）间接调查法。这是一种通过分析冶金产品与用户之间的内在联系，了解冶金产品市场需求及发展趋势的方法。要做好间接调查，必须注意对有关信息和资料的收集，如政府部门公布的国民经济或地方经济发展规划、统计资料、政策、法令、条例、规定等；公开刊物刊载的新闻报道、市场信息、调查报告等；情报机构提供的市场情报信息等；以及已建立的冶金企业内部资料。

冶金产品市场调查的其他方法还有抽样调查法、实验调查法等，但这些方法在冶金产品市场调查中使用较少。

4. 冶金产品市场调查报告的核心内容

（1）冶金产品行业的宏观背景、产业政策、产业布局、产业生命周期、该行业在整体宏观产业结构中的地位以及各自的发展演变方向与成长背景。

（2）冶金产品行业市场内的特征、竞争态势、市场进入与退出的难度以及市场的成长性。

（3）冶金产品行业在不同条件下及成长阶段中的竞争策略和市场行为模式，给企业提供一些具有操作性的建议。

（4）为企业或投资者提供若干方向性的思路和选择依据，从而避免发生“方向性”的错误。

（二）冶金产品市场供需分析

（1）冶金产品供应分析。冶金产品供应过程即是冶金产品生产过程，就是从矿物中提取金属或金属化合物，对其进行冶炼、加工成金属材料，转变为可销售冶金产品的一系列多阶段活动。若矿物原料品位高、冶金作业效率高和工艺水平较好、市场需求条件又有利，则可循序渐进地进行原料和燃料供应、烧结球团、高炉和转炉生产，炼钢炼铁、连铸和轧钢等，进而生产出冶金产品，以满足冶金产品市场的需要。冶金产品市场需求的变化、矿物原料和燃料的供应以及冶金工艺技术的进步等都会使冶金产品的供应具有动态性。

（2）冶金产品需求分析。冶金产品需求即冶金产品的消费量，是指在特定的时间内实际用于最终产品的数量。冶金产品的消费量在一定程度上是国内生产总值、人口数、经济增长率等变量的函数。随着社会经济的发展，人类对冶金产品的需求一直在不断增加，为了制定冶金产品供应计划，除了把预测出来的冶金产品消费量看作是直接（原始）需求以外，还必须考虑对外贸易、再生（二次）资源利用、国家战略储备等变量。

（3）冶金产品价格分析。冶金产品价格反映着特定时刻需求和供应状况的综合影响，在市场经济条件下，冶金产品长期价格趋势是矿物原料冶炼长期成本的函数。矿物原料冶炼的长期成本取决于矿物的质量、可选性、冶炼加工性能和矿物生产成本。由于矿物原料基地资源的产量、品位、运输条件等不确定性，市场现时需求量与未来需求量的差距，冶金工艺技术水平、环保政策以及宏观经济的发展等会使长期成本变得异常复杂。

由于冶金产品市场供需状况在短期内变化比较复杂，故冶金产品的短期价格具有波动幅度较大的特点。一般来说，当某种冶金产品的价格上涨时，对其需求量便会减少，从而刺激用户设法寻求其他材料来代替这种冶金产品；反之，其供应量便会增加，从而刺激生产者提高工艺技术水平，提高生产效率。市场调查人员的任务就是要设法估计出这种价格变化与未来供需关系，用以指导生产与销售，为国家和企业谋取最大的经济效益。

（三）冶金产品市场供需预测

1. 冶金产品市场供需预测内容及目的

冶金产品市场供需预测就是对生产的冶金产品，未来的供应和需求情况以及发展趋势进行预测。其中市场供给预测可以通过现有企业生产规模预测，在建项目和规划项目的生产规模预测大体评估出来。市场需求预测主要包括冶金产品现时与潜在需求量的预测以及需求量发展变化趋势的预测。冶金产品市场供需预测是确定企业生产规模、产品方案以及车间组成的重要依据。

冶金产品市场供需预测的目的是使冶炼厂建成投产后所生产的冶金产品能适销对路。只有当确认冶金产品在市场上有销路，而且在未来相当长的时期内冶金产品市场需求量大于供应能力的情况下，才值得考虑项目可行性研究和进行投资建设。如果某种冶金产品目前的供应能力已经超过市场需求，而且在一定时期内需求量也不会有较大增长；或者该种冶金产品目前的需求量虽然超过供应量，但生产该种冶金产品的现有冶炼企业增产潜力较大；或在建和拟建冶金项目所能增加的供应能力较大，能够满足未来对冶金产品的需求，无论属于以上哪种情况，生产这种冶金产品的冶金企业暂时都不能考虑投资建设。

2. 冶金产品市场需求预测的程序

一般情况下，冶金产品市场预测主要是对冶金产品需求量的预测，其一般程序是：

（1）首先确定预测目标，制定工作计划。

（2）通过冶金产品市场调查，收集信息资料，经过整理和分析研究，运用科学方法建立起反映市场变化规律的模型。

（3）按模型测算未来一定时期内冶金产品需求量的变化情况和发展趋势。

（4）对预测结果进行误差分析和评价，选择最佳的预测方案，从而为国民经济和有关部门制定长远规划以及冶金项目建设投资决策、冶金企业生产经营决策等提供可靠依据。

第二节　冶金产品市场预测方法

一、定性与定量研究方法概述

定性研究方法是根据社会现象或事物所具有的属性和在运动中的矛盾变化，从事物的内在规定性来研究事物的一种方法或角度。该方法以普遍承认的公理、一套演绎逻辑和大量的历史事实为分析基础，从事物的矛盾性出发，描述、阐释所研究的事物。进行定性研究，要依据一定的理论与经验，直接抓住事物特征的主要方面，将同质性在数量上的差异暂时略去。

定量研究方法是指研究者事先建立假设并确定具有因果关系的各种变量，然后使用某些经过检测的工具对这些变量进行测量和分析，从而验证研究者预定的假设。

定性研究是定量研究的基础，在实际研究中，定性研究与定量研究常配合使用。两者的主要不同点如表 3-1 所示。

表 3-1　定性研究与定量研究方法的不同点

不同点	定性研究	定量研究
着眼点	着重事物质的方面	着重事物量的方面
在研究中所处层次	是基础与前提	为了更准确地定性
依据	大量历史事实和生活经验材料	主要是调查得到的现实资料数据
手段	主要运用逻辑推理、历史比较等方法	主要运用经验测量、统计分析和建立模型等方法
学科基础	以逻辑学、历史学为基础	以概率论、社会统计学等为基础
结论表述形式	结论多以文字描述为主	主要以数据、模型、图形等来表达

二、冶金产品市场定性预测方法

（一）定性预测的概念

定性预测是指预测者依靠熟悉业务知识、具有丰富经验和综合分析能力的人员与专家，根据已掌握的历史资料和直观材料，运用个人的经验和分析判断能力，对事物的未来发展做出性质和程度上的判断，然后再通过一定形式综合各方面的意见，作为预测未来的主要依据。定性预测在工程实践中被广泛使用，特别适合于对预测对象的数据资料（包括历史的和现实的）掌握不充分，或影响因素复杂难以用数字描述，或对主要影响因素难以进行数量分析等情况。

（二）定性预测的特点

（1）着重对事物发展的性质进行预测，主要凭借预测者的经验以及分析能力。

（2）着重对事物发展的趋势、方向和重大转折点进行预测。

（三）定性预测的方法

对冶金产品供需、价格等方面的定性预测方法，主要有以下几种。

1. 德尔菲法

德尔菲法（Delphi method），是采用背对背的通信方式征询专家小组成员的预测意见，经过几轮征询，使专家小组的预测意见趋于集中，最后做出符合市场未来发展趋势的预测结论。德尔菲法又名专家意见法或专家函询调查法，是依据系统的程序，采用匿名发表意见的方式，即团队成员之间不得互相讨论，不发生横向联系，只能与调查人员纵向联系，以集结问卷填写人的共识及搜集各方意见。德尔菲法的基本步骤如下：

（1）确定调查目的，拟订调查提纲。首先确定目标，拟订出要求专家回答问题的详细提纲，并同时向专家提供有关背景材料，包括预测目的、期限、调查表填写方法以及其他要求等说明。

（2）组成专家小组。选择一批熟悉本领域问题的专家，一般至少为20人左右，包括理论和实践等各方面的专家。

（3）发放调查表。以通信方式向各位选定专家发出调查表，征询意见。

（4）汇总调查意见，再次征询。对返回的意见进行归纳综合，定量统计分析后再寄给有关专家，请专家再次提出方案。该步骤可重复进行，直到取得大体上一致的意见。

（5）综合结果分析。根据预测问题的类型和预测的要求，得出定性或定量的调查结论。

2. 主观概率法

主观概率法是市场趋势分析者对市场趋势分析事件发生的概率（即可能性大小）做出主观估计，或者说对事件变化动态的一种心理评价，然后计算它的平均值，以此作为市场趋势分析事件结论的一种定性市场趋势分析方法。主观概率法一般和其他经验判断法结合运用。

主观概率与客观概率不同。主观概率是人们凭经验或预感而估算出来的概率；客观概率是根据事件发展的客观性统计出来的一种概率。在很多情况下，人们没有办法计算事件发生的客观概率，因而只能用主观概率来描述事件发生的可能性。主观概率法是一种适用性很强的统计预测方法，可以用于人类活动的各个领域。

用主观概率法的一般步骤为：（1）准备相关资料；（2）编制主观概率调查表；（3）汇总整理；（4）判断预测。

3. 情景分析法

情景分析法最早用于军事领域，现在被广泛应用于能源需求、交通规划、农业发展以及气候变化等各领域的战略规划研究，适用于资金密集、产品或技术开发的前导期长、战略调整所需投入大、风险高的产业，如石油、钢铁等产业。“情景”是对将来情形以及能使事件由初始状态向未来某个状态发展的一系列事实的描述，是人们对未来的各种不同环境的认识，也是人们通过确立某些希望达到的目标，分析实现这一目标的可行性和必要条件以实现既定的目标。

根据国内外学者的研究，情景分析法具有以下特点：（1）在了解内部环境的基础上，注重对组织发展起重要作用的关键因素的协调一致性关系的分析；（2）定性分析加定量分析。通过定性分析指导定量分析，通过定量分析来阐述定性分析，两者密不可分；（3）需要主观想象力。将决策者的主观意愿融入到预测当中；（4）承认结果的多样性。因为存在不确定性因素，所以预测的结果也是多样的。

情景分析法的基本步骤为：（1）主题的确定；（2）主题所处环境的构造；（3）关键因素的辨识；（4）假想可能的发展和趋势；（5）检测对发展和趋势的影响；（6）得出预测结论。

三、冶金产品市场定量预测方法

定量预测方法主要借助于数学方法，采用时间序列、因果分析等方式进行数学推算或估算，常用于市场经济发展趋势分析。这类方法可以识别市场发展变化的因果关系，因而能够较好地预测未来情况，尤其是预测可能的突变点。典型的预测模型有经济计量模型和工程过程模型。

（一）经济计量模型

经济计量模型一般包括线性回归模型和非线性回归模型两类。非线性回归分析是线性回归分析的扩展，也是传统计量经济学的结构模型法分析。在回归分析中，当研究的因果关系只涉及因变量和一个自变量时，叫作一元回归分析；当研究的因果关系涉及因变量和两个或两个以上自变量时，叫作多元回归分析。假定自变量与因变量之间的关系是线性的，称为线性回归分析。但社会经济现象是极其复杂的，有时各因素之间的关系不一定是线性的，而可能存在某种非线性关系，这时就需要建立非线性回归模型或采用非线性回归方法进行分析和预测。

例如根据冶金产品历史价格资料，运用线性或非线性拟合方法建立相关模型对未来几年冶金产品市场价格进行预测。从长远来看，冶金产品价格在不断上下波动，受市场供求关系的影响，不确定因素较多而且影响复杂，因此利用线性回归模型预测以后几年冶金产品的市场价格，就会导致预测结果产生较大偏差，甚至是不准确。但是，若根据某时间段冶金产品的市场价格及数据变化规律，运用非线性模型进行预测往往会更加准确。

（二）季节指数法

季节指数法是根据统计数据的规律性季节变动进行预测的一种方法，在一般情况下，利用该方法进行预测可取得较为理想的效果。该方法首先要分析判断时间序列观察期内，数据是否呈现季节性波动，可以将需要预测的样本数据按月或者按年排列，并绘制相应的散点图，以此判断是否具有波动性特点。该方法使用的步骤如下：

第一步：收集历年各月份或者各季度的时间序列资料，一般要求有三年以上的历史资料。

第二步：求出月份或者季度的算术平均值，即把历年月份或者季度资料之和再除以历年月份或者季度总数，得到算术平均值 $\overline{X}$，$\overline{X} = \frac{1}{T}\sum_{i=1}^{T} x_i$。

第三步：求出同月份或者同季度的算术平均数，即把历年同月份或者同季度之和除以年数，得到月份或者季节平均数 $\overline{X_i}$。

第四步：求出月份或者季度系数 β_i，$\beta_i = \frac{\overline{X_i}}{\overline{X}}$。式中的 i 为月份或者季度的序列号。

第五步：预测。根据未来年度的全年趋势预测值，求出各月或各季度的平均趋势预测值，然后乘以相应季节指数，即得出未来年度内各月或各季度包含季节变动的预测值。

（三）人工神经网络

1943 年，心理学家 McCulloch 和 Pitts 合作提出了形式神经元的数学模型（即 MP 模型），开创了神经科学理论研究的时代。MP 模型用逻辑的数学工具研究客观世界的事件在形式神经网络中的表达。从此以后，大量开拓性的研究工作推动与发展了神经网络的模型与学习算法，特别是在 1982 年，美国加州工学院物理学家 Hopfield 提出了 HNN 模型，引入了“计算能量函数”的概念，给出了网络稳定性判据，从而有力地推动了神经网络的研究与发展。

近年来，神经网络理论引起了美国、日本以及欧洲一些国家的科学家和企业家的巨大热情。而神经网络的应用已经渗透到许多领域，并在模式识别、机器视觉、信号处理、非线性化、智能控制、遥感等方面取得了很大进展。目前神经网络的研究正逐步深入，由单纯的神经计算转向计算智能并结合脑科学的研究向生物智能方向发展，以开拓神经网络研究更为广阔的前景。

人工神经网络是人脑的某种抽象、简化或模拟，其研究基础主要包括：生物学基础、认知科学基础、数学和非线性动力学基础以及实现的物质基础等。它由大量神经元广泛互联而成，网络的信息处理由神经元之间的相互作用来实现并以大规模并行分布方式进行，信息的存储体现在网络中神经元互联分布形式上，网络的学习和识别取决于神经元间联接权系数的动态演化过程。

1. 神经网络的结构特点

（1）神经网络是由大量的神经元互相连接而成。

（2）大量神经元按不同方式连接，构成不同类型的神经元网络。

（3）各神经元间连接强度由神经网络内部权值决定。当一个神经网络的结构确定后，将根据学习规则调整神经元间连接强度，从而获得有关问题领域的知识，即学习适应和自组织。

（4）各神经元的操作可以是同步的，也可以是非同步的。

2. 常用的神经网络

常用的神经网络主要可以分为前馈神经网络、反馈神经网络和局部逼近神经网络。前馈神经网络又可分为感知器和 BP 神经网络，其中感知器主要用于模式分类，而 BP 神经网络可以实现输入到输出的任意非线性映射，所以得到了广泛的应用。反馈神经网络又可分为 Hopfield 网络和 Boltzmann 机，它们是动态神经网络，需要工作一段时间才能达到稳定，主要用于对动力学模型的仿真、预测、组合、优化等方面。局部逼近神经网络又可分为小脑模型关节控制器（CMAC）、B 样条神经网络、径向基函数（RBF）神经网络和小波神经网络，这些网络都具有局部逼近能力，有学习速度快的优点。

3. 误差回传神经网络

误差回传神经网络（Back-Propagation Neural Network，简称 BP 网络），是一种对非线性可微分函数进行权值训练的多层前馈神经网络，其具有分层结构，前后层分别是输入与输出层，中间为隐含层。其信息从输入层依次向前，直到输出层。由于该网络连接权值调整采用的是反向传播的学习算法，因此该网络被称为 BP 网络。

Hecht-Nielsen 在 1989 年证明了一个三层的神经网络可以任意逼近一个非线性函数。在实际应用中，80%~90%的人工神经网络模型是采用 BP 网络或它的变化形式。它主要用于以下几个方面：（1）函数逼近。用输入矢量和相应的输出矢量训练一个网络，以实现对一个函数的逼近；（2）模式识别。用一个特定的输出矢量将它与输入矢量联系起来；（3）分类。把输入矢量以所定义的合适方式进行分类；（4）数据压缩。减少输出矢量维数以便于传输或存储。可以说，BP 网络是人工神经网络的核心内容，体现了人工神经网络最精华的部分。

冶金产品市场预测是一个非线性系统，具有高度的复杂性，运用人工神经网络进行预测可以较好地解决这一问题。对冶金产品市场需求的预测见本章第三节。

第三节 冶金产品市场需求预测案例

以我国稀土产品 2020~2030 年市场长期需求预测为例，基于 BP 网络模型，运用情景分析法对我国稀土产品的未来长期需求状况进行分析与预测。分析时点为 2017 年 12 月 21 日，所用历史数据资料所属时期为 2004~2016 年。本节重点介绍方法运用以及模型建立的过程，而对变量选取、宏观情景设置等是否合理不深加探究，仅供读者参考。

一、影响我国稀土产品长期需求的主要因素分析

影响我国稀土产品长期需求的主要因素有：

（1）我国稀土及其制成品平均出口单价（以下简称“稀土价格”）。该变量反映了我国稀土市场变动情况及稀土价格调整机制对稀土产品需求量的影响。稀土价格是影响稀土产品需求必不可少的重要因素之一。根据需求规律，在其他条件不变的情况下，一种商品的需求量与其自身价格呈反方向变动关系，即我国稀土产品的需求会随稀土价格的上升而减少，随稀土价格的下降而增加。

（2）我国制造业增加值占工业增加值的比重（以下简称“制造业增加值比重”）。该变量反映了与稀土应用息息相关的行业变动情况。我国工业已从改革开放初期的高耗能、高污染、高排放的重工业主导结构转变为以高、精、尖为目标的制造业升级路线上，工业结构持续良性变化，高端装备制造业、高新技术产业以及新材料研发产业在工业体系中所占的比重越来越大。稀土作为“工业味精”，在以稀土永磁材料为首的制造业中应用量大且广泛，即使是轻微的工业结构调整都会导致稀土行业供需情况的大幅波动。长期来看，工业结构的正向变动将引起稀土产品需求量的大幅增加。

（3）我国经济发展趋势。国内生产总值（GDP），该变量反映了国民经济发展与稀土产品需求量之间的影响关系，GDP 增长是导致稀土产品需求增长的重要因素之一。我国稀土行业长期以来采取的是开采后出售原矿、冶炼分离后出售精矿、加工初级稀土原材料出口贸易的发展模式，稀土行业处于产业链的前端和稀土利益分配的弱势地位，这种经济增长方式导致了稀土产品需求量的居高不下。近年来，稀土行业整体结构持续良性变化，稀土生产以及市场需求逐渐规范，稀土的需求量得到管控。对稀土行业来说，受整体经济发展形势影响，稀土需求的收入弹性较高，稀土产品需求量未来将逐年稳定增长。

二、我国稀土产品需求情景定义

以稀土价格、制造业增加值比重和我国经济发展趋势三个因素作为我国稀土产品长期需求情景定义的主要驱动变量，设置以下三个情景。

情景 A（低情景）：未来十几年内全球经济增长长期持续低迷，生产要素配置需要更长时间，会严重影响我国经济的高速发展。我国经济刺激计划作用有限，经济增速出现下滑，对稀土产品长期需求的增幅较小。

情景 B（中情景）：未来十几年内全球经济会继续减速增长，但对我国经济增长影响较小。受全球经济刺激计划推动，世界经济将再出现稳定增长，生产要素配置将更加合理。我国经济刺激计划作用有效，经济增速回升，对稀土产品长期需求的增幅较大。

情景 C（高情景）：未来十几年内全球经济出现减速增长，但幅度较小，对我国经济增长影响也很小。全球经济刺激计划有力地推动世界经济的高速增长，生产要素流动加速，配置将更合理。我国经济刺激计划作用比较显著，经济转型成功，对稀土产品长期需求的增幅也更大。

三、我国稀土产品长期需求情景预测模型及测算

（一）模型建立

根据人工神经网络理论，构造一个三层神经网络，如图 3-1 所示。

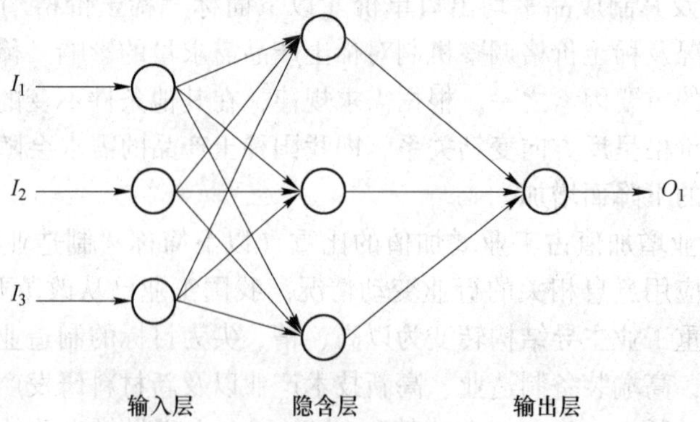

图 3-1　人工神经网络图

（1）输入层神经元。稀土价格（I_1），制造业增加值比重（I_2）和我国经济发展趋势

(I_3)。

(2) 输出层神经元。稀土 REO 消费量 (O_1)。

(3) 隐含层神经元数目的确定。基本原则是：一般隐含层的神经元数目大于输入神经元数目和输出神经元数目之和的一半，小于输入神经元数目和输出神经元数目之和。即

$$\frac{n_i + n_o}{2} < n_h < n_i + n_o \quad 或 \quad n_h \leqslant \sqrt{n_i(n_o + 3) + 1}$$

因此，$n_h = 3$。

稀土价格、制造业增加值比重和我国经济发展趋势的计算中均包含价格指数的影响，稀土 REO 消费量也受稀土价格及价格指数的影响。基于神经网络输入输出关系的特点，可以采用当年价格计算，不必剔除价格指数影响，同时方便稀土未来需求的预测。

(二) 宏观情景设置及描述

1. 稀土价格未来情景设置

稀土价格选取的是我国稀土及其制成品出口平均单价。稀土价格受经济发展影响很大，价格呈波动上升的态势，如图 3-2 所示。2005 年，我国对稀土产业政策调整力度加大，稀土管控越来越规范，稀土价格出现短期上涨。2008 年，受国际金融危机影响，稀土价格持续下跌。2010 年，国家开展稀土勘查、开发秩序专项整治行动，稀土市场运行情况渐趋好转，稀土价格稳步回升。2011 年，稀土相关政策的出台严厉打击了稀土非法开采、违规超采、非法出口、走私等行为，引起稀土价格短期内大幅上涨。2012 年，受国家限制稀土开采额度、实行稀土增值税专用发票等政策影响，经销商大幅抛售前期囤货，致使稀土价格呈持续震荡走低态势。2013~2015 年，国家加强对稀土行业的管理和整顿，稀土价格有复苏迹象。2016 年，由于“稀土打黑”低于预期，且稀土收储及稀土大集团整合工作未及时到位，造成稀土行业产能明显过剩，导致国内稀土价格持续下跌。在“稀土集团整合+供给收缩+监管趋严+下游需求旺盛”的大背景下，稀土未来价格仍具有充足的向上驱动力。

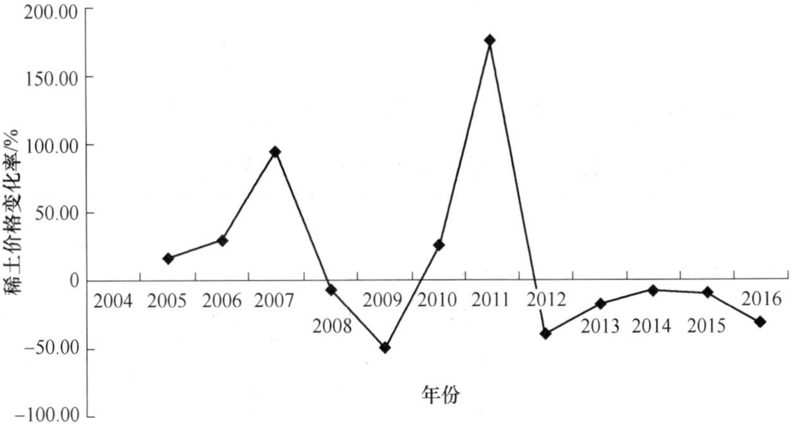

图 3-2　我国稀土价格变化趋势

根据稀土价格历史数据分析，设置稀土价格未来情景如表 3-2 所示。

表 3-2 稀土价格未来情景设置 （美元/吨）

项 目	2020 年情景	2025 年情景	2030 年情景
稀土价格年增长率/%	2	3	4
情景 A	7912.58	9172.85	11160.17
稀土价格年增长率/%	3	4	5
情景 B	8227.47	10009.97	12775.55
稀土价格年增长率/%	4	5	6
情景 C	8551.67	10914.33	14605.84

2. 制造业增加值比重未来情景设置

制造业增加值比重代表着工业结构的变化，其调整是一个微调的过程，短期内制造业增加值比重大幅度变动的可能性很小。2005～2009 年，制造业增加值比重的变化率相对较大，变化幅度在-1.92%～+3.43%之间；2010～2016 年，制造业增加值比重的变化率在-1.12%～+2.32%之间，整体呈上升趋势，如图 3-3 所示。

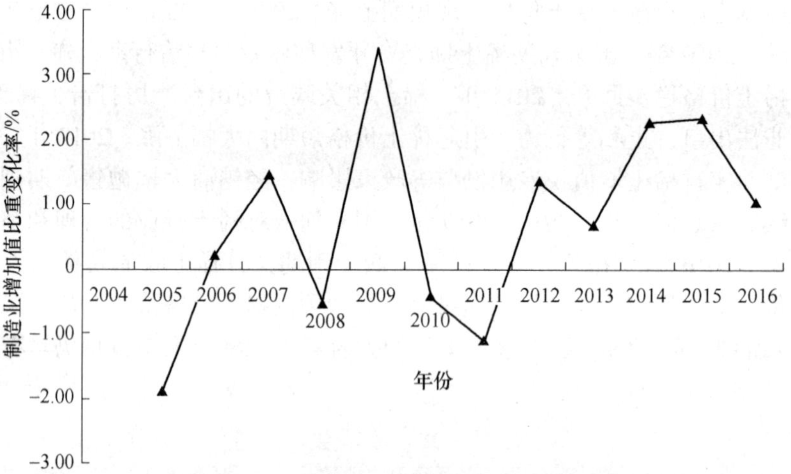

图 3-3 制造业增加值比重变化趋势

根据制造业增加值比重变化趋势，设置未来情景如表 3-3 所示。

表 3-3 制造业增加值比重未来情景设置 （%）

项 目	2020 年情景	2025 年情景	2030 年情景
制造业增加值比重年增长率	-0.25	0.25	0.35
情景 A	85.59	86.66	88.19
制造业增加值比重年增长率	0.25	0.35	0.45
情景 B	87.32	88.86	90.87
制造业增加值比重年增长率	0.35	0.45	0.55
情景 C	87.67	89.66	92.15

3. 我国经济发展趋势未来情景设置

21 世纪以来，我国经济保持中高速稳定发展态势，如图 3-4 所示。2005~2007 年，我国 GDP 增幅达两位数。2008 年受国际金融危机影响，GDP 增速开始下降，2009 年达 9.17%。但 2010 年开始企稳回升，2012 年后进入中速增长换挡期，经济增长呈现先快后慢的发展趋势。

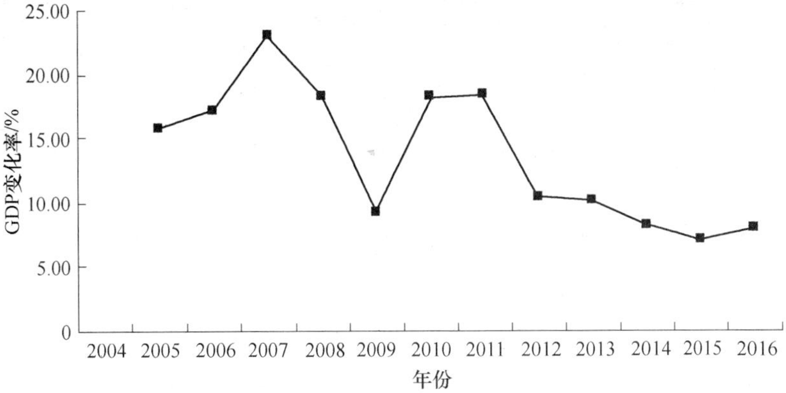

图 3-4　我国名义 GDP 变化率及趋势图

根据我国 GDP 变化趋势，结合国内外学者对我国经济未来发展趋势的预测，设置我国经济发展趋势未来情景如表 3-4 所示。

表 3-4　我国经济发展趋势未来情景设置　（亿元）

项　目	2020 年情景	2025 年情景	2030 年情景
GDP 年增长率/%	5.5	5.5	5.5
情景 A	916805.56	1198228.20	1566036.34
GDP 年增长率/%	6.5	6.5	6.5
情景 B	952063.32	1304409.25	1787153.72
GDP 年增长率/%	7.5	7.5	7.5
情景 C	988328.36	1418873.18	2036975.94

（三）原始数据及其初始化

根据神经网络计算规则，应对原始数据（见表 3-5）进行初始化。为了使网络收敛速度更快，初始化后的数据应尽可能在 0.1~0.9。通常将实际值除以一个比例因子，该比例因子是该项数据可能取得的最大值。初始化后的训练数据如表 3-6 所示。

表 3-5　原始数据

年份	稀土价格/美元 · 吨$^{-1}$	制造业增加值比重/%	GDP 总量/亿元	稀土 REO 消费量/t
2004	6000	79.36	161840.20	33411.00
2005	7000	77.84	187318.90	51900.00
2006	9000	77.99	219438.50	62793.00
2007	17500	79.13	270092.30	72550.00

续表 3-5

年份	稀土价格/美元·吨$^{-1}$	制造业增加值比重/%	GDP 总量/亿元	稀土 REO 消费量/t
2008	16000	78.72	319244.60	67680.00
2009	8000	81.42	348517.70	73000.00
2010	10000	81.09	412119.30	87025.00
2011	27500	80.18	487940.20	101750.00
2012	16000	81.28	538580.00	84220.00
2013	13000	81.80	592963.20	78200.00
2014	12000	83.65	641280.60	80632.80①
2015	10710	85.59	685992.90	83141.30①
2016	7310	86.45	740060.80	85727.84①

①表示估计值，未查询到官方数据。

数据来源：UN Comtrade Database、国家统计局、CBC 金属网、中国稀土网。

表 3-6　神经网络训练值

年份	I_1	I_2	I_3	O_1
2004	0.2000	0.7936	0.0736	0.1114
2005	0.2333	0.7784	0.0851	0.1730
2006	0.3000	0.7799	0.0997	0.2093
2007	0.5833	0.7913	0.1228	0.2418
2008	0.5333	0.7872	0.1451	0.2256
2009	0.2667	0.8142	0.1584	0.2433
2010	0.3333	0.8109	0.1873	0.2901
2011	0.9167	0.8018	0.2218	0.3392
2012	0.5333	0.8128	0.2448	0.2807
2013	0.4333	0.8180	0.2695	0.2607
2014	0.4000	0.8365	0.2915	0.2688
2015	0.3570	0.8559	0.3118	0.2771
2016	0.2437	0.8645	0.3364	0.2858

（四）稀土产品长期需求情景测算及分析

1. 神经网络的训练学习

将经过初始化的神经网络训练数据（见表 3-6）输入到 BP 神经网络智能预测系统中，设定期望单个误差 0.001，期望系统平均误差 0.001，最大学习步数 100000 步，学习样本数 13，输入层节点数 3，输出层节点数 1，对网络加以训练学习。

2. 需求情景测算

利用训练好的神经网络分别对情景 A、B、C 中的三个情景进行测算，结果如表 3-7 所示。

表 3-7 不同情景下我国稀土产品消费量预测值 (REO/t)

预测年份	情景 A	中情景 B	低情景 C	平均预测值
2020	100344. 79	103039. 75	105460. 69	102948. 41
2025	115664. 42	121038. 89	125903. 28	120868. 86
2030	130331. 16	137096. 97	142856. 88	136761. 67

预测结果表明：2020 年我国稀土产品消费量预测最低值为 100344. 79t，最高值为 105460. 69t，平均预测值 102948. 41t；2025 年预测的最低值为 115664. 42t，最高值为 125903. 28t，平均预测值 120868. 86t；2030 年预测的最低值为 130331. 16t，最高值为 142856. 88t，平均预测值 136761. 67t。我国稀土产品需求呈现逐年稳定上升趋势。

未来稀土替代品的开发、应用领域的拓展、产业结构的调整以及行业管制的规范化等均会对稀土产品价格和消费量产生一定影响。但在一定程度上，运用情景分析法对我国稀土产品需求进行预测具有较好的参考价值和实际意义。

复习思考题

一、名词解释

冶金产品市场分析、冶金产品供应分析、冶金产品需求分析、冶金产品价格分析、冶金产品市场供需预测、定性研究方法、定量研究方法、定性预测、定量预测

二、简答题

1. 冶金项目的主要风险因素有哪些？
2. 试述冶金产品市场分析的意义。
3. 冶金产品市场调查的类型和内容。
4. 冶金产品市场调查的方法有哪些？
5. 冶金产品市场调查报告的核心内容。
6. 冶金产品市场需求预测的程序。
7. 定性研究与定量研究方法的不同点。
8. 定性预测的方法有哪些？其基本步骤是什么？
9. 定量预测的方法有哪些？

第四章　冶金项目技术评价

第一节　冶金企业生产规模的确定

一、影响冶金企业生产规模的因素分析

（一）影响企业生产规模的一般因素分析

企业合理生产规模的确定是一个比较复杂的问题，一方面受企业内部因素的影响，如生产技术、生产组织和管理水平等，这些因素影响着生产效率和产品成本；另一方面受企业外部因素的影响，如市场需求、运输条件、原材料及水电的供应条件等，这些因素影响着产品的销售价格、销售费用和产品成本。在确定合理生产规模时，要对各种影响因素和建设条件进行分析，做出合理方案的选择。

合理生产规模是技术上可行、经济上合理的生产规模，是以采用先进技术、设备和工艺，合理安排生产能力为基础的。合理生产规模的确定，应遵循行业规定并探索理论计算方法，还应对同类企业生产规模进行调查与分析，总结国内外企业生产规模确定的经验，从实践中找依据。

（二）影响冶金企业生产规模的基础因素分析

冶金企业的生产规模将直接影响单位产品建设投资和加工成本。根据冶金产品生产的特点，在确定冶金企业生产规模时，应考虑以下问题：

（1）市场供需条件。冶金产品的市场供需情况决定了销售价格，是影响冶金企业生产规模的重要因素；矿物原料及辅助材料、蒸汽、水、电等的供应条件和价格，直接影响项目的投资和生产成本，进而影响冶金企业的生产规模大小。

（2）生产工艺技术及资金条件。在冶金产品市场价格既定的条件下，拟采用的生产工艺技术直接决定了生产规模、生产成本和经济效益；考虑资金条件，冶金项目可一次性建成投产，也可考虑分期分批建设、分系列建成投产。

（3）环保要求。冶金企业一般伴有高温、粉尘、噪声、废渣、废水排放等特点，环保要求高。在确定生产规模时，应考虑环保要求与治理成本。生产规模较小时，环境治理能力也较小，若环评不过关，很难投资建设。

二、设计规范及有关规定

（一）冶金企业准入条件的规定

为进一步完善冶金企业的管理，根据工信部发布的《钢铁行业规范条件（2015 年修订）》《铜冶炼行业规范条件（2019 年征求意见稿）》《铅、锌行业规范条件（2015 年）》《铝行业规范条件（2013 年）》等规范要求以及环保部《再生铅企业环境保护核查工作

指南（2012年）》，对冶金企业最低生产建设规模的准入条件进行了梳理，如表4-1所示。

表4-1 部分冶金企业建设项目准入条件

序号	企业类别	适用对象	计量单位	冶炼能力	备注
1	钢铁企业	新建、改造	按全流程及经济规模设计和生产		不得新建独立炼铁、炼钢、热轧企业
2	铜冶炼企业	利用铜精矿	万吨/年	≥10	单系列冶炼能力
		利用含铜二次资源为原料	万吨/年	>5	
3	铅锌企业	单独处理锌氧化矿或含锌二次资源项目、新建及改造项目	万吨金属锌/年	≥1.5	火法处理工序
			万吨金属锌/年	≥5	湿法单系列规模
		现有企业	万吨金属锌/年	≥1	火法处理工序
		现有企业	万吨金属锌/年	≥3	湿法单系列规模
	再生铅企业	现有再生铅项目	万吨/年	>1	鼓励大中型优势铅冶炼企业并购小型再生铅厂与铅熔炼炉合并处理或者附带回收处理再生铅
		改造、扩建再生铅项目	万吨/年	>2	
		新建再生铅项目	万吨/年	>5	
4	铝冶炼企业	利用国内铝土矿的氧化铝项目	万吨/年	≥80	配套建设的铝土矿矿山比例应达到85%以上，资源保障年限应在30年以上
		利用进口铝土矿的氧化铝项目	万吨/年	≥80	必须有长期可靠的境外铝土矿资源作为原料保障，通过合资合作方式取得5年以上铝土矿长期合同的原料必须达到总需求的60%以上
		利用高铝粉煤灰资源的氧化铝项目	万吨/年	≥50	必须接近粉煤灰产地，高铝粉煤灰资源保障服务年限应不得低于30年
		新增生产能力电解铝项目	必须按照国家有关规定经有关部门核准		电解铝项目最低资本金比例必须达到40%
		新建再生铝项目	万吨/年	≥10	
		现有再生铝项目	万吨/年	≥5	

（二）冶金企业生产规模的规定

企业规模有大、中、小型之分，其划分标准和主要依据因企业生产技术经济特点、建设项目特点及生产技术水平的不同而不同，并随经济发展要求而有相应的调整变化。例如我国曾将年产3万吨的铝电解厂划为大型企业，而现在年产20万吨的铝电解厂才算大型企业。

冶金工业建设项目包括金属冶炼工程、金属材料工程、焦化和耐火材料工程、冶金矿山工程、其他冶金工程等，不同的建设项目，设计生产规模各异。下面只列举金属冶炼工程建设项目设计规模划分情况，如表 4-2 所示。

表 4-2 金属冶炼工程建设项目设计规模划分表

建设项目		计量单位	大型	中型	小型
钢铁		万吨铁/年	≥100	100~50	<50
		或单座高炉炉容/m^3	≥1000	1000~300	<300
炼钢	转炉	万吨钢/年	≥100	100~50	<50
		或单座转炉公称容量/t	≥120	120~30	<30
	电炉	万吨钢/年	≥100	100~50	<50
		或单座电炉公称容量/t	≥70	70~20	<20
炉外精炼与连铸			与炼钢工程相匹配		
铁合金		单座还原电炉能力/kV · A	≥25000	25000~12500	<12500
烧结		万吨烧结矿/年	≥200	200~100	<100
		或单台烧结机规格/m^2	≥180	180~90	<90
带式焙烧、链篦机回转窑球团		万吨球团矿/年	≥200	200~100	<100
竖炉球团		m^2/单座	≥16	16~8	<8
氧化铝厂		万吨/年	≥60	60~30	<30
电解铝厂		万吨/年	≥20	20~5	<5
镁厂		万吨/年	≥1.0	1.0~0.5	<0.5
钛厂（海绵钛）		万吨/年	≥1.0	1.0~0.3	<0.3
碳素厂	电极	万吨/年	≥2.0	2.0~1.0	<1.0
	阳极	万吨/年	≥2.0	2.0~1.0	<1.0
	阴极	万吨/年	≥12	12~3	<3
镍联合企业		万吨镍/年	≥3	3~1	<1
其他重金属联合企业		万吨金属/年	≥5	5~3	<3
常用金属冶炼、电解厂		万吨金属/年	≥5	5~3	<3
黄金冶炼		与矿山规模匹配			

（三）典型冶炼企业生产规模

随着人类社会进步和需求的不断增加，冶金企业也在不断发展，近年出现了钢年产量 9000 万吨以上的超特大型冶金集团公司。部分大型钢铁及有色冶金企业年产量情况如表 4-3 和表 4-4 所示。

表 4-3 2016、2017 年世界排名前 10 的钢铁企业规模 （10^4t/a）

钢铁企业	地区	2016 年粗钢产量		2017 年粗钢产量	
		名次	产量	名次	产量
安赛乐米塔尔钢铁集团	欧盟	1	9545	1	9703
宝武集团	中国	2	6381	2	6539
新日铁住友金属钢铁集团	日本	4	4465	3	4736

续表 4-3

钢铁企业	地区	2016 年粗钢产量		2017 年粗钢产量	
		名次	产量	名次	产量
河北钢铁集团	中国	3	4618	4	4556
浦项制铁集团	韩国	5	4180	5	4219
江苏沙钢集团	中国	6	3325	6	3835
鞍本钢铁集团	中国	7	3319	7	3576
日本钢铁工程控股公司	日本	8	3029	8	3015
首钢集团	中国	9	2680	9	2763
塔塔钢铁集团	印度	10	2449	10	2511

资料来源：《世界钢铁统计数据 2018》。

表 4-4　2017 年全球排名前 20 的大铜精炼厂产能排行　(10^4t/a)

冶炼厂	地　区	排　名	产　能
桂鑫	中国	1	90
金川	中国	2	65
大冶/湖北（精炼）	中国	3	60
Birla	印度	3	50
云南铜业	中国	3	50
佩什马精炼	俄罗斯	6	46
Amarillo	美国	7	45
Chuquicamata Refinery	智利	7	45
Toyo/Niihama（Besshi）	日本	7	45
Onsan Refinery I	韩国	10	44
汉堡（精炼）	德国	11	41.6
El Paso（精炼）	美国	12	41.5
Las Ventanas	智利	13	41
金川（防城港精炼）	中国	14	40
金龙（铜都）(精炼)	中国	14	40
金冠（精炼）	中国	14	40
山东方圆（精炼）	中国	14	40
阳谷铜业（精炼）	中国	14	40
Sterlite Refinery	印度	14	40
CCR Refinery（蒙特利尔）	加拿大	20	37

资料来源：中商产业研究院数据库。

（四）冶金企业生产规模适用范围

凡是产量大、产品品种单一、生产过程连续性强、产量比较稳定的工业，如冶金、石油化工、火力发电、水泥工业等都比较适合于大规模生产。对于品种多、生产批量小且变化大的产品，往往在中、小型企业里生产更为经济合理。在冶金工业中，中、小型企业也占有相当大的比例，在国民经济中曾经发挥了重要作用。但目前我国冶金工业面临产能过剩的局面，大多数中、小型企业存在管理水平低、技术力量较为薄弱、设备陈旧、专业化水平不高、资源和能源消耗大、成本高等问题，有待进一步整顿与改造，将逐渐被淘汰。

1. 大生产规模的优点

（1）可以采用现代化的高效率设备和装置，广泛应用最新科学技术成就。

（2）便于开展科学研究工作，担负各种高级、精密、大型和尖端产品的生产，解决国民经济中的关键问题。

（3）有利于“三废”处理及综合利用，防止污染，保护环境。

（4）便于专业化协作。

（5）能减少单位产品的基建投资，降低消耗和成本，取得较大的经济效益。

2. 中、小生产规模的优点

（1）一次性基建投资少，建设期短，投资效果发挥快。

（2）布点可以分散，可就地加工、就地销售，节约运输成本，有利于各地区特别是边远和少数民族地区的经济发展，改善工业布局。

（3）生产比较灵活，设备易于调整与更换，能更好地按需组织生产，为大企业提供协作配套服务，满足多种多样的需求服务，有利于利用分散的资源、人力、物力和解决就业问题等。

三、冶金企业设计生产规模计算方法

一般以冶金企业主要产品的综合生产能力（年产吨数）作为衡量企业生产规模的标准。以转炉炼钢车间生产规模为例，按下列公式计算：

$$Q = 1440 \times G \times C \times n/T \tag{4-1}$$

式中 Q——转炉炼钢车间年生产规模，万吨/年；

1440——每天的分钟数，min/d；

G——一座转炉平均出钢量，万吨；

C——车间转炉年有效作业天数，d（可按 300~320 天考虑）；

n——转炉车间经常吹炼炉座数；

T——转炉平均冶炼周期，min。

转炉平均冶炼周期（T）与转炉容量、原材料条件、冶炼钢种、铁水质量以及炉外精炼、连铸生产等有关。以铁水为原料冶炼碳素结构钢时，可参考如下数值：

≤30t 转炉	28~30min
50~120t 转炉	32~36min
≥150t 转炉	36~40min

第二节　冶金项目建设与生产条件评价

一、厂区位置、交通及自然地理条件评价

厂址位置选择就是选择工厂的建设地点。厂址选择是工业基本建设的一个重要环节，冶金企业的建设也需要进行厂址选择。冶炼厂（炼铁、炼钢、铁合金、铜铅锌冶炼厂等）、轧钢厂、铝电解厂、铝加工厂、铜加工厂及其附属企业，如碳素制品厂、工业硅厂、耐火材料厂等，都要进行厂址选择，确定建设地点。

选择厂址是新建工厂设计前期阶段的重要工作之一。厂址选择工作的好坏对工厂的建设进度、投资数量、经济效益、环境保护及社会效益等方面都会有重大的影响。它是实现国家长远规划，决定生产力布局的一个基本环节，同时又是进行项目可行性研究和工程设计的前提。只有项目的建设地点确定后，才能比较准确地估算出项目在建设时的投资和投入生产后的产品成本，才能对项目的各种经济效益进行分析与计算，以及才能对项目的环境影响、社会效益等进行分析，最终得出建设项目是否可行的结论。

（一）评价原则

（1）符合国家产业政策、土地利用总体规划、主体功能区规划和行业发展规划等要求。

（2）根据资源、能源、地理环境、交通条件，合理布局建设冶炼企业。

（3）现有生产要素缺乏竞争力地区的冶炼企业要逐步转移退出，在规划引导和总量控制下，有序向竞争力强的地区转移。

（4）在城镇及其近郊、居民集中区等环境敏感区域，以及大气污染防治联防联控重点地区建设冶炼项目，应根据环境影响评价结论，合理确定厂址及其与周围人群和敏感区域的距离。

（二）评价内容

1. 厂区建设用地是否符合规划要求

所选厂区应在国家法律、法规、行政规章及规划所允许的区域内，并经多方案比较后确定；应符合土地利用的总体规划、土地供应政策和土地使用标准的规定，应节约和合理使用建设用地，不妨碍或破坏农业水利工程，应尽量避免拆除民房或建构筑物、砍伐果园和拆迁大批墓穴等。厂区的大小、形状和其他条件应满足工艺流程合理布局的需要，并留有后续改扩建发展的空间。

2. 厂区与主要镇、县、市区的距离

厂区与主要镇、县、市区的距离将直接影响到原材料、燃料及动力等的供应成本以及劳动力供应条件。厂址位置必须符合国家工业布局、城市或地区的规划要求，尽可能靠近城市或城镇原有企业，宜选在原材料、燃料供应和产品销售便利，并在贮运、机修、公用工程和生活设施等方面有良好基础和协作条件的地区，以方便生产和生活。德国工业布局理论的创始人、经济学家韦伯（A. Weber）为了使厂址获得最优的地区选择，提出了“原（燃）料指数”和“布局指数”的概念，用公式表达为：

$$原(燃)料指数 = \frac{生产消耗当地的原(燃)料数量}{成品数量} \tag{4-2}$$

韦伯指出，当一座工厂的原（燃）料指数>1 时，它的布局是原（燃）料地指向；当该指数<1 时，它的布局是消费地指向。对绝大多数冶金企业来说，其布局无疑是原（燃）料地指向。

但冶金生产需要的原、燃料品种繁多，即使是一个品种，往往也由多处供应，其生产的产品也送往多处销售。因此，要将全部原、燃料基地和成品消费地连接成一个地区多边形，从中求得最小运输总费用的厂址，表达式为：

$$C_{k1} = \sum_{i=1}^{m} C_{ki}X_{ki} + \sum_{j=1}^{n} D_{kj}Y_{kj} \tag{4-3}$$

式中 C_{k1}——厂址 k 的运输费用；

m——原燃料基地数目；

n——消费地数目；

C_{ki}——从原燃料基地 i 到厂址 k 的运费单价；

D_{ki}——从消费地 i 到厂址 k 的运费单价；

X_{ki}——从原燃料基地 i 到厂址 k 的运量；

Y_{ki}——从消费地 i 到厂址 k 的运量。

除运输费用随厂址变化外，还要考虑因厂址不同而引起的，如场地开拓、地基处理等基本建设费用的差异，表达式为：

$$C_{k2} = K_k E \tag{4-4}$$

式中 C_{k2}——厂址 k 的基本建设费用；

K_k——厂址 k 的可比基建费用；

E——基建投资效果系数，由有关工业部门指定。

全部费用表达式为：

$$C_k = C_{k1} + C_{k2} = \sum_{i=1}^{m} C_{ki}X_{ki} + \sum_{j=1}^{n} D_{kj}Y_{kj} + K_k E \tag{4-5}$$

所建厂区的运输费用及基本建设费用之和在 k 个备选厂址中最小的为最佳厂址。

$$\min C = \min_{k}\left(\sum_{i=1}^{m} C_{ki}X_{ki} + \sum_{j=1}^{n} D_{kj}Y_{kj} + K_k E\right) \tag{4-6}$$

寻找最佳厂址的方法，还有德国经济学者龙哈德（W. Launhardt）和韦伯的区位三角形的基本公式和我国经济地理学者杨吾扬教授的平面几何法等。

3. 厂区水陆交通状况

这将直接影响到运输成本。冶金企业有着巨大的外部运输量，因此厂址应尽可能靠近原有交通线（水运、铁路、公路），即应有便利的交通运输条件，以避免因新建企业而修建过长的专用交通线，增加新企业的建厂费用和运营成本。在有条件的地方，要优先采用水运。对于有超重、超大或超长设备的工厂，还应注意是否具备运输条件。有通航条件的冶金企业，在能满足企业运输要求时，应尽可能采用水路运输。以当地原、燃料为主的冶金企业，宜采用道路运输；如经济合理时，也可以选用带式运输机、管道或索道运输。

4. 厂区地形地貌水系情况

厂址的自然地形条件应有利于厂房和管线的布置、内外交通联系和场地的排水。厂址应避免布置在以下地区：

（1）土层厚度较大的Ⅲ级自重湿陷性黄土地区；

（2）易受洪水、泥石流、滑坡、土崩等危害的山区；

（3）低于洪水位或在采取措施后仍不能确保不受水淹的地区；

（4）有喀斯特、流砂、游泥、古河道、地下墓穴、古井等地质不良地区；

（5）有开采价值的矿藏地区；

（6）对机场、电台等使用有影响的地区；

（7）饮用水水源保护区、自然保护区、生态功能保护区；

（8）自然疫源区和地方病流行地区；

（9）有严重放射性物质影响的地区及爆破危险区。

5. 厂区气象及地震情况

厂区气象条件是否有利于组织正常的生产。厂址应避免布置在地震断层带地区和基本烈度为 9 度以上的地震区。

6. 厂区周边文物古迹情况

评价厂区周边文物古迹情况，尤其注意厂址应避免布置在国家规定的历史文物古迹，如古墓、古寺、古建筑等地区；风景名胜区等。

7. 生产要素竞争力情况

生产要素竞争力缺乏的企业若需要扩张，厂区应向着资源丰富、燃料动力价格低廉的地区转移。

8. 环境敏感区域情况

环境敏感区域情况要注意是否存在环保纠纷问题。工厂的生产区、排渣场和居民区的建设地点应同时选定，厂址附近应有生产污水、生活污水排放的可靠排除地，并应保证不因新厂建设致使当地受到新的污染和危害。居民集中区、疗养地、医院和食品、药品、电子等对环境质量要求高的企业周边 1km 内不得设厂。工业企业中部分冶金企业卫生防护距离标准如表 4-5 所示。

表 4-5　部分冶金企业卫生防护距离标准　（m）

企业类型	生产规模	风速/$m \cdot s^{-1}$			标　准
		<2	2~4	>4	
铜冶炼厂（密闭鼓风炉型）		1000	800	600	GB 11657—1989
炼铁厂		1400	1200	1000	GB 11660—1989
炼焦业	<1000kt/a	900	800	700	GB 11661—2012
	1000~3000kt/a	1000	900	800	
	>3000kt/a	1200	1000	900	
烧结业		700	600	500	GB 11662—2012

二、原材料供应条件评价

（一）原材料供应条件评价概述

原材料供应条件评价的内容主要包括对主要原材料的品种、数量、规格、质量、价格、来源、供应方式和运输方式等进行分析评价。

原材料是冶金项目建成后生产经营所需的主要投入物，一般包括主要原材料、辅助材料及半成品等。由于冶金项目所需原材料的种类较多，所以在项目评估阶段只需着重分析评价几种耗用量较大或关键性原材料的供应条件，而没有必要对所有的原材料进行分析评价。下面以高炉炼铁为例对原材料供应条件进行详细分析。

（二）原材料供应条件评价要点

1. 原材料的数量

根据冶金项目的设计生产能力、选用的工艺技术和使用的设备估算所需原材料的数量，分析和预测原材料供应的稳定性和保证程度。以项目的生产规模、采购运输条件等为依据计算原材料的经常储备量，同时还要估算为预防原材料延滞到货风险而增加的保险储备量，以便保证项目的正常生产经营。

例如高炉冶炼中，根据经验冶炼 1t 生铁需要 1.5~2.0t 矿石、0.4~0.6t 焦炭、0.2~0.4t 熔剂。再根据冶炼项目的具体情况，测算在规定的工作时间内每立方米有效容积，平均一昼夜生产的合格铁水的吨数，即有效容积利用系数，从而可以粗略估算出冶炼项目总的原材料需要量，进而为原材料供应量提供可靠数据。

2. 原材料的质量

通常情况下，原材料的质量性能对项目的生产工艺、产品性能和资源的利用效率等有较大的影响。因此，应根据产品方案和工艺技术方案，对项目生产所需原材料的质量性能（包括物理性能和化学成分）进行分析研究，建立必要的检验、化验和试验设施，以确保采购的各种原材料的质量能够符合项目生产工艺要求，保证项目投产后的正常生产运营。

例如铁矿石是高炉冶炼的主要原料，其质量的好坏与冶炼进程及技术经济指标有着极为密切的关系。决定铁矿石质量的主要因素是其化学成分、物理性质及其冶金性能。例如，高炉冶炼对铁矿石的要求是：含铁量高（品位高），脉石少，有害杂质少，化学成分稳定，粒度均匀，良好的还原性及一定的机械强度等性能。

A　高炉冶炼对铁矿石原料的要求

（1）高炉冶炼用的铁矿石有天然富矿和人造富矿两大类，含铁量在 50%以上的天然富矿经适当破碎、筛分处理后可直接用于高炉冶炼。贫铁矿一般不能直接入炉，需要破碎、富矿并重新造块，制成人造富矿（烧结矿或球团矿）再入高炉。人造富矿含铁量一般在 55%~65%之间。由于人造富矿事先经过焙烧或者烧结高温处理，因此又称为熟料，其冶炼性能远比天然富矿优越，是现代高炉冶炼的主要原料。天然块矿统称为生料。我国富矿储量很少，多数是含 Fe30%左右的贫矿，需要经过富矿才能使用。

铁矿石品位即铁矿石的含铁量，含铁量高有利于降低焦比和提高产量。根据生产经验，矿石品位提高 1%，焦比可降低 2%，产量可提高 3%。因为随着矿石品位的提高，脉石数量减少，熔剂用量和渣量也相应减少，既节省了热量消耗，又有利于炉况顺行。

（2）铁矿石的脉石成分绝大多数为酸性，SiO_2 含量较高。在现代高炉冶炼条件下，为了得到一定碱度的炉渣，就必须在炉料中配加一定数量的碱性熔剂（石灰石）与 SiO_2 作用造渣。铁矿石中 SiO_2 含量愈高，需加入的石灰石也愈多，生成的渣量也愈多，这样将使焦比升高，产量下降。所以铁矿石中含 SiO_2 愈低愈好。脉石中含碱性氧化物（CaO、MgO）较多的矿石，冶炼时可少加或不加石灰石，对降低焦比有利，具有较高的冶炼价值。

（3）矿石中的有害杂质主要有硫、磷、铅、锌、砷等，这些有害杂质含量越少越好。国家标准对生铁的含硫量有严格规定，炼钢生铁，最高允许含硫质量分数不能超过0.07%，铸造生铁不能超过0.06%。虽然高炉冶炼可以去除大部分硫，但需要高炉温、高炉渣碱度，对增铁节焦是不利的。因此矿石中的含硫质量分数必须小于0.3%。磷化物是脆性物质，冷凝时聚集于钢的晶界周围，减弱晶粒间的结合力，使钢材在冷却时产生很大的脆性，因此需要控制原料的含磷量。

高炉内还原出来的铅沉积于炉缸铁水层以下，渗入砖缝破坏炉底砌砖，甚至使炉底砌砖浮起，因此一般要求矿石中含铅质量分数低于0.1%。高炉冶炼中锌全部被还原，但易挥发在炉内又被氧化成ZnO，部分ZnO沉积在炉身上部炉墙上，形成炉瘤，部分渗入炉衬的孔隙和砖缝中，引起炉衬膨胀而破坏炉衬。钢中含砷也会使钢材产生“冷脆”现象，并降低钢材焊接性能，因此要求矿石中含砷质量分数小于0.07%。此外，一般铁矿石中允许含铜（质量分数）不超过0.2%。

（4）矿石中有益元素主要有锰、铬、钴、镍、钒、钛等。当这些元素达到一定含量时，可显著改善钢的可加工性、强度、耐磨、耐热和耐腐蚀等性能。同时这些元素的经济价值很大，当矿石中这些元素含量达到一定数量时，可视为复合矿石，加以综合利用。

（5）铁矿石的还原性好，有利于降低焦比。影响铁矿石还原的因素主要有矿物组成、矿物结构的致密程度、粒度和气孔率等。一般磁铁矿结构致密，最难还原。赤铁矿有中等的气孔率，比较容易还原。褐铁矿和菱铁矿容易还原，因为这两种矿石分别失去结晶水和去掉 CO_2 后，矿石气孔率增加。烧结矿和球团矿的气孔率高，其还原性一般比天然富矿还要好。

（6）入炉的矿石粒度通常在5~35mm之间，小于5mm的粉末是不能直接入炉的。在有良好透气性和强度的前提下，尽可能降低炉料粒度。高炉冶炼要求铁矿石的软化温度要高，软化温度区间要窄。

（7）铁矿石的各项理化指标保持相对稳定，才能最大限度地发挥生产效率。其中矿石品位、脉石成分与数量、有害杂质含量的稳定性尤为重要。高炉冶炼要求成分波动范围：含铁原料 TFe<±0.5%~1.0%；$w(SiO_2)$<±0.2%~0.3%；烧结矿的碱度为±0.03~0.10。

B 高炉冶炼对碱性熔剂的质量要求

高炉冶炼中，除主要加入铁矿石和焦炭外，还要加入一定量的助熔物质，即熔剂。熔剂在冶炼过程中的作用主要有两个：一是渣铁分离，并使其顺利从炉缸流出；二是生成具有一定碱度的炉渣，去除有害杂质硫，确保生铁质量。

a 熔剂类型

根据矿石中脉石成分的不同，高炉冶炼使用的熔剂按其性质可分为碱性、酸性和中性三类。

（1）碱性熔剂。当矿石中的脉石主要为酸性氧化物时，则使用碱性熔剂。由于绝大多数矿石的脉石成分都是酸性，因此普遍使用碱性熔剂。常用的碱性熔剂有石灰石（$CaCO_3$）和白云石（$CaCO_3 \cdot MgCO_3$）。

（2）酸性熔剂。高炉使用主要含碱性脉石的矿石冶炼时，则加入酸性熔剂。作为酸性熔剂使用的有石英石（SiO_2）、均热炉渣（主要成分为 $2FeO \cdot SiO_2$）及含酸性脉石的贫铁矿等。生产中很少使用酸性熔剂，只有在某些特殊情况下才考虑加入酸性熔剂。

（3）中性熔剂。亦称高铝质熔剂。当矿石和焦炭灰分 Al_2O_3 很少，渣中 Al_2O_3 含量很低，炉渣流动性很差时，在炉料中加入高铝原料作熔剂，如铁矾土和黏土页岩，但生产上极少遇到这种情况。

b　碱性熔剂的质量要求

高炉冶炼对碱性熔剂的质量有如下要求：碱性氧化物（CaO+MgO）含量要高，而酸性氧化物（$SiO_2+Al_2O_3$）含量越少越好，即熔剂的有效熔剂性越高越好。一般要求石灰石中 CaO 的质量分数不低于 50%，$SiO_2+Al_2O_3$ 的质量分数不超过 3.5%。有害杂质硫、磷含量要低，石灰石中一般硫的质量分数只有 0.01%～0.08%，磷的质量分数为 0.001%～0.03%。要有较高的机械强度，粒度要均匀，大小适中，适宜的石灰石入炉粒度范围是：大中型高炉为 20～50mm，小型高炉为 10～30mm。

3. 原材料的供应来源与方式

通常情况下，应确定原材料的采购地区、供货企业和供货方案。进口原材料应调查国际贸易情况，分析拟选用的供货企业的资信状况，确保原材料供应的可靠性。大宗原材料还要对供应企业的生产经营状况进行调查研究，签订供货意向书。供应方式一般分为市场采购、投资建立原材料基地、投资供货企业扩大生产能力等方式，企业可以根据实际情况进行选择。

例如铁矿石可以市场采购，也可以自行开采。若外购铁矿石，就需要寻找稳定的货源；若自行开采铁矿石，就需要有自己的原料基地，也就有了可靠的原料基础。但自行开采就要进行矿山建设，任务比较艰巨，这主要是因为铁矿石大多埋藏于交通不便的大小山脉之中，要开矿就需要修路、建电站。其次是铁矿床埋藏条件比较复杂，有的处于海平面以下，有的位于高山严寒地带，有的坚硬，有的夹着流沙，有的地下水较多。第三是采掘量大，炼 1t 铁，若用贫矿，要采掘 3～5t 铁矿石，加上覆盖于铁矿之上的岩石和铁矿中的废石夹层，要采掘十几吨“石头”。

4. 原材料的运输方式和存储设施

A　原材料运输问题

原材料运输方式的选择和运输距离的远近，对项目生产的连续性和生产成本的高低有较大的影响。根据项目所需原材料的形态（固态、液态、气态）、运输距离、包装方式和运输费用等因素，确定经济合理的运输方式。

例如钢铁冶炼所需各种原料的运输方式是不同的，运输费用也不等。原材料外购的，则需要利用汽车、火车或其他交通工具运到原料场，在原料场设地下卸料槽或翻车机，通过胶带运输机转运到高炉矿。烧结矿一般来自本厂的烧结车间，可以直接用胶带运输机和转运站运到高炉矿槽上。

B　原材料存储问题

原材料存储设施的建设，是原材料供应连续性的保证，也是项目生产连续性的保证。因此，要根据原材料的存储要求建设存储设施。例如高炉炉后贮矿槽和贮焦槽是用来接受和贮存炉料的，用以缓冲烧结厂和焦化厂与高炉间的生产不平衡以及运料胶带运输机事故或检修时所带来的影响。贮矿槽、贮焦槽容积和数目应根据原料品种、数量、贮存时间及检修等综合因素确定。

5. 原材料的价格

原材料的价格是影响项目经济效益的关键因素之一，因此，要调查分析原材料当前价格的变动情况，并预测其未来的波动趋势。在市场分析和预测的基础上，要分析、计算原材料的出厂价、到厂价，以及进口原材料的到岸价和有关税费，再进行比选。另外，要充分考虑原材料供应的弹性和互补性，以保证原材料的合理替换和选择，充分利用资源优势，提高工艺技术的经济合理性。

(三) 原材料供应条件评价内容

原材料供应条件评价主要包括以下内容：

(1) 分析和评价原材料的品种和供应数量能否满足项目的要求。根据项目产品方案详细分析并提出所需各种物料的品种、规格。对于冶金项目来说，如果所需原材料没有稳定的来源和长期的供应保证，其生产将会受到极大影响。因此，应根据项目的设计生产能力、选用的工艺技术和使用的设备来估算所需原材料的数量，分析预测其供应的稳定性和保证程度。

(2) 分析和评价原材料的质量是否符合生产工艺的要求。在评价时，对所需要的主要原材料的名称、品种、规格、化学和物理性质以及其他质量上的要求加以了解。一般来说，投入物的质量和性能特征对特定项目的生产工艺、产品质量和资源利用程度影响极大。因此，还必须分析相关投入物的质量和性能是否符合特定项目的要求。

(3) 分析和评价原材料的供应来源与方式。对于可以从市场采购的原材料和辅助材料，比较不同地区市场上原材料采购的综合成本，确定合理的采购地区；有特殊要求的原材料，应提出拟选择的供货企业及供货方案。另外，需根据项目自身特点选择经济合理的供应方式。

(4) 分析和评价原材料的价格、运输方式等对项目生产成本的影响。一般来说，项目主要投入物的价格是影响项目经济效益的关键因素之一。因此，不但要分析主要投入物目前的市场价格，还要预测其未来价格的变化趋势。要估计到原材料供应的弹性和互补性，以保证原材料的合理替换和选择。另外，还需要分析项目所需主要原材料运输费用的大小。

(5) 分析和评价原材料的存储设施条件。原材料供应条件应包括合理储备量，在评估时，应分析拟建项目存储设施规模是否适应生产的连续性，其原材料的储备量是否合理等。如果有条件，应编制原材料和能源平衡流量图或表示数量流动的图表。

三、燃料及动力供应条件评价

燃料及动力是冶金项目建设和生产过程中的基本要素和重要的物质保证。燃料通常有煤、焦炭、石油和天然气等；动力主要有电力、蒸汽和水等。燃料及动力供应条件评价主要包括以下内容。

（一）分析和评价燃料供应条件

项目所需燃料的需求量能否得到满足。首先要依据生产工艺、生产成本、产品质量和区域环境对所用燃料的要求来选择燃料种类；其次要分析燃料供应政策、供应数量、质量、来源、供应方式及运输方式；再次需要分析燃料的存储量以及燃料的替代性。在高炉冶炼中，可提前计算好高炉炼铁燃料比、焦比。目前我国喷吹高炉的焦比一般低于450kg/t，燃料比低于550kg/t。先进高炉焦比已小于400kg/t，燃料比约450kg/t。通常，冶炼1t生铁需要0.4~0.6t焦炭，0.2~0.4t熔剂，具体依原料的成分而定。可根据这些指标确定燃料供应的数量。

1. 高炉冶炼对焦炭的质量要求

A　焦炭的化学成分

（1）固定碳含量要高，灰分要低，我国冶金焦炭灰分一般为11%~14%；

（2）含S、P杂质要少；

（3）挥发分含量要低，正常情况下挥发分含量为0.7%~1.2%；

（4）焦炭中的水分含量要稳定，通常为2%~6%。

B　焦炭的物理性质

（1）焦炭的机械强度要高，M40≥72%，M10≤10%；

（2）焦炭粒度要均匀、粉末少；一般大型高炉焦炭粒度范围为20~60mm，中小高炉用焦炭粒度分别以20~40mm和大于15mm为宜。

C　焦炭的化学性质

焦炭的化学性质包括焦炭的燃烧性和反应性两方面。燃烧性是指焦炭在一定温度下与氧反应生成CO_2的速度，即燃烧速度。反应性是指焦炭在一定温度下和CO_2作用生成CO的速度。若这些反应速度快，则表明燃烧性和反应性好。

焦炭的反应性（CRI）是指焦炭的化学稳定性，焦炭的反应后强度（CSR）是指焦炭在炉内的高温稳定性。CRI越低，CSR越高，焦炭的热态性能就越好，在炉内支撑料柱的作用就越强。因此高炉冶炼对焦炭的CRI要低、CSR要高，抗碱性要强。

2. 高炉冶炼对煤粉燃料的质量要求

（1）煤的灰分要低。一般要求煤的灰分低于或接近焦炭灰分，最高不超过15%。

（2）煤的硫含量尽可能低。一般要求低于0.7%，最高不超过1.0%。

（3）煤的发热量要高。煤粉中含碳越高，发热量越高。

（4）煤的燃烧性能要好。即其着火点温度低，反应性强。

（5）煤的胶质层要薄。胶质层厚度越大，煤的结焦性能越好，一般要求应低于10mm。

（6）煤的可磨性要好。煤的可磨性好有利于提高磨煤机产量、降低电耗和喷吹成本。

（7）煤的灰分熔点温度要高。煤中灰分熔点温度高对喷吹有利，温度低时容易在风口前挂渣并堵塞喷枪。

为了获得更好的经济效果，高炉应喷吹配煤。国内外配煤常用含碳量高、发热量高的无烟煤与挥发分高、易燃的烟煤配合，使配煤的挥发分控制在20%左右，灰分小于15%。这样才能充分发挥两种煤的优点，取得良好的喷吹效果。

3. 高炉冶炼对原煤、焦炭贮存的要求

一般原煤应有10～15天的贮备量，不同煤种单独堆存。场地应保持清洁、排水设施齐全，防止积水和煤堆塌陷。煤堆应保持一定的高度，一般10～15m，过低，则占地面积太大，增加运输距离，下雨天时煤的水分过大。原煤的存放时间不能过长，存放时间过长会引起原煤质变坏，导致焦炭质量下降。

（二）分析和评价供水条件

要计算项目生产和建设所需用水量、供水价格对成本的影响，分析项目对水源和水质的要求；分析是否有节水的循环设施、污水净化设施，并估算水源、供水泵站及管网等供水设施的费用。工业供水系统是冶金企业动力保障的重要环节，工业水主要用于高炉、转炉、轧材、风机、发电等重要设备的冷却，均衡、稳定的动力供应是冶炼生产安全的重要保障。因此应确保水量充足、水质良好的水源地。在确定供水水源的同时，要勘察从水源地取水口到厂址的供水管道或渠道的路由，并估算工程量及造价。

（三）分析和评价供电条件

电力是工业生产的主要动力。对耗电量大而又要求连续生产的工业项目（如冶炼厂项目），需要分析估算项目最大用电量、高峰负荷、备用量、供电来源等，要按生产工艺要求计算日耗电量、年耗电量以及对产品成本的影响，还需计算变电所、输电线路及自备电厂的功率及其投资，要尽可能保证动力供应的稳定性。例如冶金企业用电多取自当地的电网或就近的地区变电所。一般地，冶炼厂应尽可能靠近热电供应地，充分考虑电源的可靠性，要了解电网或变电所的电容量、电压等级、安全电源和当地的供电条件等。同时，要勘察从外部电源到厂址的供电线路的路由，并估算工程量及其费用，并应尽可能利用热电站的蒸汽供应，以减少新建工厂的热力和供电方面的投资。

（四）分析和评价其他动力供应条件

在评估时，还要对生产中所需的其他动力的总需要量进行测算，并分析其对产品成本的影响，分析自备设施投资、规模及设备选型、管网布置的合理性等。

第三节　冶金项目工艺流程与技术方案评价

一、冶金项目工艺流程方案评价

（一）冶金工艺流程概述

1. 内涵

将一种矿物原料（铁、锰、铜、铝、铬等金属元素高的矿石）或多种冶金原料（含氧化矿、硫化矿的混合矿或多金属的钒钛、含铁铌稀土的复合矿物）经过一个特定的过程得到另一种或多种冶金原料（或产品），这种特定的过程称为冶金工艺过程，也称冶金工艺流程。

2. 主要任务

冶金工艺流程设计的主要任务包括：一是确定冶金生产流程中各个生产过程的具体内容、顺序和组合方式；二是绘制工艺流程图，即以图解的形式表示出整个生产过程的全貌，包括物料的成分、物料和能量发生的变化及其流向等。

3. 设计步骤和方法

（1）确定生产线数目。确定生产线数目是冶金工艺流程设计的第一步。若冶金产品品种较多，可考虑设计几条生产线同时生产，这在湿法冶金厂和化工厂的设计中较为常见。

（2）确定主要生产过程。一般以冶炼主体反应过程作为主要生产过程的核心，然后再逐个建立与之相关的其他生产过程，逐步勾画出冶金工艺流程全貌。

（3）确定能耗问题。按照《有色金属冶炼厂节能设计规范》(GB 50919—2013）要求，冶金工艺流程中应考虑物料及能量的充分利用以及节能问题：

1）要尽量提高原料的转化率，如采用先进技术、有效的设备、合理的单元操作、适宜的工艺技术条件等。对未转化物料应设法回收，以提高总回收率；

2）应进行“三废”治理工程的设计，所含有害物质在排放前应达到排放标准，符合相关政策法规；

3）进行余热利用设计，改进传热方式，提高设备的传热效率，最大限度地节约能源；

4）尽量采用物料自流，注意设备位置的相对高低，充分利用位能输送物料；充分利用静压能进料，如高压下物料进入低压设备，减压设备利用真空自动抽进物料等。

（4）合理设计各个单元过程或车间。合理设计包括每个单元的流程方案、设备类型及设备的安装顺序等。

（5）冶金工艺流程的完善与简化。冶金工艺流程确定后，要全面检查和分析各个冶炼过程的连接方式和操作手段，增添必要的备用设备和预警、防护措施，增补遗漏的管线、阀门、采样、排空、连通等设施，尽量简化流程管线，减少物料循环量等。

（二）冶金工艺流程的选择标准

冶金工艺流程的选择实质上是冶炼方法及冶炼生产工艺路线的选择。钢铁冶金的工艺流程选择相对要简单一些，如铁矿粉烧结或球团、高炉炼铁、直接还原、转炉炼钢、电炉炼钢、高炉铁合金、电炉铁合金、连铸连轧、一火成材、棒线材轧制、钢管生产、冷轧板、型钢生产等，从生产方法大体上可以看出所采用的工艺流程。由于矿物原料成分、性能及储量等的不同，各个国家技术水平和技术政策的差异，以及同一国家不同地区自然条件、环保要求等的不同，所选择的冶金工艺流程也不尽相同。

冶金工艺流程的选择是一项十分重要的工作。应紧紧围绕环境保护、节约能源消耗、提高产品质量、提高生产效率、降低经营成本等，将各种金属冶炼新技术、新设备和新材料运用到冶金工艺流程设计中去。

（三）冶金工艺流程方案评价方法

在冶金工艺流程设计过程中，必须进行多种方案的技术经济比较，才能选择符合客观实际、技术上先进、经济上合理、能获得较好经济效益的方案。

冶金工业设计方案可分为两种类型，一种是总体方案，另一种是局部方案。总体方案涉及的问题一般是全局性或基本性的问题。例如冶金厂是否要建设、企业的规划和发展方向、企业的专业化与协作及冶炼方法的选择、厂址选择、冶金产品品种及数量的确定等，这些都是冶金厂设计的根本性问题，一般在设计任务书下达前确定，相当于技术经济可行性研究。局部方案是指在初步设计过程中对某些局部问题所提出的不同设计方案。例如工艺流程方案、设备方案、配置方案等。总体方案通常由冶金技术经济专业通过扩大指标或估算指标的技术经济比较来完成，局部方案则一般由冶金工艺技术专业完成。但对于一些中、小型冶金厂的设计，冶金工艺技术专业人员往往要承担全部设计方案的技术经济比较，只是依要求不同，其深度和广度有区别。

各种设计方案技术经济比较的程序和方法基本相同，下面主要结合冶金工艺流程方案进行讨论。

1. 方案比较步骤

（1）提出冶炼方案。各冶炼方案应技术先进、工艺成熟、生产可靠、技术基础资料准备充分，选用的设备、材料符合国情。

（2）对所提出的方案进行技术经济计算。

（3）根据计算结果，评价和筛选出最佳方案。

2. 方案技术经济计算内容

（1）根据工业试验结果或类似工厂正常生产期间的有关年度平均先进指标并参考有关文献资料，确定所选工艺流程方案的主要技术经济指标和原材料、燃料、水、电、劳动力等的单位消耗定额。如高炉的焦比、燃料比，硅铁的冶炼电耗指标等。

（2）概算出各方案的建筑及安装工程量，并用概算指标计算出每个方案的投资总额。

（3）根据单位消耗定额确定冶金厂每年所需的主要原材料、燃料、水、电、劳动力等的数量，再计算出产品的生产费用或生产成本。

（4）根据产品的市场价格，求出未来企业每年的总产值，由总产值和生产成本计算出企业年利润总额，再由投资总额和年利润总额计算出投资回收期。

（5）列出各方案主要技术经济指标及参数一览表（如表4-6所示），以便对照比较。在计算过程中，需按每个方案逐项进行计算；分期建设的项目，设计方案的投资和生产费用应按期分别计算；对于比较复杂或影响方案取舍的重要指标，应进行详细的计算。

表4-6 主要技术经济指标及参数一览表

项目	单位	方案		
		1	2	3
1. 年产量	t/a			
2. 主要生产设备及辅助设备情况（规格、主要尺寸、数量、来源等）				
3. 厂房建筑情况				
3.1 全厂占地面积	m^2			
3.2 厂房建筑面积	m^2			
3.3 厂房建筑系数	%			
4. 主金属及有价元素的总回收率	%			
5. 主要原材料消耗情况	t/a			
6. 能源消耗情况（燃料、水、电、蒸汽、压缩空气、富氧等）	t/a 或 m^3/a			
7. 环境保护等				
8. 安全保护措施				
9. 劳动定员（生产工人、非生产工人、管理人员等）	人			
10. 基本投资费用	万元			

续表 4-6

项　　目	单位	方　案		
		1	2	3
10.1　建筑部分投资	万元			
10.2　设备部分投资	万元			
10.3　辅助设施投资	万元			
10.4　其他有关费用（如相关投资等）	万元			
11. 技术经济核算				
11.1　主要技术经济指标				
11.2　年生产成本（经营费用）	万元/年			
11.3　企业总产值	万元/年			
11.4　企业年利润总额	万元/年			
11.5　投资回收期	a			
11.6　投资效果系数	%			
12. 其他				

3. 方案比较的定量分析法

冶金工艺流程方案或其他设计方案的技术经济分析，有定性分析和定量分析两种，两者是互为补充和相互结合使用的。定性分析法一般是根据经验积累及可能的客观实验对方案进行主观分析判断后，用文字将分析结果描述出来；而定量分析法则要进行具体的技术经济计算，把计算结果用数值或图表的形式表达出来，并加以分析研究，确定最佳方案。因此，定量分析法比定性分析法更具有说服力，在工程建设中，越来越广泛地采用。

（1）产量不同的方案比较。若两个比较方案的年产量不同，则要先把各方案的投资和经营费用的绝对值换算成相对值，即化为单位产品投资额和单位产品经营费用，再进行比较。

（2）质量不同的方案比较。产品质量应符合国家规定的质量标准。若有甲、乙两个比较方案，方案甲的产品质量符合国家标准，而方案乙的产品质量超过国家规定的标准，并对方案乙的技术经济效果有显著影响，则应对方案乙的投资和费用进行调整，然后再与方案甲比较。调整时，可用使用效果系数 α 进行修正：

$$\alpha = \frac{\text{产品改进后的使用效果}}{\text{产品改进前的使用效果}} \tag{4-7}$$

产品的使用效果指标依产品不同而异，如使用寿命、可靠性、理化性能等。调整后的经营费用：

$$C_{\alpha} = \frac{C_0}{\alpha} \tag{4-8}$$

调整后的基建投资费用：

$$K_\alpha = \frac{K_0}{\alpha} \tag{4-9}$$

式中，C_0、K_0 分别表示调整前的经营费用和基建投资费用。

其他因素的比较见本书后续相关内容，如时间因素的可比性、不同方案经营费用比较等。

二、冶金项目工艺技术方案评价

（一）冶金工艺技术的内涵

冶金工艺过程中所包括的冶金物理化学反应、反应的空间（冶金炉、设备、管线）和反应的控制等方面的技术称为冶金工艺技术。

（二）工艺技术方案及评价内涵

冶金项目工艺技术方案是指在冶金产品生产过程中为保证项目正常运转而采用的生产工艺技术或冶金产品生产制造方法。冶金项目工艺技术方案的选择直接关系到冶金产品的质量、产量、成本和竞争力，因此它直接关系到项目运行的成败和企业的生死存亡。同时，从长远的角度出发，冶金项目工艺技术方案的选择会从根本上影响项目技术装备和项目实施技术方案的选择，所以项目工艺技术方案评价是项目技术评价的一项至关重要的基本内容。

冶金项目工艺技术方案评价是指结合国内外同类项目技术水平与设备的发展趋势，分析冶金产品生产全过程的技术方法，分析项目的优点、缺点、综合效果以及是否与经济社会发展的目标相符合等。工艺技术方案评价是项目可行性分析的核心。

（三）工艺技术方案评价内容

不同冶金项目工艺技术方案的评价涉及的内容会有所不同，这在很大程度上取决于项目本身的特性和要求，但是大多数冶金项目工艺技术方案的评价应包括以下几个方面的内容。

1. 工艺技术方案合理性的分析评价

工艺技术方案的合理性是指冶金项目工艺方法和过程符合冶金产品生产的客观规律和要求，并能够科学合理地利用资源和人力，减少不必要的资源和时间浪费，使项目运行达到科学高效。为此，项目工艺技术方案应达到以下要求：

（1）能够保证项目运行过程的连续性。项目运行过程的连续性是指在整个项目运行过程中各阶段在时间上和空间上能够紧密衔接，运行中的物流、信息和工作等方面实现顺畅的互动。通过保持和提高项目运行过程的连续性可缩短项目的运行周期长度，加速资金的周转，提高生产效率，提高技术装备、设施利用率和人员的工作效率。项目运行过程的连续性同项目工艺技术方案有密切的关系，因此，在冶金项目技术评价中必须充分考虑工艺技术方案在这方面的情况和特性。

（2）能够保障项目运行过程的协调性。项目运行过程的协调性是指冶金项目运行过程各阶段生产能力和技术水平上配置的合理性和均衡性等比例关系的协调情况。项目工艺技术方案必须能够保障项目运行各阶段的配置合理，整个方案配备的设备、人员数量、技术水平和装备工程能力指数及精度与效率等都能够满足项目运行各阶段的要求。项目运行过程的协调性同样与项目工艺技术方案直接相关，它是保证项目顺利运行和提高经济效益的前提条件，所以必须进行严格的评价。

（3）能够满足项目运行过程的特定要求。项目工艺技术方案的合理性主要体现在其能够满足项目运行过程中各种特定的要求。任何项目的运行都有自己特定的条件要求，这些不同行业和产品特定的条件和要求对于项目工艺技术方案提出了特殊要求，在项目工艺技术方案评价中必须全面评价其是否能够满足这些特定的要求。例如，某些金属熔炼方法对原料的水分和粒度有不同的要求。因此，必须评价项目工艺技术方案能否满足这些具体要求。

2. 工艺技术方案适用性的分析评价

工艺技术方案的适用性是指冶金项目所使用的工艺技术方案是否能够很好地适应项目能够获得的各种原材料、燃料以及项目所在地的气候条件与地理条件等方面的分析评价，其主要评价内容包括下述几个方面：

（1）原材料和燃料等的适用性。项目采用的工艺技术应与项目能获得的原材料和燃料等条件相适应。不同的项目工艺技术方案要求不同的原材料，这种要求的可行性也是项目工艺技术评价的一项内容。要分析项目工艺技术方案所需原材料的要求和考虑所需原材料的供应能否保证项目的运行。

（2）气候和地理条件的适用性。项目的运行都是在一定的地理和气候环境中开展的，项目采用的工艺技术方案必须要能够适应项目所在地的地理和气候条件。通常，项目运行和产品质量的要求越高，项目所采用的工艺技术对于项目所在地的气候和地理条件适应性的要求就越高。

（3）其他资源条件的适用性。项目的运行除要消耗能源和原材料以外，还需要消耗其他各种各样的资源，项目工艺技术方案还必须适应这些资源的条件和要求。例如项目工艺技术方案若对设备、人力资源的要求比较高，直接导致生产成本大幅度增加，那么该项目工艺技术方案的适用性将大打折扣。

3. 工艺技术方案可靠性的分析评价

工艺技术方案的可靠性是指冶金项目所选工艺技术方案必须是成熟可靠的，必须保证能够实现冶炼的各种技术要求，同时还必须保证项目生产设备和人员的安全。项目工艺技术的可靠性是选择项目工艺技术方案的前提，因为如果项目的工艺技术方案不可靠，企业未来的项目运营活动就无法正常进行。项目工艺技术方案的可靠性分析评价既可以使用专家评价法，也可以使用实验的方法。特别是对于不确定较大但又必须采用的新工艺技术，必须要有可靠性实验和保障措施，以确保项目的生产连续、设备不被损害以及人员安全等。

4. 工艺技术方案先进性的分析评价

工艺技术方案的先进性是指对于冶金项目所选工艺技术方案应该尽量避免使用落后的技术，因为那样会出现随着工艺技术的进一步发展而使整个项目被淘汰出局的危险。项目工艺技术的先进性与可靠性有时候是一对矛盾，因此在项目技术评价中必须综合分析和平衡这两方面的要求，既不能过度地追求项目工艺技术的先进性而影响项目的可靠性，也不能过高地要求项目工艺技术的可靠性而降低对项目工艺技术先进性的要求。

5. 工艺技术方案经济性的分析评价

项目工艺技术方案的经济性主要表现在冶金产品制造成本低而经济效益高等方面，因此，项目工艺技术评价必须对冶金产品的制造成本和收益进行分析，然后分析其经济性。项目运行主体的组织和人员等方面的变化也会对项目工艺技术方案的经济性有一定的影响，所以还应该要求项目工艺技术方案能够适应人员和设备的具体情况并有一定的灵活性，一般认为这样的项目工艺技术方案的经济性会更高一些。

（四）工艺技术方案评价方法

1. 专家评分法

项目工艺技术方案的评价方法有很多种，但最主要的方法是专家评分法。

A　专家评分法的基本思想

这种方法主要是利用相关技术专家的经验与知识，由相关专家对既定项目工艺技术方案的各方面评价指标进行评定和打分，从而将项目工艺技术方案的评价定量化，然后将各项项目工艺技术的评分予以综合，最终给出项目工艺技术方案的评价结果。

B　专家评分法的基本步骤

首先根据被评价项目工艺技术方案的具体情况确定出相应的评价指标，并对每个评价指标制订出相应的评分标准和分值；然后根据被评价项目的工艺技术方案和确定出的评价标准对备选方案的各方面进行评分并给出相应的得分值；最后将每个备选方案得分值进行综合并求出各方案的总分值，以此来决定选择方案。

专家评分法按评分的计算方法又可分为加法评分法、连乘评分法和加权评分法三种。

C　专家评分法的优缺点

项目工艺技术方案专家评分法是一种定性问题定量化的方法，以便使项目评价和决策科学化。但由于专家评分法是一项非常复杂的工作，受到许多因素的影响。同时，评分的各个指标之间往往还会有重叠性，因此，在实践中应注意和设法解决该方面的问题。

2. 经济特性评价步骤

项目工艺技术方案的评价既包括对冶金项目工艺的技术特性评价，也包括对冶金项目工艺的经济特性评价。其中，项目工艺的技术特性评价是指对冶金项目工艺技术是否能够达到冶炼生产和项目运行的要求而进行的评估；项目工艺的经济特性评价是指冶金项目工艺技术在能够达到设计要求并满足项目运行要求的前提下，有关项目工艺技术成本与收益的评价。

项目工艺经济特性评价一般包括以下几个步骤：

（1）确定项目工艺技术方案的成本。通常可把项目工艺技术方案的成本划分为两类：其一是与项目产品产量成正比例变化的变动成本（如人工费、主要原材料费用等）；其二是与项目产品产量无直接关系的固定成本（如折旧费、管理费等）。两者之和构成了一个项目工艺技术方案的成本总和。

（2）确定项目工艺技术方案的收益。通常项目工艺技术方案的收益可以按照不同的标志划分为很多种类，如利润（企业收益）和税金（国家收益），税前收益（国家加企业的收益）和税后收益（企业收益）等。通常应该由国家和企业收益之和构成一个项目工艺技术方案的收益总和。

（3）对各方案进行经济评价和选择。在经济评价和选择项目工艺技术方案时应根据具体情况采用不同的方法，但最主要的是两两比较法，进而得出最优或较优方案。

第四节 冶金项目工程设计方案评价

工程设计是冶金项目建设过程中一个重要环节，在很大程度上能预先决定工程项目在建设过程和使用时间上的经济性。因此，对冶金项目的工程设计方案进行研究评价，必须对不同设计方案进行经济效果比较，并在工程设计的各个阶段，对各种设计方案中的各项技术经济指标进行全面的分析论证和综合评价，从中选择技术上先进可靠、经济上合理有效的设计方案。

下面将结合某金属冶炼基地项目为例进行说明。

一、评价原则

一般来说，工程设计方案评价应遵循以下原则：

（1）保证设计方案在技术上的可靠性和功能上的适用性；

（2）保证设计方案的可比性；

（3）注意设计方案应切合实际，要因地制宜，因工程制宜；

（4）应重视评价的全局性，强调整体的经济效果。

二、评价内容

（一）总平面设计方案评价

1\. 总平面设计方案的概念

总平面设计方案是指整个工程的全部生产性项目和辅助性项目的合理配置的设计，应在充分研究区域地形、工程地质、水文及气象等资料的基础上，对厂区建设做出合理的整体平面布置。

2\. 总平面设计的原则

（1）必须按可行性研究报告（或项目建议书）和上级文件进行设计。

（2）应符合企业发展规划、当地城市规划或工业区规划。

（3）平面布置应节约用地、尽量利用已征土地。

（4）满足生产工艺流程和物流流向合理的要求，尽可能使物料流程顺畅、短捷。

（5）考虑各设施的生产特点、联系密切程度、对环境影响等因素，合理进行功能分区，并结合企业规模合理确定通道宽度。

（6）若是改扩建项目，在满足生产工艺要求前提下，尽量利用原有设施，尽量不影响现有生产。

（7）满足各种设计规范要求。

（8）总平面设计应进行多方案技术经济比较。

3\. 总平面设计方案的评价内容

（1）是否依据当地规划部门的要求，保护环境，节约用地。

（2）是否与企业战略目标发展方向一致。

（3）厂区平面布置。涉及厂区布置形式、生产厂区划分、建构筑物的平面布置及其间距、坐标确定等问题。

（4）厂内外运输系统的合理组织。涉及厂内外运输方式的选择，厂内外运输系统的布置以及人流和物流组织等问题。

（5）厂区工程管线。涉及地上、地下工程管线的综合敷设和埋置间距、深度等问题。

（6）厂区绿化及环境卫生等。涉及绿化重点区域、绿化植物选择问题；环保安全部门设置问题。

4. 竖向布置的评价内容

冶金建设项目须适应地形，力求减少土石方量和建筑物的基础工程量，各建筑物地坪标高因地形而异，并能满足生产工艺的要求。竖向布置应注意场地平整、厂区防洪、排水等问题。

A 竖向布置的总体要求

（1）竖向布置应与总体布置和总平面布置相协调。

（2）满足生产工艺、场内外运输装卸、管道敷设对坡向、坡度、高程的要求。

（3）充分利用地形，选择相适宜的竖向布置形式，合理确定建、构筑物和道路的标高，保证生产运输连续性，力争做到物料自流。

（4）避免高填深挖，减少土石方工程量，创造稳定的场地和建筑基地。

（5）保证场地排水畅通，注意防洪防涝。

（6）注意厂区环境立体空间的环保要求。

B 竖向布置的一般要求

（1）满足生产工艺的要求。

（2）适应运输和装卸条件的要求。

（3）考虑厂区地形和地质条件。

（4）力求节约土石方工程量。

（5）保证物流、人流有良好的运输和通行条件。

（6）场地排水畅通，并注意防洪、防涝。

（7）考虑建（构）筑物基础埋设深度。

（8）创造稳定的场地和良好的基础条件。

（9）符合土方工程施工的有关规定。

C 竖向布置的特殊要求

（1）对湿陷性黄土地区，应根据湿陷性黄土的特点和工程要求因地制宜采取以地基处理为主的综合措施，尽量适应地形，充分利用天然排水路线。此外，还应做好防水处理，防止地基湿陷对建筑物产生危害。

（2）对膨胀土地区，需具有排水畅通或易于进行排水处理的地形条件，竖向布置宜保持自然地形，避免大填大挖。对变形有严格要求的建筑物，应布置在膨胀土埋藏较深、胀缩等级较低或地形较平坦的地段。

（二）车间布置设计方案评价

车间布置是设计工作中很重要的一环。车间布置的好坏直接关系到车间建成后是否符合工艺要求，能否有良好的操作条件，生产能否正常、安全地运行，设备的维护检修是否方便可行，以及对建设投资、经济效益等都有着极大的影响。因此，在进行车间布置前必须充分掌握有关生产、安全、卫生等资料，在布置时要做到深思熟虑，仔细推敲，以取得最佳方案。

车间布置设计主要包括车间厂房整体布置设计和车间设备布置设计两部分内容。在进行车间厂房整体布置设计时，首先要推敲并确定车间设施的基本组成部分，防止遗漏不全，车间的组成一般包括生产设施、生产辅助设施、生活行政设施、其他特殊用室和近期发展用地五部分。车间设备布置设计就是确定各个设备在车间范围内平面与立面上准确的、具体的位置；同时也确定了场地与建（构）筑物的尺寸；安装工艺管道、电气仪表管线、采用通风管线的位置。

1. 设计原则

（1）节约用地，保护环境；

（2）安全生产消防给水系统到位；

（3）保证生产工艺流程的顺畅；

（4）尽可能减少各种能耗；

（5）符合有关规范和国家法规；

（6）留有发展余地，以便将来扩建或增建。

2. 评价内容

（1）是否有效地利用车间建筑面积（包括空间）和土地，车间厂房柱距和跨度，宜满足构件的统一化、标准化的要求。

（2）除应包括工艺设备的配置外，必要的操作、检修、安装场地及物料堆场是否合理。

（3）是否预留好炉顶设备吊装点、地上各种管线和地沟的走向与位置。

（4）是否考虑项目投产后进行技术改造的余地。如将来大修或改建时，有施工机械设备的安装位置和作业场地、堆放施工用材料、新设备的场地等。

（5）是否根据《建筑灭火器配置设计规范》(GB 50140—2005)、《建筑设计防火规范》(GB 50016—2014)(2018 年版）和《消防给水及消火栓系统技术规范》(GB 50974—2014)等规范要求，全面考虑车间的防水、防火等安全生产要求，以及采光、通风、隔热、隔声和相应的防腐蚀相关保护措施。

（6）是否符合《室外给水设计规范》(GB 50013—2018)、《室外排水设计规范》(GB 50014—2006)(2016 年版)、《3~110kV 高压配电装置设计规范》(GB 50060—2008)、《20kV 及以下变电所设计规范》(GB 50053—2013)、《交流电气装置的过电压保护和绝缘配合设计规范》(GB/T 50064—2014)、《供配电系统设计规范》(GB 50052—2009)、《工业循环冷却水处理设计规范》(GB 50050—2017)、《建筑给水排水设计规范》(GB 50015—2009) 等规范要求。

（7）是否最大限度地满足工艺流程的要求，保证工艺过程的正常进行，包括设备维修的要求。

（8）按生产工艺流程的走向，精心设计和配置，尽量减少物料的倒运次数和运距，合理组织生产、保证车间各种物料的运输路线畅通和运输方式合理，是否符合《有色金属企业总图运输设计规范》（GB 50544—2009）、《钢铁企业总图运输设计规范》（GB 50603—2010）、《工业企业总平面设计规范》（GB 50187—2012）等规范要求。

（9）是否为车间的技术经济指标先进合理以及节能等要求创造条件，是否符合《有色金属冶炼厂节能设计规范》（GB 50919—2013）、《综合能耗计算通则》（GB/T 2589—2008）、《用能设备能量测试导则》（GB/T 6422—2009）、《能源管理体系要求》（GB/T 23331—2012）、《节能监测技术通则》（GB/T 15316—2009）、《工业企业能源管理导则》（GB/T 15587—2008）等规范要求。

（10）企业尽可能创建智能化工厂，优化操作岗位，把传统的定岗定编模式改成主操加巡岗模式，极大减少劳动定员，提高劳动效率。

以转炉炼钢车间为例。转炉炼钢速度快，物料流量大，车间各跨间组成和设备的布置应互相适应，使工艺流程合理，物流畅通，减少各项工艺操作和运输之间的相互干扰。转炉车间应尽可能靠近炼铁车间，以缩短铁水运送路程和时间，减少铁水温降和混铁车（铁水罐）周转的占用量。转炉车间也要接近或毗连轧钢车间，以便连铸坯热送或连铸连轧。

（三）冶金工艺管道设计方案评价

1. 设计原则

（1）管道材质、管件、阀门的选择经济适用；

（2）管径与管壁厚度的选择合理；

（3）管道保温层厚度需要通过经济核算；

（4）管道要考虑便于安装、检修和操作管理以及安全绿色生产。

2. 评价内容

（1）根据物料（介质）性质、温度、压力及工艺特点，评价管材选择是否合理；

（2）阀门和各种管道附件选用是否合理；

（3）绝热材料、结构及厚度选用是否合理；

（4）是否根据流体黏度、浓度、压降确定流速，进而确定管径和管道坡度；

（5）管架形式及间距确定是否合理；

（6）管道设计是否做到明管敷设、集中敷设、沿墙敷设的基本要求；

（7）管道设计是否符合安全规范要求。

三、总图技术经济指标

1. 投资强度

投资强度是指项目用地范围内单位面积固定资产投资额。

$$投资强度 = \frac{项目固定资产总投资}{项目总用地面积} \tag{4-10}$$

项目固定资产总投资包括厂房、设备和地价款、相关税费，按万元计。项目总用地面积按公顷（万平方米）计。

2. 建筑系数及场地利用系数

建筑系数是指项目用地面积内各种建（构）筑物、堆场占地面积所占的比例。

$$\text{建筑系数} = (\text{建筑物占地面积} + \text{构筑物占地面积} + \text{堆场占地面积}) \div \text{项目总用地面积} \times 100\% \tag{4-11}$$

$$\text{场地利用系数} = \text{建筑系数} + [(\text{道路、广场及人行道占地面积} + \text{铁路占地面积} + \text{管线及管廊占地面积}) \div \text{项目总用地面积} \times 100\%] \tag{4-12}$$

一般工业项目，建筑系数不应小于 30%，重有色冶炼厂不小于 24%，电解铝厂不小于 27%，氧化铝厂不小于 21%。

3. 容积率

容积率是指项目用地范围内总建筑面积与项目总用地面积的比值。

$$\text{容积率} = \frac{\text{总建筑面积}}{\text{总用地面积}} \tag{4-13}$$

当建筑物层高超过 8m，在计算容积率时该层建筑面积加倍计算。工业建筑要求容积率大于 0.6。

4. 行政办公及生活服务设施用地所占比重

$$\text{行政办公及生活服务设施用地所占比重} = \text{行政办公及生活服务设施占地面积} \div \text{项目总用地面积} \times 100\% \tag{4-14}$$

当无法单独计算时，可以采用行政办公及生活服务设施建筑面积占总建筑面积的比重计算得出的分摊土地面积代替。工业项目所需行政办公及生活服务设施用地面积不得超过工业项目总用地面积的 7%。

复习思考题

一、名词解释

冶金工艺流程、冶金工艺技术、冶金项目工艺技术方案、冶金工艺技术方案的合理性、冶金工艺技术方案的适用性、冶金工艺技术方案的可靠性、冶金工艺技术方案的先进性、冶金工艺技术方案的经济性、冶金项目工艺的技术特性评价、冶金项目工艺的经济特性评价、总平面设计方案、投资强度、建筑系数、容积率

二、简答题

1. 影响冶金企业生产规模的一般因素和基础因素主要有哪些？
2. 冶金企业大、中、小生产规模的优点分别有哪些？
3. 简述冶金项目厂址选择需要考虑的因素有哪些？
4. 厂区位置、交通及自然地理条件评价原则和评价内容。
5. 原材料供应条件评价要点和内容是什么？
6. 燃料及动力供应条件评价的内容是什么？

7. 冶金工艺流程设计的步骤和方法。
8. 冶金工艺流程方案技术经济比较内容与方法。
9. 冶金工艺技术方案评价的内容与方法。
10. 项目工艺技术方案经济特性评价的步骤。
11. 总平面设计方案评价的内容是什么？
12. 竖向布置的评价内容。
13. 车间布置设计方案的评价内容。
14. 冶金工艺管道设计方案的评价内容。

第五章　冶金项目环境影响评价

第一节　环境影响评价概述

一、环境影响评价的概念和作用

环境影响评价是指对拟议中的人类重要决策和开发建设活动，可能对环境产生的物理性、化学性或生物性的作用及其造成的环境变化、人类健康和福利的可能影响进行系统的分析和评估，并提出减少这些影响的对策措施。

环境影响评价可明确规划制定者、开发建设者的环境责任及规定应采取的行动，可为规划制定、建设项目的工程设计提出环保要求和建议，可为环境管理者提供对建设项目实施有效管理的科学依据。《中华人民共和国环境影响评价法》第二条指出“本法所称的环境影响评价是指对规划和建设项目实施后可能造成的环境影响进行分析、预测和评估，提出预防或者减轻不良环境影响的对策建议和措施，进行跟踪监测的方法与制度。”

环境影响评价是一门技术性很强的学科，是强化环境管理的有效手段，对确定经济发展和环境保护措施等一系列重大决策都有重要作用。其作用主要表现在以下几个方面：

（1）保证开发活动选址和布局的合理性；

（2）指导环境保护措施的设计，强化环境管理；

（3）为区域的社会经济发展提供导向；

（4）推进科学决策、民主决策进程；

（5）促进相关环境科学技术的发展。

二、环境影响评价的分类

环境影响评价可按照以下不同角度进行分类：

（1）按照评价对象。分为规划环境影响评价、建设项目环境影响评价两类。

（2）按照环境要素。分为大气环境影响评价、地面水环境影响评价、土壤环境影响评价、声环境影响评价、固体废弃物环境影响评价和生态环境影响评价等。

（3）按照评价专题。分为人体健康评价、清洁生产与循环经济分析、污染物排放总量控制和环境风险评价等。

（4）按照时间顺序。分为环境质量现状评价、环境影响预测评价、规划环境影响跟踪评价、建设项目环境影响后评价。

冶金项目环境影响评价是指在拟建冶金项目的可行性研究阶段，按照国家、地方和冶金工业的相关环境影响评价规定、标准和原则，运用科学合理的研究方法，对拟建冶金项目场址内部和周边环境质量现状进行监测调查，对项目建设期和运营期可能产生的环境影响做出预测、分析和评价，对其评价结果进行等级划分，判别存在的主要环境风险，在此基础上提出采取的防治措施和对策，并论证环境保护措施的技术和经济可行性，为项目选址、设计及建成投产后的环境管理提供科学依据，同时也为政府实施冶金环境问题防治规划提供参考依据。

随着政府和社会对环境保护问题的重视程度逐渐提高，对于拟议中的冶金项目，环境影响评价的结果将直接关系到项目能否获批立项和建设，重要程度不言而喻。本书主要针对冶金项目的建设、生产过程中可能产生的污染，按照环境要素划分准则进行分别介绍。

三、环境影响评价工作内容

(一) 工作内容

(1) 环境现状调查与评价。根据当地环境特征、建设项目特点和专项评价设置情况，从自然环境、社会环境、环境质量和区域污染源等方面选择相应内容进行现状调查与评价。

(2) 环境影响预测与评价。给出预测时段、预测内容、预测范围、预测方法及预测结果，并根据环境质量标准或评价指标对建设项目的环境影响进行评价。

(3) 环境风险评价。根据建设项目环境风险识别、分析情况，给出环境风险评估后果、环境风险的可接受程度，提出具体可行的风险防范措施和应急预案。

(4) 环境保护措施及其技术、经济论证。明确建设项目拟采取的具体环境保护措施；结合环境影响评价结果，论证项目拟采取环境保护措施的可行性，并按技术先进、适用、有效的原则，进行多方案比选，推荐最佳方案；按工程实施不同时段，分别列出其环保投资额，并分析其合理性；给出各项措施及投资估算一览表。

(5) 清洁生产分析和循环经济。量化分析建设项目清洁生产水平，提高资源利用率、优化废弃物处置途径，提出节能、降耗、提高清洁生产水平的改进措施与建议。

(6) 污染物排放总量控制。根据主要污染物排放量，提出污染物排放总量控制指标建议和满足指标要求的环境保护措施。

(7) 环境影响经济损益分析。根据建设项目环境影响所造成的经济损失与效益分析结果，提出补偿措施与建议。

(8) 环境管理与监测计划。根据建设项目环境影响情况，提出设计、施工期、运营期的环境管理及监测计划要求。

(9) 公众参与。给出采取的调查方式、调查对象、建设项目的环境影响信息、拟采取的环保措施、公众对环境保护的主要意见、公众意见的采纳情况等。

(10) 方案比选。对建设项目的工艺、规模、选址、污染防治措施等领域的可替代方案从技术、经济、社会和环境各方面进行对比分析，得出最佳方案。

(11) 环境影响评价的结论和建议。包括建设项目的建设概况、建设现状和主要环境问题、环境影响预测与评价结论、项目建设的环境可行性、结论与建议等内容。

(二) 环境影响报告书

根据《中华人民共和国环境影响评价法》第 17 条和《建设项目环境保护管理条例》

第8条规定：建设项目的环境影响报告书应当包括下列内容：

（1）建设项目概况；

（2）建设项目周围环境现状；

（3）建设项目对环境可能造成影响的分析、预测和评估；

（4）建设项目环境保护措施及其技术、经济论证；

（5）建设项目对环境影响的经济损益分析；

（6）对建设项目实施环境监测的建议；

（7）环境影响评价的结论。

涉及水土保持的建设项目，还必须有经水行政主管部门审查同意的水土保持方案。环境影响评价工作应由取得相应的环境影响评价资格的单位承担。环境影响报告表和环境影响登记表的内容和格式，由国务院生态环境主管部门制定。

四、环境影响识别与预测方法

（一）环境影响识别

1. 环境影响定义

环境影响指人类活动（经济活动、政治活动和社会活动）导致的环境变化以及由此引起的对人类社会的效应。

2. 环境影响因子识别

环境影响因子识别就是要找出所有受影响（特别是不利影响）的环境因素，以使环境影响预测减少盲目性，环境影响综合分析增加可靠性，污染防治对策具有针对性。环境影响因子的选择应根据工程的组成、特性及其功能，结合工程影响地区的特点，从自然环境和社会环境两个方面，选择需要进行影响评价的环境因子。自然环境影响包括对地质地貌、水文、气候、地表水质、空气质量、土壤、草原森林、陆生生物与水生生物等方面的影响；社会环境影响包括对城镇、耕地、房屋、交通、文物古迹、风景名胜、自然保护区、人群健康以及重要的军事、文化设施等方面的影响。

入选环境因子的原则为：

（1）尽可能精练，并能反映评价对象的主要环境影响和充分表达环境质量状态，以及便于监测和度量。

（2）选出的因子应能组成群，并构成与环境总体结构相一致的层次，在各个层次上将环境影响全部识别出来。

（3）项目的建设阶段、生产运行阶段和服务期满后对环境的影响内容是各不相同的，因此有不同的环境影响识别表。

3. 环境影响程度识别

工程建设项目对环境因子的影响程度可用等级划分来反映，按有利影响与不利影响两类分别划级。

（1）不利影响。常用负号（-）表示，按环境敏感度划分。例如可划分为极端不利、非常不利、中度不利、轻度不利、微弱不利等5个等级。

（2）有利影响。一般用正号（+）表示，按对环境与生态产生的良性循环，提高的环境质量，产生的社会经济效益程度而定等级。例如亦可分为5级，即微弱有利、轻度有利、中等有利、大有利、特有利。

（二）环境影响预测方法

环境影响常用的预测方法大体可分为：以专家经验为主的主观预测方法；以数学模式为主的客观预测方法；以实验手段为主的实验模拟方法；对比法与类比法等。

1. 专家咨询法

最简单的咨询法是召开专家会议，通过组织专家讨论，对一些疑难问题进行咨询，在此基础上做出预测。较有代表性的专家咨询法是德尔菲法。

2. 数学模式方法

（1）灰箱模型（半经验、半理论）。客观世界中的许多事物，人们对其已有相当了解，但对其变化机制的某些方面还未了解清楚。可首先根据系统各变量之间的物理的、化学的、生物学的过程，建立起各种守恒或变化关系（白箱），而在某些了解还不清楚的方面设法参数化（黑箱），根据输入、输出数据的统计关系确定参数数值。

（2）环境预测解析模式的质量。

1）模式推导过程中所用的假设条件以及尺度分析。原型与模式在以上因素存在差异，是模式质量（误差）的主要决定因素（来源）。

2）模式参数（如扩散参数）的确定。模式参数可以采用类比的方法、数值试验逐步逼近的方法、现场测定的方法和物理实验的方法进行确定。比如示踪剂测定法、照相测定法、平衡球测定法与风洞、水渠实验方法等。由于所得模式参数与原型中的实际参数是有差别的，此差别构成模式质量问题的又一重要因素。

3）输入数据的质量。包括源、汇项数据（如源、汇强度）、环境数据（如风速、水速、气温、水温）以及用于模式参数确定的原始测量数据（如监测数据）的质量。这些数据必须经过严格的质量把关检查。

由于存在以上三项误差，决定了环境预测结果的误差或不确定性。一般严格的环境影响预测，要求有这方面的讨论，以让决策者对预测结果有一个比较全面的认识。

3. 物理模拟预测方法

应用物理、化学、生物等方法直接模拟环境影响问题的方法通称为物理模拟方法，属实验物理学研究范畴。其最大特点是采用实物模型（非抽象模型）来进行预测。该方法的关键是原型与模型的相似（几何相似、运动相似、热力相似、动力相似）。物理模拟的主要测试技术有：

（1）示踪物浓度测量法。原则上野外现场示踪试验所用的示踪物和测试、分析方法在物理模拟中同样可以使用。

（2）光学轮廓法。对物理模拟形成的污气流、污气团、污水流、污水团按一定的采样时段拍摄照片（或录像），所得资料处理方法与野外资料处理方法相同。

4. 对比法与类比法

（1）对比法。通过工程兴建前后，对某些环境因子影响机制及变化过程进行对比分析。

（2）类比法。拟建工程对环境的影响，可以通过一个已知的相似工程兴建前后对环境的影响类比得到。

五、环境影响综合评价方法

环境影响综合评价是按照一定的评价目的，把人类活动对环境的影响从总体上综合起来，对环境影响进行定性或定量的评定。其评价方法主要有以下几种。

(一) 指数法

环境现状评价中常采用能代表环境质量好坏的环境质量指数进行评价。具体有单因子指数评价、多因子指数评价和环境质量综合指数评价等方法。

1. 普通指数法

A　单因子指数法

先引入环境质量标准，然后对评价对象进行处理，通常以实测值（或预测值）C 与标准值 C_s 的比值作为其数值：

$$P_i = \frac{C_i}{C_{si}} \tag{5-1}$$

式中　P_i——某一环境评价指标的相对污染指数；

C_i——某一环境评价指标的实测浓度值；

C_{si}——某一环境评价指标的最高允许标准值。

单因子指数法用于分析该环境因子的达标（$P_i<1$）或超标（$P_i>1$）及其程度。

B　综合指数法

已知大气环境影响分指数、水体环境影响分指数、土壤环境影响分指数等，求环境影响综合指数：

$$P = \sum_{i=1}^{n} \sum_{j=1}^{m} p_{ij} \tag{5-2}$$

$$P_{ij} = \frac{c_{ij}}{c_{sij}} \tag{5-3}$$

式中　i——第 i 个环境要素；

n——环境要素总数；

j——第 i 环境要素中的第 j 环境因子；

m——第 i 环境要素中的环境因子总数。

以上综合方法是等权综合，即各影响因子的权重完全相等。各影响因子权重不同的综合方法可采用式（5-4）或在此基础上再作函数运算（为了便于评分）。

$$P = \frac{\sum_{i=1}^{n} \sum_{j=1}^{m} W_{ij} P_{ij}}{\sum_{i=1}^{n} \sum_{j=1}^{m} W_{ij}} \tag{5-4}$$

式中，W_{ij} 为权重因子，根据专门研究或专家咨询确定。

2. 函数型指数法

函数型指数法，又称巴特尔指数法，该指数不是引入环境质量标准，而是引入评价对象的变化范围。通常把评价对象的变化范围定为横坐标，把环境质量指数定为纵坐标，建立函数关系，绘制指数函数图，且该图把纵坐标标准化为 0～1，以“0”表示质量最差，“1”表示质量最好。然后根据评价因子的实测值或预测值，通过该图得到评价因子的环境质量指数。

（二）矩阵法

矩阵法将清单中所列内容，按其因果关系，系统加以排列。并把开发行为和受影响的环境要素组成一个矩阵，在开发行为和环境影响之间建立起直接的因果关系，以定量或半定量地说明拟议的工程行动对环境的影响。这类方法主要有相关矩阵法、迭代矩阵法两种。

1. 相关矩阵法

在横轴上列出各项开发行为的清单，纵轴上列出受开发行为影响的各环境要素清单，从而把两种清单组成一个环境影响识别矩阵，见表 5-1。

表 5-1　各开发行为对环境要素的影响（按矩阵法排列）

环境要素	居住区改变	水文排水改变	修路	噪声和震动	城市化	平整土地	侵蚀控制	园林化	汽车环形	总影响
地形	8(3)	-2(7)	3(3)	1(1)	9(3)	-8(7)	-3(7)	3(10)	1(3)	3
水循环使用	1(1)	1(3)	4(3)			5(3)	6(1)	1(10)		47
气候	1(1)				1(1)					2
洪水稳定性	-3(7)	-5(7)	4(3)			7(3)	8(1)	2(10)		5
地震	2(3)	-1(7)			1(1)	8(3)	2(1)			26
空旷地	8(10)		6(10)	2(3)	-10(7)			1(10)	1(3)	89
居住区	6(10)				9(10)					150
健康和安全	2(10)	1(3)	3(3)		1(3)	5(3)	2(1)		-1(7)	45
人口密度	1(3)			4(1)	5(3)					22
建筑	1(3)	1(3)	1(3)		3(3)	4(3)	1(1)		1(3)	34
交通	1(3)		-9(7)		7(3)				-10(7)	-109
总影响	180	-47	42	11	97	31	-2	70	-68	314

注：表中数字表示影响大小。1 表示没有影响；10 表示影响最大。负数表示坏影响；正数表示好影响。括号内数字表示权重，数值愈大权重愈大。

原理：因为在一张清单上的一项条目可能与另一清单的各项条目都有系统的关系，可确定它们之间有无影响。因而有助于对影响的识别，并确定某种影响是否可能。当开发活动和环境因素之间的相互作用确定之后，此矩阵就成为一种简单明了、有用的评价工具。

2. 迭代矩阵法

迭代矩阵法的步骤：

（1）首先列开发活动（或工程）的基本行为清单及基本环境因素清单。

（2）将两清单合成一个关联矩阵。把基本行为和基本环境因素进行系统的对比，找出全部"直接影响"，即某开发行为对某环境因素造成的影响。

（3）进行"影响"评价，每个"影响"都给定一个权重，区分"有意义影响"和"可忽略影响"，以此反映影响的大小问题。

（4）进行迭代。把经过评价认为是不可忽略的全部一级影响，形式上当作"行为"处理，再同全部环境因素建立关联矩阵进行鉴定评价，得出全部二级影响……，循此步骤继续进行迭代，直到鉴定出至少有一个影响是"不可忽略"，其他全部影响"可以忽略"为止。

（三）图形叠置法

准备一张画上项目的位置、要考虑影响评价的区域和轮廓基图的透明图片以及另一份可能受影响的当地环境因素一览表，对每一种要评价的因素都要准备一张透明图片，每种因素受影响的程度可以用一种专门的黑白色码阴影的深浅来表示。通过在透明图上的区域给出的特定阴影，可以很容易地表示影响程度。把各种色码的透明片叠置到基片图上就可看出一项工程的综合影响。不同地区的综合影响差别由阴影的相对深度来表示。

（四）网络法

由于环境是个复杂系统，一个社会活动可能产生一种或几种环境影响，后者又会依次引起一种或几种后续条件的变化。网络法可以鉴别和累积直接的及间接的影响。网络法往往表示为树枝状，因此又称为关系树或影响树。影响树要求估计事件的各个分支的单个事件的发生概率，求出每个分支上各事件的概率积，然后再求出活动的总影响。

网络法用简要的形式给出了由于某项活动直接产生和诱发影响的全貌，因此是有用的工具。然而这种方法只是一种定性的概括，它只能给出总体的影响程度。

（五）动态系统模拟法

1972 年，罗马俱乐部以动态的观点综合分析世界范围内的人口、工农业生产、资源和环境污染之间的复杂关系，并用数学模式表达出来，在计算机上进行数学模拟，模拟了 1900~2100 年的发展过程。

建设项目对环境的影响，就是要分析它对区域环境这个动态、非平衡系统带来什么变化，可能使其平衡点偏移到什么程度，应该采取什么措施给予补偿，使其对当地生态平衡影响最小或最有利于建立环境质量优良的新生态系统。因此，动态系统模拟法是很有发展前途的综合分析方法，但运行要求很高，需要对社会行为和技术发展做一系列的严格设定，往往需要花费相当大的人力、物力和财力。

第二节 水环境影响评价

水环境影响评价是建设项目环境影响评价的主要内容之一，在准确全面的工程分析和充分的水环境状况调查的基础上，利用合理的数学模型对建设项目给地表水、地下水环境带来的影响进行计算、预测、分析和论证。划分出环境影响的程度和范围，比较项目建设前后水体主要指标的变化情况，并结合当地的水环境功能区划，得出是否满足使用功能的结论，并进一步提出建设项目影响区域主要污染物的控制和防治对策。

一、冶金废水概述

（一）冶金废水的来源及特点

冶金废水是指冶金工业生产过程中排出的废水。其特点是水量大、种类较多、水质较复杂多变。有色金属冶炼过程中，除用矿石或精矿外，还要加入一些辅助材料溶剂（或熔剂）和化学药品，使本身就很复杂的矿石成分在冶炼过程中成为很多有毒性和危害性很大的污染源，其中含有的游离酸、悬浮物、硫化物和金属离子（如锌、铬）等随着冶炼废水一起排出，需要对其进行处理达标后才能对外排放。

（二）冶金废水的分类

按冶炼金属的不同，冶金废水可以分为钢铁冶炼废水和有色金属冶炼废水。按废水来源和特点分类，主要有冷却水、酸洗废水、洗涤废水（除尘、煤气或烟气）、冲渣废水、炼焦废水以及由生产中凝结、分离或溢出的废水等。

1. 钢铁冶炼废水

钢铁工业用水量很大，每炼1t钢，约用水16t。钢铁冶炼废水主要来源于生产工艺过程用水、设备与产品冷却水、烟气洗涤和场地冲洗等，但70%的废水还是来源于冷却用水，生产过程工艺排出的只占一小部分。间接冷却水在使用过程中仅受热污染，经冷却后即可回用；直接冷却水因与产品物料等直接接触，含有随水流失的生产用原料、中间产物和产品以及生产过程中产生的污染物质，需经处理后方可回用或串级使用。钢铁冶炼废水的主要污染物质是悬浮物，含量为300~1650mg/L，也含有微量重金属元素。

2. 有色金属冶炼废水

有色金属冶炼包括除铁、铬、锰以外的金属冶炼。有色金属冶炼废水中含有多种重金属，是水体金属的主要来源。由于有色金属种类繁多，矿石原料品位贫富有别，冶金技术先进落后并存，生产规模大小不同，所以生产单位产品的排污水量及水质的差别很大。有色金属废水的来源为设备冷却水、冲渣水、烟气净化系统排出的废水及湿法冶金过程排放或泄露的废水。其中冷却水基本未受污染，冲渣水轻度污染，而烟气净化废水和湿法冶金过程排出的废水污染较严重，是重点治理对象。

按有色金属冶炼性质不同，冶炼废水可分为重有色金属冶炼废水、轻有色金属冶炼废水和稀有金属冶炼废水。根据废水中所含污染物质的主要成分，有色金属冶炼废水可分为酸性废水、碱性废水、重金属废水、含氟废水、含氰废水、含油类废水和含放射性废水等。

（三）冶金废水对环境的危害

冶金废水不仅量大而且毒性很大，对环境的影响较为严重。冶金废水中含有的化学成分主要有酚及其化合物、氰化物、酸（硫酸、硝酸、氢氟酸等）、悬浮物以及铁、锰、铅、铬、锌、汞等重金属离子，其中毒性较大的是汞、铅、铬、锌。未经处理的冶金废水排入河道、渗入地下，重金属离子及其化合物在土壤、人体、农作物、水生生物中逐渐积累并通过食物链进行传递，不但会危害农林牧副渔业，影响工农业生产，还会污染饮用水源，危及当地居民的生命健康安全。因此，对冶金项目水环境影响进行评价就显得尤为重要。

二、水环境影响评价等级的确定

（一）地表水评价等级确定

《环境影响评价技术导则——地表水环境》（HJ 2.3—2018）对建设项目地表水环境影响评价等级划分做了规定，要求按照影响类型、排放方式、排放量或影响情况、受纳水体环境质量现状、水环境保护目标等综合确定，并区分水污染影响型和水文要素影响型两种类型的建设项目进行等级划分。

1. 水污染影响型建设项目等级划分

主要根据废水排放方式和排放量划分评价等级，具体见表5-2。直接排放建设项目评价等级分为一级、二级和三级A，根据废水排放量、水污染物当量数确定。间接排放建设项目评价等级为三级B。

表5-2　水污染影响型建设项目评价等级判定表

评价等级	判定依据	
	排放方式	废水排放量 $Q/m^3 \cdot d^{-1}$；水污染物当量数 W/无量纲
一级	直接排放	$Q \geqslant 20000$ 或 $W \geqslant 600000$
二级	直接排放	其他
三级A	直接排放	$Q<200$ 且 $W<6000$
三级B	间接排放	—

水污染影响型建设项目评价等级判定依据中，水污染物当量数 W 和废水排放量 Q 按如下方式计算得出：

A　水污染物当量数 W

$$W = \frac{\text{污染物的年排放量}}{\text{污染物的污染当量值}}$$

计算排放污染物的污染物当量数时，应区分第一类水污染物和其他类水污染物，统计第一类污染物当量数总和，然后与其他类污染物按照污染物当量数从大到小排序，取最大当量数作为建设项目评价等级确定的依据。

B　废水排放量 Q

废水排放量 Q 按行业排放标准中规定的废水种类统计，没有相关行业排放标准要求的，通过工程分析合理确定。应统计含热量大的冷却水的排放量，可不统计间接冷却水、循环水及其他含污染物极少的清净下水的排放量。厂区存在堆积物（露天堆放的原料、燃料、废渣等）、垃圾堆放场，应将初期雨水等污水纳入废水排放量，相应的主要污染物纳入水污染当量计算。

2. 水文要素影响型建设项目评价等级划分

主要根据水温、径流与受影响地表水域等三类水文要素的影响程度进行判定，具体见表5-3。

表 5-3　水文要素影响型建设项目评价等级判定表

评价等级	水温	径流		受影响地表水域		
	年径流量与总库容之比 $\alpha/\%$	兴利库容与年径流量百分比 $\beta/\%$	取水量占多年平均径流量百分比 $\gamma/\%$	工程垂直投影面积及外扩范围 A_1/km^2；工程扰动水底面积 A_2/km^2；过水断面宽度占用比例或占用水域面积比例 $R/\%$		工程垂直投影面积及外扩范围 A_1/km^2；工程扰动水底面积 A_2/km^2
				河流	湖库	入海河口、近岸海域
一级	$\alpha\leqslant10$； 或稳定分层	$\beta\geqslant20$； 或完全年调节与多年调节	$\gamma\geqslant30$	$A_1\geqslant0.3$； 或 $A_2\geqslant1.5$； 或 $R\geqslant10$	$A_1\geqslant0.3$； 或 $A_2\geqslant1.5$； 或 $R\geqslant20$	$A_1\geqslant0.5$； 或 $A_2\geqslant3$
二级	$20>\alpha>10$； 或不稳定分层	$20>\beta>2$； 或季调节与不完全年调节	$30>\gamma>10$	$0.3>A_1>0.05$； 或 $1.5>A_2>0.2$； 或 $10>R>5$	$0.3>A_1>0.05$； 或 $1.5>A_2>0.2$； 或 $20>R>5$	$0.5>A_1>0.15$； 或 $3>A_2>0.5$
三级	$\alpha\geqslant20$； 或混合型	$\beta\leqslant2$； 或无调节	$\gamma\leqslant10$	$A_1\leqslant0.05$； 或 $A_2\leqslant0.2$； 或 $R\leqslant5$	$A_1\leqslant0.05$； 或 $A_2\leqslant0.2$； 或 $R\leqslant5$	$A_1\leqslant0.15$； 或 $A_2\leqslant0.5$

注：影响范围涉及饮用水水源保护区、重点保护与珍稀水生生物的栖息地、重要水生生物的自然产卵场、自然保护区等保护目标，评价等级应不低于二级。

（二）地下水环境评价等级的确定

《环境影响评价技术导则——地下水环境》（HJ 610—2016）对建设项目地下水环境影响评价等级划分做了规定，要求依据建设项目行业分类和地下水环境敏感程度分级进行判定。

1. 建设项目行业分类

建设项目所属的地下水环境影响评价项目类别划分为Ⅰ类项目、Ⅱ类项目、Ⅲ类项目和Ⅳ类项目，其中冶金项目地下水环境影响评价行业分类见表 5-4。

表 5-4　冶金项目地下水环境影响评价行业分类

行业类别＼环评类别		报告书	报告表	地下水环境影响评价项目类别	
				报告书	报告表
黑色金属	炼铁、球团、烧结	全部	—	焦化Ⅰ类，其余Ⅳ类	
	炼钢	全部	—	Ⅳ类	
	铁合金制造；锰、铬冶炼	全部	—	锰、铬冶炼Ⅰ类， 铁合金制造Ⅲ类	
	压延加工	年产 50 万吨及以上的冷轧	其他	Ⅱ类	Ⅲ类
有色金属	冶炼（含再生有色金属冶炼）	全部	—	Ⅰ类	
	合金制造	全部	—	Ⅲ类	
	压延加工	—	全部		Ⅳ类

续表 5-4

行业类别＼环评类别		报告书	报告表	地下水环境影响评价项目类别	
				报告书	报告表
金属制品	表面处理及热处理加工	有电镀工艺的；使用有机涂层的；有钝化工艺的热镀锌	其他	Ⅲ类	Ⅳ类
	金属铸件	年产 10 万吨及以上	其他	Ⅲ类	Ⅳ类
	金属制品加工制造	有电镀或喷漆工艺的	其他	Ⅲ类	Ⅳ类

其他行业分类情况具体参见 HJ 610—2016 中附录 A。

2. 地下水环境敏感程度分级

建设项目的地下水环境敏感程度可分为敏感、较敏感、不敏感三级，分级原则如表 5-5 所示。

表 5-5 地下水环境敏感程度分级表

敏感程度	地下水环境敏感特征
敏感	集中式饮用水水源（包括已建成的在用、备用、应急水源，在建和规划的饮用水水源）准保护区；除集中式饮用水水源以外的国家或地方政府设定的与地下水环境相关的其他保护区，如热水、矿泉水、温泉等特殊地下水资源保护区
较敏感	集中式饮用水水源（包括已建成的在用、备用、应急水源，在建和规划的饮用水水源）准保护区以外的补给径流区；未划定准保护区的集中式饮用水水源，其保护区以外的补给径流区；分散式饮用水水源地；特殊地下水资源（如矿泉水、温泉等）保护区以外的分布区等其他未列入上述敏感分级的环境敏感区
不敏感	上述地区之外的其他地区

注：“环境敏感区”是指《建设项目环境影响评价分类管理名录》中所界定的涉及地下水的环境敏感区。

3. 等级判定

建设项目地下水环境影响评价工作等级划分如表 5-6 所示。

表 5-6 地下水环境影响评价工作等级分级表

环境敏感程度＼项目类别	Ⅰ类项目	Ⅱ类项目	Ⅲ类项目
敏感	一	一	二
较敏感	一	二	三
不敏感	二	三	三

此外，水环境影响评价等级划分的一些特殊情形可参见 HJ 2.3—2018 和 HJ 610—2016 中相关规定。

三、水环境现状调查与评价

(一) 地表水环境现状调查与评价

1. 调查范围

建设项目地表水环境现状调查范围应包括建设项目整体实施后可能对地表水环境造成的影响范围。水污染影响型建设项目调查范围应根据评价等级、工程特点、影响方式及程度、地表水环境质量管理要求等确定。水文要素影响型建设项目调查范围应根据评价等级、水文要素影响类别、影响及恢复程度确定。具体调查范围要求参见 HJ 2.3—2018 中相关规定。

2. 调查时期

建设项目地表水环境现状调查时期与评价时期一致，根据受影响地表水体类型、评价等级等确定，如表 5-7 所示。其中，三级 B 评价，可不考虑调查时期和评价时期。

表 5-7 调查时期确定表

受影响地表水体类型	评价等级		
	一级	二级	水污染影响型（三级 A）/水文要素影响型（三级）
河流、湖库	丰水期、平水期、枯水期；至少丰水期和枯水期	丰水期和枯水期；至少枯水期	至少枯水期
入海河口（感潮河段）	河流：丰水期、平水期、枯水期；河口：春季、夏季和秋季；至少丰水期和枯水期，春季和秋季	河流：丰水期和枯水期；河口：春季和秋季 2 个季节；至少枯水期或 1 个季节	至少枯水期或 1 个季节
近岸海域	春季、夏季和秋季；至少春季和秋季 2 个季节	春季或秋季；至少 1 个季节	至少 1 次调查

注：具有季节性排水特点的建设项目，根据建设项目排水期或季节确定调查时期。

3. 调查内容与方法

调查内容包括建设项目及区域水污染源调查、受纳或受影响水体水环境质量现状调查、区域水资源与开发利用状况、水文情势与相关水文特征值调查，以及水环境保护目标、水环境功能区或水功能区、近岸海域环境功能区及其相关的水环境质量管理要求等调查。涉及涉水工程的，还应调查涉水工程运行规则和调度情况。调查方法主要采用资料收集、现场监测、无人机或卫星遥感遥测等方法。

A 建设项目污染源

根据建设项目工程分析、污染源源强核算技术指南，结合排污许可技术规范等相关要求，分析确定建设项目所有排放口（包括涉及一类污染物的车间或车间处理设施排放口、企业总排口、雨水排放口、清净下水排放口、温排水排放口等）的污染物源强，明确排放口的相对位置并附图件、地理位置（经纬度）、排放规律等。改建、扩建项目还应调查现有企业所有废水排放口。

B 区域水污染源调查

(1) 点污染源调查内容。主要包括基本信息、排放特点、排污数据、用排水状况、污水处理状况等，根据评价等级及评价工作需要，选择上述全部或部分内容进行调查。

(2) 面污染源调查内容。按照农村生活污染源、农田污染源、分散式畜禽养殖污染源、城镇地面径流污染源、堆积物污染源、大气沉降源等分类，采用源强系数法、面源模型法等方法，估算面源源强、流失量与入河量等。

(3) 内源污染。底泥物理指标包括力学性质、质地、含水率、粒径等；化学指标包括水域超标因子、与本建设项目排放污染物相关的因子。

C 水文情势调查

水文情势调查内容如表 5-8 所示。

表 5-8 水文情势调查内容表

水体类型	水污染影响型	水文要素影响型
河流	水文年及水期划分、不利水文条件及特征水文参数、水动力学参数等	水文系列及其特征参数；水文年及水期的划分；河流物理形态参数；河流水沙参数、丰枯水期水流及水位变化特征等
湖库	湖库物理形态参数；水库调节性能与运行调度方式；水文年及水期划分；不利水文条件特征及水文参数；出入湖（库）水量过程；湖流动力学参数；水温分层结构等	
入海河口（感潮河段）	潮汐特征、感潮河段的范围、潮区界与潮流界的划分；潮位及潮流；不利水文条件组合及特征水文参数；水流分层特征等	
近岸海域	水温、盐度、泥沙、潮位、流向、流速、水深等，潮汐性质及类型，潮流、余流性质及类型，海岸线、海床、滩涂、海岸蚀淤变化趋势等	

D 水资源开发利用状况调查

(1) 水资源现状。调查水资源总量、水资源可利用量、水资源时空分布特征、人类活动对水资源量的影响等。主要涉水工程概况调查，包括数量、等级、位置、规模，主要开发任务、开发方式、运行调度及其对水文情势、水环境的影响。应涵盖大型、中型、小型等各类涉水工程，绘制涉水工程分布示意图。

(2) 水资源利用状况。调查城市、工业、农业、渔业、水产养殖业、水域景观等各类用水现状与规划（包括用水时间、取水地点、取用水量等），各类用水的供需关系（包括水权等）、水质要求和渔业、水产养殖业等所需的水面面积。

4. 评价内容与方法

A 评价内容

根据建设项目水环境影响特点与水环境质量管理要求，选择以下全部或部分内容开展评价：(1) 水环境功能区或水功能区、近岸海域环境功能区水质达标状况；(2) 水环境控制单元或断面水质达标状况；(3) 水环境保护目标质量状况；(4) 对照断面、控制断面等代表性断面的水质状况；(5) 底泥污染评价；(6) 水资源与开发利用程度及其水文情势评价；(7) 水环境质量回顾评价；(8) 流域（区域）水资源（包括水能资源）与开发利用总体状况、生态流量管理要求与现状满足程度、建设项目占用水域空间的水流状况与河湖演变状况；(9) 依托污水处理设施稳定达标排放评价。

B　评价方法

水环境功能区或水功能区、近岸海域环境功能区及水环境控制单元或断面水质达标状况评价方法，参考国家或地方政府相关部门制定的水环境质量评价技术规范、水体达标方案编制指南、水功能区水质达标评价技术规范等。

(1) 监测断面或点位水环境质量现状评价采用水质指数法。一般性水质因子（随着浓度增加而水质变差的水质因子）的指数计算公式为：

$$S_{i,j} = C_{i,j}/C_{si} \tag{5-5}$$

式中　$S_{i,j}$——评价因子 i 的水质指数，大于 1 表明该水质因子超标；

$C_{i,j}$——评价因子 i 在 j 点的实测统计代表值，mg/L；

C_{si}——评价因子 i 的水质评价标准限值，mg/L。

溶解氧（DO）的标准指数计算公式为：

$$S_{DO,j} = DO_s/DO_j \quad (DO_j \leqslant DO_f) \tag{5-6}$$

$$S_{DO,j} = \frac{|DO_f - DO_j|}{DO_f - DO_s} \quad (DO_j > DO_f) \tag{5-7}$$

式中　$S_{DO,j}$——溶解氧的标准指数，大于 1 表明该水质因子超标；

DO_j——溶解氧在 j 点的实测统计代表值，mg/L；

DO_s——溶解氧的水质评价标准限值，mg/L；

DO_f——饱和溶解氧浓度，mg/L。对于河流，$DO_f = 468/(31.6+T)$，对于盐度比较高的湖泊、水库及入海河口、近岸海域，$DO_f = (491-2.65S)/(33.5+T)$；

S——实用盐度符号，量纲一；

T——水温，℃。

pH 值的指数计算公式为：

$$S_{\mathrm{pH},j} = \frac{7.0 - \mathrm{pH}_j}{7.0 - \mathrm{pH}_{sd}} \quad (\mathrm{pH}_j \leqslant 7.0) \tag{5-8}$$

$$S_{\mathrm{pH},j} = \frac{\mathrm{pH}_j - 7.0}{\mathrm{pH}_{su} - 7.0} \quad (\mathrm{pH}_j > 7.0) \tag{5-9}$$

式中　$S_{\mathrm{pH},j}$——pH 值的指数，大于 1 表示该水质因子超标；

pH_j——pH 值实测统计代表值；

pH_{sd}——评价标准中 pH 值的下限值；

pH_{su}——评价标准中 pH 值的上限值。

(2) 底泥污染状况评价采用单项污染指数法。单项污染指数法具体计算公式详见式 (5-1)。底泥污染评价标准值或参考值可以根据土壤环境质量标准或所在水域底泥的背景值来确定。

（二）地下水环境现状调查与评价

1. 调查评价范围确定

建设项目（除线性工程外）地下水环境影响现状调查评价范围可采用公式计算法、查表法和自定义法确定。

当建设项目所在地水文地质条件相对简单，且所掌握的资料能够满足公式计算法的要求时，应采用公式计算法确定，参照《饮用水水源保护区划分技术规范》(HJ/T 338—2018)；当不满足公式计算法的要求时，可采用查表法确定。当计算或查表范围超出所处水文地质单元边界时，应以所处水文地质单元边界为宜。

(1) 公式计算法。

$$L = \alpha \times K \times I \times \frac{T}{n_e} \tag{5-10}$$

式中 L——下游迁移距离，m；

α——变化系数，$\alpha \geqslant 1$，一般取 2；

K——渗透系数，m/d，常见渗透系数表见 HJ 610—2016 中附录 B 表 B.1；

I——水力坡度，无量纲；

T——质点迁移天数，取值不小于 5000d；

n_e——有效孔隙度，无量纲。

(2) 查表法。具体参照表 5-9。

表 5-9 地下水环境现状调查评价范围参照表

评价等级	调查评价面积/km^2	备 注
一级	≥20	应包括重要的地下水环境保护目标，必要时适当扩大范围
二级	6~20	
三级	≤6	

(3) 自定义法。可根据建设项目所在地水文地质条件自行确定，需说明理由。

此外，线性工程应以工程边界两侧向外延伸 200m 作为调查评价范围；穿越饮用水源准保护区时，调查评价范围应至少包含水源保护区；线性工程站场的调查评价范围确定参照上述三种方法。

2. 调查内容与要求

A 水文地质条件调查

在充分收集资料的基础上，根据建设项目特点和水文地质条件复杂程度，开展调查工作，主要内容包括：

(1) 气象、水文、土壤和植被状况。

(2) 地层岩性、地质构造、地貌特征与矿产资源。

(3) 包气带岩性、结构、厚度、分布及垂向渗透系数等。

(4) 含水层岩性、分布、结构、厚度、埋藏条件、渗透性、富水程度等；隔水层（弱透水层）的岩性、厚度、渗透性等。

(5) 地下水类型、地下水补径排条件。

(6) 地下水水位、水质、水温、地下水化学类型。

(7) 泉的成因类型，出露位置、形成条件及泉水流量、水质、水温，开发利用情况。

（8）集中供水水源地和水源井的分布情况（包括开采层的成井密度、水井结构、深度以及开采历史）。

（9）地下水现状监测井的深度、结构以及成井历史、使用功能。

（10）地下水环境现状值（或地下水污染对照值）。

B 地下水污染源调查

调查评价区内具有与建设项目产生或排放同种特征因子的地下水污染源。对于一、二级的改、扩建项目，应在可能造成地下水污染的主要装置或设施附近开展包气带污染现状调查，对包气带进行分层取样，一般在0~20cm埋深范围内取一个样品，其他取样深度应根据污染源特征和包气带岩性、结构特征等确定，并说明理由。样品进行浸溶试验，测试分析浸溶液成分。

C 地下水环境现状监测

建设项目地下水环境现状监测应通过对地下水水质、水位的监测，掌握或了解评价区地下水水质现状及地下水流场，为地下水环境现状评价提供基础资料。

地下水水质现状监测点的布设原则、取样要求、监测因子、监测频率、样品采集与现场测定等，具体参见HJ 610—2016中有关规定。

D 环境水文地质勘察与试验

环境水文地质勘察与试验是在充分收集已有资料和地下水环境现状调查的基础上，针对需要进一步查明的地下水含水层特征和为获取预测评价中必要的水文地质参数而进行的工作。除一级评价应进行必要的环境水文地质勘察与试验外，对环境水文地质条件复杂且资料缺少的地区，二、三级评价也应在区域水文地质调查的基础上对场地进行必要的水文地质勘察。

环境水文地质勘察可采用钻探、物探和水土化学分析以及室内外测试、试验等手段开展，具体参见相关标准与规范。环境水文地质试验项目通常有抽水试验、注水试验、渗水试验、浸溶试验及土柱淋滤试验等。在评价工作过程中可根据评价等级和资料掌握情况选用。

3. 现状评价

A 地下水水质现状评价

《地下水质量标准》(GB/T 14848)、相关法规以及当地的环保要求是地下水环境现状评价的基本依据。对属于GB/T 14848水质指标的评价因子，应按其规定的水质分类标准值进行评价；对于不属于GB/T 14848水质指标的评价因子，可参照国家（行业、地方）相关标准（如GB 3838、GB 5749、DZ/T 0290等）进行评价。现状监测结果应进行统计分析，给出最大值、最小值均值、标准差、检出率和超标率等。

地下水水质现状评价应采用标准指数法。标准指数>1，表明该水质因子已超标，标准指数越大，超标越严重。

B 包气带环境现状分析

对于污染场地修复工程项目和评价工作等级为一、二级的改、扩建项目，应开展包气带污染现状调查，分析包气带污染状况。

四、水环境影响预测

（一）地表水环境影响预测

1. 预测因子与预测范围

（1）预测因子应根据评价因子确定，重点选择与建设项目水环境影响关系密切的因子。

（2）预测范围应覆盖调查评价范围，并根据受影响地表水体水文要素与水质特点合理拓展。

2. 预测时期

预测时期应满足不同评价等级的调查评价时期要求（见表5-7）。

（1）水污染影响型建设项目，水体自净能力最不利以及水质状况相对较差的不利时期、水环境现状补充监测时期应作为重点预测时期。

（2）水文要素影响型建设项目，以水质状况相对较差或对评价范围内水生生物影响最大的不利时期为重点预测时期。

3. 预测情景

（1）根据建设项目特点分别选择建设期、生产运行期和服务期满后三个阶段进行预测。

（2）生产运行期应预测正常排放、非正常排放两种工况对水环境的影响，如建设项目具有充足的调节容量，可只预测正常排放对水环境的影响。

（3）应对建设项目污染控制和减缓措施方案进行水环境影响模拟预测。

（4）对受纳水体环境质量不达标区域，应考虑区（流）域环境质量改善目标要求情景下的模拟预测。

4. 预测内容

预测分析内容根据影响类型、预测因子、预测情景、预测范围地表水体类别、所选用的预测模型及评价要求确定。

A　水污染影响型建设项目

主要包括以下内容：（1）各关心断面（控制断面、取水口、污染源排放核算断面等）水质预测因子的浓度及变化；（2）到达水环境保护目标处的污染物浓度；（3）各污染物最大影响范围；（4）湖泊、水库及半封闭海湾等，还需关注富营养化状况与水华、赤潮等；（5）排放口混合区范围。

B　水文要素影响型建设项目

（1）河流、湖泊及水库的水文情势预测分析。主要包括水域形态、径流条件、水力条件以及冲淤变化等内容，具体包括水面面积、水量、水温、径流过程、水位、水深、流速、水面宽、冲淤变化等，湖泊和水库需要重点关注其水域面积、蓄水量及水力停留时间等因子。

（2）感潮河段、入海河口及近岸海域水动力条件预测分析。主要包括流量、流向、潮区界、潮流界、纳潮量、水位、流速、水面宽、水深、冲淤变化等因子。

5. 预测模型

地表水环境影响预测模型包括数学模型、物理模型。地表水环境影响预测宜选用数学模型。评价等级为一级且有特殊要求时选用物理模型，物理模型应遵循水工模型实验技术规程等要求。数学模型包括：面源污染负荷估算模型、水动力模型及水质模型等，可根据地表水环境影响预测的需要选择。模型的选择具体参见 HJ 2.3—2018。

6. 预测点位设置及结果合理性分析要求

A　预测点位设置要求

应将常规监测点、补充监测点、水环境保护目标、水质水量突变处及控制断面等作为预测重点；当需要预测排放口所在水域形成的混合区范围时，应适当加密预测点位。

B　模型结果合理性分析

模型计算成果的内容、精度和深度应满足环境影响评价要求。采用数值解模型进行影响预测时，应说明模型时间步长、空间步长设定的合理性，在必要的情况下应对模拟结果进行质量或热量守恒分析。应对模型计算的关键影响区域和重要影响时段的流场、流速分布、水质（水温）等模拟结果进行分析，并给出相关图件。区域水环境影响较大的建设项目，宜采用不同模型进行比对分析。

（二）地下水环境影响预测

1. 预测原则

（1）建设项目地下水环境影响预测应遵循《环境影响评价技术导则——总纲》(HJ 2.1—2011）中确定的原则。考虑到地下水环境污染的复杂性、隐蔽性和难恢复性，还应遵循保护优先、预防为主的原则，预测应为评价各方案的环境安全和环境保护措施的合理性提供依据。

（2）预测的范围、时段、内容和方法均应根据评价工作等级、工程特征与环境特征，结合当地环境功能和环保要求确定，应预测建设项目对地下水水质产生的直接影响，重点预测对地下水环境保护目标的影响。

（3）在结合地下水污染防控措施的基础上，对工程设计方案或可行性研究报告推荐的选址（选线）方案可能引起的地下水环境影响进行预测。

2. 预测范围

（1）地下水环境影响预测范围一般与调查评价范围一致。

（2）预测层位应以潜水含水层或污染物直接进入的含水层为主，兼顾与其水力联系密切且具有饮用水开发利用价值的含水层。

（3）当建设项目场地天然包气带垂向渗透系数小于 1×10^{-6}cm/s 或厚度超过 100m 时，预测范围应扩展至包气带。

3. 预测时段

地下水环境影响预测时段应选取可能产生地下水污染的关键时段，至少包括污染发生后 100d、1000d，服务年限或能反映特征因子迁移规律的其他重要的时间节点。

4. 情景设置

一般情况下，建设项目须对正常状况和非正常状况的情景分别进行预测。已依据《生活垃圾填埋场污染控制标准》(GB 16889—2008)、《危险废物贮存污染控制标准（2013 年修订)》(GB 18597—2001)、《危险废物填埋污染控制标准》(GB 18598—2001)、《一般工业固体废物贮存、处置场污染控制标准》(GB 18599—2001)、《石油化工工程防渗技术规范》(GB/T 50934—2013）设计地下水污染防渗措施的建设项目，可不进行正常状况情景下的预测。

5. 预测因子

预测因子应包括以下内容：

(1) 根据识别出的建设项目可能导致地下水污染的特征因子，按照重金属、持久性有机污染物和其他类别进行分类，并对每一类别中的各项因子采用标准指数法进行排序，分别取标准指数最大的因子作为预测因子。

(2) 现有工程已经产生的且改、扩建后将继续产生的特征因子，改、扩建后新增加的特征因子。

(3) 污染场地已查明的主要污染物。

(4) 国家或地方要求控制的污染物。

6. 预测源强

地下水环境影响预测源强的确定应充分结合工程分析。正常状况下，预测源强应结合建设项目工程分析和相关设计规范确定，如《给排水构筑物施工验收规范》(GB 50141—2008)、《给水排水管道工程施工及验收规范》(GB 50268—2008）等；非正常状况下，预测源强可根据工艺设备或地下水环境保护措施因系统老化或腐蚀程度等设定。

7. 预测方法

建设项目地下水环境影响预测方法包括数学模型法和类比分析法。其中，数学模型法包括数值法、解析法等方法。常用的地下水预测数学模型参见 HJ 610—2016 中附录 D。

预测方法的选取应根据建设项目工程特征、水文地质条件及资料掌握程度来确定，当数值方法不适用时，可用解析法或其他方法预测。一般情况下，一级评价应采用数值法，不宜概化为等效多孔介质的地区除外；二级评价中水文地质条件复杂且适宜采用数值法时，建议优先采用数值法；三级评价可采用解析法或类比分析法。

8. 预测内容

(1) 给出特征因子不同时段的影响范围、程度，最大迁移距离。

(2) 给出预测期内场地边界或地下水环境保护目标处特征因子随时间的变化规律。

(3) 当建设项目场地天然包气带垂向渗透系数小于 1×10^{-6}cm/s 或厚度超过 100m 时，须考虑包气带阻滞作用，预测特征因子在包气带中迁移。

(4) 污染场地修复治理工程项目应给出污染物变化趋势或污染物控制范围。

五、水环境影响评价

(一) 地表水环境影响评价

1. 评价内容

一、二级、水污染影响型三级 A 及水文要素影响型三级评价，主要评价内容包括：(1) 水污染控制和水环境影响减缓措施有效性评价；(2) 水环境影响评价。水污染影响型三级 B 评价，主要评价内容包括：(1) 水污染控制和水环境影响减缓措施有效性评价；(2) 依托污水处理设施的环境可行性评价。

2. 评价结论

根据水污染控制和水环境影响减缓措施有效性评价、地表水环境影响评价的结果，明确给出地表水环境影响是否可接受的结论。

(1) 达标区的建设项目环境影响评价，依据评价要求，同时满足水污染控制和水环境影响减缓措施有效性评价、水环境影响评价的情况下，认为地表水环境影响可以接受，否则认为地表水环境影响不可接受。

(2) 不达标区的建设项目环境影响评价，依据评价要求，在考虑区（流）域环境质量改善目标要求、削减替代源的基础上，同时满足水污染控制和水环境影响减缓措施有效性评价、水环境影响评价的情况下，认为地表水环境影响可以接受，否则认为地表水环境影响不可接受。

(二) 地下水环境影响评价

1. 评价原则

(1) 评价应以地下水环境现状调查和地下水环境影响预测结果为依据，对建设项目各实施阶段（建设期、运营期及服务期满后）不同环节及不同污染防控措施下的地下水环境影响进行评价。

(2) 地下水环境影响预测未包括环境质量现状值时，应叠加环境质量现状值后再进行评价。

(3) 应评价建设项目对地下水水质的直接影响，重点评价建设项目对地下水环境保护目标的影响。

2. 评价范围

评价范围一般与调查评价范围一致。

3. 评价方法

采用标准指数法对建设项目地下水水质影响进行评价，对属于 GB/T 14848 水质指标的评价因子，应按其规定的水质分类标准值进行评价；对于不属于 GB/T 14848 水质指标的评价因子，可参照国家（行业、地方）相关标准的水质标准值（如 GB 3838、GB 5749、DZ/T 0290 等）进行评价。

4. 评价结论

以下情况应得出可以满足标准要求的结论：(1) 建设项目各个不同阶段，除场界内小范围以外地区，均能满足 GB/T 14848 或国家（行业、地方）相关标准要求的；(2) 在建设项目实施的某个阶段，有个别评价因子出现较大范围超标，但采取环保措施后，可满足 GB/T 14848 或国家（行业、地方）相关标准要求的。

以下情况应得出不能满足标准要求的结论：(1) 新建项目排放的主要污染物，改、扩建项目已经排放的及将要排放的主要污染物在评价范围内地下水中已经超标的；(2) 环保措施在技术上不可行，或在经济上明显不合理的。

第三节　声环境影响评价

随着工业和社会经济的发展，噪声污染已成为当今世界的主要污染源之一，因此环境噪声影响评价是构成环境影响评价的重要组成部分。冶金项目噪声主要来源于建设期施工、生产过程中各种机械设备和动力装备。噪声污染对人体健康会造成持续不断的损害，同时，噪声还会对生产设施和建筑物带来损害，如震裂墙壁、致使高精度的仪表失灵以及引发事故等。

声环境影响评价是在噪声源调查分析、背景环境噪声测量和敏感目标调查的基础上，对建设项目产生的噪声影响，按照噪声传播声级衰减和叠加的计算方法，预测环境噪声影响范围、程度和影响人口情况，对照相应的标准评价环境噪声影响，并提出相应的防治噪声的对策、措施的过程。

一、声环境影响评价内容

（一）评价程序

声环境影响评价工作一般分为四个阶段。第一阶段是开展现场勘查、了解环境法规标准的规定、确定评价级别、评价范围和编制环境噪声评价工作大纲；第二阶段是开展工程分析、收集资料、现场监测调查噪声的基线水平及噪声源的数量、各声源噪声级与发声持续时间、生源空间位置等；第三阶段是预测噪声对敏感点人群的影响，对影响的意义和重大性做出评价，并提出削减影响的相应对策；第四阶段是编写环境噪声影响的专题报告。

（二）评价工作等级

1. 划分依据

声环境影响评价工作等级划分依据包括：

（1）建设项目所在区域的声环境功能区类别。

（2）建设项目建设前后所在区域的声环境质量变化程度。

（3）受建设项目影响人口的数量。

2. 评价等级划分

（1）声环境影响评价工作等级一般分为三级，一级为详细评价，二级为一般性评价，三级为简要评价。

（2）评价范围内有适用于 GB 3096 规定的 0 类声环境功能区域，以及对噪声有特别限制要求的保护区等敏感目标，或建设项目建设前后评价范围内敏感目标噪声级增高量达 5dB(A) 以上［不含 5dB(A)］或受影响人口数量显著增多时，按一级评价。

（3）建设项目所处的声环境功能区为 GB 3096 规定的 1 类、2 类地区，或建设项目建设前后评价范围内敏感目标噪声级增高量达 3~5dB(A)［含 5dB(A)］，或受噪声影响人口数量增加较多时，按二级评价。

（4）建设项目所处的声环境功能区为 GB 3096 规定的 3 类、4 类地区，或建设项目建设前后评价范围内敏感目标噪声级增高量在 3dB(A) 以下［不含 3dB(A)］，且受影响人口数量变化不大时，按三级评价。

（5）在确定评价工作等级时，如建设项目符合两个以上级别的划分原则，按较高级别的评价等级评价。

二、声环境影响评价范围

（一）评价范围的确定

声环境影响评价范围依据评价工作等级确定。对于以固定声源为主的建设项目（如工厂、港口、施工工地、铁路站场等）：

（1）满足一级评价的要求，一般以建设项目边界向外 200m 为评价范围。

（2）二、三级评价范围可根据建设项目所在区域和相邻区域的声环境功能区类别及敏感目标等实际情况适当缩小。

（3）如依据建设项目声源计算得到的贡献值到 200m 处，仍不能满足相应功能区标准值时，应将评价范围扩大到满足标准值的距离。

（二）一级评价的基本要求

（1）在工程分析中，给出建设项目对环境有影响的主要声源的数量、位置和声源源强，并在标有比例尺的图中标识固定声源的具体位置或流动声源的路线、跑道等位置。在缺少声源源强的相关资料时，应通过类比测量取得，并给出类比测量的条件。

（2）评价范围内具有代表性的敏感目标的声环境质量现状需要实测。对实测结果进行评价，并分析现状声源的构成及其对敏感目标的影响。

（3）噪声预测应覆盖全部敏感目标，给出各敏感目标的预测值及厂界（或场界、边界）噪声值。固定声源评价、机场周围飞机噪声评价、流动声源经过城镇建成区和规划区路段的评价应绘制等声级线图，当敏感目标高于（含）三层建筑时，还应绘制垂直方向的等声级线图。给出建设项目建成后不同类别的声环境功能区内受影响的人口分布、噪声超标的范围和程度。

（4）当工程预测的不同代表性时段噪声级可能发生变化的建设项目，应分别预测其不同时段的噪声级。

（5）对工程可行性研究和评价中提出的不同选址（选线）和建设布局方案，应根据不同方案噪声影响人口的数量和噪声影响的程度进行比选，并从声环境保护角度提出最终的推荐方案。

（6）针对建设项目的工程特点和所在区域的环境特征提出噪声防治措施，并进行经济、技术可行性论证，明确防治措施的最终降噪效果和达标分析。

（三）二级评价的基本要求

（1）在工程分析中，给出建设项目对环境有影响的主要声源的数量、位置和声源源强，并在标有比例尺的图中标识固定声源的具体位置或流动声源的路线、跑道等位置。在缺少声源源强的相关资料时，应通过类比测量取得，并给出类比测量的条件。

（2）评价范围内具有代表性的敏感目标的声环境质量现状以实测为主，可适当利用评价范围内已有的声环境质量监测资料，并对声环境质量现状进行评价。

（3）噪声预测应覆盖全部敏感目标，给出各敏感目标的预测值及厂界（或场界、边界）噪声值，根据评价需要绘制等声级线图。给出建设项目建成后不同类别的声环境功能区内受影响的人口分布、噪声超标的范围和程度。

（4）对工程预测的不同代表性时段噪声级可能发生变化的建设项目，应分别预测其不同时段的噪声级。

（5）从声环境保护角度对工程可行性研究和评价中提出的不同选址（选线）和建设布局方案的环境合理性进行分析。

（6）针对建设项目的工程特点和所在区域的环境特征提出噪声防治措施，并进行经济、技术可行性论证，给出防治措施的最终降噪效果和达标分析。

（四）三级评价的基本要求

（1）在工程分析中，给出建设项目对环境有影响的主要声源的数量、位置和声源源强，并在标有比例尺的图中标识固定声源的具体位置或流动声源的路线、跑道等位置。在缺少声源源强的相关资料时，应通过类比测量取得，并给出类比测量的条件。

（2）重点调查评价范围内主要敏感目标的声环境质量现状，可利用评价范围内已有的声环境质量监测资料，若无现状监测资料时应进行实测，并对声环境质量现状进行评价。

（3）噪声预测应给出建设项目建成后各敏感目标的预测值及厂界（或场界、边界）噪声值，分析敏感目标受影响的范围和程度。

（4）针对建设项目的工程特点和所在区域的环境特征提出噪声防治措施，并进行达标分析。

三、声环境现状调查与评价

（一）主要调查内容

（1）影响声波传播的环境要素。调查建设项目所在区域的主要气象特征：年平均风速和主导风向、年平均气温、年平均相对湿度等。收集评价范围内1：（2000~50000）地理地形图，说明评价范围内声源和敏感目标之间的地貌特征、地形高差及影响声波传播的环境要素。

（2）声环境功能区划。调查评价范围内不同区域的声环境功能区划情况，调查各声环境功能区的声环境质量现状。

（3）敏感目标。调查评价范围内敏感目标的名称、规模、人口的分布等情况，并以图、表相结合的方式说明敏感目标与建设项目的关系（如方位、距离、高差等）。

（4）现状声源。建设项目所在区域的声环境功能区的声环境质量现状超过相应标准要求或噪声值相对较高时，需对区域内主要声源的名称、数量、位置、影响的噪声级等相关情况进行调查。

（二）调查方法

环境现状调查的基本方法有：收集资料法、现场调查法、现场测量法。评价时，应根据评价工作等级的要求确定需采用的具体方法。

（三）监测布点原则

（1）布点应覆盖整个评价范围，包括厂界（或场界、边界）和敏感目标。当敏感目标高于（含）三层建筑时，还应选取有代表性的不同楼层设置测点。

（2）评价范围内没有明显的声源（如工业噪声、交通运输噪声、建设施工噪声、社会生活噪声等），且声级较低时，可选择有代表性的区域布设测点。

（3）评价范围内有明显的声源，并对敏感目标的声环境质量有影响，或建设项目为改、扩建工程，应根据声源种类采取不同的监测布点原则。

（四）现状评价

（1）以图、表结合的方式给出评价范围内的声环境功能区及其划分情况，以及现有敏感目标的分布情况。

（2）分析评价范围内现有主要声源种类、数量及相应的噪声级、噪声特性等，明确主要声源分布，评价厂界（或场界、边界）超、达标情况。

（3）分别评价不同类别的声环境功能区内各敏感目标的超、达标情况，说明其受到现有主要声源的影响状况。

（4）给出不同类别的声环境功能区噪声超标范围内的人口数及分布情况。

四、声环境影响预测

（一）基本要求

预测范围应与评价范围相同。预测点的确定原则应将建设项目厂界（或场界、边界）和评价范围内的敏感目标作为预测点。

（二）基础资料

1. 声源资料

建设项目的声源资料主要包括：声源种类、数量、空间位置、噪声级、频率特性、发声持续时间和对敏感目标的作用时间段等。

2. 影响声波传播的各类参量

影响声波传播的各类参量应通过资料收集和现场调查取得，各类参量如下：

（1）建设项目所处区域的年平均风速和主导风向、年平均气温、年平均相对湿度。

（2）声源和预测点间的地形、高差。

（3）声源和预测点间障碍物（如建筑物、围墙等；若声源位于室内，还包括门、窗等）的位置及长、宽、高等数据。

（4）声源和预测点间树林、灌木等的分布情况，地面覆盖情况（如草地、水面、水泥地面、土质地面等）。

（三）预测步骤

（1）建立坐标系，确定各声源坐标和预测点坐标，并根据声源性质以及预测点与声源之间的距离等情况，把声源简化成点声源，或线声源，或面声源。

（2）根据已获得的声源源强的数据和各声源到预测点的声波传播条件资料，计算出噪声从各声源传播到预测点的声衰减量，由此计算出各声源单独作用在预测点时产生的 A 声级或有效感觉噪声级。

（四）冶金建设项目噪声影响预测

1. 声源分析

（1）主要声源的确定。分析冶金建设项目的设备类型、型号、数量，并结合设备类型、设备和工程边界、敏感目标的相对位置等确定项目的主要声源。

（2）声源的空间分布。依据项目平面布置图、设备清单及声源源强等资料，标明主要声源的位置。建立坐标系，确定主要声源的三维坐标。

（3）声源的分类。将主要声源划分为室内声源和室外声源两类。确定室外声源的源强和运行的时间及时间段。当有多个室外声源时，为简化计算，可视情况将数个声源组合为声源组团，然后按等效声源进行计算。对于室内声源，需分析围护结构的尺寸及使用的建筑材料，确定室内声源源强和运行的时间及时间段。

（4）编制主要声源汇总表。以表格形式给出主要声源的分类、名称、型号、数量、坐标位置等；声功率级或某一距离处的倍频带声压级、A声级。

2. 声波传播途径分析

列表给出主要声源和敏感目标的坐标或相互间的距离、高差，分析主要声源和敏感目标之间声波的传播路径，给出影响声波传播的地面状况、障碍物、树林等。

3. 预测内容

按不同评价工作等级的基本要求，选择以下工作内容分别进行预测，给出相应的预测结果。

(1) 厂界（或场界、边界）噪声预测。预测厂界噪声，给出厂界噪声的最大值及位置。

(2) 敏感目标噪声预测。预测敏感目标的贡献值、预测值、预测值与现状噪声值的差值，敏感目标所处声环境功能区的声环境质量变化，敏感目标受噪声影响的程度，确定噪声影响的范围，并说明受影响人口分布情况。

当敏感目标高于（含）三层建筑时，还应预测有代表性的不同楼层所受的噪声影响。

(3) 绘制等声级线图。绘制等声级线图，说明噪声超标的范围和程度。

(4) 明确主要声源，分析超标原因。根据厂界和敏感目标受影响的状况，明确影响厂界和周围声环境功能区声环境质量的主要声源，分析厂界和敏感目标的超标原因。

第四节 大气环境影响评价

一、概述

大气环境影响评价是对项目实施所引起的大气环境影响的程度、范围和概率进行分析、预测和评估，通过适当的评价手段和模式计算、分析建设项目在建设施工期和建成后的生产期内所排放的主要气载污染物和对大气环境可能带来的影响程度和范围，为优化项目选址、制定大气污染防治措施等提供决策依据，为环保工程设计提供指导。

(一) 冶金废气的分类

1. 钢铁冶金废气

钢铁冶金工业开发的主要对象是多种黑色金属和非金属矿物。钢铁厂的烧结、球团、炼焦、炼铁、轧钢、锻压以及金属制品与铁合金、耐火材料、碳素制品和动力等生产环节，拥有排放大量烟尘的各种窑炉。钢铁冶炼排放的废气大体可分为三类：第一类是生产工艺过程中化学反应排放的废气，如冶炼、烧焦、化工产品和钢材酸洗过程中产生的烟尘和有害气体；第二类是燃料在炉窑中燃烧产生的烟气和有害气体；第三类是原料和燃料运输、装卸及加工等过程中产生的粉尘。

2. 有色冶金废气

有色冶金废气是指在有色金属冶炼和加工生产过程中产生的含污染物质的有毒有害气体。有色冶金废气按其所含主要污染物的性质，大体上可分为三大类：第一类是矿物原料、燃料、辅助材料等在运输、装卸及加工等过程中产生的粉尘；第二类为主要含有毒有害气体（含氟、硫、氯）与烟尘的有色金属冶炼废气；第三类为主要含酸、碱和油雾的有色金属加工工业废气。

（二）冶金废气的特点

1. 钢铁冶金废气的特点

（1）废气排放量大，污染面广。钢铁企业的废气污染源集中在炼铁、炼钢、烧结、焦化等冶炼工业窑炉，设备集中，规格庞大，废气排放量大。

（2）烟尘颗粒细，吸附力强。钢铁企业冶炼过程中排放的多为氧化铁烟尘，其粒度在10μm以下的部分占多数。由于尘粒细、比表面积大、吸附力强，易成为吸附有害气体的载体。

（3）烟气温度高，治理难度大。由于烟气温度高，对管道材质、构件结构以及净化设备的选择均有特殊要求；烟气的冷却技术难度大，设备投资高；高温烟气中含有硫、水和一氧化碳，使烟气在净化处理时必须妥善处理好“露点”及防火、防爆问题，所有这些特点构成了高温烟气治理的艰巨性和复杂性。

（4）烟气挥发性强，无组织排放多。在钢铁冶炼过程中，烟气的产生具有阵发性，而且随冶炼过程的不同，散发烟气量也不同，波动极大。

（5）废气具有回收价值。钢铁生产排出的废气中，高温烟气的余热可以通过热能回收装置转换为蒸汽或电能。炼焦及炼铁、炼钢过程中产生的煤气，已成为钢铁企业的主要燃料，并可外供使用。各废气净化过程中所收集的尘泥，绝大部分含有氧化铁成分，可采用各种方式回收利用。

2. 有色冶金废气的特点

（1）排放量较大，污染面较广。有色金属冶炼企业规模较大，设备较集中，大型有色金属冶炼厂方圆5~10km、中小型有色金属冶炼厂方圆1~2km范围内，人、畜、植被和土壤等都会受到有害废气的污染。

（2）废气成分复杂，治理难度较大。有色金属产品的种类繁多，生产工艺各不相同，废气中所含的污染物各种各样、性质非常复杂，因而给治理（技术上、资金投入上）带来许多困难。

（3）废气中污染物以无机物为主，环境污染具有潜在的影响。有色金属生产所需的原料、能源以及添加的辅助材料以无机物为主（如酸、碱、盐类），产品是有色金属及其合金制品，所有这些因素导致废气中所含污染物主要是以无机物的形态排入大气。

二、大气环境影响评价等级的确定

根据《环境影响评价技术导则——大气环境》（HJ 2.2—2018）的规定，大气环境影响评价的等级与拟建项目的主要污染物排放量、周围地形的复杂程度、当地应执行的大气环境质量标准等因素有关。大气环境影响评价共分三级，不同等级的评价工作要求不同。

（一）环境影响识别与评价因子筛选

按《环境影响评价技术导则——总纲》（HJ 2.1—2016）或《规划环境影响评价技术导则——总纲》（HJ 130—2014）的要求识别大气环境影响因素，并筛选出大气环境影响评价因子。大气环境影响评价因子主要为项目排放的基本污染物及其他污染物。

当建设项目排放的SO_2和NO_x年排放量不小于500t/a时，评价因子应增加二次$PM_{2.5}$，如表5-10所示；当规划项目排放的SO_2、NO_x、VOCs年排放量达到表5-10规定的量时，评价因子应相应增加二次 $PM_{2.5}$ 及 O_3。

表 5-10 二次污染物评价因子筛选

类 别	污染物排放量/$t \cdot a^{-1}$	二次污染物评价因子
建设项目	$SO_2+NO_x \geqslant 500$	$PM_{2.5}$
规划项目	$SO_2+NO_x \geqslant 500$	$PM_{2.5}$
	NO_x+VOCs≥2000	O_3

（二）评价标准

（1）确定各评价因子所适用的环境质量标准及相应的污染物排放标准。其中环境质量标准选用《环境空气质量标准》(GB 3095—2012）中的环境空气质量浓度限值，如已有地方环境质量标准，应选用地方标准中的浓度限值。

（2）对于 GB 3095—2012 及地方环境质量标准中未包含的污染物，可参照 HJ 2. 2—2018 中附录 D 的浓度限值。

（3）对上述标准中都未包含的污染物，可参照选用其他国家、国际组织发布的环境质量浓度限值或基准值，但应做出说明，经生态环境主管部门同意后执行。

（三）评价等级判定

选择项目污染源正常排放的主要污染物及排放参数，采用 HJ 2. 2—2018 附录 A 推荐模型中估算模型，分别计算项目污染源的最大环境影响，然后按评价工作分级判据进行分级。

根据项目污染源初步调查结果，分别计算项目排放主要污染物的最大地面空气质量浓度占标率 P_i（第 i 个污染物，简称“最大浓度占标率”），及第 i 个污染物的地面空气质量浓度达到标准值的10%时所对应的最远距离 $D_{10\%}$。其中 P_i 的计算公式为：

$$P_i = \frac{C_i}{C_{0i}} \times 100\% \tag{5-11}$$

式中 P_i——第 i 个污染物的最大地面空气质量浓度占标率，%；

C_i——采用估算模型计算出的第 i 个污染物的最大 1h 地面空气质量浓度，$\mu g/m^3$；

C_{0i}——第 i 个污染物的环境空气质量浓度标准，$\mu g/m^3$。

一般选用 GB 3095—2012 中 1h 平均质量浓度的二级浓度限值，如项目位于一类环境空气功能区，应选择相应的一级浓度限值；对该标准中未包含的污染物，使用评价标准确定的各评价因子 1h 平均质量浓度限值。对仅有 8h 平均质量浓度限值、日平均质量浓度限值或年平均质量浓度限值的，可分别按 2 倍、3 倍、6 倍折算为 1h 平均质量浓度限值。

评价等级按表 5-11 的分级判据进行划分。最大地面空气质量浓度占标率 P_i 按式（5-11）计算，如污染物数 i 大于 1，取 P 值中最大者 P_{max}。

表 5-11 评价等级判别表

评价工作等级	评价工作分级判据
一级评价	$P_{max} \geqslant 10\%$
二级评价	$1\% \leqslant P_{max} < 10\%$
三级评价	$P_{max} < 1\%$

评价等级的判定还应遵守的其他规定参见 HJ 2.2—2018。

（四）评价范围的确定

（1）一级评价项目根据建设项目排放污染物的最远影响距离（$D_{10\%}$）确定大气环境影响评价范围。即以项目厂址为中心区域，自厂界外延 $D_{10\%}$ 的矩形区域作为大气环境影响评价范围。当 $D_{10\%}$ 超过 25km 时，确定评价范围为边长 50km 的矩形区域；当 $D_{10\%}$ 小于 2.5km 时，评价范围边长取 5km。

（2）二级评价项目大气环境影响评价范围边长取 5km。

（3）三级评价项目不需设置大气环境影响评价范围。

（4）规定的大气环境影响评价范围以规划区边界为起点，外延规划项目排放污染物的最远影响距离（$D_{10\%}$）的区域。

三、大气环境质量现状调查与评价

（一）调查内容和目的

（1）一级评价项目。调查项目所在区域环境质量达标情况，作为项目所在区域是否为达标区的判断依据。调查评价范围内有环境质量标准的评价因子的环境质量监测数据或进行补充监测，用于评价项目所在区域污染物环境质量现状，以及计算环境空气保护目标和网格点的环境质量现状浓度。

（2）二级评价项目。调查项目所在区域环境质量达标情况。调查评价范围内有环境质量标准的评价因子的环境质量监测数据或进行补充监测，用于评价项目所在区域污染物环境质量现状。

（3）三级评价项目。只调查项目所在区域环境质量达标情况。

（二）数据来源

1. 基本污染物环境质量现状数据

（1）项目所在区域达标判定，优先采用国家或地方生态环境主管部门公开发布的评价基准年环境质量公告或环境质量报告中的数据或结论。

（2）采用评价范围内国家或地方环境空气质量监测网中评价基准年连续 1 年的监测数据，或采用生态环境主管部门公开发布的环境空气质量现状数据。

（3）评价范围内没有环境空气质量监测网数据或公开发布的环境空气质量现状数据的，可选择符合《环境空气质量监测点位布设技术规范（试行）》（HJ 664—2013）规定，并且与评价范围地理位置邻近，地形、气候条件相近的环境空气质量城市点或区域点监测数据。

（4）对于位于环境空气质量一类区的环境空气保护目标或网格点，各污染物环境质量现状浓度可取符合 HJ 664—2013 规定，并且与评价范围地理位置邻近，地形、气候条件相近的环境空气质量区域点或背景点监测数据。

2. 其他污染物环境质量现状数据

（1）优先采用评价范围内国家或地方环境空气质量监测网中评价基准年连续 1 年的监测数据。

（2）评价范围内没有环境空气质量监测网数据或公开发布的环境空气质量现状数据

的，可收集评价范围内近3年与项目排放的其他污染物有关的历史监测资料。

(3) 在没有以上相关监测数据或监测数据不能满足规定的评价要求时，应进行补充监测。

(三) 补充监测

(1) 监测时段。根据监测因子的污染特征，选择污染较重的季节进行现状监测。补充监测应至少取得7天有效数据。对于部分无法进行连续监测的其他污染物，可监测其一次空气质量浓度，监测时次应满足所用评价标准的取值时间要求。

(2) 监测布点。以近20年统计的当地主导风向为轴向，在厂址及主导风向下风向5km范围内设置1~2个监测点。如需在一类区进行补充监测，监测点应设置在不受人为活动影响的区域。

(3) 监测方法。应选择符合监测因子对应环境质量标准或参考标准所推荐的监测方法，并在评价报告中注明。

(4) 监测采样。环境空气监测中的采样点、采样环境、采样高度及采样频率，按HJ 664—2013及相关评价标准规定的环境监测技术规范执行。

(四) 评价内容与方法

1. 项目所在区域达标判断

(1) 城市环境空气质量达标情况评价指标为SO_2、NO_2、PM_{10}、$PM_{2.5}$、CO和O_3，六项污染物全部达标即为城市环境空气质量达标。

(2) 根据国家或地方生态环境主管部门公开发布的城市环境空气质量达标情况，判断项目所在区域是否属于达标区。如项目评价范围涉及多个行政区（县级或以上，下同），需分别评价各行政区的达标情况，若存在不达标行政区，则判定项目所在评价区域为不达标区。

(3) 国家或地方生态环境主管部门未发布城市环境空气质量达标情况的，可按照HJ 664—2013中各评价项目的年评价指标进行判定。年评价指标中的年均浓度和相应百分位数24h平均或8h平均质量浓度满足GB 3095—2012中浓度限值要求的即为达标。

2. 各污染物的环境质量现状评价

长期监测数据的现状评价内容，按《环境空气质量评价技术规范（试行）》(HJ 663—2013) 中的统计方法对各污染物的年评价指标进行环境质量现状评价。补充监测数据的现状评价内容，分别对各监测点位不同污染物的短期浓度进行环境质量现状评价。对于超标的污染物，计算其超标倍数和超标率。

3. 环境空气保护目标及网格点环境质量现状浓度

(1) 对采用多个长期监测点位数据进行现状评价的，取各污染物相同时刻各监测点位的浓度平均值，作为评价范围内环境空气保护目标及网格点环境质量现状浓度。

(2) 对采用补充监测数据进行现状评价的，取各污染物不同评价时段监测浓度的最大值，作为评价范围内环境空气保护目标及网格点环境质量现状浓度。对于有多个监测点位数据的，先计算相同时刻各监测点位平均值，再取各监测时段平均值中的最大值。

计算方法参见HJ 2.2—2018。

四、大气环境影响预测与评价

(一) 预测因子

预测因子根据评价因子而定，选取有环境质量标准的评价因子作为预测因子。

（二）预测范围

预测范围应覆盖评价范围，并覆盖各污染物短期浓度贡献值占标率大于10%的区域。对于经判定需预测二次污染物的项目，预测范围应覆盖$PM_{2.5}$年平均质量浓度贡献值占标率大于1%的区域。对于评价范围内包含环境空气功能区一类区的，预测范围应覆盖项目对一类区最大环境影响。预测范围一般以项目厂址为中心，东西向为X坐标轴、南北向为Y坐标轴。

（三）预测周期

选取评价基准年作为预测周期，预测时段取连续1年。选用网格模型模拟二次污染物的环境影响时，预测时段应至少选取评价基准年1月、4月、7月、10月。

（四）预测模型和预测方法

一级评价项目应结合项目环境影响预测范围、预测因子及推荐模型的适用范围等选择空气质量模型。采用推荐模型预测建设项目或规划项目对预测范围不同时段的大气环境影响。具体推荐模型和预测方法参见HJ 2.2—2018中附录A、附录B及相关规定。

（五）预测与评价内容

不同评价对象或排放方案对应预测内容和评价要求如表5-12所示。

表5-12　预测内容和评价要求

评价对象	污染源	污染源排放形式	预测内容	评价内容
达标区评价项目	新增污染源	正常排放	短期浓度 长期浓度	最大浓度占标率
	新增污染源 - “以新带老”污染源（如有） - 区域削减污染源（如有） + 其他在建、拟建污染源（如有）	正常排放	短期浓度 长期浓度	叠加环境质量现状浓度后的保证率日平均质量浓度和年平均质量浓度的占标率，或短期浓度的达标情况
	新增污染源	非正常排放	1h平均质量浓度	最大浓度占标率
不达标区评价项目	新增污染源	正常排放	短期浓度 长期浓度	最大浓度占标率
	新增污染源 - “以新带老”污染源（如有） - 区域削减污染源（如有） + 其他在建、拟建污染源（如有）	正常排放	短期浓度 长期浓度	叠加达标规划目标浓度后的保证率日平均质量浓度和年平均质量浓度的占标率，或短期浓度的达标情况；评价年平均质量浓度变化率
	新增污染源	非正常排放	1h平均质量浓度	最大浓度占标率

续表 5-12

评价对象	污 染 源	污染源排放形式	预测内容	评价内容
区域规划	不同规划期/规划方案污染源	正常排放	短期浓度 长期浓度	保证率日平均质量浓度和年平均质量浓度的占标率，年平均质量浓度变化率
大气环境防护距离	新增污染源 – “以新带老”污染源（如有） + 项目全厂现有污染源	正常排放	短期浓度	大气环境防护距离

（六）评价方法

环境影响叠加、保证率日平均质量浓度、浓度超标范围、区域环境质量变化评价、大气环境防护距离确定、污染控制措施有效性分析与方案比选、污染物排放量核算等具体规定和计算公式参见 HJ 2. 2—2018。

（七）大气环境影响评价结论与建议

1. 大气环境影响评价结论

（1）达标区域的建设项目环境影响评价，当同时满足以下条件时，则认为环境影响可以接受。新增污染源正常排放下污染物短期浓度贡献值的最大浓度占标率≤100%；新增污染源正常排放下污染物年均浓度贡献值的最大浓度占标率≤30%（其中一类区≤10%）；项目环境影响符合环境功能区划。

（2）不达标区域的建设项目环境影响评价，当同时满足以下条件时，则认为环境影响可以接受。达标规划未包含的新增污染源建设项目，需另有替代源的削减方案；新增污染源正常排放下污染物短期浓度贡献值的最大浓度占标率≤100%；新增污染源正常排放下污染物年均浓度贡献值的最大浓度占标率≤30%（其中一类区≤10%）；项目环境影响符合环境功能区划或满足区域环境质量改善目标。

（3）区域规划的环境影响评价。当主要污染物的保证率日平均质量浓度和年平均质量浓度均符合环境质量标准，对于主要污染物仅有短期浓度限值的，叠加后的短期浓度符合环境质量标准时，则认为区域规划环境影响可以接受。

2. 污染控制措施可行性及方案比选结果

（1）大气污染治理设施与预防措施必须保证污染源排放以及控制措施均符合排放标准的有关规定，满足经济、技术可行性。

（2）从项目选址选线、污染源的排放强度与排放方式、污染控制措施技术与经济可行性等方面，结合区域环境质量现状及区域削减方案、项目正常排放及非正常排放下大气环境影响预测结果，综合评价治理设施、预防措施及排放方案的优劣，并对存在的问题（如果有）提出解决方案。经对解决方案进行进一步预测和评价比选后，给出大气污染控制措施可行性建议及最终的推荐方案。

3. 大气环境防护距离

根据大气环境防护距离计算结果，并结合厂区平面布置图，确定项目大气环境防护区域。若大气环境防护区域内存在长期居住的人群，应给出相应优化调整项目选址、布局或搬迁的建议。项目大气环境防护区域之外，大气环境影响评价结论应符合大气环境影响评价结论规定的要求。

4. 污染物排放量核算结果

环境影响评价结论是环境影响可接受的，根据环境影响评价审批内容和排污许可证申请与核发所需表格要求，明确给出污染物排放量核算结果表。评价项目完成后污染物排放总量控制指标能否满足环境管理要求，并明确总量控制指标的来源和替代源的削减方案。

5. 大气环境影响评价自查表

大气环境影响评价完成后，应对大气环境影响评价主要内容与结论进行自查。自查表内容与格式参见 HJ 2. 2—2018 中附录 E。

第五节　土壤环境影响评价

一、概述

土壤环境影响评价是对建设项目建设期、运营期和服务期满后（可根据项目情况选择）对土壤环境理化特性可能造成的影响进行分析、预测和评估，提出预防或者减轻不良影响的措施和对策，为建设项目土壤环境保护提供科学依据。

（一）冶金工业土壤污染的危害

冶金工业对土壤的污染主要是使土壤无机和有机胶体发生稳定吸附的离子，以及土壤溶液化学平衡中产生的难溶性金属氢氧化物、碳酸盐和硫化物等，将大部分被固定在土壤中而难以排除。虽然一些化学反应能缓和其毒害作用，但仍对土壤环境产生潜在的威胁。

（1）污染农产品及水源。冶金工业废物污染土壤后，会使污染物在植物体中积累，并通过食物链富集到动物和人体中，危害人畜健康，引发癌症和其他疾病等。我国大多数城市近郊土壤都受到了不同程度的污染，有许多地方粮食、蔬菜、水果等食物中镉、铬、砷、铅、汞等重金属含量超标或接近临界值。

（2）污染空气、产生射线，危害人体健康。土壤被放射性物质污染后，通过放射性衰变可产生 α、β 和 γ 射线。这些射线能穿透人体组织，使机体的一些组织细胞死亡，又可通过饮食或呼吸进入人体，造成内照射损伤，使受害者头昏、疲乏无力、脱发、白细胞减少或增多，发生癌变等。有毒化学物质又能阻塞土壤孔隙，破坏土壤结构，影响土壤的自净能力；有时还能使土壤处于潮湿污秽状态，影响居民健康。

（3）破坏其他环境元素，导致生态系统退化。土壤受到污染后，含重金属浓度较高的污染表土容易在风力和水力的作用下分别进入到大气和水体中，导致大气污染、地表水污染、地下水污染和生态系统退化等其他次生生态环境问题。

（4）导致经济损失。土壤污染将导致严重的直接经济损失。仅以土壤重金属污染为例，全国每年因重金属污染而减产粮食 1000 多万吨，另外被重金属污染的粮食每年也多达 1200 万吨，合计经济损失至少 200 亿元。

（二）冶金工业土壤污染的特点

鉴于冶金工业生产自身的特性，其对土壤的污染具有如下特点：

（1）隐蔽性和滞后性。大气、水和废弃物污染比较直观，通过感官即可发现。土壤污染有所不同，它往往需要通过对土壤样品和农作物样品进行化验和检测，甚至通过研究对动物和人的健康状况的影响才能确定。因此，冶金工业对土壤的污染从产生污染到出现问题会滞后较长的时间，不易受到重视。

（2）积累性。在大气和水体中，冶金工业污染物一般都比在土壤中更容易迁移。这使得污染物在土壤中不易扩散和稀释，因此易在土壤中积累而超标，同时也使土壤污染具有较强的地域性。

（3）不可逆性。冶金工业废物，特别是重金属，对土壤的污染基本上是一个不可逆过程，某些重金属污染的土壤可能需要 100~200 年时间才能恢复。

（4）难治理性。切断污染源之后，大气和水体污染通过稀释和自净作用不断好转，但是积累在土壤中的难降解污染物则很难依靠稀释和自净作用来缓解和消除。土壤污染一旦发生，仅仅依靠切断污染源的方法往往很难奏效，有时要靠换土、淋洗土壤等方法才能解决问题，其他治理技术可能见效较慢。因此，治理污染土壤通常成本较高，治理周期较长。

二、土壤环境影响识别与评价等级的确定

（一）土壤环境影响识别

1. 基本要求

在工程分析结果的基础上，结合土壤环境敏感目标，根据建设项目建设期、运营期和服务期满后（可根据项目情况选择）三个阶段的具体特征，识别土壤环境影响类型与影响途径；对于运营期内土壤环境影响源可能发生变化的建设项目，还应按其变化特征分阶段进行环境影响识别。

2. 识别内容

（1）根据《环境影响评价技术导则——土壤环境（试行）》（HJ 964—2018）附录 A 识别建设项目所属行业的土壤环境影响评价项目类别。其中冶金项目的土壤环境影响评价项目类别划分如表 5-13 所示。

表 5-13 冶金项目土壤环境影响评价项目类别

行业类别		项目类别			
		Ⅰ类	Ⅱ类	Ⅲ类	Ⅳ类
制造业	金属冶炼和压延加工及非金属矿物制品	有色金属冶炼（含再生有色金属冶炼）	有色金属铸造及合金制造；炼铁；球团；烧结炼钢；冷轧压延加工；铬铁合金制造；水泥制造；平板玻璃制造；石棉制品；含焙烧的石墨、碳素制品	其他	

（2）识别建设项目土壤环境影响类型与影响途径、影响源与影响因子，初步分析可能影响的范围，具体识别内容参见 HJ 964—2018 中附录 B。

（3）根据《土地利用现状分类标准》（GB/T 21010—2017）识别建设项目及周边的土

地利用类型，分析建设项目可能影响的土壤环境敏感目标。

(二) 评价工作分级

1. 等级划分

土壤环境影响评价工作等级划分为一级、二级、三级。

2. 划分依据

A　生态影响型

建设项目所在地土壤环境敏感程度分为敏感、较敏感、不敏感，判别依据如表5-14所示；同一建设项目涉及两个或两个以上场地或地区，应分别判定其敏感程度；产生两种或两种以上生态影响后果的，敏感程度按相对最高级别判定。

表 5-14　生态影响型敏感程度分级表

敏感程度	判别依据		
	盐化	酸化	碱化
敏感	建设项目所在地干燥度>2.5且常年地下水位平均埋深<1.5m的地势平坦区域；或土壤含盐量>4g/kg的区域	pH≤4.5	pH≥9.0
较敏感	建设项目所在地干燥度>2.5且常年地下水位平均埋深≥1.5m的，或1.8<干燥度≤2.5且常年地下水位平均埋深<1.8m的地势平坦区域；建设项目所在地干燥度>2.5或常年地下水位平均埋深<1.5m的平原区；或2g/kg<土壤含盐量≤4g/kg的区域	4.5<pH≤5.5	8.5≤pH<9.0
不敏感	其他	5.5≤pH<8.5	

注：建设项目所在地干燥度是指采用E601观测的多年平均水面蒸发量与降水量的比值，即蒸降比值。

根据土壤环境影响评价项目类别与敏感程度分级结果划分评价工作等级，如表5-15所示。

表 5-15　生态影响型评价工作等级划分表

评价工作等级 / 项目类别 / 敏感程度	Ⅰ类	Ⅱ类	Ⅲ类
敏感	一级	二级	三级
较敏感	二级	二级	三级
不敏感	二级	三级	—

注："—"表示可不开展土壤环境影响评价工作。

B　污染影响型

将建设项目占地规模分为大型（≥50hm^2）、中型（5~50hm^2）、小型（≤5hm^2），建设项目占地主要为永久占地。建设项目所在地周边的土壤环境敏感程度分为敏感、较敏感、不敏感，判别依据如表5-16所示。

表 5-16 污染影响型敏感程度分级表

敏感程度	判别依据
敏感	建设项目周边存在耕地、园地、牧草地、饮用水水源地或居民区、学校、医院、疗养院、养老院等土壤环境敏感目标的
较敏感	建设项目周边存在其他土壤环境敏感目标的
不敏感	其他情况

根据土壤环境影响评价项目类别、占地规模与敏感程度划分评价工作等级，如表 5-17 所示。

表 5-17 污染影响型评价工作等级划分表

评价工作等级 / 项目类别 / 敏感程度	Ⅰ类			Ⅱ类			Ⅲ类		
	大	中	小	大	中	小	大	中	小
敏感	一级	一级	一级	二级	二级	二级	三级	三级	三级
较敏感	一级	一级	二级	二级	二级	三级	三级	三级	—
不敏感	一级	二级	二级	二级	三级	三级	三级	—	—

注："—"表示可不开展土壤环境影响评价工作。

此外，建设项目同时涉及土壤环境生态影响型与污染影响型时，应分别判定评价工作等级，并按相应等级分别开展评价工作。当同一建设项目涉及两个或两个以上场地时，各场地应分别判定评价工作等级，并按相应等级分别开展评价工作。线性工程重点针对主要站场位置（如泵站、阀室、维修场所等）参照污染影响型判定评价等级，并按相应等级分别开展评价工作。

三、土壤环境现状调查与评价

（一）基本原则与要求

（1）土壤环境现状调查与评价工作应遵循资料收集与现场调查相结合、资料分析与现状监测相结合的原则。

（2）土壤环境现状调查与评价工作的深度应满足相应的工作级别要求，当现有资料不能满足要求时，应通过组织现场调查、监测等方法获取。

（3）建设项目同时涉及土壤环境生态影响型与污染影响型时，应分别按相应评价工作等级要求开展土壤环境现状调查，可根据建设项目特征适当调整、优化调查内容。

（4）工业园区内的建设项目，应重点在建设项目占地范围内开展现状调查工作，并兼顾其可能影响的园区外围土壤环境敏感目标。

（二）调查评价范围

（1）调查评价范围应包括建设项目可能影响的范围，能满足土壤环境影响预测和评价要求；改、扩建类建设项目的现状调查评价范围还应兼顾现有工程可能影响的范围。

（2）建设项目（除线性工程外）土壤环境影响现状调查评价范围可根据建设项目影

响类型、污染途径、气象条件、地形地貌、水文地质条件等确定并说明；或参考表 5-18 确定。

表 5-18　现状调查范围

评价工作等级	影响类型	调查范围	
		占地范围内	占地范围外
一级	生态影响型	全部	5km 范围内
	污染影响型		1km 范围内
二级	生态影响型		2km 范围内
	污染影响型		0.2km 范围内
三级	生态影响型		1km 范围内
	污染影响型		0.05km 范围内

注：1. 调查范围涉及大气沉降途径影响的，可根据主导风向下风向的最大落地浓度点适当调整调查范围；
2. 矿山类项目占地指开采区与各场地的占地；改、扩建类占地指现有工程与拟建工程的占地。

（3）建设项目同时涉及土壤环境生态影响与污染影响时，应各自确定调查评价范围；危险品、化学品或石油等输送管线应以工程边界两侧向外延伸 0.2km 作为调查评价范围。

（三）调查内容与要求

1. 资料收集

根据建设项目特点、可能产生的环境影响和当地环境特征，有针对性收集调查评价范围内的相关资料，主要包括：（1）土地利用现状图、土地利用规划图、土壤类型分布图；（2）气象资料、地形地貌特征资料、水文及水文地质资料等；（3）土地利用历史情况；（4）与建设项目土壤环境影响评价相关的其他资料。

2. 理化特性调查内容

在充分收集资料的基础上，根据土壤环境影响类型、建设项目特征与评价需要，有针对性地选择土壤理化特性调查内容，主要包括土体构型、土壤结构、土壤质地、阳离子交换量、氧化还原电位、饱和导水率、土壤容重、孔隙度等；土壤环境生态影响型建设项目还应调查植被、地下水位埋深、地下水溶解性总固体等。

3. 影响源调查

应调查与建设项目产生同种特征因子或造成相同土壤环境影响后果的影响源。改、扩建的污染影响型建设项目，其评价工作等级为一级、二级的，应对现有工程的土壤环境保护措施情况进行调查，并重点调查主要装置或设施附近的土壤污染现状。

（四）现状监测

1. 基本要求与布点原则

建设项目土壤环境现状监测应根据建设项目的影响类型、影响途径，有针对性地开展监测工作，了解或掌握调查评价范围内土壤环境现状。布点原则参见 HJ 964—2018。

2. 现状监测点数量要求

（1）建设项目各评价工作等级的监测点数不少于表 5-19 要求。

（2）生态影响型建设项目可优化调整占地范围内、外监测点数量，保持总数不变；占地范围超过 5000hm^2 的，每增加 1000hm^2 增加 1 个监测点。

（3）污染影响型建设项目占地范围超过 100hm^2 的，每增加 20hm^2 增加 1 个监测点。

表 5-19 现状监测布点类型与数量

评价工作等级		占地范围内	占地范围外
一级	生态影响型	5 个表层样点	6 个表层样点
	污染影响型	5 个柱状样点，2 个表层样点	4 个表层样点
二级	生态影响型	3 个表层样点	4 个表层样点
	污染影响型	3 个柱状样点，1 个表层样点	2 个表层样点
三级	生态影响型	1 个表层样点	2 个表层样点
	污染影响型	3 个表层样点	—

注：1. “—”表示无现状监测布点类型与数量的要求；

2. 表层样点应在 0~0.2m 取样；

3. 柱状样点通常在 0~0.5m、0.5~1.5m、1.5~3m 分别取样，3m 以上每 3m 取 1 个样，可根据基础埋深、土体构型适当调整。

3. 现状监测取样方法

表层样监测点及土壤剖面的土壤监测取样方法一般参照《土壤环境监测技术规范》（HJ/T 166—2004）执行，柱状样监测点和污染影响型改、扩建项目的土壤监测取样方法还可参照《场地环境调查技术导则》(HJ 25.1—2014)、《场地环境监测技术导则》(HJ 25.2—2014）执行。

4. 现状监测因子

土壤环境现状监测因子分为基本因子和建设项目的特征因子。

（1）基本因子为《土壤环境质量 农用地土壤污染风险管控标准（试行)》(GB 15618—2018)、《土壤环境质量 建设用地土壤污染风险管控标准（试行)》(GB 36600—2018）中规定的基本项目，分别根据调查评价范围内的土地利用类型选取。

（2）特征因子为建设项目产生的特有因子，根据 HJ 964—2018 确定；既是特征因子又是基本因子的，按特征因子对待。

5. 现状监测频次要求

（1）基本因子：评价工作等级为一级的建设项目，应至少开展 1 次现状监测；评价工作等级为二、三级的建设项目，若掌握近 3 年至少 1 次的监测数据，可不再进行现状监测；引用监测数据应满足布点原则和现状监测点数量的相关要求，并说明数据有效性。

（2）特征因子：应至少开展 1 次现状监测。

（五）现状评价

1. 评价因子

同现状监测因子。

2. 评价标准

（1）根据调查评价范围内的土地利用类型，分别选取 GB 15618、GB 36600 等标准中的筛选值进行评价，土地利用类型无相应标准的可只给出现状监测值。

（2）评价因子在 GB 15618、GB 36600 等标准中未规定的，可参照行业、地方或国外相关标准进行评价，无可参照标准的可只给出现状监测值。

（3）土壤盐化、酸化、碱化等的分级标准参见 HJ 964—2018 附录 D。

3. 评价方法

（1）土壤环境质量现状评价应采用标准指数法，并进行统计分析，给出样本数量、最大值、最小值、均值、标准差、检出率和超标率、最大超标倍数等。

（2）对照 HJ 964—2018 附录 D 给出各监测点位土壤盐化、酸化、碱化的级别，统计样本数量、最大值、最小值和均值，并评价均值对应的级别。

4. 评价结论

（1）生态影响型建设项目应给出土壤盐化、酸化、碱化的现状。

（2）污染影响型建设项目应给出评价因子是否满足评价标准中相关要求的结论；当评价因子存在超标时，应分析超标原因。

四、土壤环境预测与评价

（一）基本原则与要求

（1）根据影响识别结果与评价工作等级，结合当地土地利用规划确定影响预测的范围、时段、内容和方法。

（2）选择适宜的预测方法，预测评价建设项目各实施阶段不同环节与不同环境影响防控措施下的土壤环境影响，给出预测因子的影响范围与程度，明确建设项目对土壤环境的影响结果。

（3）应重点预测评价建设项目对占地范围外土壤环境敏感目标的累积影响，并根据建设项目特征兼顾对占地范围内的影响预测。

（4）土壤环境影响分析可定性或半定量地说明建设项目对土壤环境产生的影响及趋势。

（5）建设项目导致土壤潜育化、沼泽化、潴育化和土地沙漠化等影响的，可根据土壤环境特征，结合建设项目特点，分析土壤环境可能受到影响的范围和程度。

（二）预测评价范围

一般与现状调查评价范围一致。

（三）预测评价时段

根据建设项目土壤环境影响识别结果，确定重点预测时段。

（四）情景设置

在影响识别的基础上，根据建设项目特征设定预测情景。

（五）预测与评价因子

污染影响型建设项目应根据环境影响识别出的特征因子选取关键预测因子。可能造成土壤盐化、酸化、碱化影响的建设项目，分别选取土壤盐分含量、pH 值等作为预测因子。

（六）预测评价标准

GB 15618—2018、GB 36600—2018，或 HJ 964—2018 中附录 D、附录 F 中的表 F. 2。

（七）预测与评价方法

土壤环境影响预测与评价方法应根据建设项目土壤环境影响类型与评价工作等级确

定。可能引起土壤盐化、酸化、碱化等影响的建设项目，其评价工作等级为一、二级的，预测方法可参见 HJ 964—2018 中附录 E、附录 F 或进行类比分析。污染影响型建设项目，其评价工作等级为一、二级的，预测方法可参见 HJ 964—2018 中附录 E 或进行类比分析；占地范围内还应根据土体构型、土壤质地、饱和导水率等分析其可能影响的深度。评价工作等级为三级的建设项目，可采用定性描述或类比分析法进行预测。

（八）预测评价结论

（1）以下情况可得出建设项目土壤环境影响可接受的结论。建设项目各不同阶段，土壤环境敏感目标处且占地范围内各评价因子均满足预测评价标准中相关要求的；生态影响型建设项目各不同阶段，出现或加重土壤盐化、酸化、碱化等问题，但采取防控措施后，可满足相关标准要求的；污染影响型建设项目各不同阶段，土壤环境敏感目标处或占地范围内有个别点位、层位或评价因子出现超标，但采取必要措施后，可满足 GB 15618、GB 36600 或其他土壤污染防治相关管理规定的。

（2）以下情况不能得出建设项目土壤环境影响可接受的结论。生态影响型建设项目，土壤盐化、酸化、碱化等对预测评价范围内土壤原有生态功能造成重大不可逆影响的；污染影响型建设项目，各不同阶段，土壤环境敏感目标处或占地范围内多个点位、层位或评价因子出现超标，采取必要措施后，仍无法满足 GB 15618、GB 36600 或其他土壤污染防治相关管理规定的。

第六节 固体废弃物环境影响评价

一、概述

固体废弃物是指在生产、生活和其他活动中产生的丧失原有利用价值或者虽未丧失利用价值但被抛弃或者放弃的固态、半固态和置于容器中的气态物品、物质，以及法律、行政法规规定纳入固体废弃物管理的物品、物质。需要指出的是，不能排入水体的液态废物和不能排入大气的置于容器中的气态废物，由于多具有较大的危害性，一般归入固体废弃物管理体系。

（一）固体废弃物的来源

冶金固体废弃物是指在冶金生产过程中所排放的、暂时没有利用价值而被丢弃的固体废弃物，包括冶炼厂的各种熔炼渣、浸出渣、烟尘、粉尘、废屑及废水处理后的残渣污泥等。因此，冶金固体废弃物数量庞大、种类繁多。按来源可分为钢铁冶金固体废弃物和有色冶金固体废弃物。

1. 钢铁冶金固体废弃物

钢铁冶金工业固体废弃物主要是指炼铁、炼钢冶炼过程中排出的废渣，这些废渣可以统称为冶金渣，主要包括高炉渣、钢渣。此外，还有在生产过程中产生的烟尘。

（1）高炉渣。按冶炼方法可分为铸造生铁矿渣、炼钢生铁矿渣、特种生铁矿渣；按化学成分可分为碱性矿渣、中性矿渣、酸性矿渣；按物理性质及形态，可分为粒状矿渣、浮石状或球状矿渣、块状矿渣、粉状矿渣。

（2）钢渣。按冶炼方法可分为平炉钢渣、转炉钢渣、电炉钢渣。按化学成分可分为低碱度钢渣、中碱度钢渣、高碱度钢渣。按物理形态可分为水淬粒状钢渣、块状钢渣、粉状钢渣。

（3）烟尘。在钢铁冶炼过程中，冶金炉排出的高温烟气中含有大量烟尘。例如高炉每炼1t铁要产出50~100kg含铁烟尘，转炉每炼1t钢要产生15~20kg含铁烟尘。用湿法除尘（高炉、转炉）或干法除尘（平炉）收集的烟尘统称为尘泥。按生产方法，其可分为转炉尘泥、平炉尘泥和高炉尘泥。这些尘泥中，铁和碱性氧化物含量较多，有害杂质含量少，接近铁矿粉，有很大的利用价值。

2. 有色冶金固体废弃物

有色金属种类繁多，生产方法亦多，在有色金属生产过程中产出的固体废弃物成分也比较复杂。有色冶金固体废弃物主要指有色金属冶炼产生的各种有色金属渣，包括湿法冶金产出的浸出渣以及电解过程中产出的阳极泥等。此外，还有各种收尘器捕集的烟尘。

有色冶金固体废弃物一般按生产方法进行分类。例如铜渣按生产方法可分为铜反射炉炉渣、铜密闭鼓风炉炉渣、铜闪速炉炉渣、铜电炉炉渣、铜转炉炉渣、铜精炼炉炉渣；在湿法冶金的氧化铝生产中，按生产方法将产出的赤泥分为烧结法赤泥、拜耳法赤泥和联合法赤泥；在有色金属冶炼中产出的烟尘，按生产来源分为铜烟尘、铅烟尘、锌烟尘等。

（二）固体废弃物的特点

（1）兼具有废物和资源的相对性。固体废弃物具有鲜明的时间和空间特征，是在错误的时间放在错误地点的资源。从时间角度看，它仅仅是在目前科学技术和经济条件下无法加以利用，但随着时间的推移、科学技术的发展以及人们的要求变化，今天的废物可能成为明天的资源。从空间角度看，废物仅仅相对于某一过程或某一方面没有使用价值，而非在一切方面都没有使用价值。一种过程的废物，往往可以成为另一种过程的原料。固体废弃物一般具有某些工业原材料所具有的化学、物理特性，且较废水、废气容易收集、运输、加工处理，可以回收利用。

（2）富集多种污染物成分的终态，污染环境的源头。固体废弃物往往是许多污染物成分的终极状态。一些有害气体或飘尘，通过治理，最终富集成为固体废弃物；一些有害溶质和悬浮物，通过治理，最终被分离出来成为污泥或残渣；一些含重金属的可燃性固体废弃物，通过焚烧处理，有害金属浓集于灰烬中。这些“终态”物质中的有害成分，在长期的自然因素作用下，又会转入大气、水体和土壤，成为污染环境的“源头”。

（3）危害具有潜在性、长期性和灾难性。固体废弃物对环境的污染不同于废水、废气和噪声。固体废弃物中的有害物质呆滞性大，扩散性小，它对环境的影响主要是通过水、气和土壤进行的。污染环境不易被及时发现，一旦造成环境污染，有时很难补救恢复。其中污染成分的迁移转化，如浸出液在土壤中的迁移，是一个比较缓慢的过程，其危害可能在数年至数十年后才能发现。从某种意义上来说，固体废弃物，特别是危险废弃物对环境造成的危害可能要比水、气造成的危害严重得多。

（三）固体废弃物对环境的污染

（1）侵占土地。冶金固体废弃物若不加以利用就要占地堆放，而且堆积量越大，占地也就越多，严重破坏了土地资源。全国工业废渣的利用率约为24%，有76%以上的废渣堆放在城镇郊区、工矿区或排入江河湖海，既占用了大量的土地资源，又污染了土壤、大气、水体。

（2）污染大气。冶金固体废弃物一般通过下列途径使大气受到污染：在适宜的温度和湿度下，有些无机物发生化学分解，释放出有害气体；细粒粉末随风迁移，加重了大气的粉尘污染；在运输和处理固体废弃物的过程中也会产生有害气体和粉尘，使空气受到污染。

（3）污染水体。冶金固体废弃物引起水体污染的途径有：随雨水径流而进入地表水体，流入河流、湖泊；或由于颗粒较小，随风飘移而落入河流、湖泊，污染地表水；随渗沥水渗透到土壤中，进入地下水，使地下水污染；废渣直接排入河流、湖泊或海洋，造成更严重的污染。

（4）污染土壤。冶金固体废弃物中的有害成分容易污染土壤，还会破坏土壤中的生态平衡。冶金固体废弃物经过风化、雨淋，产生高温和有毒液体渗入土壤，能杀灭土壤中的微生物，使土壤变酸、变碱或变硬，破坏土壤结构，致使土壤逐渐丧失腐解能力，导致土地贫瘠、寸草不生。某些有色冶金固体废弃物中的重金属进入土壤后还可能在土壤中积累，造成土壤重金属污染。

（5）危害人体健康。冶金固体废弃物常常是多种污染成分的终态而长期存在于环境中，在一定条件下会发生化学的、物理的或生物的转化，对周围环境造成一定的影响。如果处理、处置管理不当，污染成分就会通过水、气、土壤、食物链等途径污染环境，危害人体健康。

此外，固体废弃物不适当的堆置会破坏周围自然景观。同时，固体废弃物特别是生活垃圾容易滋生蚊蝇、鼠类，是流行病的重要发生源，腐烂分解产生的恶臭影响人的感官。一些放射性物质含量较高的废耐火砖、冶金废渣被用作建筑材料，使居住者受到额外的辐射照射。

二、工程分析和固体废弃物产生量预测

（一）工程分析

建设项目环境影响评价的目的是贯彻“预防为主”的方针，在项目开发建设之前，通过对其“活动、产品和服务”的识别，预测和评价其可能带来的环境污染和破坏，制定出消除或减轻其负面影响的措施。结合固体废弃物全过程管理的污染控制特点，在建设项目的工程分析中，必须抓住以下几个环节：

（1）根据清洁生产与环境管理体系（ISO 14000）这一新的环境保护模式的要求，对建设项目的工艺、设备、原辅材料以及产品进行分析，从生产活动的源头控制抓起，以消除或减少固体废弃物的产出。因此，不但对《淘汰落后生产能力、工艺和产品的目录》《中国禁止或严格限制的有毒化学品目录》等有关规定必须执行，而且还要对生产工艺、设备、生产水平以及目前具有的部分工业行业固体废弃物排放系数等进行（同行业）比较。

（2）对照《危险废物名录》《危险废物鉴别标准》以及相对应的污染控制标准，对固体废弃物进行判别分类，并确定其环境影响危害程度。

（3）依据《资源综合利用目录》，判别可重复回收或综合利用的废弃物。

（4）对有毒有害的原辅材料，采用替代或更换环境影响小的物料加以分析。

（5）对建设项目固体废弃物从产生、收集、运输、贮存、处理到最终处置的全过程管

理控制进行分析。

(二) 固体废弃物产生量预测

固体废弃物产生量预测应结合具体的工程分析，采用物料衡算法、资料复用法、现场调查或类比分析等手段进行预测。对于冶金项目来说，固体废弃物主要是各种熔炼渣、浸出渣、烟尘、粉尘、废屑及废水处理后的残渣污泥等，属于工业固体废弃物，其产生量应结合具体的工程分析进行物料衡算，或采用现场调查、类比分析等手段进行预测。通过现场调查实测后，可采用产品排污系数、工业产值排污系数等方法进行预测。

三、固体废弃物环境影响评价

(一) 环评类型与内容

固体废弃物的环境影响评价主要分为两大类型：第一类是对一般工程项目产生的固体废弃物，由产生、收集、运输、处理到最终处置的环境影响评价；第二类是对处理、处置固体废弃物设施建设项目的环境影响评价。

1. 第一类项目环评的主要内容

第一类项目环境影响评价的主要内容包括：

(1) 污染源调查。根据调查结果，要给出包括固体废弃物名称、组分、性态、数量等内容的调查清单，同时应按一般工业固体废弃物和危险废弃物分别列出。

(2) 污染防治措施论证。根据工艺过程、各个产出环节提出防治措施，并对防治措施的可行性加以论证。

(3) 提出最终处置措施方案。如综合利用、填埋、焚烧等。

(4) 全过程的环境影响分析。固体废弃物的分类收集，有害与一般固体废弃物、生活垃圾的混放对环境的影响；包装、运输过程中散落、泄露的环境影响。固体废弃物本身是一个综合性的污染源，因此，预测其对环境的影响，重点是依据固体废弃物的种类、产生量及其管理的全过程可能造成的环境影响进行有针对性的分析和预测。

对于一般工程项目产生的固体废弃物将可能涉及收集、运输过程。另一方面为了保证固体废弃物处理、处置设施的安全稳定运行，必须建立一个完整的收、贮、运体系，因此在环评中这个体系是与处理、处置设施构成一个整体的。例如这一体系中必然涉及运输设备、运输方式、运输距离、运输路径等，运输可能对线路周围环境敏感目标造成影响，如何规避运输风险也是环评的主要任务。

2. 第二类项目环评的主要内容

第二类处理、处置固体废弃物设施建设项目环境影响评价的主要内容，则是根据处理处置的工艺特点，依据《环境影响评价技术导则》，执行相应的污染控制标准进行环境影响评价，如一般工业废弃物贮存、处置场，危险废弃物贮存场所，生活垃圾焚烧厂、填埋场，危险废弃物填埋场、焚烧厂等。在这些工程项目污染物控制标准中，对厂（场）址选择、污染控制项目、污染物排放限制等都有相关规定，是环境影响评价必须严格予以执行的。

在预测分析中，需对固体废弃物堆放、贮存、转移及最终处置（如自建焚炉、自设填埋场）可能造成的对大气、水体、土壤的污染以及对人体、生物的危害进行充分分析与预测，避免产生二次污染。

（二）固体废弃物环评的特点

（1）固体废弃物的形态决定了只有评价其对环境的实际危害而非潜在危害才能更具有意义。

（2）固体废弃物形态的多样性和不确定性，使其难以获取确定的源参数，对环境的影响不能像评价废水、废气污染源对环境的影响一样采用常规的数学模式法等评价方法。

（3）固体废弃物是通过水体、大气、土壤等介质对环境造成危害，也决定了难以对其直接进行评价。

四、建设项目固体废弃物处理处置对策

固体废弃物由于其来源和种类的多样化、复杂化，其处理、处置方法应遵循无害化、减量化、资源化原则，并根据各自的特点和组成进行优化选择。无害化的基本任务是将固体废弃物通过工程处理，达到不损害人体健康、不污染周围自然环境的目的。减量化的基本任务是通过适宜手段减少和减小固体废弃物的数量和容积，一般从两方面着手，一方面减少产生（前端），另一方面是对其进行处理利用（末端）。资源化的基本任务是采用适宜工艺从固体废弃物中回收有用的物质和能源。

通常，针对固体废弃物污染防治的措施，环评报告书中往往容易出现就事论事、按照建设项目的可研报告进行描述、没有进行深入研究等不足。根据固体废弃物的污染、利用与处理、处置的特性，对其防治对策与建议，必须满足以下几个方面：

（1）法律、法规的符合性。对固体废弃物尤其是危险废弃物的管理、防治和控制技术，处理、处置途径及相应措施，过程控制与最终处置必须符合法律、法规的要求。

（2）综合利用、处理、处置的合理性。对固体废弃物综合利用的基本渠道，包括利用方式、技术路线、经济效益等，应进行合理性论述。

（3）固体废弃物削减、管理及监控措施建议。对建设项目固体废弃物的削减、管理及其监控措施应提出实质性、可操作的建议。

第七节　生态现状与影响评价

一、概述

（一）评价原则

（1）坚持重点与全面相结合的原则。既要突出评价项目所涉及的重点区域、关键时段和主导生态因子，又要从整体上兼顾评价项目所涉及的生态系统和生态因子在不同时空等级尺度上结构与功能的完整性。

（2）坚持预防与恢复相结合的原则。预防优先，恢复补偿为辅。恢复、补偿等措施必须与项目所在地的生态功能区划的要求相适应。

（3）坚持定量与定性相结合的原则。生态影响评价应尽量采用定量方法进行描述和分析，当现有科学方法不能满足定量需要或因其他原因无法实现定量测定时，生态影响评价可通过定性或类比的方法进行描述和分析。

（二）评价工作等级

（1）依据影响区域的生态敏感性和评价项目的工程占地（含水域）范围，包括永久占地和临时占地，将生态影响评价工作等级划分为一级、二级和三级，如表 5-20 所示。位于原厂界（或永久用地）范围内的工业类改扩建项目，可做生态影响分析。

表 5-20　生态影响评价工作等级划分表

影响区域生态敏感性	工程占地（含水域）范围		
	面积≥20km^2 或 长度≥100km	面积 2~20km^2 或 长度 50~100km	面积≤2km^2 或 长度≤50km
特殊生态敏感区	一级	一级	一级
重要生态敏感区	一级	二级	三级
一般区域	二级	三级	三级

（2）工程占地（含水域）范围的面积或长度分别属于两个不同评价工作等级时，原则上应按其中较高的评价工作等级进行评价。改扩建工程的工程占地范围以新增占地（含水域）面积或长度计算。

（3）在矿山开采可能导致矿区土地利用类型明显改变，或拦河闸坝建设可能明显改变水文情势等情况下，评价工作等级应上调一级。

（三）评价工作范围

生态影响评价应能够充分体现生态完整性，涵盖评价项目全部活动的直接影响区域和间接影响区域。评价工作范围应依据评价项目对生态因子的影响方式、影响程度和生态因子之间的相互影响和相互依存关系确定。可综合考虑评价项目与项目区的气候过程、水文过程、生物过程等生物地球化学循环过程的相互作用关系，以评价项目影响区域所涉及的完整气候单元、水文单元、生态单元、地理单元界限为参照边界。

（四）生态影响判定依据

（1）国家、行业和地方已颁布的资源环境保护等相关法规、政策、标准、规划和区划等确定的目标、措施与要求。

（2）科学研究判定的生态效应或评价项目实际的生态监测、模拟结果。

（3）评价项目所在地区及相似区域生态背景值或本底值。

（4）已有性质、规模以及区域生态敏感性相似项目的实际生态影响类比。

（5）相关领域专家、管理部门及公众的咨询意见。

二、生态现状调查

（一）调查要求

（1）生态现状调查是生态现状评价、影响预测的基础和依据，调查的内容和指标应能反映评价工作范围内的生态背景特征和现存的主要生态问题。在有敏感生态保护目标（包括特殊生态敏感区和重要生态敏感区）或其他特别保护要求对象时，应做专题调查。

（2）生态现状调查应在收集资料基础上开展现场工作，生态现状调查的范围应不小于评价工作的范围。

（3）一级评价应给出采样地样方实测、遥感等方法测定的生物量、物种多样性等数据，给出主要生物物种名录、受保护的野生动植物物种等调查资料。

（4）二级评价的生物量和物种多样性调查可依据已有资料推断，或实测一定数量的、具有代表性的样方予以验证。

（5）三级评价可充分借鉴已有资料进行说明。

生态现状调查方法可参见《环境影响评价技术导则——生态影响（HJ 19—2011）》中附录A；图件收集和编制要求应遵照附录B。

（二）调查内容

（1）生态背景调查。根据生态影响的空间和时间尺度特点，调查影响区域内涉及的生态系统类型、结构、功能和过程，以及相关的非生物因子特征（如气候、土壤、地形地貌、水文及水文地质等），重点调查受保护的珍稀濒危物种、关键种、土著种、建群种和特有种，天然的重要经济物种等。如涉及国家级和省级保护物种、珍稀濒危物种和地方特有物种时，应逐个或逐类说明其类型、分布、保护级别、保护状况等；如涉及特殊生态敏感区和重要生态敏感区时，应逐个说明其类型、等级、分布、保护对象、功能区划、保护要求等。

（2）主要生态问题调查。调查影响区域内已经存在的制约本区域可持续发展的主要生态问题，如水土流失、沙漠化、石漠化、盐渍化、自然灾害、生物入侵和污染危害等，指出其类型、成因、空间分布、发生特点等。

三、生态现状评价

（一）概述

生态现状评价是将生态调查和生态分析得到的重要信息进行量化，定量或比较精细地描述生态的质量状况和存在的问题。其内容包括生态系统质量、状态和功能的评价，区域生态系统问题评价、自然资源赋存和利用状况评价，敏感保护目标和状况评价等。其中生态系统质量、状况和功能的评价是现状评价的重点。

由于生态系统结构的层次特点，决定着生态系统评价也具有层次性：一是生态系统层次上的整体质量评价；二是生态因子层次上的因子状况评价。生态系统现状评价首先重视的是系统整体性评价，其次是系统的结构与状态，即通常所关注的质量问题，再次是环评特有的系统功能评价，最后还要评价系统所面临的压力及存在的问题等。

生态现状评价要有大量数据支持结果，可以应用定性与定量相结合的方法进行。现状评价结论要明确回答区域环境的生态完整性、人与自然的共生性、土地和植被的生产能力是否受到破坏等重大环境问题，要回答自然资源的特征及其对干扰的承受能力，并用可持续发展的观点对生态环境质量进行判定。

在现状评价的基础上可采用生态激励分析法或借助数学方法进行要素的重要性分析，得到再确认的评价因子与预测过程。

（二）评价要求

在区域生态基本特征现状调查的基础上，对评价区的生态现状进行定量或定性的分析评价，评价应采用文字和图件相结合的表现形式。图件制作应遵照 HJ 19—2011 中附录 B 的规定。

（三）评价内容

生态现状评价因生态环境特点的不同而有所不同，一般包括对生态系统的生物成分（生物种、种群、群落等）和非生物成分（水分、土壤等）的评价，即生态系统因子层次上的状况评价；生态系统整体结构与环境功能的评价；区域生态问题及自然资源的评价等。具体来说，主要评价内容如下：

（1）在阐明生态系统现状的基础上，分析影响区域内生态系统状况的主要原因。评价生态系统的结构与功能状况（如水源涵养、防风固沙、生物多样性保护等主导生态功能）、生态系统面临的压力和存在的问题、生态系统的总体变化趋势等。

（2）分析和评价受影响区域内动、植物等生态因子的现状组成、分布；当评价区域涉及受保护的敏感物种时，应重点分析该敏感物种的生态学特征；当评价区域涉及特殊生态敏感区或重要生态敏感区时，应分析其生态现状、保护现状和存在的问题等。

四、生态影响预测与评价

（一）生态影响预测与评价内容

生态影响预测与评价内容应与现状评价内容相对应，依据区域生态保护的需要和受影响生态系统的主导生态功能选择评价预测指标。

（1）评价工作范围内涉及的生态系统及其主要生态因子的影响评价。通过分析影响作用的方式、范围、强度和持续时间来判别生态系统受影响的范围、强度和持续时间；预测生态系统组成和服务功能的变化趋势，重点关注其中的不利影响、不可逆影响和累积生态影响。

（2）敏感生态保护目标的影响评价应在明确保护目标的性质、特点、法律地位和保护要求的情况下，分析评价项目的影响途径、影响方式和影响程度，预测潜在的后果。

（3）预测评价项目对区域现存主要生态问题的影响趋势。

（二）生态影响预测与评价方法

生态影响预测与评价方法应根据评价对象的生态学特性，在调查、判定该区主要的、辅助的生态功能以及完成功能必须的生态过程的基础上，分别采用定量分析与定性分析相结合的方法进行预测与评价。常用的方法包括列表清单法、图形叠置法、生态机理分析法、景观生态学法、指数法与综合指数法、类比分析法、系统分析法和生物多样性评价等，具体可参见 HJ 19—2011 中附录 C。

1. 列表清单法

列表清单法的基本做法是：将拟实施的开发建设活动的影响因素与可能受影响的环境因子分别列在同一张表格的行与列内。逐点进行分析，并逐条阐明影响的性质、强度等，由此分析开发建设活动的生态影响。该方法可用于：

（1）进行开发建设活动对生态因子的影响分析；

（2）进行生态保护措施的筛选；

（3）进行物种或栖息地重要性或优先度比选。

2. 图形叠置法

图形叠置法是把两个以上的生态信息叠合到一张图上，构成复合图，用以表示生态变化的方向和程度。该方法直观、形象、简单明了，主要用于区域生态质量评价和影响评价以及具有区域性影响的特大型建设项目评价中，如冶金建设项目、大型水利枢纽工程、新能源基地建设等。图形叠置法有两种基本制作手段：指标法和3S叠图法。

A 指标法

（1）确定评价区域范围。

（2）进行生态调查，收集评价工作范围与周边地区自然环境、动植物等信息，同时收集社会经济和环境污染及环境质量信息。

（3）进行影响识别并筛选拟评价因子，其中包括识别和分析主要生态问题。

（4）研究拟评价生态系统或生态因子的地域分异特点与规律，对拟评价的生态系统、生态因子或生态问题建立表征其特性的指标体系，并通过定性分析或定量方法对指标赋值或分级，再依据指标值进行区域划分。

（5）将上述区划信息绘制在生态图上。

B 3S叠图法

（1）选用地形图，或正式出版的地理地图，或经过精校正的遥感影像作为工作底图，底图范围应略大于评价工作范围。

（2）在底图上描绘主要生态因子信息，如植被覆盖、动物分布、河流水系、土地利用和特别保护目标等。

（3）进行影响识别与筛选评价因子。

（4）运用3S技术，分析评价因子的不同影响性质、类型和程度。

（5）将影响因子图和底图叠加，得到生态影响评价图。

3. 生态机理分析法

生态机理分析法是根据建设项目的特点和受其影响的动、植物的生物学特征，依照生态学原理分析、预测工程生态影响的方法。生态机理分析法的工作步骤如下：

（1）调查环境背景现状、搜集工程组成和建设等有关资料。

（2）调查植物和动物分布，动物栖息地和迁徙路线。

（3）根据调查结果分别对植物或动物种群、群落和生态系统进行分析，描述其分布特点、结构特征和演化等级。

（4）识别有无珍稀濒危物种及重要经济、历史、景观和科研价值的物种。

（5）预测项目建成后该地区动物、植物生长环境的变化。

（6）根据项目建成后的环境（水、气、土和生命组分）变化，对照无开发项目条件下动物、植物或生态系统演替趋势，预测项目对动物和植物个体、种群和群落的影响，并预测生态系统演替方向。

评价过程中有时要根据实际情况进行相应的生物模拟试验，如环境条件、生物习性模拟试验、生物毒理学试验、实地种植或放养试验等；或进行数学模拟，如种群增长模型的应用。该方法需与生物学、地理学、水文学、数学及其他多学科合作评价，才能得出较为客观的结果。

4. 景观生态学法

景观生态学法是通过研究某一区域、一定时段内的生态系统类群的格局、特点、综合资源状况等自然规律，以及人为干预下的演替趋势，揭示人类活动在改变生物与环境方面作用的方法。景观生态学对生态质量状况的评判是通过两个方面进行的，一是空间结构分析，二是功能与稳定性分析。景观生态学认为，景观的结构与功能是相当匹配的，且增加景观异质性和共生性也是生态学和社会学整体论的基本原则。

空间结构分析基于景观，是高于生态系统的自然系统，是一个清晰的和可度量的单位。景观由斑块、基质和廊道组成，其中基质是景观的背景地块，是景观中一种可以控制环境质量的组分。因此，基质的判定是空间结构分析的重要内容。判定基质有三个标准，即相对面积大、连通程度高、有动态控制功能。基质的判定多借用传统生态学中计算植被重要值的方法。

5. 指数法与综合指数法

指数法是利用同度量因素的相对值来表明因素变化状况的方法，是建设项目环境影响评价中规定的评价方法，指数法同样可拓展用于生态影响评价中。指数法简明扼要，且符合人们所熟悉的环境污染影响评价思路，但困难之点在于需明确建立表征生态质量的标准体系，且难以赋权和准确定量。综合指数法是从确定同度量因素出发，把不能直接对比的事物变成能够同度量的方法。

6. 类比分析法

类比分析法是一种比较常用的定性和半定量评价方法，一般有生态整体类比、生态因子类比和生态问题类比等。根据已有的开发建设活动（项目、工程）对生态系统产生的影响来分析或预测拟进行的开发建设活动（项目、工程）可能产生的影响。选择好类比对象（类比项目）是进行类比分析或预测评价的基础，也是该法成败的关键。

类比对象的选择条件是：工程性质、工艺和规模与拟建项目基本相当，生态因子（地理、地质、气候、生物因素等）相似，项目建成已有一定时间，所产生的影响已基本全部显现。类比对象确定后，则需选择和确定类比因子及指标，并对类比对象开展调查与评价，再分析拟建项目与类比对象的差异。根据类比对象与拟建项目的比较，得出类比分析结论。

7. 系统分析法

系统分析法是指把要解决的问题作为一个系统，对系统要素进行综合分析，找出解决问题的可行方案的咨询方法。具体步骤包括：限定问题、确定目标、调查研究、收集数据、提出备选方案和评价标准、备选方案评估和提出最可行方案。系统分析法因其能妥善地解决一些多目标动态性问题，目前已广泛应用于各行各业，尤其在进行区域开发或解决优化方案选择问题时更有优势。

在生态系统质量评价中使用系统分析的具体方法有专家咨询法、层次分析法、模糊综合评判法、综合排序法、系统动力学、灰色关联等方法，这些方法原则上都适用于生态影响评价。

8. 生物多样性评价方法

生物多样性评价是指通过实地调查，分析生态系统和生物种的历史变迁、现状和存在主要问题的方法，评价目的是有效保护生物多样性。生物多样性通常用香农-威纳指数表征。

第八节 环境经济损益分析与评价

一、概述

我国环境影响评价制度规定，必须对环境影响进行损益分析，即对环境影响进行经济评价。任何一个建设项目所产生的社会经济环境影响，其表现形式是多种多样的，包括有利影响和不利影响、直接影响和间接影响、现实影响和潜在影响、长期影响和短期影响、可逆影响和不可逆影响等，在实际评价中无需面面俱到。一般应根据需要来确定拟建项目社会经济环境影响的一些典型特征，并由此明确该项目所带来的主要社会经济问题。

对于冶金项目所产生的各类影响的程度和后果可以通过社会经济效果加以评价和度量。根据产生影响的性质，可分为正效果（效益）和负效果（损失）；根据产生影响的方式，可分为内部效果和外部效果。项目的收益属于内部效果，是建设者提出可行性研究的本意；而项目的外部效果并非建设者的目的，且往往不能在项目的收益或支出中直接反映出来，例如冶金项目产生的污水排放、噪声污染、固体废弃物污染、土壤污染、大气环境污染、生态系统破坏等。这些都属于环境影响的经济损益范畴。

（一）环境影响经济损益的度量

社会经济效果有时可以用货币来衡量，有时又难以用货币来衡量。例如冶金工业生产产品的收益、排放污染物带来的直接经济损失都能通过货币来计量效益的增加或减少，是有形效果；但空气污染、地下水污染、生态破坏等带来的经济损失则没有直接的市场价格，这些被称为无形效果。环境资源的生产性和消费性都与人们的经济活动有着密切的联系。因此，即使有无形效果的情况，也可以通过适当的方法进行转化，让其可用货币化来计量。

衡量环境质量价值可以从效益与费用两个方面进行评价：一是从环境质量的效用，即从其满足人类需要的能力，以及人类从中得到益处的角度进行评价；二是从环境质量遭到污染，为此进行治理所花费的费用角度进行评价。

由于环境资源的功能多样性，环境费用-效益分析的方法也是种类繁多的，目前仍然在不断地研究和发展中。对环境影响报告书中所要求的环境影响的经济损益分析，目前尚无统一、规范的分析方法，在环境影响评价实践中常常对其进行综合评价。

（二）环境影响经济评价的具体程序

一般来说，环境影响经济评价的程序包括以下几个方面：

（1）确定和筛选环境影响。环境影响的确定和筛选就是要决定项目的哪些影响是最重要的。首先，根据环境影响因子和影响的方式，确定一个项目所有实际和潜在的环境影响；其次，就是要筛选出最重要的环境影响，用于筛选环境影响的因素包括影响的规模、影响是否被内部化或控抑、环境影响是否可以被定量评价或货币化。筛选有助于集中分析最重要的环境影响。

（2）环境影响的量化。量化环境影响，即用一个合理的物理量单位来表达每一种影响的大小。这是数据整理与数据校准关键的一步。量化应确保量化结果的一致性，从而使这些结果之间可以相互比较，并能用来确定各种经济价值。在环境预评估或环境影响评价中，应用剂量-反应函数予以量化，将环境污染物的预期剂量与受体的量化影响联系起来。

（3）环境影响的货币化。环境影响的货币化就是将每种环境影响的量级从物理单位转换为货币单位。为了获得环境影响的货币价值，通常需要用一种或多种基本的环境影响经济评价方法来对其进行货币化。

（4）估算因素分析。有关环境影响经济评价的各种方法，均包含一定程度的估算成分。环境影响的货币价值只是真实价值的近似值，其中包含有省略、偏差和不确定性因素，采用的贴现率及其他因素也影响货币价值的估算。在考察并估算环境影响的经济价值时，必须认真分析这些问题。

（5）把评价结果纳入项目经济分析。环境影响经济评价结果的应用，就是将货币化的环境费用和环境效益纳入项目的经济分析。只有这样，才能更加准确全面地描述一个项目的经济价值，为企业的相关决策提供有力的支持。实际上，这也是环境影响经济评价的最终目的。

二、环境影响经济评价的方法

为了实施环境影响经济评价，需要利用各种环境影响经济评价方法对环境价值、环境影响的损益及环保措施的经济成本和效益进行评估。环境影响经济评价方法主要包括直接市场评价法、替代市场评价法和环境补偿法等。

（一）直接市场评价法

直接市场评价法就是把环境质量看作一个生产要素，并根据生产率的变动情况来评价环境影响的一种方法。环境资源是经济发展的基础，它与劳动、土地、资本等都属于生产要素。环境质量的变化会导致生产率和生产成本的变化，进而导致产品价格和产出水平的变化。价格和产出的变化是可以度量的，而且可以用货币价格（市场价格或影子价格）进行计算。只有在环境质量变化的后果既可以被度量，又可以用货币价格加以测算的时候，才能采用该方法，如农业、林业、渔业及人体健康的损害值可以用直接市场评价法来计算。直接市场评价法主要包括生产率变动法、人力资本法、机会成本法、预防性支出法和重置成本法等。

（二）替代市场评价法

所谓替代市场评价法，也称间接市场法，就是使用替代物的市场价格来衡量没有市场价格的环境物品价值的一种方法。它通过考察人们与市场相关的行为，特别是在与环境联系紧密的市场中所支付的价格或它们获得的利益，间接推断出人们对环境的偏好，以此来估算环境质量变化的经济价值。替代市场法能够利用直接市场法所无法利用的信息，这些信息本身是可靠的，衡量时所涉及的因果关系也是客观存在的。替代市场评价法主要包括后果阻止法、资产价值法、工资差额法和旅行费用法等。

（三）环境补偿法

1. 防护费用法

防护费用法采取补偿的方法对环境进行估价，也即以个人在自愿基础上为消除或减少环境恶化的有害影响而承担的防护费用作为环境产品和服务的潜在价值。防护费用是指人们为了减少和消除环境污染或生态恶化的影响而支付的费用。比如为了防止噪声的污染而安装各种隔音设备；为了得到安全卫生的饮用水，而购买安装净水设备等。

防护费用法依据人们的行为而不是言语进行估价，相对于其他估价方法更为直接。此方法运用的前提为：(1) 个人可以获取足够的信息以便正确地估计环境变化的危害；(2) 个人采取的防护行为不受诸如贫穷或市场不完善等因素的制约。然而，实际使用时会因多种行为动机和环境目标等因素导致环境价值过高或过低的补偿，进而使估价结果产生偏差。另外，防护费用法考察的仅是环境资源的使用价值，对环境资源的非使用价值无法做出合理的评估。

2. 恢复费用法

用恢复环境破坏（或重置相似环境）的费用来表示该环境的价值。假如导致环境质量恶化的环境污染无法得到有效治理，那么就不得不用其他方式来恢复受到损害的环境，以便使原有的环境质量得以保持。将受到损害的环境质量恢复到受损害以前状况所需要的费用就是恢复费用。恢复费用一般采用重置成本进行计算，以准确反映现实价格水平下的恢复成本。

三、环境影响的费用-效益分析评价

（一）案例分析

以大气污染对人体健康影响的经济损失估算为例。主要采用了人力资本法、防护费用法等进行分析与计算。

1. 确定大气环境污染因素与人体健康的关系

以人力资本法核算人体健康损失。人力资本法认为，污染导致过早死亡损失了期望寿命的同时，也丧失了人这种生产要素在期望寿命年内获取人力资本投资回报的机会。该方法将丧失的预期收入现值作为过早死亡造成的经济损失。

在估算冶金项目大气污染影响人体健康所导致的经济损失时，考察大气污染威胁人体健康及社会对此所做出的反应是必要的。金属在冶炼过程中产生的 SO_2、NO_x、VOCs 等大气污染物，通过呼吸道吸入人体，会造成支气管炎、哮喘和肺癌等呼吸系统疾病，甚至会使结膜炎、角膜炎等眼病增加和儿童智力下降。特别是在煤烟型冶炼污染严重的地区，呼吸系统疾病的发病率和死亡率明显增加。由于大气污染对人体健康的影响，人们必须支付大气污染费用，承受患病引起误工损失的同时，也不得不支付相当数量的大气污染疾病预防费用。

冶金项目大气污染影响人体健康造成的社会支出和减少的收入称为大气污染对人体健康影响引起的经济损失，简称大气污染健康损失，用 U 表示；把大气污染带来疾病的经济损失称为健康损害费用，用 V 表示；把预防大气污染的社会支出称为防护费用，用 W 表示。因此，$U=V+W$。

A　冶金项目大气污染对健康损害费用（V）

主要包括以下内容：

(1) 因病过早死亡的损失（V_1）；

（2）因病造成的医疗费用支出（V_2）；

（3）因误工造成的损失（V_3）。

因此，$V=V_1+V_2+V_3$。

B　冶金项目大气污染的防护费用（W）

主要包括以下内容：

（1）用于废气除尘净化的设施投资费用（W_1）；

（2）大气排放安全在线监测工程建设费用（W_2）；

（3）风险防范管理和人员支出费用（W_3）；

（4）防护支出造成的投资机会损失（W_4）。

因此，$W=W_1+W_2+W_3+W_4$。

2. 费用计算方法

A　早逝损失的计算

因病过早死亡的损失 V_1 的计算公式为：

$$V_1 = N \times R \times L \times W \times \alpha \tag{5-12}$$

式中　N——受污染的总人数；

R——PM_{10}浓度每增加 1μg/m³ 时因死亡率增加而导致的过早死亡人口数；

L——平均剩余寿命（平均预期寿命减去平均死亡年龄）；

W——人均年工资；

α——劳动人口率。

B　医疗费用的计算

医疗费用等于冶金项目大气污染疾病患者人数乘以患者平均治疗费用。因病造成的医疗费用支出 V_2 的计算公式为：

$$V_2 = \Sigma H_i \times M_i \tag{5-13}$$

$$H_i = g \times r_i \times N \tag{5-14}$$

式中　H_i——第 i 类疾病增加的患病人数；

M_i——各病类对应的人均医疗费用；

g——实际 PM_{10}平均浓度与国家二级标准浓度差；

r_i——第 i 类疾病的额外发病率。

C　误工损失的计算

当人体患呼吸系统疾病时，会引起工作效率下降但不一定会缺勤，即工作活动受到限制。一个受限制活动天数相当于 1/4 个因病缺勤天数。则因误工造成的损失 V_3 的计算公式为：

$$V_3 = A \times W_d \tag{5-15}$$

$$A = \frac{1}{4} \times g \times D \times N \times \alpha \tag{5-16}$$

式中　A——因污染造成的误工人数；

W_d——人均日工资；

D——PM_{10}浓度每增加 1μg/m³ 时一年内每人平均额外受限制活动天数。

D 防护费用的计算

防护费用中设施投资费用、安全监测工程建设费用、风险防范管理费用等往往取年为单位，所以在涉及防护工程的费用时，可借用工程经济学方法，以年度费用计算。年度费用包括年度运行费和维修费，以及把工程投资分摊到使用年上的资金恢复费用。

(二) 应注意的主要问题

1. 环境影响的量化

在环境影响费用-效益分析前，环境影响的量化往往是在环评的其他阶段（如工程分析、某环境影响因素的单项评价）完成的。因此：

(1) 环境影响的已有量化方式，不一定适合于下一步的价值评估。如对健康的影响，可能被量化为健康风险水平的变化，而不是死亡率、发病率的变化。

(2) 在许多情况下，环评报告只给出项目排放污染物（SO_2、TPS、COD）的数量或浓度，而不是这些污染物对受体影响的大小。

2. 环境影响的价值估计

环境影响的价值估计是对量化的环境影响货币化的过程，它是环境损益分析中最关键的一步，也是环境影响经济评价的核心。

3. 将环境影响货币化价值纳入项目经济分析

环境影响经济评价的最后一步，是将环境影响的货币化价值纳入项目的整体经济分析（费用-效益分析）中去，以判断项目的这些环境影响将在多大程度上影响项目、规划或政策的可行性。因此，需要对项目进行费用-效益分析（经济分析），其中关键是将估算出的环境影响价值（环境成本或环境效益）纳入经济现金流量表。

计算出项目的经济净现值和经济内部收益率后，可做出判断。将环境影响的货币化价值纳入项目经济分析后计算出的净现值和内部收益率，是否显著改变了项目可行性报告中财务分析得出的项目评价指标？在多大程度上改变了原有的可行性评价指标？将环境成本纳入项目的经济分析后，是否使得项目变得不可行了？以此判断项目的环境影响在多大程度上影响了项目的可行性。

在费用-效益分析之后，通常需要做敏感性分析，分析项目对环境计划执行情况的敏感性、对环境成本变化的敏感性、对贴现率选择的敏感性等。

复习思考题

一、名词解释

环境影响、环境影响评价、水环境影响评价、声环境影响评价、大气环境影响评价、土壤环境影响评价、固体废弃物、冶金固体废弃物、生态现状评价、直接市场评价法、替代市场评价法、防护费用法、恢复费用法

二、简答题

1. 环境影响评价的主要作用。

2. 环境影响评价的分类。
3. 环境影响评价的工作内容。
4. 环境影响的预测方法。
5. 环境影响综合评价方法有哪几种?
6. 冶金废水的分类。
7. 地表水和地下水评价等级的确定。
8. 地表水环境现状调查内容、评价内容与方法。
9. 地下水环境现状调查内容、评价内容与方法。
10. 地表水和地下水环境影响预测的主要内容。
11. 声环境影响评价的程序。
12. 声环境影响评价的基本要求。
13. 声环境现状调查的主要方法。
14. 如何进行声环境影响预测?
15. 冶金废气的分类及特点。
16. 如何划分大气环境影响评价的等级和评价范围?
17. 大气环境质量现状调查内容、评价内容与方法。
18. 大气环境影响预测的内容和评价要求。
19. 冶金工业土壤污染的危害及特点。
20. 冶金项目土壤环境影响评价的项目类别。
21. 土壤环境现状调查的内容与要求。
22. 固体废弃物的来源、特点、对环境的污染及处理处置对策。
23. 固体废弃物产生量预测的主要方法。
24. 固体废弃物的环评类型与内容。
25. 生态影响评价的工作等级。
26. 确定生态影响评价工作范围应注意哪些问题?
27. 生态现状调查的要求、内容和评价方法。
28. 生态影响的预测与评价方法。
29. 环境影响经济评价的程序和评价方法。
30. 环境影响的费用-效益分析评价应注意的主要问题。

第六章　冶金建设项目工程造价计量

第一节　冶金建设项目概述

一、冶金建设项目的组成

一般来说，冶金工业建设项目由主体工程、辅助工程、环保工程、其他工程等组成。根据项目的分解结构，建设项目一般可以分解为单项工程、单位工程、分部工程和分项工程。

（1）单项工程。单项工程是指具有独立的设计文件，可以独立组织施工，建成后能独立发挥生产能力、投资效益的一组配套齐全的工程项目。如在工业建筑中的各个生产车间、辅助车间、仓库等，在民用建筑中的教学楼、图书馆、住宅等。在冶金工业建设项目中，主体工程的各个生产车间（如浸出车间、电解车间、熔铸车间、成品库等）、辅助工程的循环水泵房、空压机站、工业锅炉房等都是单项工程。一个工程项目可以仅包括一个单项工程，也可以包括多个单项工程，单项工程由若干个单位工程组成。

（2）单位工程。单位工程是指具有独立的设计文件和独立施工条件，能形成独立使用功能，但完成后不能独立发挥生产能力或效益的工程。通常按照单项工程的构成分解为若干个单位工程。如工业厂房中的车间厂房土建工程、车间设备安装工程、工业管道工程等分别是单项工程中所包含的不同性质的单位工程。冶金工厂单位工程可分为建筑工程、电气工程、管道工程、炉窑工程、机械设备安装工程、电气设备安装工程等各类单位工程。跨年度施工的单位工程，可以按施工年度划分为子单位工程。单位工程和子单位工程的地位是相同的。

单位工程还可以按工程结构、部位等进一步分解为若干分部分项工程。

（3）分部工程。分部工程是将单项工程按工程专业性质、建筑部位或工种的不同而划分的工程，分部、分项工程不能独立发挥生产能力，没有独立施工条件，但可以独立进行工程价款的结算。如在冶金单位工程项目中，建筑工程包括土石方工程、地基处理工程、基础工程、钢结构工程、墙屋面工程、门窗工程等分部工程；管道工程的分部工程为管道工程、管道涂覆工程、管道及设备保温工程和其他工程。

当分部工程较大或较复杂时，可按材料种类、工艺特点、施工程序、专业系统及类别等划分为若干个子分部工程。对于机械设备安装工程中的烧结工程，可按工艺特点不同划分为若干个子分部工程，如燃料及熔剂破碎和筛分系统工艺设备、配料及混合系统工艺设备、烧结与冷却系统工艺设备、成品筛分系统工艺设备等。

（4）分项工程。分项工程是分部工程的组成部分，将分部工程按照主要工种、施工方法、材料、设备规格等做进一步分类。分项工程既不能独立发挥能力（或效益），也不具备独立施工条件。如机械设备安装工程中的高炉本体分部工程，可按设备种类及规格划分为电梯、高炉炉壳、送风支管、热风尾管及吊挂装置、冷却壁等分项工程。

分项工程是建设安装工程进行施工活动的基本环节，是计量工程资源消耗量的基本单元，是编制单位工程预算时计算工程量的基本对象，同时也是工程质量形成的直接过程。

二、建设项目的分类

为了适应科学管理的需要，可以按不同的分类方式对建设项目进行分类。按投资用途不同，可分为生产性建设项目和非生产性建设项目；按建设性质可以分为新建项目、扩建项目、改建项目、迁建项目和恢复项目等；按建设项目的规模大小或投资总额多少分为大型项目、中型项目和小型项目；按投资效益和市场需求分为竞争性项目、基础性项目和公益性项目。另外，还可以按资金来源和渠道不同，分为政府投资项目和非政府投资项目等。

（一）按投资用途分类

（1）生产性建设项目。生产性建设项目是指直接用于物质资料生产或直接为物质资料生产服务、能够形成新的生产能力的工程项目，如工业建筑项目、农业建筑项目、基础设施建设项目和商业建设项目等。

（2）非生产性建设项目。非生产性建设项目是指用于满足人民物质、文化和福利事业需要的建设和非物质资料生产部门的建设项目，如住宅、文教、卫生和公用事业建设项目等。

（二）按建设性质分类

（1）新建项目。新建项目一般是指从无到有，新开始建设的项目。包括新建的企业、事业和行政单位及新建输电线路、铁路、公路、水库等独立工程。若对原有的建设项目进行扩建后，其新增加的固定资产价值超过原有全部固定资本价值（原值）三倍以上，也属于新建项目。

（2）扩建项目。扩建项目一般是指企事业单位为扩大原有产品生产能力和效益，或增加新产品的生产能力和效益，在厂内或其他地点增建的项目，如增建的生产车间、独立的生产线，总厂之下的分厂或增建业务用房等。

（3）改建项目。改建项目一般是指现有企业、事业单位为了技术进步，提高产品质量、增加花色品种、促进产品升级换代、降低消耗和成本、加强资源综合利用和三废治理及劳保安全等，采用新技术、新工艺、新设备、新材料等对现有设施、工艺条件等进行技术改造和更新（包括相应配套的辅助性生产、生活设施建设）。

（4）迁建项目。迁建项目是指企事业单位为改变生产布局或由于环境保护和安全生产的需要等原因而搬迁到另地建设的项目。在搬迁另地建设过程中，不论其建设规模是维持原规模，还是扩大规模，都按迁建统计。

（5）恢复项目。恢复项目是指因自然灾害、战争或人为灾害等原因，使原有固定资产遭受全部或部分报废，企事业单位进行投资恢复建设的项目。在恢复建设过程中，不论其建设规模是按原规模恢复，还是在恢复的同时进行扩建，都按恢复统计。但对于尚未建成投产或交付使用的项目，因自然灾害等原因毁坏后，若仍按照原设计重建的，则原建设性质不变，不作为恢复项目；如按新设计重建，则根据新设计内容来确定其建设性质。

（三）按建设规模分类

为了适应分级管理的需要，建设项目可分为大型、中型和小型三类。我国对生产性建设项目的大、中、小型划分标准均有规定，中央各部对所属建设项目的规模分类也有相应的具体标准。划分项目等级的原则有：

（1）大型项目、中型项目和小型项目是按照项目的建设总规模或总投资额来划分的。按照建设项目批准的可行性研究报告（初步设计）所确定的总设计生产能力或工程效益或计划总投资的大小，依据国家颁布的《基本建设项目大中小型划分标准》进行划分。

（2）凡生产单一产品的项目，一般以产品的设计生产能力划分；生产多种产品的项目，一般按其主要产品的设计生产能力划分；生产品种繁多，不易分清主次，难以按产品的设计生产能力划分时，可按投资总额划分。

（3）对国民经济和社会发展具有特殊意义的某些建设项目，虽然设计能力或总投资额不够大、中型项目标准，经国家批准列入大、中型计划或国家重点建设工程的项目，也按照大、中型项目管理。

（4）更新改造项目一般只按投资额分为限额以上（能源、交通、原材料工业项目计划总投资5000万元以上，其他项目计划总投资3000万元以上）和限额以下两类，不再按生产能力或其他标准划分。

（四）按投资效益分类

（1）竞争性项目。竞争性项目是指投资回报率较高，竞争性比较强的项目，如商业地产类建设项目，该类项目的投资主体一般为企业，由企业自主投资决策，自担风险。

（2）基础性项目。基础性项目是指具有自然垄断性、建设周期长、投资额大而收益较低的基础设施项目和需要政府重点扶持的基础工业项目以及直接增强国力的支柱产业项目，如交通、能源、水利、城市公用设施等建设项目。

（3）公益性项目。公益性项目是指为社会发展服务、难以产生直接经济回报的建设项目，如科技、卫生、体育、环保等设施建设项目。公益性项目的投资主体主要是政府部门。

三、项目建设程序

建设程序是指工程项目从策划、评估、决策、设计、施工到竣工验收、投入生产或交付使用的整个过程中，各项工作必须遵循的先后工作次序。一般项目建设程序分为投资决策阶段（包括编报项目建议书及可行性研究报告）、设计阶段（包括方案设计、初步设计、施工图设计）、建设实施阶段（包括建设准备、施工安装、生产准备、竣工验收）及项目后评价阶段，如图6-1所示。

我国不同行业工程项目建设的程序略有差异。冶金工业是国民经济发展中的重要支柱产业之一，涉及国家自然资源和冶金原料的合理利用，以及冶金产品在工业、农业、国防建设、环境保护等领域的供需平衡和优化配置。因此冶金项目建设是一个较为复杂的过程，与国家或地方的许多部门、行业、单位有着紧密的联系，需要经过一个特定的建设程序。

由于冶金工厂的原料、规模、所在地、产品及其规格不同，项目（冶金工厂未建成之

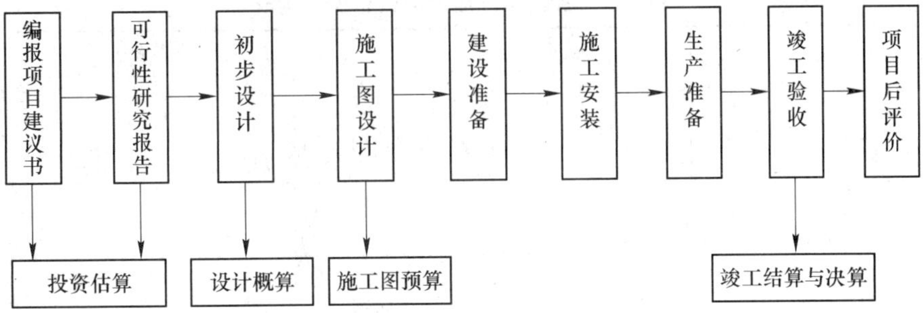

图 6-1　项目建设各阶段及对应的造价文件

前，往往称它为项目或工程）来源、背景、建设资金等因素的差异，都会使它的建设程序产生部分变动。经过不断地实践和总结，我国已建立一套比较完整、符合客观实际、系统性较强的建设程序，其中，比较典型的冶金工程建设程序如下：

项目建议书→批准立项→厂址选择→可行性研究→批准→总体设计→询价与报价→基础设计（初步设计）→批准→工程设计及设备材料选购→土建施工→设备管道安装→机械完工→单机试车→联运试车→原料试车（冶金投料）→试生产→工厂考核→工厂验收交付使用。

第二节　冶金建设项目工程造价的费用构成

一、我国建设项目投资及工程造价的构成

建设项目总投资是指为完成工程项目建设并达到使用要求或生产条件，在建设期内预计或实际投入的全部费用总和。生产性建设项目总投资包括建设投资、建设期利息和流动资金三部分；非生产性建设项目总投资包括建设投资和建设期利息两部分。建设投资、建设期利息之和对应于固定资产投资，固定资产投资与建设项目的工程造价在量上相等。工程造价基本构成包括用于购买工程项目所含各种设备及工器具的费用，用于建筑施工和安装施工所需支出的费用，用于委托工程勘察设计应支付的费用，用于购置土地所需的费用，也包括用于建设单位自身进行项目筹建和项目管理所花费的费用等。总之，工程造价是按照确定的建设内容、建设规模、建设标准、功能要求和使用要求等将工程项目全部建成，在建设期预计或实际支出的全部固定资产投资费用。

工程造价中的主要构成部分是建设投资，建设投资是为完成工程项目建设，在建设期内投入且形成现金流出的全部费用。根据国家发改委和建设部发布的《建设项目经济评价方法与参数（第三版）》（发改投资［2006］1325 号）的规定，建设投资包括工程费用、工程建设其他费用和预备费三部分。工程费用是指建设期内直接用于工程建造、设备购置及其安装的建设投资，可以分为建筑安装工程费和设备及工器具购置费；工程建设其他费用是指建设期发生的与土地使用权取得、整个工程项目建设以及未来生产经营有关的构成建设投资但不包括在工程费用中的费用。预备费是在建设期内为各种不可预见因素的变化而预留的可能增加的费用，包括基本预备费和价差预备费。

建设项目总投资的具体构成内容如表 6-1 所示。

表 6-1 我国现行建设项目总投资构成

<table>
<tr><td rowspan="12">建设项目总投资</td><td rowspan="11">固定资产投资——工程造价</td><td rowspan="10">建设投资</td><td rowspan="5">工程费用</td><td colspan="2">设备及工器具购置费</td></tr>
<tr><td rowspan="4">建筑安装工程费</td><td>直接费</td></tr>
<tr><td>间接费</td></tr>
<tr><td>利润</td></tr>
<tr><td>税金</td></tr>
<tr><td rowspan="3">工程建设其他费用</td><td colspan="2">建设用地费</td></tr>
<tr><td colspan="2">与建设有关的其他费用</td></tr>
<tr><td colspan="2">与未来生产经营有关的其他费用</td></tr>
<tr><td rowspan="2">预备费</td><td colspan="2">基本预备费</td></tr>
<tr><td colspan="2">价差预备费</td></tr>
<tr><td colspan="4">建设期利息</td></tr>
<tr><td colspan="5">流动资产投资——流动资金</td></tr>
</table>

（一）工程费用

1. 设备及工器具购置费

设备及工器具购置费是由设备购置费和工具、器具及生产家具购置费组成。在生产性建设项目中，设备及工器具购置费用占工程造价比重的增大，意味着生产技术的进步和资本有机构成的提高。

（1）设备购置费。指购置或自制的达到固定资产标准的设备、工器具及生产家具等所需的费用。它由设备原价和设备运杂费构成，其中设备原价指国内采购设备的出厂（场）价格，或国外采购设备的抵岸价格；设备运杂费指除设备原价之外的关于设备采购、运输、途中包装及仓库保管等方面支出费用的总和。

（2）工具、器具及生产家具购置费。指新建或扩建项目初步设计规定的，保证初期正常生产必须购置的没有达到固定资产标准的设备、仪器、工卡模具、器具、生产家具和备品备件等的购置费用。一般以设备购置费为基数，按照部门或行业规定的工具、器具及生产家具费率计算。

2. 建筑安装工程费

建筑安装工程费是指为完成工程项目建造、生产性设备及配套工程安装所需的费用。根据住房和城乡建设部、财政部颁布的“关于印发《建筑安装工程费用项目组成》的通知”（建标［2013］44 号），我国现行建筑安装工程费用项目按两种不同的方式划分，即按费用构成要素划分和按造价形成划分，具体构成内容如图 6-2 所示。

（二）工程建设其他费用

1. 建设用地费

建设用地费是指为获得工程项目建设土地的使用权而在建设期内发生的各项费用，包括通过划拨方式取得土地使用权而支付的土地征用及迁移补偿费，或者通过土地使用权出让方式取得土地使用权而支付的土地使用权出让金。

2. 与项目建设有关的其他费用

（1）建设管理费。指建设单位为组织完成工程项目建设，在建设期内发生的各类管理

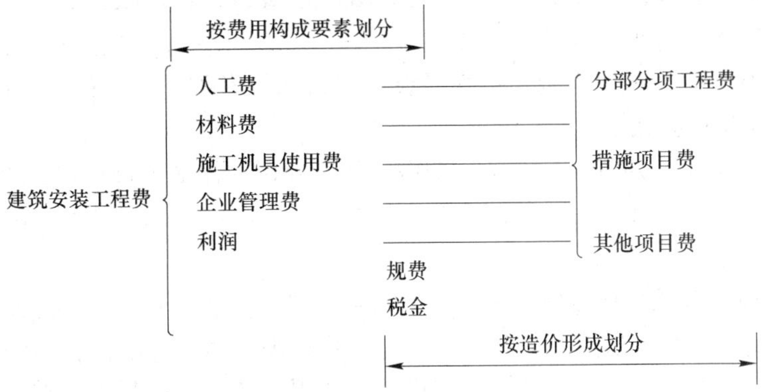

图 6-2　建筑安装工程费用项目构成

性费用，包括建设单位管理费、工程监理费及工程总承包管理费。

（2）可行性研究费。指在工程项目投资决策阶段，依据调研报告对有关建设方案、技术方案或生产经营方案进行的技术经济论证，以及编制、评审可行性研究报告所需的费用。

（3）研究试验费。指为建设项目提供和验证设计参数、数据、资料等所进行的必要的试验费用以及设计规定在施工中必须进行试验、验证所需费用，包括自行或委托其他部门研究试验所需人工费、材料费、试验设备及仪器使用费等。

（4）勘察设计费。指对工程项目进行工程水文地质勘察、工程设计所发生的费用，包括工程勘察费、初步设计费、施工图设计费、设计模型制作费。

（5）专项评价及验收费。包括环境影响评价费、安全预评价及验收费、职业病危害预评价及控制效果评价费、地震安全性评价费、地质灾害危险性评级费、水土保持评价及验收费、压覆矿产资源评价费、节能评估及评审费、危险与可操作性分析及安全完整性评价费、其他专项评价及验收费等。

（6）场地准备及临时设施费。指建设项目为达到工程开工条件，由建设单位组织进行的场地平整等准备工作而发生的费用，以及为满足项目建设、生活、办公的需要用于临时设施建设、维修、租赁、使用所发生或摊销的费用。

（7）引进技术和进口设备其他费。指引进技术和设备发生的但未计入设备购置费中的费用，包括引进项目图纸资料翻译复制费、备品备件测绘费、出国人员费用、来华人员费用、银行担保及承诺费以及进口设备材料国内检验费等。

（8）工程保险费。指为转移工程项目建设的意外风险，在建设期内对建筑工程、安装工程、机械设备和人员安全进行投保而发生的费用，包括建筑安装工程一切险、引进设备财产保险及人员意外伤害保险等。

（9）特殊设备安全监督检验费。指安全监察部门对施工现场组装的锅炉及压力容器、压力管道、消防设备、燃气设备、电梯等特殊设备和设施进行安全检验收取的费用。

（10）市政公用设施费。指使用市政公用设施的建设项目，按照项目所在地省级人民政府有关规定建设或缴纳的市政公用设施建设配套费用及绿化工程补偿费用。

3. 与未来生产经营有关的其他费用

（1）联合试运转费。指新建或新增生产能力的工程项目，在交付生产前按照设计文件规定的工程质量标准和技术要求，对整个生产线或装置进行负荷联合试运转所发生的费用净支出（试运转支出大于收入的差额部分）。

（2）专利及专有技术使用费。指在建设期内为取得专利、专有技术、商标权、商誉、特许经营权等发生的费用。

（3）生产准备及开办费。指在建设期内，建设单位为保证项目正常生产而发生的人员培训费、提前进厂费及投产使用必备的办公、生活家具用具及工器具等的购置费用。

（三）预备费

（1）基本预备费。是指投资估算或工程概算阶段预留的，由于工程施工中不可预见的工程变更及洽商、一般自然灾害处理、地下障碍物处理、超规超限设备运输等而可能增加的费用。基本预备费按工程费用和工程建设其他费用之和为计费基础，乘以基本预备费费率进行计算。

（2）价差预备费。是指为在建设期内利率、汇率或价格等因素的变化而预留的可能增加的费用。一般根据国家规定的投资综合价格指数，按估算年份价格水平的投资额为基数，采用复利方法计算。

（四）建设期利息

建设期利息是指在建设期内发生的为工程项目筹措资金的融资费用及债务资金利息。计算建设期利息时，根据建设期资金用款计划，在总贷款分年均衡发放前提下按当年借款在年中支用考虑，即当年借款按半年计息，上年借款按全年计息。

二、国外建设工程造价构成

国外各个国家的建设工程造价构成虽然有所不同，但具有代表性的是世界银行、国际咨询工程师联合会对建设工程造价构成的规定。这些国际组织对工程项目的总建设成本（相当于我国的工程造价）作了统一规定，工程项目总建设成本包括直接建设成本、间接建设成本、应急费和建设成本上升费等。

（一）项目直接建设成本

项目直接建设成本包括以下内容：

（1）土地征购费。

（2）场外设施费用。如道路、码头、桥梁、机场、输电线路等设施费用。

（3）场地费用。指用于场地准备、厂区道路、铁路、围栏、场内设施等的建设费用。

（4）工艺设备费。指主要设备、辅助设备及零配件的购置费用，包括海运包装费用、交货港离岸价，但不包括税金。

（5）设备安装费。指设备供应商的监理费用，本国劳务及工资费用，辅助材料、施工设备，消耗品和工具等费用，以及安装承包商的管理费和利润等。

（6）管道系统费用。指与系统的材料及劳务相关的全部费用。

（7）电气设备费。其内容与第（4）项类似。

（8）电气安装费。指设备供应商的监理费用，本国劳务与工资费用，辅助材料、电缆管道和工具费用，以及营造承包商的管理费和利润。

（9）仪器仪表费。指所有自动仪表、控制板、配线和辅助材料的费用以及供应商的监理费用、外国或本国劳务及工资费用、承包商的管理费和利润。

（10）机械的绝缘和油漆费。指与机械及管道的绝缘和油漆相关的全部费用。

（11）工艺建筑费。指原材料、劳务费以及与基础、建筑结构、屋顶、内外装修、公共设施有关的全部费用。

（12）服务性建筑费用。其内容与第（11）项相似。

（13）工厂普通公共设施费。包括材料和劳务费以及与供水、燃料供应、通风、蒸汽发生及分配、下水道、污物处理等公共设施有关的费用。

（14）车辆费。指工艺操作必需的机动设备零件费用，包括海运包装费用以及交货港的离岸价，但不包括税金。

（15）其他当地费用。指那些不能归类于以上任何一个项目，不能计入项目间接成本，但在建设期间又是必不可少的当地费用。如临时设备、临时公共设施及场地的维持费，营地设施及其管理，建筑保险和债券，杂项开支等费用。

（二）项目间接建设成本

项目间接建设成本包括以下内容：

（1）项目管理费。包括：总部人员的薪金和福利费，以及用于初步和详细工程设计、采购、时间和成本控制、行政和其他一般管理的费用；施工管理现场人员的薪金、福利费和用于施工现场监督、质量保证、现场采购、时间及成本控制、行政及其他施工管理机构的费用；零星杂项费用，如返工、旅行、生活津贴、业务支出等；各种酬金。

（2）开工试车费。指工厂投料试车必需的劳务和材料费用。

（3）业主的行政性费用。指业主的项目管理人员费用及支出。

（4）生产前费用。指前期研究、勘察、设计等费用。

（5）运费和保险费。指海运、国内运输、许可证及佣金、海洋保险、综合保险等费用。

（6）税金。指关税、地方税及对特殊项目征收的税金。

（三）应急费

应急费包括以下内容：

（1）未明确项目的准备金。此项准备金用于在估算时不可能明确的潜在项目，包括那些在做成本估算时因为缺乏完整、准确和详细的资料而不能完全预见和不能注明的项目，并且这些项目是必须完成的，或它们的费用是必定要发生的。在每一个组成部分中均单独以一定的百分比确定，并作为估算的一个项目单独列出。此项准备金不是为了支付工作范围以外可能增加的项目，不是用以应付天灾、非正常经济情况及罢工等情况，也不是用来补偿估算的任何误差，而是用来支付那些几乎可以肯定要发生的费用。因此，它是估算不可缺少的一个组成部分。

（2）不可预见准备金。此项准备金（在未明确项目准备金之外）用于在估算达到了一定的完整性并符合技术标准的基础上，由于物质、社会和经济的变化，导致估算增加的情况。此种情况可能发生，也可能不发生。因此，不可预见准备金只是一种储备，可能不动用。

（四）建设成本上升费用

通常，估算中使用的构成工资率、材料和设备价格基础的截止日期就是“估算日期”。必须对该日期或已知成本基础进行调整，以补偿直至工程结束时的未知价格增长。工程的各个主要组成部分（国内劳务和相关成本、本国材料、外国材料、本国设备、外国设备、项目管理机构）的细目划分决定以后，便可确定每一个主要组成部分的增长率。这个增长率是一项判断因素。它以已发表的国内和国际成本指数、公司记录等为依据，并与实际供应商进行核对，然后根据确定的增长率和从工程进度表中获得的各主要组成部分的中点值，计算出每项主要组成部分的成本上升值。

第三节　冶金建设项目投资估算

一、投资估算的含义及作用

（一）投资估算的含义

投资估算是在投资决策阶段，以方案设计或可行性研究文件为依据，按照规定的程序、方法和依据，对拟建项目所需总投资及其构成进行的预测和估计；是在研究并确定项目的建设规模、产品方案、技术方案、设备方案、厂址方案、工程建设方案以及项目进度计划等的基础上，依据特定的方法，估算项目从筹建、施工直至建成投产所需全部建设资金总额并测算建设期各年资金使用计划的过程。投资估算的成果文件称作投资估算书，也简称投资估算。投资估算书是项目建议书或可行性研究报告的重要组成部分，是项目决策的重要依据之一。

投资估算的准确与否不仅影响到可行性研究工作的质量和经济评价结果，而且直接关系到下一阶段设计概算和施工图预算的编制，以及建设项目的资金筹措方案。因此，全面准确地估算建设项目的工程造价，是可行性研究乃至整个决策阶段造价管理的重要任务。

（二）投资估算的作用

投资估算作为论证拟建项目的重要经济文件，既是建设项目技术经济评价和投资决策的重要依据，又是该项目实施阶段投资控制的目标值。投资估算在建设工程的投资决策、造价控制、资金筹措等方面都有重要作用。

（1）项目建议书阶段的投资估算，是项目主管部门审批项目建议书的依据之一，也是编制项目规划、确定建设规模的参考依据。

（2）项目可行性研究阶段的投资估算，是项目投资决策的重要依据，也是研究、分析、计算项目投资经济效果的重要条件。当可行性研究报告被批准后，其投资估算额将作为设计任务书中下达的投资限额，即建设项目投资的最高限额，不得随意突破。

（3）项目投资估算是设计阶段造价控制的依据，投资估算一经确定，即成为限额设计的依据，用以对各设计专业实行投资切块分配，作为控制和指导设计的尺度。

（4）项目投资估算可作为项目资金筹措及制订建设贷款计划的依据，建设单位可根据批准的项目投资估算额进行资金筹措和向银行申请贷款。

（5）项目投资估算是核算建设项目固定资产投资需要额和编制固定资产投资计划的重要依据。

（6）投资估算是建设工程设计招标、优选设计单位和设计方案的重要依据。在工程设计招标阶段，投标单位报送的投标书中包括项目设计方案、项目投资估算和经济性分析，招标单位根据投资估算对各项设计方案的经济合理性进行分析、衡量、比较，在此基础上，择优确定设计单位和设计方案。

二、投资估算的阶段划分与精度要求

（1）项目规划阶段的投资估算。建设项目规划阶段是指有关部门根据国民经济和社会发展规划或部门、地区、行业发展规划的要求，编制一个建设项目的建设规划。此阶段是按项目规划的要求和内容，粗略估算建设项目所需投资额，其对投资估算精度的要求为允许误差大于±30%。

（2）项目建议书阶段的投资估算。项目建议书阶段是指按项目建议书中的产品方案、项目建设规模、产品主要生产工艺、企业车间组成、初选建厂地点等，估算建设项目所需投资额。此阶段项目投资估算是审批项目建议书的依据，是判断项目是否需要进入下一阶段工作的依据，其对投资估算精度的要求为误差控制在±30%以内。

（3）初步可行性研究阶段的投资估算。初步可行性研究阶段是指在掌握更详细、更深入资料的条件下，估算建设项目所需投资额。此阶段项目投资估算是初步明确项目方案，为项目进行技术经济论证提供依据，同时是判断是否进行可行性研究的依据，其对投资估算精度的要求为误差控制在±20%以内。

（4）可行性研究阶段的投资估算。可行性研究阶段的投资估算较为重要，是对项目进行较详细的技术经济分析，决定项目是否可行，并比选出最佳投资方案的依据。此阶段的投资估算经审查批准后，即是工程设计任务书中规定的项目投资限额，对工程设计概算起控制作用，其对投资估算精度的要求为误差控制在±10%以内。

三、投资估算的内容

根据《建设项目投资估算编审规程》(CECA/GC 1—2015）规定，投资估算按照编制估算的工程对象划分，包括建设项目投资估算、单项工程投资估算和单位工程投资估算等。投资估算文件一般由封面、签署页、编制说明、投资估算分析、总投资估算表、单项工程估算表、主要技术经济指标等内容组成。

（一）投资估算的编制说明

投资估算的编制说明一般包括以下内容：

（1）工程概况。（2）编制范围（说明建设项目总投资估算中所包括的和不包括的工程项目和费用；如有几个单位共同编制时，说明分工编制的情况）。（3）编制方法。（4）编制依据。（5）主要技术经济指标（包括投资、用地和主要材料用量指标）。（6）有关参数、率值的选定（如征地拆迁、供电供水、考察咨询等费用的费率标准选用情况）。（7）特殊问题的说明（包括采用新技术、新材料、新设备、新工艺）；必须说明价格的确定过程；进口材料、设备、技术费用的构成与计算参数；采用特殊结构的费用估算方法；安全、节能、环保、消防等专项投资占总投资的比重；建设项目总投资中未计算项目或费用的必要说明等。（8）对投资限额和投资分解说明（采用限额设计的工程）。（9）对方案比选的估算和经济指标说明（采用方案比选的工程）。（10）资金筹措方式。

（二）投资分析

投资分析可单独成篇，亦可列入编制说明中叙述。投资分析应包括以下内容：

（1）工程投资比例分析。一般工业项目需分析主要生产系统（需列出各生产装置）、辅助生产系统、公用工程（给排水、供电和通信、供气、总图运输等）、服务性工程、生活福利设施、厂外工程等占建设项目总投资的比例。

（2）各类费用构成占比分析。建筑工程费、设备及工器具购置费、安装工程费、工程建设其他费用、预备费占建设总投资的比例；进口设备费用占全部设备费用的比例分析等。

（3）影响投资的主要因素分析。

（4）与类似工程的比较，对投资总额进行分析。

（三）投资估算

（1）总投资估算。总投资估算包括汇总单项工程估算、工程建设其他费用、计算预备费和建设期利息等。

（2）单项工程投资估算。单项工程投资估算应按建设项目划分的各个单项工程分别计算组成工程费用的建筑工程费、设备及工器具购置费及安装工程费。

（3）工程建设其他费用估算。工程建设其他费用估算应按预期将要发生的工程建设其他费用种类，逐项详细估算其费用金额。

（四）主要技术经济指标

估算人员应根据项目特点，计算并分析整个建设项目、各单项工程和主要单位工程的主要技术经济指标。

四、投资估算的编制

（一）投资估算的编制依据、要求及步骤

1. 投资估算的编制依据

投资估算的编制依据是指在编制投资估算时所遵循的计量规则、市场价格、费用标准及工程计价有关参数、率值等基础资料。具体有以下几个方面：

（1）国家、行业和地方政府的有关法律、法规或规定；政府有关部门、金融机构等发布的价格指数、利率、汇率、税率等有关参数。

（2）行业部门、项目所在地工程造价管理机构或行业协会等编制的投资估算指标、概算指标（定额）、工程建设其他费用定额（规定）、综合单价、价格指数和有关造价文件等。

（3）类似工程的各种技术经济指标和参数。

（4）工程所在地同期的人工、材料、机械市场价格，建筑、工艺及附属设备的市场价格和有关费用。

（5）与建设项目相关的工程地质资料、设计文件、图纸或有关设计专业提供的主要工程量和主要设备清单等。

（6）委托单位提供的其他技术经济资料。

2. 投资估算的编制要求

（1）建设项目投资估算要结合拟建项目所处行业的特点，按照拟建项目采用的设计方案及总图布置，参考拟建项目所在地的投资估算基础资料和数据，采用生产能力指数法、系数估算法、比例估算法、混合法、指标估算法编制。

（2）建设项目投资估算无论采用何种方法，其投资估算费用内容和构成均应符合 CECA/GC 1—2015 的要求，不漏项，不提高或降低估算标准，计算合理。

（3）建设项目投资估算无论采用何种方法，应充分考虑拟建项目设计的技术参数和投资估算所采用的估算系数，以及估算指标在质和量方面所综合的内容，遵循口径一致的原则。

（4）建设项目投资估算无论采用何种方法，应将所采用的估算系数和估算指标价格水平调整到项目建设所在地及项目建设期的实际水平，同时应对拟建项目的建设条件，如抗震设防等级、建设用地费、厂外交通、供水、供电等，以及所采用的估算系数和估算指标中未包括的费用内容进行修正。

3. 投资估算的编制步骤

投资估算主要包括项目建议书阶段及可行性研究阶段的投资估算。可行性研究阶段的投资估算编制一般包含静态投资部分、动态投资部分与流动资金估算三部分内容，如表 6-2 所示。

表 6-2　建设项目可行性研究阶段投资估算编制步骤

<table>
<tr><td colspan="5">投资估算静态部分</td><td colspan="2">投资估算动态部分</td><td rowspan="4">流动资金估算</td></tr>
<tr><td>建筑工程费估算</td><td>安装工程费估算</td><td>设备及工器具购置费估算</td><td rowspan="2">工程建设其他费用估算</td><td>基本预备费估算</td><td>价差预备费估算</td><td rowspan="3">建设期利息估算</td></tr>
<tr><td colspan="3">工程费用估算</td><td colspan="2">预备费估算</td></tr>
<tr><td colspan="6">建设投资估算</td></tr>
<tr><td colspan="8">建设项目总投资估算</td></tr>
</table>

（1）分别估算各单项工程所需建筑工程费、设备及工器具购置费、安装工程费，在汇总各单项工程费用的基础上，估算工程建设其他费用和基本预备费，完成工程项目静态投资部分的估算。

（2）在静态投资部分估算的基础上，估算价差预备费和建设期利息，完成工程项目动态投资部分的估算。

（3）估算流动资金。

（4）估算建设项目总投资。

（二）静态投资部分的估算方法

静态投资部分估算的方法有很多，各有其适用的条件和范围，而且误差程度也不相同。一般情况下，应根据项目的性质、占有的技术经济资料和数据的具体情况，选用适宜的估算方法。在项目规划和建议书阶段，投资估算的精度较低，可采取简单的匡算法，如单位生产能力估算法、生产能力指数法、系数估算法、比例估算法或混合法等，在条件允许时，也可采用指标估算法；在可行性研究阶段，投资估算精度要求高，需采用相对详细的投资估算方法，即指标估算法。

1. 项目规划和建议书阶段投资估算方法

A　单位生产能力估算法

单位生产能力估算法是根据已建成的、性质类似的建设项目的单位生产能力投资乘以建设规模，即得到拟建项目的静态投资额的方法。其计算公式为：

$$C_2 = \left(\frac{C_1}{Q_1}\right) Q_2 f \tag{6-1}$$

式中　C_1——已建类似冶金项目的静态投资额；

C_2——拟建冶金项目静态投资额；

Q_1——已建类似冶金项目的生产能力；

Q_2——拟建冶金项目的生产能力；

f——不同时期、不同地点的定额、单价、费用变更等综合调整系数。

这种方法将项目的建设投资与其生产能力的关系视为简单的线性关系，估算简便迅速。而事实上单位生产能力的投资会随生产规模的增加而减少，因此，该方法一般只适用于与已建项目在规模和时间上相近的拟建项目，一般两者间的生产能力比值为0.2~2。

另外，由于在实际工作中不易找到与拟建冶金项目完全类似的项目，通常是把项目按其构成的车间、设施和装置进行分解，分别套用类似车间、设施和装置的单位生产能力投资指标计算，然后加总求得项目总投资，或根据拟建冶金项目的规模和建设条件，将投资进行适当调整后估算项目的投资额。

【例6-1】 某地2020年拟建生产能力为80000t/a的铜冶炼加工厂。根据调查，该地区2015年建设生产能力50000t/a的铜冶炼加工厂的投资为18000万元。拟建铜冶炼加工厂的工程条件与2015年已建项目类似，调整系数为1.5。估算该项目的建设投资。

解：拟建项目的建设投资＝(18000/50000)×80000×1.5＝43200万元

单位生产能力估算法估算误差较大，可达±30%，应用该估算法时需要注意：(1)地区性。建设地点不同，地区性差异主要表现为：两地经济情况不同；土壤、地质、水文情况不同；气候、自然条件的差异；材料、设备的来源、运输状况不同等。(2)配套性。一个工程项目或装置，均有许多配套装置和设施，也可能产生差异，如公用工程、辅助工程、厂外工程和生活福利工程等，均随地方差异和工程规模的变化而各不相同，它们并不与主体工程的变化呈线性关系。(3)时间性。工程建设项目的兴建，不一定是在同一时间建设，时间差异或多或少存在，在这段时间内技术、标准、价格等方面均有可能发生变化。

B　生产能力指数法

生产能力指数法又称指数估算法，它是根据已建成的类似冶金项目生产能力和投资额来粗略估算同类但生产能力不同的拟建冶金项目静态投资额的方法，是对单位生产能力估算法的改进。其计算公式为：

$$C_2 = C_1\left(\frac{Q_2}{Q_1}\right)^x \cdot f \tag{6-2}$$

式中，x为生产能力指数。

式(6-2)表明，投资与规模(或容量)呈非线性关系，且单位造价随工程规模(或容量)的增大而减小。生产能力指数法的关键是生产能力指数的确定，一般要结合行业特点确定，并应有可靠的例证。正常情况下，$0 \leqslant x \leqslant 1$。不同生产率水平的地区和不同性质的项目中，$x$的取值是不同的。若拟建项目规模与已建类似项目规模的比值在0.5~2之间时，x的取值近似为1；若拟建项目规模与已建类似项目规模的比值为2~50，且拟建项目生产规模的扩大仅靠增大设备规模来达到时，则 x 的取值约为 0.6~0.7；若是靠增加相同规格设备的数量达到时，x 的取值约在 0.8~0.9 之间。

【例 6-2】 某地 2019 年拟新建生产规模为 20×10^4t/a 的再生铅冶炼项目。根据调查，该地区 2017 年建设的年产 10×10^4t 类似项目的投资额为 5 亿元。生产能力指数为 0.6，2017 年至 2019 年工程造价平均每年递增 10%。估算该项目的建设投资。

解：拟建项目的建设投资 $= 5\times\left(\frac{20}{10}\right)^{0.6}\times(1+10\%)^2 = 9.17$ 亿元

生产能力指数法与单位生产能力估算法相比精确度略高，其误差可控制在±20%以内。生产能力指数法主要应用于设计深度不足，拟建建设项目与类似建设项目的规模不同，设计定型并系列化，行业内相关指数和系数等基础资料完备的情况。一般拟建项目与已建类似项目生产能力比值不宜大于 50，以 10 倍内效果较好，否则误差就会增大。另外，尽管该方法估价误差仍较大，但有它独特的好处，即该方法不需要详细的工程设计资料，只需要知道工艺流程及规模就可以，在总承包工程报价时，承包商大都采用该方法。

C　系数估算法

系数估算法也称为因子估算法，它是根据已知的拟建建设项目主体工程费或主要设备购置费为基数，以其他辅助配套工程费占主体工程费或主要设备购置费的百分比为系数，估算拟建建设项目相关投资额的方法。该方法主要应用于设计深度不足，拟建建设项目与类似建设项目的主体工程费或主要设备购置费比重较大，行业内相关系数等基础资料完备的情况。在我国国内常用的方法有设备系数法和主体专业系数法，世行项目投资估算常用的是朗格系数法。

a　设备系数法

设备系数法是指以拟建项目的设备购置费为基数，根据已建成的同类项目的建筑安装工程费和其他工程费等占设备价值的百分比，求出拟建项目建筑安装工程费和其他工程费，进而求出项目的静态投资。其计算公式为：

$$C = E(1 + f_1P_1 + f_2P_2 + f_3P_3 + \cdots) + I \tag{6-3}$$

式中　C——拟建冶金项目的静态投资；

E——拟建冶金项目根据当时当地价格计算的设备购置费；

P_1，P_2，P_3，…——已建冶金项目中建筑安装工程费及其他工程费等占设备购置费的比例；

f_1，f_2，f_3，…——由于时间、地点因素引起的定额、价格、费用标准等变化的综合调整系数；

I——拟建冶金项目的其他费用。

b　主体专业系数法

主体专业系数法是指以拟建冶金项目中投资比重较大，并与生产能力直接相关的工艺设备投资为基数，根据已建同类冶金项目的有关统计资料，计算出拟建冶金项目各专业工程（总图、土建、采暖、给排水、管道、电气、自控等）与工艺设备投资的百分比，据以求出拟建冶金项目各专业投资，然后加总即为拟建冶金项目的静态投资。其计算公式为：

$$C = E(1 + f_1P'_1 + f_2P'_2 + f_3P'_3 + \cdots) + I \tag{6-4}$$

式中　P'_1，P'_2，P'_3，…——已建冶金项目中各专业工程费用占工艺设备投资的比重。

c　朗格系数法

朗格系数法是以设备购置费为基数，乘以适当系数来推算项目的静态投资。估算误差在10%~15%。该方法是国际上估算一个工程项目或一套装置的费用时，采用较为广泛的方法。其基本原理是将项目建设总成本费用中的直接成本和间接成本分别计算，再合为项目的静态投资。其计算公式为：

$$C = E\left(1 + \Sigma K_i\right) \cdot K_c \tag{6-5}$$

式中　E——拟建冶金项目根据当时当地价格计算的设备购置费；

K_i——管线、仪表、建筑物等项费用的估算系数；

K_c——管理费、合同费、应急费等间接费在内的总估算系数。

静态投资与设备购置费之比为朗格系数 K_L。即：

$$K_L = \left(1 + \Sigma K_i\right) \cdot K_c \tag{6-6}$$

D　比例估算法

比例估算法是根据已知的同类建设项目主要生产工艺设备占整个建设项目的投资比例，先逐项估算出拟建冶金项目主要设备投资，再按比例估算拟建冶金项目的静态投资的方法。其计算公式为：

$$C = \frac{1}{K}\sum_{i=1}^{n} Q_i P_i \tag{6-7}$$

式中　K——已建冶金项目主要设备投资占拟建项目投资的比例；

n——主要设备种类数；

Q_i——第 i 种主要设备的数量；

P_i——第 i 种主要设备的购置单价（到厂价格）。

比例估算法主要应用于设计深度不足，拟建冶金建设项目与类似冶金建设项目的主要生产工艺设备投资比重较大，行业内相关系数等基础资料完备的情况。

E　混合法

混合法是根据主体专业设计的阶段和深度，投资估算编制者所掌握的国家、地区、行业或部门相关投资估算基础资料和数据（包括造价咨询机构自身统计和积累的可靠的相关造价基础资料），对一个拟建冶金建设项目采用生产能力指数法与比例估算法混合或系数估算法与比例估算法混合估算其相关投资额的方法。

2. 可行性研究阶段投资估算方法——指标估算法

指标估算法是投资估算的主要方法。为了保证编制精度，可行性研究阶段建设项目投资估算原则上应采用指标估算法。指标估算法是指依据投资估算指标，对各单位工程或单项工程费用进行估算，进而估算建设项目总投资的方法。首先把拟建冶金建设项目以单位工程或单项工程为单位，按建设内容纵向划分为各个主要生产系统、辅助生产系统、公用工程、服务性工程、生活福利设施，以及各项其他工程费用；同时，按费用性质横向划分为建筑工程、设备购置、安装工程等，然后根据各种具体的投资估算指标，进行各单位工程或单项工程投资的估算，在此基础上汇集编制成拟建冶金建设项目的各个单项工程费用和拟建冶金建设项目的工程费用投资估算。最后，按相关规定估算工程建设其他费用、基本预备费等，形成拟建冶金建设项目静态投资。

（1）建筑工程费估算。建筑工程费用是指为建造永久性建筑物和构筑物所需要的费用。建筑工程费用主要采用单位建筑工程投资估算法、单位实物工程量投资估算法和概算指标投资估算法。前两种方法比较简单，适合有适当估算指标或类似工程造价资料时使用。单位建筑工程投资估算法是以单位建筑工程费用乘以建筑工程总量来估算建筑工程费的方法。单位实物工程量投资估算法以单位实物工程量的建筑工程费乘以实物工程总量来估算建筑工程费的方法。当无适当估算指标或类似工程造价资料时，可采用计算主体实物工程量套用相关综合定额或概算定额进行估算，但该方法需要较为详细的工程资料，工作量较大。

（2）设备及工器具购置费估算。设备购置费根据项目主要设备表及价格、费用资料编制，工器具购置费按设备费的一定比例计取。对于价值高的设备应按单台（套）估算购置费，价值较小的设备可按类估算，国内设备和进口设备应分别估算。

（3）安装工程费估算。安装工程费一般以设备费为基数区分不同类型进行估算。安装工程费用包括安装主材费和安装费。其中，安装主材费可以根据行业和地方相关部门定期发布的价格信息或市场询价进行估算；安装费根据设备专业属性，可按以下方法估算：

1）工艺设备安装费估算。以单项工程为单元，采用按设备费百分比估算指标进行估算；或根据单项工程设备总重，采用以吨（t）为单位的综合单价指标进行估算。即：

$$安装工程费 = 设备原价 \times 设备安装费率$$

$$安装工程费 = 设备吨重 \times 单位重量安装费用指标$$

2）工艺非标准件、金属结构和管道安装费估算。以单项工程为单元，根据设计选用的材质、规格，以“t”为单位；工业炉窑砌筑和保温（绝热）工程安装费估算，以单项工程为单元，以“t”、“m^3”或“m^2”为单位，套用技术标准、材质和规格、施工方法相适应的投资估算指标或类似工程造价资料进行估算。即：

$$安装工程费 = 重量总重(体积、面积) \times 单位重量(m^3、m^2)安装费用指标$$

3）电气设备及自控仪表安装费估算。以单项工程为单元，根据该专业设计的具体内容，采用相适应的投资估算指标或类似工程造价资料进行估算，或根据设备台套数、变配电容量、装机容量、桥架容量、电缆长度等工程量，采用相应综合单价指标进行估算。即：

$$安装工程费 = 设备工程量 \times 单位工程量安装费用指标$$

（4）工程建设其他费用估算。工程建设其他费用的计算应结合拟建冶金项目的具体情况，有合同或协议明确的费用按合同或协议列入；无合同或协议明确的费用，根据国家、各行业部门、工程所在地地方政府的有关工程建设其他费用定额（规定）和计算方法估算。

（5）基本预备费估算。基本预备费的估算一般以建设项目的工程费用和工程建设其他费用之和为基础，乘以基本预备费率进行计算。基本预备费率的大小应根据建设项目的设计阶段和具体的设计深度，以及在估算中所采用的各项估算指标与设计内容的贴近度、项目所属行业主管部门的具体规定确定。

（三）动态投资部分的估算方法

动态投资部分包括价差预备费和建设期利息两部分。若是涉外项目，还应考虑汇率的影响。动态投资部分的估算应以基准年静态投资的资金使用计划为基础来计算，并非以编制年的静态投资为基础估算。

1. 价差预备费估算

价差预备费亦称为价格变动不可预见费。价差预备费的内容包括：人工、设备、材料、施工机械的价差费，建筑安装工程费及工程建设其他费用调整，利率、汇率调整等增加的费用。价差预备费的估算，一般根据国家或行业主管部门的具体规定和发布的指数，按照估算年份价格水平的投资额为基数，采用复利方法计算。其计算公式为：

$$PF = \sum_{t=1}^{n} I_t[(1+f)^m(1+f)^{0.5}(1+f)^{t-1} - 1] \tag{6-8}$$

式中 PF——价差预备费；

n——建设期年份数；

I_t——建设期第 t 年的静态投资额；

f——年涨价率（政府部门有规定的按规定执行，没有规定的由可行性研究人员预测）；

m——建设前期年限（从编制投资估算到开工建设）。

2. 建设期利息估算

建设期利息应按借款要求和条件进行估算。国内银行借款按现行贷款计算，国外贷款利息按协议书或贷款意向书确定的利率按复利计算。国外贷款利息的计算中，还应包括国外贷款银行根据贷款协议向贷款方以年利率的方式收取手续费、保管费、承诺费，以及国内代理机构经国家主管部门批准的以年利率的方式向贷款单位收取的转贷费、担保费、管理费等。

当总贷款是分年均衡发放时，建设期利息的计算可按当年借款在年中支用考虑，即当年贷款按半年计息，上年贷款按全年计息。其计算公式为：

$$q_j = \left(P_{j-1} + \frac{1}{2}A_j\right) \times i \tag{6-9}$$

式中 q_j——建设期第 j 年应计利息；

P_{j-1}——建设期第 $j-1$ 年末累计贷款本金与利息之和；

A_j——建设期第 j 年贷款金额；

i——年利率。

（四）流动资金估算

见本书第八章第一节有关内容。

第四节 冶金建设项目设计概算

一、设计概算的含义及作用

（一）设计概算的含义

设计概算是以初步设计文件为依据，按照规定的程序、方法和依据，对建设项目总投资及其构成进行的概略计算。具体而言，设计概算是在投资估算的控制下由设计单位根据初步设计或扩大初步设计的图纸及说明，利用国家或地区颁发的概算指标、概算定额、综合指标预算定额、各项费用定额或取费标准（指标）、建设地区自然、技术经济条件和设备材料预算价格等资料，按照设计要求，对建设项目从筹建至竣工交付使用所需全部费用进行的预计。设计概算的成果文件称为设计概算书，也简称设计概算。设计概算书是初步设计文件的重要组成部分，其特点是编制工作相对简略，无需达到施工图预算的准确程度。采用两阶段设计的建设项目，初步设计阶段必须编制设计概算；采用三阶段设计的，扩大初步设计阶段必须编制修正概算。

设计概算的编制内容包括静态投资和动态投资两个层次。静态投资作为考核工程设计和施工图预算的依据；动态投资作为项目筹措、供应和控制资金使用的限额。

设计概算经批准后，一般不得调整。如果由于下列原因需要调整概算时，应由建设单位调查分析变更原因，报主管部门审批同意后，由原设计单位核实编制调整概算，并按有关审批程序报批。当影响工程概算的主要因素查明且工程量完成了一定量后，方可对其进行调整。一个工程只允许调整一次概算。允许调整概算的原因包括以下几点：

（1）超出原设计范围的重大变更。

（2）超出基本预备费规定范围不可抗拒的重大自然灾害引起的工程变动和费用增加。

（3）超出工程造价调整预备费的国家重大政策性的调整。

（二）设计概算的作用

设计概算是工程造价在设计阶段的表现形式，但其并不具备价格属性。因为设计概算不是在市场竞争中形成的，而是设计单位根据有关依据计算出来的工程建设的预期费用，用于衡量建设投资是否超过估算并控制下一阶段费用支出。设计概算的主要作用是控制以后各阶段的投资，具体表现为：

（1）设计概算是编制固定资产投资计划、确定控制建设项目投资的依据。设计概算投资应包括建设项目从立项、可行性研究、设计、施工、试运行到竣工验收等的全部建设资金。按照国家有关规定，编制年度固定资产投资计划，确定计划投资总额及其构成数额，要以批准的初步设计概算为依据，没有批准的初步设计文件及其概算，建设工程不能列入年度固定资产投资计划。

设计概算一经批准，将作为控制建设项目投资的最高限额。在工程建设过程中，年度固定资产投资计划安排、银行拨款或贷款、施工图设计及其预算、竣工决算等，未经规定程序批准，都不能突破这一限额，确保对国家固定资产投资计划的严格执行和有效控制。

（2）设计概算是控制施工图设计和施工图预算的依据。设计单位必须按批准的初步设计和总概算进行施工图设计，施工图预算不得突破设计概算，设计概算批准后不得任意修改和调整。

（3）设计概算是衡量设计方案技术经济合理性和选择最佳设计方案的依据。设计部门在初步设计阶段要选择最佳设计方案，设计概算是从经济角度衡量设计方案经济合理性的重要依据。因此，设计概算是衡量设计方案技术经济合理性和选择最佳设计方案的依据。

（4）设计概算是编制招标控制价（招标标底）和投标报价的依据。以设计概算进行招投标的工程，招标单位以设计概算作为编制招标控制价（标底）及评标定标的依据。承包单位也必须以设计概算为依据，编制投标报价，以合适的投标报价在投标竞争中取胜。

（5）设计概算是签订建设工程合同和贷款合同的依据。合同法中明确规定，建设工程合同价款是以设计概、预算价为依据，且总承包合同不得超过设计总概算的投资额。银行贷款或各单项工程的拨款累计总额不能超过设计概算。如果项目投资计划所列支投资额与贷款突破设计概算时，必须查明原因，之后由建设单位报请上级主管部门调整或追加设计概算总投资。凡未批准之前，银行对其超支部分不予拨付。

(6) 设计概算是考核建设项目投资效果的依据。通过设计概算与竣工决算对比，可以分析和考核建设工程项目投资效果的好坏，同时还可以验证设计概算的准确性，有利于加强设计概算管理和建设项目的造价管理工作。

二、设计概算的编制内容

设计概算文件的编制应采用单位工程概算、单项工程综合概算、建设项目总概算三级概算编制形式。当建设项目为一个单项工程时，可采用单位工程概算、总概算两级概算编制形式。三级概算的费用构成如表 6-3 所示。

表 6-3 三级概算之间的相互关系和费用构成

项目分解	概算体系	费用构成
单位工程	单位工程概算	人工费、材料费、施工机具使用费
		企业管理费
		利润
		规费、税金
		设备及工器具购置费
单项工程	单项工程综合概算	建筑工程费用
		安装工程费用
		设备及工器具购置费用
建设项目	建设项目总概算	建筑工程费用
		安装工程费用
		设备及工器具购置费用
		工程建设其他费用
		预备费
		建设期利息
		生产或经营性项目铺底流动资金

(1) 单位工程概算。单位工程概算是以初步设计文件为依据，按照规定的程序、方法和依据，计算单位工程费用的成果文件，是编制单项工程综合概算（或项目总概算）的依据，是单项工程综合概算的组成部分。单位工程概算按其工程性质可分为建筑工程概算和设备及安装工程概算两大类。建筑工程概算包括土建工程概算，给排水、采暖工程概算，通风、空调工程概算，电气照明工程概算，弱电工程概算，特殊构筑物工程概算等。设备及安装工程概算包括机械设备及安装工程概算，电气设备及安装工程概算，热力设备及安装工程概算，工器具及生产家具购置费概算等。

(2) 单项工程综合概算。单项工程综合概算是以初步设计文件为依据，在单位工程概算的基础上汇总单项工程费用的成果文件，是建设项目总概算的组成部分。

(3) 建设项目总概算。建设项目总概算是以初步设计文件为依据，在单项工程综合概算的基础上计算建设项目概算总投资的成果文件，它是由各单项工程综合概算、工程建设其他费用概算、预备费、建设期利息和铺底流动资金概算汇总编制而成的。

三、设计概算的编制

(一) 设计概算文件的组成

1. 三级编制形式设计概算文件的组成

(1) 封面、签署页及目录；(2) 编制说明；(3) 总概算表；(4) 工程建设其他费用表；(5) 单项工程综合概算表；(6) 单位工程概算表；(7) 附件：补充单位估价表、主要设备材料数量及价格表等。

2. 二级编制形式设计概算文件的组成

(1) 封面、签署页及目录；(2) 编制说明；(3) 总概算表；(4) 工程建设其他费用表；(5) 单位工程概算表；(6) 附件：补充单位估价表、主要设备材料数量及价格表等。

(二) 设计概算的编制依据及要求

1. 设计概算的编制依据

(1) 国家、行业和地方政府有关法律、法规或规定；

(2) 批准的可行性研究报告；

(3) 设计工程量；

(4) 项目涉及的概算指标或定额；

(5) 初步设计或扩大初步设计图纸、设计说明书、设备清单和材料表等；

(6) 现行的建筑安装工程间接费定额和有关费用标准；

(7) 资金筹措方式或资金来源；

(8) 正常的施工组织设计及常规施工方案；

(9) 项目涉及的设备材料供应、价格以及有关文件、合同、协议等；

(10) 项目的管理（含监理）、施工条件；

(11) 项目所在地区有关的气候、水文、地质地貌等自然条件及有关技术经济条件资料；

(12) 项目所在地区有关的经济、人文等社会条件；

(13) 项目的技术复杂程度，以及新工艺、新材料、新技术、新结构、专利使用情况等；

(14) 有关文件、合同、协议等；

(15) 项目拟定的建设规模、生产能力、工艺流程、设备及技术要求等情况；

(16) 项目建设的准备情况。

2. 设计概算的编制要求

(1) 设计概算应按编制时项目所在地的价格水平编制，总投资应完整地反映编制时建设项目实际投资。

(2) 设计概算应结合项目所在地设备和材料市场供应情况、建筑安装施工市场变化，还应按项目合理工期预测建设期价格水平，以及资产租赁和贷款的时间价值等动态因素对投资的影响。

(3) 设计概算应考虑建设项目施工条件等因素对投资的影响。

(三) 单位工程设计概算的编制

单位工程概算应根据单项工程中所属的每个单体按专业分别编制，一般分为土建、装饰、采暖通风、给排水、照明、工艺安装、自控仪表、通信、道路、总图竖向等专业或工程类别分别编制。总体而言，单位工程概算包括单位建筑工程概算和单位设备及安装工程概算两大类。建筑工程概算的编制方法有概算定额法、概算指标法、类似工程预算法等；设备及安装工程概算的编制方法有预算单价法、扩大单价法、设备价值百分比法和综合吨位指标法等。

(1) 概算定额法。概算定额法是套用概算定额编制建筑工程概算的方法。在熟悉设计图纸、了解有关施工条件和施工方法的前提下，按照概算定额分部分项顺序，列出单位工程中分部分项工程项目名称并计算工程量，逐项套用相应概算定额单价，然后分别将其填入单位工程概算表和综合单价表中，计算出各分部分项工程费，依据当地的相关规定和取费标准，分别计算出措施项目费，最后汇总计算单位工程概算造价。

运用概算定额法，要求初步设计必须达到一定的深度，建筑结构尺寸比较明确，能按照初步设计图纸计算出楼地面、屋面等扩大分项工程或结构构件的工程量，方可采用。

(2) 概算指标法。概算指标法是用拟建的厂房、住宅的建筑面积（或体积）乘以技术条件相同或基本相同的概算指标而得出人、料、机费用，然后按规定计算出企业管理费、利润、规费和税金等，编制出单位工程概算的方法。

概算指标法的适用范围是当初步设计深度不够，不能准确地计算出工程量，但工程设计采用的技术比较成熟而又有类似工程概算指标可以利用时，可采用概算指标法编制工程概算。当使用概算指标法时，若拟建工程在建设地点、结构特征、地质及自然条件等方面与概算指标相同或相近时，可直接套用概算指标编制概算；若拟建工程的结构特征与概算指标中规定的结构特征存在局部差异时，必须对概算指标进行调整后方可套用。

(3) 类似工程预算法。类似工程预算法是利用技术条件与设计对象相类似的已完工程或在建工程的工程造价资料来编制拟建工程设计概算的方法。该方法适用于拟建工程初步设计与已完工程或在建工程的设计相类似而又没有可用的概算指标的情况，但必须对建筑结构差异和价差进行调整。

(4) 预算单价法和扩大单价法。当初步设计较深，有详细的设备清单时可直接按安装工程预算定额单价编制安装工程概算；若设计深度不够，设备清单不完备，只有主体设备或仅有成套设备重量时，可采用主体设备、成套设备的综合扩大安装单价来编制概算。

(5) 设备价值百分比法。当初步设计深度不够，只有设备出厂价而无详细规格、重量时，安装费可按占设备费的百分比计算，其百分比值（即安装费率）由相关管理部门制定或由设计单位根据已完类似工程确定。该方法常用于价格波动不大的定型产品和通用设备产品。

(6) 综合吨位指标法。当初步设计提供的设备清单有规格和设备重量时，可采用综合吨位指标编制概算，其综合吨位指标由相关管理部门制定或由设计单位根据已完类似工程确定。该方法常用于设备价格波动较大的非标准设备和引进设备的安装工程概算。

（四）单项工程综合概算

单项工程综合概算是确定单项工程建设费用的综合性文件，由该单项工程的各专业单位工程概算造价汇总而成，是建设项目总概算的组成部分。单项工程综合概算文件一般包括编制说明和综合概算表两大部分。当建设项目只有一个单项工程时，此时综合概算文件（实为总概算）除包括上述两大部分外，还应包括工程建设其他费用、建设期利息、预备费的概算。

（五）建设项目总概算的编制

建设项目总概算是设计文件的重要组成部分，是确定整个建设项目从筹建到竣工交付使用所预计花费的全部费用文件。由各单项工程费用、工程建设其他费用、建设期利息、预备费、固定资产投资方向调节税和经营性项目的铺底流动资金概算组成，按照主管部门规定的统一表格进行编制。具体详见《建设项目设计概算编审规程》（CECA/GC 2—2015）中有关规定。

第五节　冶金建设项目施工图预算

一、施工图预算的含义及作用

（一）施工图预算的含义

施工图预算是以施工图设计文件为依据，按照规定的程序、方法和依据，在工程施工前对工程项目的工程费用进行的预测与计算。施工图预算的成果文件称为施工图预算书，也简称施工图预算，它是在施工图设计阶段对工程建设所需资金做出较精确计算的设计文件。

施工图预算价格既可以是按照政府统一规定的预算单价、取费标准、计价程序计算得到的属于计划或预期性质的施工图预算价格，也可以是通过招标投标法定程序后施工企业根据自身的实力即企业定额、资源市场单价以及市场供求及竞争状况计算得到的反映市场性质的施工图预算价格。

（二）施工图预算的作用

施工图预算作为建设工程建设程序中一个重要的技术经济文件，在工程建设实施过程中具有十分重要的作用。

（1）施工图预算对投资方的作用。

1）施工图预算是施工图设计阶段控制工程造价的重要环节，是控制施工图设计预算不突破设计概算的重要措施。

2）施工图预算是控制造价及资金合理使用的依据。

3）施工图预算是确定工程招标控制价的依据。

4）施工图预算可以作为确定合同价款、拨付工程进度款及办理工程结算的基础。

（2）施工图预算对施工企业的作用。

1）施工图预算是建筑施工企业投标报价的基础。

2）施工图预算是建筑工程预算包干的依据和签订施工合同的主要内容。

3）施工图预算是施工企业安排调配施工力量、组织材料供应的依据。

4）施工图预算是施工企业控制工程成本的依据。

5）施工图预算是进行“两算”对比的依据。施工企业可以通过施工图预算和施工预算的对比分析，找出差距，采取必要的措施。

（3）施工图预算的其他作用。

1）对于工程咨询单位而言，尽可能客观、准确地为委托方做出施工图预算，不仅体现出其水平、素质和信誉，而且强化了投资方对工程造价的控制，有利于节省投资，提高建设项目的投资效益。

2）对于工程项目管理、监督等中介服务企业而言，客观准确的施工图预算是为业主方提供投资控制的依据。

3）对于工程造价管理部门而言，施工图预算是其监督、检查执行定额标准、合理确定工程造价、测算造价指数以及审定工程招标控制价的重要依据。

4）如在履行合同的过程中发生经济纠纷，施工图预算还是有关仲裁、管理、司法机关按照法律程序处理、解决问题的依据。

二、施工图预算的编制内容

（一）施工图预算文件的组成

建设项目施工图预算由建设项目总预算、单项工程综合预算和单位工程预算组成。根据建设项目实际情况可采用三级预算编制或二级预算编制形式。当建设项目有多个单项工程时，应采用三级预算编制形式。三级预算编制形式由建设项目施工图总预算、单项工程综合预算、单位工程施工图预算组成。当建设项目只有一个单项工程时，应采用两级预算编制形式。两级预算编制形式由建设项目施工图总预算和单位工程施工图预算组成。

三级编制形式施工图预算文件的组成为：（1）封面、签署页及目录；（2）编制说明；（3）总预算表；（4）综合预算表；（5）单位工程预算表；（6）附件。

二级编制形式施工图预算文件的组成为：（1）封面、签署页及目录；（2）编制说明；（3）总预算表；（4）单位工程预算表；（5）附件。

（二）施工图预算的内容

按照预算文件的不同，施工图预算的内容有所不同。建设项目总预算是反映施工图设计阶段建设项目投资总额的造价文件，是施工图预算文件的主要组成部分。建设项目总预算由组成该建设项目的各个单项工程综合预算和相关费用组成，具体包括：建筑安装工程费、设备及工器具购置费、工程建设其他费用、预备费、建设期利息及铺底流动资金。施工图总预算应控制在已批准的设计总概算投资范围以内。

单项工程综合预算是反映施工图设计阶段一个单项工程（设计单元）造价的文件，是总预算的组成部分，由构成该单项工程的各个单位工程施工图预算组成。其编制的费用项目是各单项工程的建筑工程费、安装工程费、设备及工器具购置费总和。

单位工程预算是依据单位工程施工图设计文件、现行预算定额以及人工、材料和施工机械台班价格等，按照规定的计价方法编制的工程造价文件。包括单位建筑工程预算和单位设备及安装工程预算。单位建筑工程施工图预算按其工程性质分为一般土建工程预算、水暖工程预算（包括室内外给排水工程、采暖通风工程、煤气工程等）、电气照明工程预算、弱电工程预算，特殊构筑物（如炉窑、烟囱、水塔以及工业管道工程）工程预算等。安装工程施工图预算按其工程性质分为机械设备安装工程预算、电气设备安装工程预算、工业管道工程预算和热力设备安装工程预算等。

三、施工图预算的编制方法

（一）施工图预算的编制依据、要求及步骤

1. 施工图预算的编制依据

（1）国家、行业、地方政府发布的计价依据、有关法律法规或规定；

（2）建设项目有关文件、合同、协议等；

（3）批准的设计概算；

（4）批准的施工图设计图纸及相关标准图集和规范；

（5）相应预算定额和地区单位估价表；

（6）合理的施工组织设计和施工方案等文件；

（7）项目有关的设备、材料供应合同、价格及相关说明书；

（8）项目所在地区有关的气候、水文、地质地貌等自然条件；

（9）项目的技术复杂程度，以及新技术、专利使用情况等；

（10）项目所在地区有关的经济、人文等社会条件。

2. 施工图预算的编制要求

建设项目施工图预算应按照设计文件和项目所在地的人工、材料和机械等要素的市场价格水平进行编制，应充分考虑项目其他因素对工程造价的影响；并应确定合理的预备费，力求能够使投资额度得以科学合理地确定，以保证项目的顺利进行。

3. 施工图预算的编制步骤

施工图预算的编制主要包括三大内容：单位工程施工图预算编制、单项工程综合预算编制、建设项目总预算编制。单位工程施工图预算是施工图预算的关键。施工图预算的编制应在设计交底及图纸会审的基础上，按照图6-3的步骤进行。

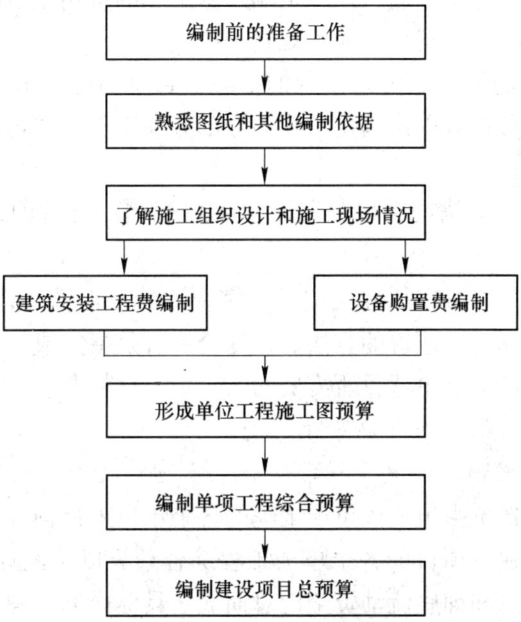

图6-3　施工图预算的编制步骤

（二）单位工程施工图预算的编制

单位工程施工图预算包括建筑工程费、安装工程费和设备及工器具购置费。其中，设备购置费由设备原价和设备运杂费构成，未达到固定资产标准的工器具购置费一般以设备购置费为基数，按照规定的费率计算。建筑安装工程费应根据施工图设计文件、预算定额（或综合单价）以及人工、材料及施工机械台班等价格资料进行计算。在设计阶段，单位工程施工图预算编制方法主要采用的是单价法，招标及施工阶段主要的编制方法是工程量清单单价法。其中，单价法又可分为工料单价法和全费用综合单价法。

1. 工料单价法

工料单价法是指分部分项工程及措施项目的单价为工料单价，将分部分项工程量乘以对应工料单价后的合计作为直接费，直接费汇总后，再根据规定的计算方法计取企业管理费、利润、规费和税金，将上述费用汇总后得到该单位工程的施工图预算造价。工料单价法中的单价一般采用地区统一单位估价表中的各分部分项工料单价（定额基价）。其计算公式为：

$$\text{建筑安装工程预算造价} = \Sigma(\text{分部分项工程量} \times \text{分部分项工料单价}) + \text{企业管理费} + \text{利润} + \text{规费} + \text{税金}$$

2. 全费用综合单价法

采用全费用综合单价法编制建筑安装工程预算的程序与工料单价法大体相同，只是直接采用包含全部费用和税金等项在内的综合单价进行计算，过程更加简单，其目的是适应目前推行的全过程全费用单价计价的需要。全费用综合单价法编制施工图预算的基本步骤包括：

（1）分部分项工程费的计算。建筑安装工程预算的分部分项工程费应由各子目的工程量乘以各子目的综合单价汇总而成。各子目的工程量按预算定额的项目划分及其工程量计算规则计算。各子目的综合单价通过预算定额及其配套的费用定额确定，包括人工费、材料费、施工机具使用费、管理费、利润、规费和税金。

（2）措施项目费用的计算。可以计量的措施项目费与分部分项工程费的计算方法相同；综合计取的措施项目费应以该单位工程的分部分项工程费和可以计量的措施项目费之和为基数乘以相应费率计算。

（3）分部分项工程费和措施项目费之和即为建筑安装工程施工图预算费用。

3. 工程量清单单价法

工程量清单单价法是指根据招标人按照国家统一的工程量计算规则提供的工程数量，采用综合单价的形式计算工程造价的方法。该综合单价是指完成一个规定计量单位的分部分项工程量清单项目或措施清单项目所需要的人工费、材料费、施工机械使用费和企业管理费与利润，以及一定范围内的风险费用。

（三）综合预算和总预算编制

单项工程综合预算造价由组成该单项工程的各个单位工程预算造价汇总而成。建设项目总预算造价由组成该建设项目的各个单项工程综合预算以及经计算的工程建设其他费、预备费、建设期贷款利息和铺底流动资金汇总而成。具体详见《建设项目施工图预算编审规程》（CECA/GC 5—2010）中有关规定。

第六节　冶金建设项目竣工结算与决算

一、竣工结算

（一）竣工结算的概念

工程竣工结算是指工程项目完工并经竣工验收合格后，发承包双方按照施工合同的约定对所完成的工程项目进行的工程价款的计算、调整和确认。工程竣工结算分为单位工程竣工结算、单项工程竣工结算和建设项目竣工总结算。工程竣工结算应由承包人或受其委托具有相应资质的工程造价咨询机构编制，并由发包人或受其委托具有相应资质的工程造价咨询机构核对。

（二）竣工结算的编制依据

（1）《建设工程工程量清单计价规范》（GB 50500—2013）；

（2）《冶金工业建设工程工程量清单计价规则》（2013 版）；

（3）工程合同；

（4）发承包双方实施过程中已确认的工程量及其结算的合同价款；

（5）发承包双方实施过程中已确认调整后追加（减）的合同价款；

（6）建设工程设计文件及相关资料；

（7）投标文件；

（8）其他依据。

（三）竣工结算的计价原则

采用工程量清单计价的方式，工程竣工结算的计价原则为：

（1）分部分项工程和措施项目中的单价项目应依据双方确认的工程量与已标价工程量清单的综合单价计算；如发生调整的，以发承包双方确认调整的综合单价计算。

（2）措施项目中的总价项目应依据合同约定的项目和金额计算；如发生调整的，以发承包双方确认调整的金额计算，其中安全文明施工费必须按照国家或省级、行业建设主管部门的规定计算。

（3）其他项目应按下列规定计价：

1）计日工应按发包人实际签证确认的事项计算；

2）暂估价应按 GB 50500—2013 的相关规定计算；

3）总承包服务费应依据合同约定金额计算，如发生调整的，以发承包双方确认调整的金额计算；

4）索赔费用应依据发承包双方确认的索赔事项和金额计算；

5）现场签证费用应依据发承包双方签证资料确认的金额计算；

6）暂列金额应减去合同价款调整（包括索赔、现场签证）金额计算，如有余额归发包人。

（4）规费和税金应按照国家或省级、行业建设主管部门的规定计算。规费中的工程排污费应按工程所在地环境保护部门规定标准缴纳后按实列入。

（5）发承包双方在工程实施过程中已经确认的工程计量结果和合同价款，在竣工结算办理中应直接进入结算。

(6) 采用总价合同的，应在合同总价的基础上，对合同约定能调整的内容及超过合同约定范围的风险因素进行调整；采用单价合同的，在合同约定风险范围内的综合单价应固定不变，并应按合同约定进行计算，且应按实际完成的工程量进行计量。

(四) 竣工结算的程序

1. 承包人提交竣工结算文件

合同工程完工后，承包人应在经发承包双方确认的合同工程期中价款结算的基础上汇总编制完成竣工结算文件，应在提交竣工验收申请的同时向发包人提交竣工结算文件。承包人未在合同约定的时间内提交竣工结算文件，经发包人催告后 14 日内仍未提交或没有明确答复的，发包人有权根据已有资料编制竣工结算文件，作为办理竣工结算和支付结算款的依据，承包人应予以认可。

2. 发包人审核竣工结算文件

(1) 发包人应在收到承包人提交的竣工结算文件后 28 日内审核完毕。发包人经核实，认为承包人还应进一步补充资料和修改结算文件，应在上述时限内向承包人提出核实意见，承包人在收到核实意见后 14 日内按照发包人提出的合理要求补充资料，修改竣工结算文件，并再次提交给发包人复核后批准。

(2) 发包人应在收到承包人再次提交的竣工结算文件后 28 日内予以复核，并将复核结果通知承包人，并应遵守如下规定：

1) 发包人、承包人对复核结果无异议的，应在 7 日内在竣工结算文件上签字确认，竣工结算办理完毕。

2) 发包人或承包人对复核结果有异议的，无异议部分按照规定办理不完全竣工结算；有异议部分由发承包双方协商解决，协商不成的，按照合同约定的争议解决方式处理。

(3) 发包人在收到承包人竣工结算文件后 28 日内，不审核竣工结算或未提出审核意见的，视为承包人提交的竣工结算文件已被发包人认可，竣工结算办理完毕。

(4) 承包人在收到发包人提出的核实意见后 28 日内，不确认也未提出异议的，视为发包人提出的核实意见已被承包人认可，竣工结算办理完毕。

(5) 发包人对工程质量有异议，拒绝办理工程竣工结算的，已竣工验收或已竣工未验收但实际投入使用的工程，其质量争议应按该工程保修合同执行，竣工结算应按合同约定办理；已竣工未验收且未实际投入使用的工程以及停工、停建工程的质量争议，双方应就有争议的部分委托有资质的检测鉴定机构进行检测，并应根据检测结果确定解决方案，或按工程质量监督机构的处理决定执行后办理竣工结算，无争议部分的竣工结算应按合同办理。

3. 发包人委托工程造价咨询机构审核竣工结算文件

(1) 发包人委托造价咨询机构审核竣工结算的，工程造价咨询机构应在 28 日内审核完毕，审核结论与承包人竣工结算文件不一致的，应提交给承包人复核；

(2) 承包人应在 14 日内将同意审核结论或不同意见的说明提交工程造价咨询机构。工程造价咨询机构收到承包人提出的异议后，应再次复核；复核无异议的，发承包双方应在 7 日内在竣工结算文件上签字确认，竣工结算办理完毕；复核后仍有异议的，无异议部分按照规定办理不完全竣工结算；复核有异议部分由发承包双方协商解决，协商不成的，按照合同约定的争议解决方式处理。

（3）承包人逾期未提出书面异议，视为工程造价咨询机构审核的竣工结算文件已被承包人认可。

（4）发承包双方或任何一方对工程造价咨询机构出具的竣工结算文件有异议的，可向当地工程造价管理机构投诉，申请对其进行执业质量鉴定。工程造价咨询机构受理投诉后，应组织专家对投诉的竣工结算文件进行质量鉴定，并给出鉴定意见。

4. 发包人报送竣工结算书

竣工结算办理完毕，发包人应将竣工结算书报送工程所在地（或有该工程管辖权的行业主管部门）工程造价管理机构备案，竣工结算书作为工程竣工验收备案、交付使用的必备文件。

5. 竣工结算款支付

（1）承包人应根据办理的竣工结算文件，向发包人提交竣工结算款支付申请。该申请应包括：竣工结算合同价款总额、累计已实际支付的合同价款、应扣留的质量保证金和实际应支付的竣工结算款金额。

（2）发包人应在收到承包人提交竣工结算支付申请后 7 日内予以核实，向承包人签发竣工结算支付证书。

（3）发包人签发竣工结算支付证书后的 14 日内，按照竣工结算支付证书列明的金额向承包人支付结算款。

（4）发包人未按照规定的程序支付竣工结算款的，承包人可催告发包人支付，并有权获得延迟支付的利息。发包人在竣工结算支付证书签发后或者在收到承包人提交的竣工结算款支付申请 56 日内仍未支付的，除法律另有规定外，承包人可与发包人协商将该工程折价，也可直接向人民法院申请将该工程依法拍卖。承包人就该工程折价或拍卖的价款优先受偿。

二、竣工决算

（一）竣工决算的概念

项目竣工决算是指项目竣工后，项目单位按照国家有关规定在项目竣工验收阶段编制的竣工决算报告。竣工决算是以实物数量和货币指标为计量单位，综合反映竣工项目从筹建开始到项目竣工交付使用为止的全部建设费用、建设成果和财务情况的总结性文件，是竣工验收报告的重要组成部分。

项目竣工时，应编制建设项目竣工决算。建设周期长、建设内容多的项目，单项工程竣工且具备交付使用条件的，可编制单项工程竣工决算。建设项目全部竣工后应编制竣工总决算。

（二）竣工决算的作用

（1）是综合全面地反映竣工项目建设成果及财务情况的总结性文件。

（2）是办理交付使用资产的依据，也是竣工验收报告的重要组成部分。

（3）是建设单位确定新增固定资产价值的依据。

（4）是分析和检查设计概算的执行情况，考核建设项目管理水平和投资效果的依据。

（三）竣工决算的编制条件

编制工程竣工决算应具备的条件为：

（1）经批准的初步设计所确定的工程内容已完成；

（2）单项工程或建设项目竣工结算已完成；

（3）收尾工程投资和预留费用不超过规定的比例；

（4）涉及法律诉讼、工程质量纠纷的事项已处理完毕；

（5）其他影响工程竣工决算编制的重大问题已解决。

（四）竣工决算的编制依据

（1）财政部《基本建设财务规则》(财政部令第 81 号)、《基本建设项目竣工财务决算管理暂行办法》(财建［2016］503 号）等法律、法规和规范性文件；

（2）项目计划任务书及立项批复文件；

（3）项目总概算书和单项工程概算书文件；

（4）经批准的可行性研究报告及其投资估算书；

（5）经批准的初步设计或扩大初步设计及其概算书或修正概算书；

（6）经批准的施工图设计及其施工图预算书；

（7）经批准的设计文件及设计交底、图纸会审纪要；

（8）招投标的标底、承包合同、工程结算资料；

（9）施工记录或施工签证单及其他施工发生的费用记录；

（10）工程签证、工程索赔等合同价款调整文件；

（11）竣工图、项目竣工结算文件及各种竣工验收资料；

（12）历年基建资料、财务决算及批复文件；

（13）设备、材料等调价文件和调价记录；

（14）有关财务核算制度、办法和其他有关资料、文件等。

（五）竣工决算的编制要求

为了严格执行建设项目竣工验收制度，正确核定新增固定资产价值，考核分析投资效果，建立健全经济责任制，所有新建、扩建和改建等建设项目竣工后，都应及时、完整、正确地编制好竣工决算。建设单位要做好以下工作：

（1）按照规定组织竣工验收，保证竣工决算的及时性。

（2）积累、整理竣工项目资料，保证竣工决算的完整性。

（3）清理、核对各项账目，保证竣工决算的正确性。

（六）竣工决算的编制步骤

竣工决算的编制步骤为：

（1）收集、整理和分析有关依据资料；

（2）清理各项财务、债务和结余物资；

（3）核实工程变动情况；

（4）编制建设工程竣工决算说明；

（5）填写竣工决算报表；

(6) 做好工程造价对比分析；

(7) 清理、装订好竣工图；

(8) 上报主管部门审查存档。

(七) 竣工决算的内容

建设项目竣工决算应包括从筹建到竣工投产全过程的全部实际费用，即包括建筑工程费、安装工程费、设备及工器具购置费、工程建设其他费用、预备费等费用。根据财政部、国家发改委、住房和城乡建设部的有关文件规定，竣工决算是由竣工财务决算说明书、竣工财务决算报表、工程竣工图和工程竣工造价对比分析四部分组成。其中竣工财务决算说明书和竣工财务决算报表两部分又称建设项目竣工财务决算，是竣工决算的核心内容。

1. 竣工财务决算说明书

竣工财务决算说明书主要反映竣工工程建设成果和经验，是对竣工决算报表进行分析和补充说明的文件，是全面考核分析工程投资与造价的书面总结，是竣工决算报告的重要组成部分，其内容主要包括：

(1) 建设项目概况。一般从进度、质量、安全和造价方面进行分析说明；

(2) 会计账务的处理、财产物资清理及债权债务的清偿情况；

(3) 项目建设资金计划及到位情况，财政资金支出预算、投资计划及到位情况；

(4) 项目建设资金使用、项目结余资金等分配情况；

(5) 项目概（预）算执行情况及分析，竣工实际完成投资与概预算差异及原因分析；

(6) 尾工工程情况；

(7) 历次审计、检查、审核、稽察意见及整改落实情况；

(8) 主要技术经济指标的分析、计算情况；

(9) 项目管理经验、主要问题和建议；

(10) 预备费动用情况；

(11) 项目建设管理制度执行情况、政府采购情况、合同履行情况；

(12) 征地拆迁补偿情况、移民安置情况；

(13) 决算与概算的差异和原因分析；

(14) 需说明的其他事项。

2. 竣工财务决算报表

基本建设项目竣工财务决算报表主要包括：项目概况表、项目竣工财务决算表、资金情况明细表、交付使用资产总表、交付使用资产明细表、待摊投资明细表、待核销基建支出明细表、转出投资明细表。具体报表内容详见《基本建设项目竣工财务决算管理暂行办法》(财建［2016］503 号)。

3. 建设工程竣工图

项目竣工决算的内容中，建设工程竣工图是真实记录各地上、地下建筑物、构筑物等情况的技术文件，是工程进行交工验收、维护、改建、扩建的依据，是国家的重要技术档案。国家规定：各项新建、扩建、改建的基本建设工程，特别是基础、地下建筑、管线、结构、井巷、桥梁、隧道、港口、水坝以及设备安装等隐蔽部位，都应编制竣工图。编制各种竣工图，必须在施工过程中及时做好隐蔽工程检测记录，整理好设计变更文件，确保竣工图质量。

4. 工程造价对比分析

批准的概算是考核建设工程造价的依据。在分析时，可先对比整个项目的总概算，然后将建筑安装工程费、设备及工器具购置费和其他工程费用逐一与竣工决算表中所提供的实际数据和相关资料及批准的概算、预算指标、实际的工程造价进行对比分析，以确定竣工项目总造价是节约还是超支，并在对比基础上，总结先进经验，找出节约和超支的内容和原因，提出改进措施。

复习思考题

一、名词解释

单项工程、单位工程、分部工程、分项工程、建设项目总投资、投资估算、设计概算、施工图预算、竣工结算、竣工决算

二、简答题

1. 建设项目的分类。
2. 建设项目的建设程序。
3. 我国现行建设项目总投资的构成。
4. 投资估算的编制内容。
5. 建设项目可行性研究阶段投资估算的编制步骤。
6. 项目规划和建议书阶段投资估算的编制方法。
7. 设计概算的编制内容。
8. 单位工程设计概算的编制方法。
9. 施工图预算的编制内容与编制步骤。
10. 单位工程施工图预算的编制方法。
11. 竣工财务决算报表的主要内容。

第七章　冶金项目经济效果分析方法

第一节　现金流量与资金等值计算

一、现金流量

（一）现金流量的概念

项目建设过程可以从物质形态和货币形态两个方面进行考察。从物质形态来看，项目建设表现为人们使用各种工具、设备，消耗一定量的能源，生产某种产品和提供某种服务；从货币形态来看，项目建设表现为投入一定量的资金，花费一定量的成本，通过产品销售获取一定量的货币收入。

一个项目的建设，其投入的资金、花费的成本、得到的收益，都可以看成是以货币形式体现的现金流出或现金流入。把各个时点上实际发生的现金流入或现金流出称为现金流量，流出系统的资金称为现金流出，流入系统的资金称为现金流入，现金流入与现金流出的差额称为净现金流量。项目经济评价的目的就是要考察特定经济系统的净现金流量的大小，从而计算出项目各方案的经济效果，选择最佳方案。

（二）现金流量的构成

对于一个投资项目来说，投资、成本、销售收入、利润和税金等经济变量是构成经济系统现金流量的基本要素，也是进行技术经济分析最重要的基础数据。

$$现金流量 = 年收益 - 年成本$$

二、资金的时间价值

资金的时间价值，是技术经济分析的基本概念，是采用动态分析方法对投资方案进行科学评价的基础。在进行技术经济分析时，为了保证各投资方案在不同的时间上所发生的费用及收益具有可比性，因而引进资金时间价值的概念，以消除各方案的费用及收益在时间上的差异，使之具有可比性。

（一）资金时间价值的概念

任何投资项目的建设与运行，任何技术方案的实施，都有一个时间上的延续过程。对于投资者来说，资金的投入与收益的获取往往构成一个时间上有先有后的现金流量序列。要客观地评价投资项目或技术方案的经济效果，不仅要考虑现金流出与现金流入的数额，还必须考虑每笔现金流量发生的时间。

在不同的时间付出或得到同样数额的资金在价值上是不等的，即资金的价值会随时间发生变化。今天可以用来投资的一笔资金，即使不考虑通货膨胀因素，也比将来可获得的同样数额的资金更有价值。因为当前可用的资金能够立即用来投资并带来收益，而将来才可取得的资金无法用于当前的投资，也无法获取相应的收益。不同时间发生的等额资金在价值上的差别称为资金的时间价值。

对于资金的时间价值，可以从两个方面理解。

首先，随着时间的推移，资金价值会增加，这种现象叫资金增值。资金是属于商品经济范畴的概念，在商品经济条件下，资金是不断运动着的。资金的运动伴随着生产与交换的进行，生产与交换活动会给投资者带来利润，表现为资金的增值。资金增值的实质是劳动者在生产过程中创造了剩余价值。从投资者的角度来看，资金的增值特性使资金具有时间价值。

其次，资金一旦用于投资，就不能用于现期消费。牺牲现期消费是为了能在将来得到更多的消费，个人储蓄的动机和国家积累的目的都是如此。从消费者的角度来看，资金的时间价值体现为对放弃现期消费的损失所应作的必要补偿。

在商品经济高度发达的今天，自觉地运用资金在生产、流通过程中的增值原理，即资金时间价值的基本思想，在各项基本建设投资中重视资金的时间价值，尽力缩短建设周期，加速资金的周转，可以取得更大的投资经济效果。

（二）利息与利率

1. 利息和利率的概念

利息是指占用资金所付出的代价（或放弃使用资金所得到的补偿）。将一笔资金存入银行，这笔资金就称为本金。经过一段时间之后，储户可在本金之外再得到一笔利息，这一过程可表示为：

$$F_n = P + I_n$$

式中，F 为到期后的本利和；P 为本金；I 为到期所得利息；下标 n 为计算利息的周期数。计息周期是指计算利息的时间单位，如“年”、“月”等。利息是衡量资金时间价值的绝对尺度。

利率是指在一个计息周期内所得的利息额与借贷金额（即本金）之比，一般以百分数表示，用 i 表示利率。其表达式为：

$$i = \frac{I_1}{P} \times 100\%$$

式中，I_1 为一个计息周期的利息。上式表明，利率是单位本金经过一个计息周期后的增值额。利率是衡量资金时间价值的相对尺度，i 越大，表明资金增值速度越快。

2. 单利和复利

利息的计算有单利计算和复利计算之分。

（1）单利。单利法仅以本金为基数计算利息，利息不再产生利息。资金随时间推移呈线性变化。单利的本利和计算公式为：

$$F_n = P + I_n = P + P \times i \times n = P(1 + i \times n)$$

（2）复利。复利法是用本金和前期累计利息总额之和进行计息，即除了最初的本金要计算利息外，每一计息周期的利息都要并入本金，再生利息，也就是所谓的“利滚利”。复利法计算的本利和公式为：

$$F_n = P(1 + i)^n$$

3. 名义利率和实际利率

在实际经济活动中，计息周期有年、半年、季、月、周、日等多种。将计息周期实际发生的利率称为实际利率，实际利率乘以每年计息周期数就得到名义利率。例如按月计算利息，月利率为 1%，通常称为“年利率 12%，每月计息一次”。年利率 12%称为“名义利率”。按单利计息，名义利率与实际利率是一致的。但按复利计算，上述“年利率 12%，每月计息一次”的实际年利率则不等于名义利率，而是比 12%略大的一个数。

名义利率显然没有考虑资金的时间因素，是一种单利计算法。当计入复利，即考虑资金时间因素时，则年实际利率的计算如下：

设 r 为名义利率，i 为年实际利率，m 为每年的计息周期数，则 1 年后的本利和应为：

$$F = P\left(1 + \frac{r}{m}\right)^m$$

按利率定义得年实际利率：

$$i = \frac{F - P}{P} = \left(1 + \frac{r}{m}\right)^m - 1$$

三、资金等值计算

（一）资金等值的概念

资金等值是指在考虑资金时间价值因素后，不同时点上数额不等的资金在一定利率条件下具有相等的价值。例如，现在的 1000 元与一年后的 1100 元，其数额并不相等，但如果年利率为 10%，则两者是等值的。因为现在的 1000 元在 10%利率下，一年后的本金与资金时间价值两者之和为 1100 元。同样，一年后的 1100 元在年利率为 10%的情况下等值于现在的 1000 元。不同时点上数额不等的资金如果等值，则它们在任何相同时点上的价值必然相等。

影响资金等值计算的要素有三个：资金金额的大小、资金发生的时间、计算的利率。在已定资金金额及时点情况下，利率是决定资金等值的主要因素。为了计算资金的时间价值，利用现金流量图对现金流量进行分析和计算，需掌握资金时间价值的相关概念。

（1）贴现与贴现率。把将来某一时点的资金金额换算成现在时点等值金额的过程称为贴现。贴现时所用的利率称为贴现率或折现率。

（2）现值。发生在时间序列起点处的资金值称为资金的现值。时间序列的起点通常是评价时刻的点，即现金流量图的零点处，用符号 P 表示。注意，现值是一个相对的概念，一笔资金被称为现值是相对将来某个时刻而言的。

（3）等年值。等年值是指分期等额收支的资金，用符号 A 表示。

（4）终值。终值是现值在未来时点上的等值资金，用符号 F 表示。

（二）现金流量图

为了考察投资项目在其整个寿命期或计算期内的全部收益和全部费用，可以用现金流量图来分析和计算项目的经济效果。现金流量图直观、方便、形象地把项目的现金收支情况表示出来，如图 7-1 所示。

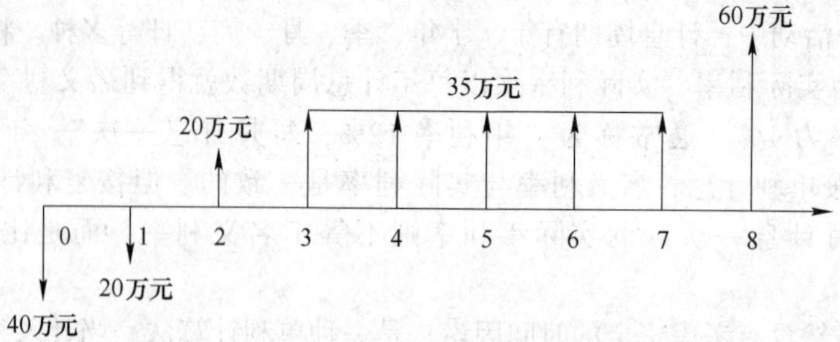

图 7-1 现金流量图示例

在图 7-1 中，纵坐标表示所在时刻发生的费用或收益的金额，并且约定以研究对象（如一个项目）为一个独立系统。现金流量图上横坐标表示时间尺度，单位通常用年。图上的时点 1、2、3、…是该年年末时点，同时也是下一年年初时点。0 时点是第一年开始的时点。箭头向上表示现金的流入（正现金流），箭头向下表示现金的流出（负现金流）。带箭头的垂直线段的长短与现金流入、现金流出的大小相对应。现金流量图上还要注明每一笔现金流量的金额。

为了便于分析和评价，通常将具体的资金运动予以简化。在项目或方案的经济评价中，如无特别说明，现金流量图中时间以年为分析单位，并约定投资发生在年初，经营费用、销售收入、残值等发生在年末。

【例 7-1】 某项目第 1、2 年分别投资 50 万元和 35 万元，以后各年收益均为 40 万元，经营费用均为 20 万元，寿命期为 10 年（包括建设期），期末残值为 30 万元，试画现金流量图。

解： 如图 7-2 所示。

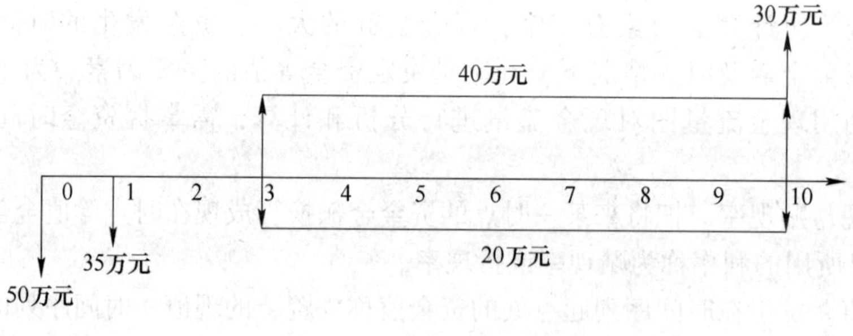

图 7-2 例 7-1 的现金流量图

（三）资金等值计算公式

在技术经济分析中，为了考察投资项目的经济效果，必须对项目寿命期内不同时间发生的全部费用和全部收益进行计算和分析。在考虑资金时间价值的情况下，不同时间发生的收入或支出，其数值不能直接相加或相减，只能通过资金等值计算将它们换算到同一时间点上进行分析。资金等值计算公式和复利计算公式的形式是相同的，现将主要计算公式介绍如下。

1. 一次支付类型

一次支付又称整付，是指所分析系统的现金流量，无论是流入还是流出，均在一个时点上一次发生。其典型现金流量图如图 7-3 所示。

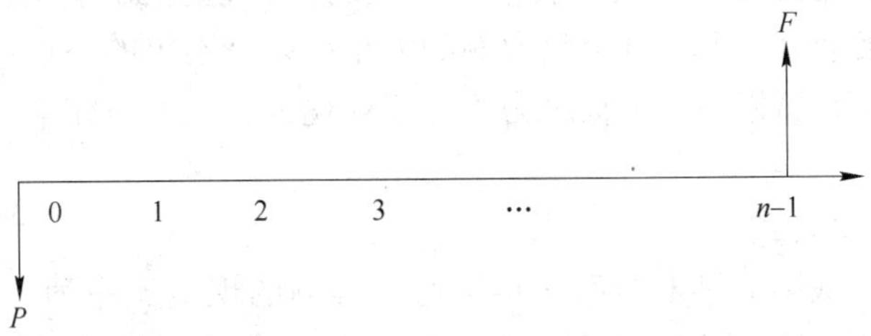

图 7-3　一次支付现金流量图

对于所考虑的系统来说，如果在考虑资金时间价值的条件下，现金流入恰恰能补偿现金流出，则 F 与 P 就是等值的。一次支付的等值计算公式有两个。

A　一次支付终值公式

$$F = P(1 + i)^n \tag{7-1}$$

式（7-1）与复利计算的本利和公式是一样的。但在等值计算中，一般称 P 为现值、F 为终值、i 为折现率、n 为时间周期数。此公式表示在折现率为 i，周期数为 n 的条件下，终值 F 和现值 P 之间的等值关系。系数（$1+i$）^{n} 称为一次支付终值系数，也可用符号（F/P，i，n）表示。其中，斜线右边字母表示已知的数据与参数，左边表示欲求的等值现金流量。

【例 7-2】 某冶炼厂向银行借款 100 万元，年利率为 10%，借期 3 年。问 3 年后一次归还银行的本利和是多少？

解： 3 年后归还银行的本利和应与现在的借款金额等值，折现率就是银行利率。由式（7-1）可得：

$$F = P(1 + i)^n = 100 \times (1 + 0.1)^3 = 100 \times 1.331 = 133.1 \text{ 万元}$$

也可以查复利系数表，当 $i=10\%$、$n=3$ 时，（F/P，10%，3）= 1.331。故

$$F = P(F/P, i, n) = 100(F/P, 10\%, 3) = 100 \times 1.331 = 133.1 \text{ 万元}$$

B　一次支付现值公式

这是已知终值 F 求现值 P 的等值公式，是一次支付终值公式的逆运算。由式（7-1）可直接导出：

$$P = F\left[\frac{1}{(1 + i)^n}\right] \tag{7-2}$$

系数 $\frac{1}{(1 + i)^n}$ 称为一次支付现值系数，亦可记为（P/F，i，n）。

【例 7-3】 如果银行利率为 10%，按复利计息，为在 5 年后获得 10000 元款项，现在应存入银行多少？

解： 由式（7-2）可得：

$$P = F(1 + i)^{-n} = 10000 \times (1 + 0.1)^{-5} = 10000 \times 0.6209 = 6209 \text{ 元}$$

也可以查复利系数表，当 $i=10\%$、$n=5$ 时，$(P/F, 10\%, 5)=0.6209$。故

$$P=F(P/F, i, n)=10000(P/F, 10\%, 5)=10000\times0.6209=6209\text{元}$$

2. 等额分付类型

等额分付是多次支付形式中的一种。多次支付是指现金流入和流出在多个时点上发生，而不是集中在某个时点上。现金流数额的大小可以是不等的，也可以是相等的。当现金流序列是连续的且数额相等，则称之为等额序列现金流。下面介绍等额序列现金流的四个等值计算公式。

A　等额分付终值公式

如图 7-4 所示，从第 1 年末至第 n 年末有一等额的现金流序列，每年的金额均为 A，称为等额年值。如果在考虑资金时间价值的条件下，n 年内系统的总现金流出等于总现金流入，则第 n 年末的现金流入 F 应与等额现金流出序列等值，F 相当于等额年值序列的终值。

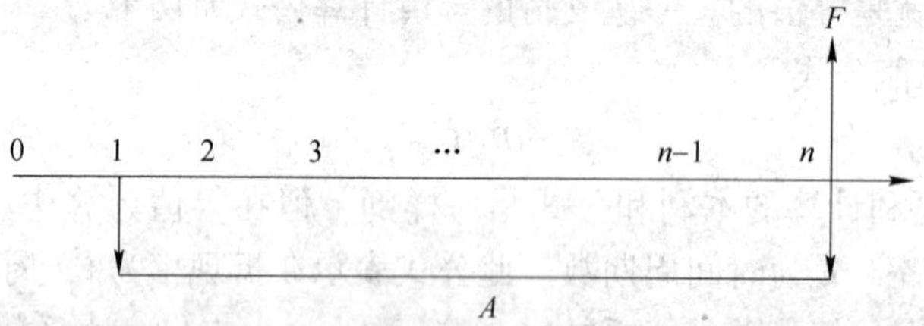

图 7-4　等额序列现金流之一

若已知每年的等额年值 A，欲求终值 F，依据图 7-4，可得：

$$F=A+A(1+i)+A(1+i)^2+\cdots+A(1+i)^{n-2}+A(1+i)^{n-1}$$
$$=A[1+(1+i)+(1+i)^2+\cdots+(1+i)^{n-2}+(1+i)^{n-1}]$$

利用等比数列求和得：

$$F=A\left[\frac{(1+i)^n-1}{i}\right] \tag{7-3}$$

式（7-3）即为等额分付终值公式。$\frac{(1+i)^n-1}{i}$称为等额分付终值系数，亦可记为 $(F/A, i, n)$，其值可由复利系数表查出。

【例 7-4】 某冶炼厂设立某基金，每年年末存入银行 40 万元，若存款利率为 10%，按复利计息，第 5 年年末基金总额为多少？

解：由式（7-3）可得：

$$F=A\left[\frac{(1+i)^n-1}{i}\right]=40\times\left[\frac{(1+0.1)^5-1}{0.1}\right]=40\times6.1051=244.20\text{万元}$$

B　等额分付偿债基金公式

等额分付偿债基金公式是等额分付终值公式的逆运算，即已知终值 F，求与之等价的等额年值 A。由式（7-3）可直接导出。

$$A=F\left[\frac{i}{(1+i)^n-1}\right] \tag{7-4}$$

式中，$\frac{i}{(1+i)^n-1}$称为等额分付偿债基金系数，记为（A/F，i，n），其值可由复利系数表查出。

【例 7-5】 某冶炼厂打算在 3 年后购置一固定资产，所需资金估计为 100 万元。该公司计划从当年开始于每年年末向银行等额存入资金，若年利率为 8%，在复利计息条件下，该公司 3 年中每年年末应向银行存入多少钱?

解：由式（7-4）可得：

$$A = F(A/F,\ i,\ n) = 100 \times (A/F,\ 8\%,\ 3) = 100 \times 0.3080 = 30.8 \text{ 万元}$$

即每年年末应等额存入银行 30.8 万元。

C　等额分付现值公式

如果在考虑资金时间价值的条件下，n 年内系统的总现金流出等于总现金流入，则第 0 年年末的现金流出 P 应与从第 1 年年末到第 n 年年末的等额现金流入序列等值，P 就相当于等额年值序列的现值。如图 7-5 所示。

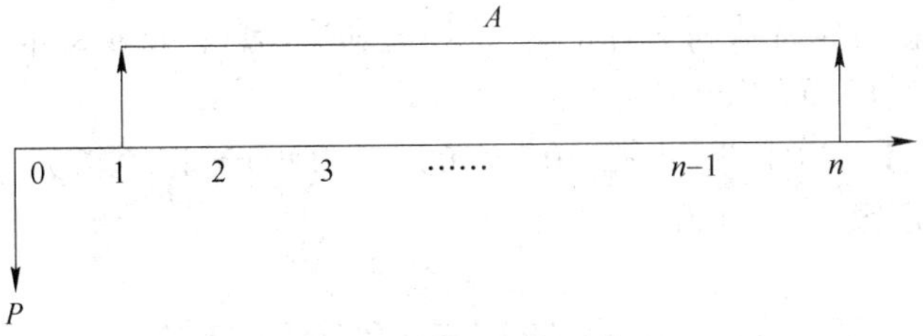

图 7-5　等额序列现金流之二

将式（7-3）两边各乘以$\frac{1}{(1+i)^n}$，可得

$$P = A\left[\frac{(1+i)^n - 1}{i(1+i)^n}\right] \tag{7-5}$$

式（7-5）即为等额分付现值公式。$\frac{(1+i)^n-1}{i(1+i)^n}$称为等额分付现值系数，也可记为（$P/A$，$i$，$n$），其值可由复利系数表查出。

【例 7-6】 某冶炼厂要设立一项基金，计划在从现在开始的 9 年内，每年年末从基金中提取 40 万元，若已知年利率为 10%，问现在应存入多少钱?

解：根据式（7-5）可得：

$$P = A(P/A,\ 10\%,\ 9) = 40 \times 5.7590 = 230.36 \text{ 万元}$$

现在应一次性存入 230.36 万元。

由于

$$\lim_{n\to\infty}\frac{(1+i)^n - 1}{i(1+i)^n} = \frac{1}{i}$$

当周期数 n 足够大时，可近似认为

$$P = \frac{A}{i}$$

D 等额分付资金回收公式

等额分付资金回收公式是等额分付现值公式的逆运算，即已知现值 P，求与之等价的等额年值 A。由式（7-5）可直接导出。

$$A = P\left[\frac{i(1+i)^n}{(1+i)^n - 1}\right] \tag{7-6}$$

式中，$\frac{i(1+i)^n}{(1+i)^n-1}$称为等额分付资金回收系数。亦可记为（$A/P$，$i$，$n$），其值可由复利系数表查出。这是一个重要的系数，对冶金项目进行技术经济分析时，它表示在考虑资金时间价值的条件下，对应于冶金项目的单位投资，在项目寿命期内每年至少应该回收的金额。如果对应于单位投资的实际回收金额小于这个值，在项目的寿命期内就不可能将全部投资收回。

资金回收系数与偿债基金系数之间存在如下关系：

$$(A/P,\ i,\ n) = (A/F,\ i,\ n) + i$$

【例 7-7】 某冶炼厂向银行贷款 100 万元，银行要求该企业在随后的 10 年中每年等额偿还本利和。若银行年贷款利率为 8%，采用复利法计息，企业每年应偿还银行多少钱?

解：根据式（7-6）可得：

$$A = P(A/P,\ 8\%,\ 10) = 100 \times 0.1490 = 14.9 \text{ 万元}$$

企业每年应偿还银行 14.9 万元。

第二节 冶金项目经济效果评价方法

冶金项目经济效果评价中常用的评价指标有净现值、净现值指数、内部收益率、投资回收期、费用现值和费用年值等，分别介绍如下。

一、净现值与净现值指数

（一）净现值

净现值（Net Present Value，简称 NPV）指标是对冶金投资项目进行动态评价的最重要指标之一。该指标要求考察项目寿命期内每年发生的现金流量。

1. 净现值的含义

净现值是指按一定的折现率将方案计算期内各时点的净现金流量折现到计算期初的现值累加之和。净现值的表达式为：

$$NPV = \sum_{t=0}^{n}(CI - CO)_t(1+i_0)^{-t} = \sum_{t=0}^{n}(CI - K - CO')_t(1+i_0)^{-t} \tag{7-7}$$

式中 NPV——净现值；

CI_t——第 t 年的现金流入额；

CO_t——第 t 年的现金流出额；

K_t——第 t 年的投资支出；

CO'_t——第 t 年除投资支出以外的现金流出，即 $CO'_t = CO_t - K_t$；

n——项目寿命年限（或计算期）；

i_0——基准折现率。

若冶金项目只有初始投资 K_0，以后各年均获得相等的净收益 NB，此时式（7-7）可简化为：

$$NPV = NB(P/A,\ i_0,\ n) - K_0 \tag{7-8}$$

2. 判别准则

对单一项目方案而言，若 $NPV \geqslant 0$，则项目应予接受；若 $NPV<0$，则项目应予拒绝。多方案比选，若方案间的投资规模相差不大时，净现值越大的方案相对越优（净现值最大准则）。

【例 7-8】 某冶金项目投资 11000 万元，在未来五年中平均每年收入 5000 万元，期末残值 2000 万元，每年支出的经营费和维修费为 3000 万元，按折现率 10%计算，试说明是否值得投资？

解：绘制的现金流量图如图 7-6 所示。

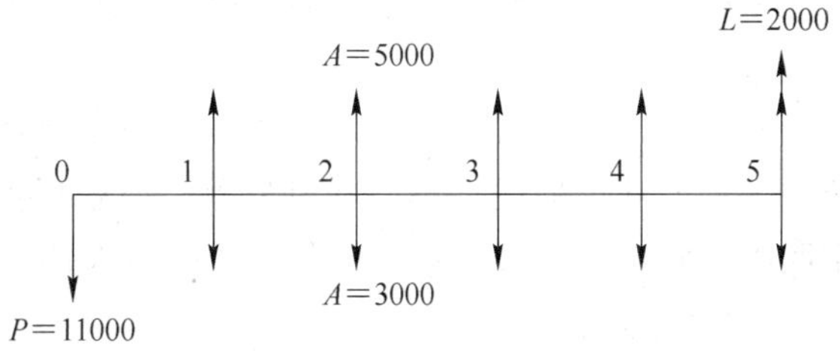

图 7-6　例 7-8 的方案现金流量图

$$NPV = -11000 + (5000 - 3000)(P/A,\ 10\%,\ 5) + 2000(P/F,\ 10\%,\ 5) = -2176.6 < 0$$

因此，该项目不值得投资，应予拒绝。

3. 净现值函数

净现值函数是指净现值与折现率之间的一种变化关系。一般情况下，同一净现金流量的净现值随着折现率 i 的增大而减少，故基准折现率定得越高，能被接受的方案越少。如图 7-7 所示。

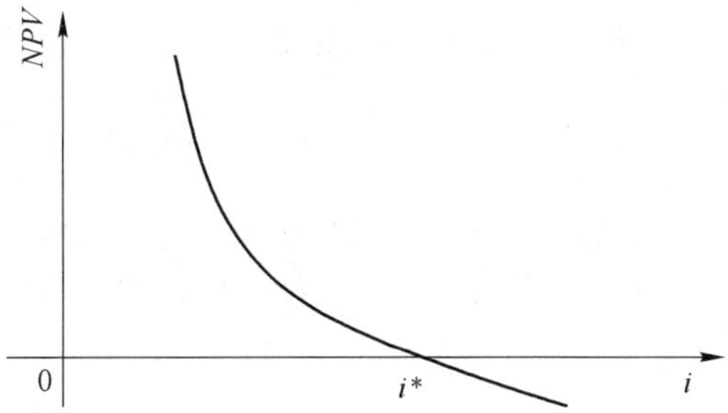

图 7-7　净现值函数曲线

由图 7-7 可知，净现值函数曲线具有以下特点：

(1) 折现率 i 越大，净现值 NPV 越小。

（2）净现值曲线在横轴上至少有一个交点，该交点处折现率的值就是内部收益率（后面将做专门介绍）。

（3）曲线不同点上切线的斜率表明 *NPV* 对折现率 i 的敏感性。

4. 净现值评价方法的优点

（1）计算较简便，考虑了资金的时间价值。

（2）考虑了项目整个寿命期内的现金流入流出情况，比较全面、科学。

（3）计算结果稳定，不会因现金流量换算方法的不同而带来任何差异。

5. 净现值评价方法的缺点

（1）需要预先给定折现率，这给项目决策带来了一定的困难。因为若折现率定得过高，可行项目就可能被否定；反之，折现率定得过低，不合理的项目就可能被选中。

（2）净现值指标用于多方案比较时，没有考虑各方案投资额的大小，因而不能直接反映资金的利用效率，当方案间的初始投资额相差较大时，可能出现决策失误。因为一个勉强可行的大型项目的净现值可能比一个较好的中小型项目的净现值大，若按照净现值最大准则进行决策而选择大项目，可能造成失误。

表 7-1 列出了大中小型三个项目的投资总额和按同一折现率计算的项目净现值。根据净现值的大小，评价结果是大型项目最优、小型项目最差。但若根据净现值指数（*NPVI*）的大小，实际情况却相反。因此，为了考察资金的利用效率，人们通常用净现值指数作为净现值评价的辅助指标，后面将进行介绍。

表 7-1　三个项目的经济效果评价

项目类型	投资总额/万元	净现值/万元	按 *NPV*	按 *NPVI*/%	实际优劣
大	1000	+15	优	1.5	差
中	300	+6	中	2.0	中
小	50	+3	差	6.0	优

（3）对于寿命期不同的技术方案，不宜直接使用净现值指标进行评价。

（二）净现值指数

由于资金是有限的，为了使资金发挥尽可能大的效用，可以根据每单位投资的盈利性来衡量项目投资的经济效果。

1. 净现值指数的含义

净现值指数（Net Present Value Index，简称 NPVI），又称净现值率或净现值比，是项目净现值与项目投资总额现值之比，其经济含义是单位投资现值所能带来的净现值。净现值指数的表达式为：

$$NPVI = \frac{NPV}{P} \tag{7-9}$$

式中，P 为方案投资现值之和。

2. 判别准则

净现值指数克服了 *NPV* 有利于投资额大的方案的偏差。以净现值指数的最大化为决策目标，将有利于实现有限投资取得净贡献的最大化。

（1）单个方案。*NPVI* 与 *NPV* 判别准则相同。即当 $NPVI \geqslant 0$ 时，方案可行，可以考虑接受；当 $NPVI<0$ 时，方案不可行，应予拒绝。

（2）多个方案。对于多个方案比较时应用 *NPVI* 指标评价，一般适用于寿命期相等、现金流量和折现率已知，各方案的投资额相差悬殊时的方案比较和排序。采用净现值指数法排序，*NPVI* 最大值的方案为最优；如果各方案的 *NPVI* 皆为负值，投资者最佳的决策应是不投资。

【例 7-9】 在表 7-1 中，三个方案的净现值指数 *NPVI* 分别为：$NPVI_{大方案}=1.5\%$，$NPVI_{中方案}=2.0\%$，$NPVI_{小方案}=6.0\%$。

由于 $NPVI_{小方案}>NPVI_{中方案}>NPVI_{大方案}>0$，因此，小方案为优。

二、内部收益率

内部收益率（Internal Rate of Return，简称 IRR）又称内部（含）报酬率。在所有的经济评价指标中，内部收益率是最重要的评价指标之一，它是对项目进行盈利能力分析时采用的主要方法。

（一）内部收益率的含义

内部收益率是指项目在整个计算期内各年净现金流量的现值累计等于零时的折现率。内部收益率是效率型指标，它反映项目所占用资金的盈利率，是考察项目资金使用效率的重要指标。其定义式为：

$$\sum_{t=0}^{n}(CI-CO)_t(1+IRR)^{-t}=0 \tag{7-10}$$

（二）判别准则

计算求得内部收益率 *IRR* 后，要与项目的基准收益率 i_0（财务评价时的行业基准收益率）比较：当 $IRR \geqslant i_0$ 时，则表明项目的收益率已达到或超过基准收益率水平，项目可行，可以考虑接受；当 $IRR<i_0$ 时，则表明项目的收益率未达到基准收益率水平，项目不可行，应予拒绝。

（三）计算方法

内部收益率可通过解方程式（7-10）求得，但该式是一个高次方程，不容易直接求解，通常采用“试算内插法”求 *IRR* 的近似解。求解过程如下：

先给出一个折现率 i_1，计算相应的 $NPV(i_1)$，若 $NPV(i_1)>0$，说明欲求的 $IRR>i_1$；若 $NPV(i_1)<0$，说明 $IRR<i_1$。据此将折现率修正为 i_2，求 $NPV(i_2)$ 的值。如此反复试算，逐步逼近，最终可得到比较接近的两个折现率 i_m 与 i_n，且 $i_m<i_n$，使得 $NPV(i_m)>0$，$NPV(i_n)<0$，然后用线性插值的方法确定 *IRR* 的近似值。计算公式为：

$$IRR=i_m+\frac{|NPV(i_m)|}{|NPV(i_m)|+|NPV(i_n)|}\times(i_n-i_m) \tag{7-11}$$

由于式（7-11）的计算误差与 $i_m \sim i_n$ 之间的距离大小有关，i_m 与 i_n 之间的距离相差越大，误差也越大。为控制误差，运用试算内插法时 i_m 与 i_n 之间的差距一般不应超过 2%~5%。

【例 7-10】　某冶金项目净现金流量如表 7-2 所示。当基准折现率 $i_0=10\%$时，试用内部收益率指标判断该项目在经济效果上是否可以接受。

表 7-2　某冶金项目的净现金流量表　（万元）

时　点	0	1	2	3	4	5
净现金流量	-2500	400	600	600	600	1600

解：列出方程：

$$NPV(i)=-2500+400(1+i)^{-1}+600(1+i)^{-2}+600(1+i)^{-3}+600(1+i)^{-4}+1600(1+i)^{-5}=0$$

第一次试算，取 $i_1=12\%$，代入方程求得：

$$NPV(i_1)=51.72\text{ 万元}>0$$

由净现值函数曲线的特性知，折现率的取值偏小，应再取大些。

第二次试算，取 $i_2=14\%$，代入方程求得：

$$NPV(i_2)=-96.22\text{ 万元}<0$$

可见，内部收益率在 12%~14%之间，代入式（7-11）可求得：

$$IRR=12\%+51.72\times(14\%-12\%)\div(51.72+96.22)=12.7\%$$

由于 $IRR=12.7\%>i_0=10\%$，因此该项目在经济效果上可以接受。

（四）优缺点

1. 优点

（1）内部收益率法比较直观，概念清晰、明确，并可直接表明项目投资的盈利能力和反映投资的使用效率。

（2）内部收益率是内生决定的，即由项目的现金流量系统特征决定的，不是事先外生给定的。这与净现值法需要事先设定一个基准折现率才能进行计算和比较来说，操作起来困难小，容易决策，而基准折现率的确定有时难以把握。

2. 缺点

（1）内部收益率指标计算比较繁琐，对于非常规项目往往会有多解问题，此时分析、检验和判别比较复杂。

（2）内部收益率指标虽然能明确表示出项目投资的盈利能力，但当项目的内部收益率过高或过低时，往往失去实际意义。

（3）内部收益率法适用于独立方案的经济评价和可行性判断，但多方案分析时，一般不能直接用于比较和选优，需要结合其他指标（如净现值）加以综合判别。

三、投资回收期

投资回收期（Payback Period）是指从项目的投建之日起，用项目所得的净现金流量偿还原始投资所需要的时间长度。根据是否考虑资金的时间价值，投资回收期可分为静态投资回收期和动态投资回收期。

（一）静态投资回收期

1. 定义

静态投资回收期是指以投资项目经营净现金流量抵偿原始总投资所需要的全部时间。

它有“包括建设期的投资回收期”和“不包括建设期的投资回收期”两种形式。其单位通常用“年”表示。投资回收期的起点一般应从项目投资建设之日算起，有时也从投产之日或贷款之日算起，计算时应具体注明。

静态投资回收期计算公式为：

$$\sum_{t=0}^{T_p}(CI-CO)_t=0 \quad 或 \quad \sum_{t=0}^{T_p}NCF_t=0 \tag{7-12}$$

式中 NCF_t——第 t 年的净现金流量，$NCF_t=CI_t-CO_t$；

T_p——静态投资回收期。

2. 计算方法

对于各年净现金流量不同的项目，投资回收期通常用列表法求解。根据表格法，计算静态投资回收期的实用公式为：

$$T_p=T-1+\frac{第\ T-1\ 年的累计净现金流量的绝对值}{第\ T\ 年的净现金流量} \tag{7-13}$$

式中，T 为项目各年累计净现金流量首次出现正值或零的年份。

【例 7-11】 某冶金投资项目净现金流量如表 7-3 所示，试求静态投资回收期。

表 7-3 现金流量表 （万元）

项 目	基建期	生 产 期			
	1	2	3	4	5
现金流入	1450	5342	5342	5342	3600
现金流出	8200	3298	3298	3298	1206
净现金流量	−6750	2044	2044	2044	2394
累计净现金流量	−6750	−4706	−2662	−618	1776

解：根据式（7-13），可得：

$$T_p=5-1+\frac{|-618|}{2394}=4.26\ 年$$

3. 判别准则

用静态投资回收期评价投资项目时，需要将计算所得的静态投资回收期与行业、部门的基准投资回收期或投资者意愿确定的基准投资回收期相比较。如果项目有贷款资金，还应考虑银行贷款偿还期。

设基准投资回收期为 T_b，判别准则为：$T_b \geqslant T_p$ 时，项目可以考虑接受；$T_b<T_p$ 时，项目应予以拒绝。

4. 优缺点

（1）优点。

1）概念清晰，简单易行，直观，宜于理解。

2）不仅在一定程度上反映了技术方案的经济性，而且反映了技术方案的风险大小和投资的补偿速度。

3）既可判定单个方案的可行性（与 T_b 比较），也可用于方案间的比较（判定优劣）。

静态投资回收期作为能够反映技术方案的经济性和风险性的指标，在建设项目评价中具有独特的地位和作用，被广泛用作建设项目评价的辅助性指标。

（2）缺点。

1）没有反映资金的时间价值。

2）由于它舍弃了方案在回收期以后的收入和支出情况，故难以全面反映方案在整个寿命期内的真实效益。

3）没有考虑期末残值。

4）方案的投资额相差较大时，比较的结论难以确定。

（二）动态投资回收期

1. 定义

为了克服静态投资回收期未考虑资金时间价值的缺点，在投资项目评价中有时采用动态投资回收期。动态投资回收期是把投资项目各年的净现金流量按基准折现率折成现值之后，再来计算投资回收期，这是它与静态投资回收期的根本区别。动态投资回收期就是净现金流量累计现值等于零时的年份。

动态投资回收期是能使下式成立的 T_p^*（单位：年）：

$$\sum_{t=0}^{T_p^*}(CI-CO)_t(1+i_0)^{-t}=0 \tag{7-14}$$

2. 计算方法

与静态投资回收期类似，动态投资回收期计算的实用公式为：

$$T_p^*=\text{累计折现值出现正值的年数}-1+\frac{\text{上年累计折现值的绝对值}}{\text{当年净现金流量的现值}} \tag{7-15}$$

3. 判别准则

用动态投资回收期 T_p^* 评价投资项目的可行性，需要与基准投资回收期 T_b 相比较。判别准则为：若 $T_p^*\leqslant T_b$，则项目可以被接受；否则，应予以拒绝。

【例 7-12】 以表 7-3 的数据为例，$i_0=8\%$，基准投资回收期 $T_b=5$ 年，试计算动态投资回收期，并判断该项目的可行性。

解：

第一步：计算各年净现金流量的贴现值和累计贴现值，如表 7-4 所示。

表 7-4 现金流量表 （万元）

项 目	基建期	生 产 期			
	1	2	3	4	5
现金流入	1450	5342	5342	5342	3600
现金流出	8200	3298	3298	3298	1206
净现金流量	-6750	2044	2044	2044	2394
现值系数 $(1+8\%)^{-t+1}$	1.0	0.9259	0.8573	0.7938	0.7350
贴现值	-6750	1892.5396	1752.3212	1622.5272	1759.5900
累计贴现值	-6750	-4857.4604	-3105.1392	-1482.6120	276.9780

第二步：利用式（7-15），可得：

$$T_p^* = 5 - 1 + \frac{|-1482.6120|}{1759.5900} = 4.85\text{ 年}$$

由于 $T_p^* < T_b$，因此，该项目可行。

4. 优缺点

与静态投资回收期指标相比较，动态投资回收期考虑了资金的时间价值，但计算较为复杂。通常只宜用于辅助性评价。

四、费用现值和费用年值

在对多个方案比较选优时，如果诸方案产出价值相同，或者诸方案能够满足同样需要但其产出效益难以用价值形态（货币）计量（如冶炼项目环境保护、冶炼项目生产安全等）时，可以通过对各方案费用现值 PC 或费用年值 AC 的比较进行选择。

（一）计算公式

费用现值 PC 的计算公式为：

$$PC = \sum_{t=0}^{n} CO_t(1 + i_0)^{-t} \tag{7-16}$$

费用年值 AC 的计算公式为：

$$AC = \sum_{t=0}^{n} CO_t(1 + i_0)^{-t} \times (A/P,\ i_0,\ n) = PC \times (A/P,\ i_0,\ n) \tag{7-17}$$

（二）适用范围

（1）参与评价的各个方案是可行的。

（2）只能用于多个方案的比选，不能用于单个方案的评价。

（三）判别准则

费用现值或费用年值最小的方案为优。

【例 7-13】 某冶炼项目有三个环保方案 A、B、C，均能满足环保要求，其费用数据如表 7-5 所示。$i_0 = 8\%$。试用费用现值和费用年值确定最优方案。

表 7-5　三个方案的费用数据表　　（万元）

方案	总投资（0 年）	年运营费用（1~10 年）	PC	AC
A	400	80	936.81	139.60
B	480	70	949.71	141.52
C	500	60	902.61	134.50

解：各方案的费用现值计算如下：

$$PC_A = 400 + 80(P/A,\ 8\%,\ 10) = 936.81\text{ 万元}$$

$$PC_B = 480 + 70(P/A,\ 8\%,\ 10) = 949.71\text{ 万元}$$

$$PC_C = 500 + 60(P/A,\ 8\%,\ 10) = 902.61\text{ 万元}$$

各方案的费用年值计算如下：

$$AC_A = 400(A/P,\ 8\%,\ 10) + 80 = 139.60\text{万元}$$
$$AC_B = 480(A/P,\ 8\%,\ 10) + 70 = 141.52\text{万元}$$
$$AC_C = 500(A/P,\ 8\%,\ 10) + 60 = 134.50\text{万元}$$

费用现值和费用年值的计算结果均表明：方案C最优，方案A次之，方案B最差。另外，在各方案寿命期相等的情况下，就评价结论而言，费用现值和费用年值是等效评价指标。

第三节　风险分析方法

一、风险分析概述

风险是指投资项目预期收益发生偏差的可能性，这种可能性越大则风险越高。风险是普遍存在的，任何工程项目都有风险，只是大小不同。冶金项目是内部组织庞大、外部联系复杂的体系，对这样一个项目进行投资决策，必然会遇到风险问题。因为在决策时无法完全查明项目的全部情况，而且各种环境参数（如市场条件、经营成本、冶炼政策等）只有在生产经营过程中才能得到比较准确的数据。风险分析是找出行动方案的不确定性因素，分析其环境状况和对方案的敏感程度；对有关数据进行估计，包括行动方案的费用，在不同情况下得到的收益以及不确定性因素发生的概率，计算各种风险情况下的经济效果，作出正确判断等。冶金项目风险决策通常包括：减少原料中有害杂质的含量、优化工程项目建设、扩大冶炼生产能力、降低危险事故发生概率、提高生产工艺技术和企业经营管理水平以及更新设备等。

例如某一冶金项目的风险主要来自以下三个方面：

（1）冶金项目工艺设备风险的不确定性。包括机械、液压设备（运转零部件和工件、检修作业、误运转和误操作）、电气设备（断电、触电、火灾、爆炸、误运转和误操作、静电、雷电）的不确定性等。

（2）市场、社会环境的不确定性。包括投资、冶金产品价格、原材料成本、市场供需、冶金政策、环保法规、国内外政治经济形势等。

（3）基础资料的不确定性。由于冶金项目可行性研究的大部分基础资料来自预测和估算，因此其正确性或可靠性难以保证。

二、风险分析的目的

由于冶金项目的建设期、投资回收期以及生产期很长，将面临着大量的不确定性因素，从而导致投资支出能否取得预期收益具有很大的不确定性，加上投资数额巨大，项目一旦完成则很难再改变投资方向。因此，在冶金项目可行性研究中，风险分析绝不是可有可无的，而应该成为可行性研究的重要组成部分。

研究冶金项目风险的主要目的是：

（1）为了比较不同方案以便做出正确的决策，需要了解整个项目的综合风险程度。

（2）为了应对意外事件的发生，以便采取相应的对策，需要了解各种风险因素对收益的影响大小。

三、风险分析的步骤

（1）风险识别。风险识别首先是要认识和确定项目可能会存在哪些风险因素？这些风险因素会给项目带来什么影响及其具体原因是什么？在对风险特征充分认识的基础上，识别项目潜在的风险和引起这些风险的具体因素，进一步通过风险评价确定损失程度和发生的可能性，进而找出关键风险因素，提出风险对策。

风险识别的一般步骤是：1）明确所要实现的目标；2）找出影响目标的全部因素；3）分析各因素对目标的相对影响程度；4）对各因素向不利方向变化的可能性进行分析、判断并确定主要风险因素。

风险识别常用的方法主要有风险分解法、流程图法和专家调查法等。

（2）风险估计。风险估计是估计风险发生的可能性及其对项目的影响。冶金投资项目所涉及的风险因素有些是可以量化的，可以通过定量分析的方法对它们进行分析。另外，也存在许多不可量化的风险因素，它们又可能给项目带来较大的风险，有必要对不可量化的风险因素进行定性描述。因此，风险估计应采用定性描述与定量分析相结合的方法，从而对项目所面临的风险做出全面的估计。

（3）风险评价。风险评价是在风险估计的基础上，通过设置相应的指标体系和评价标准，对风险程度进行划分，以揭示影响项目成败的关键风险因素，以便采取防范对策。风险评价包括单因素风险评价和整体风险评价。

（4）风险对策。针对冶金项目可能面临的主要风险因素，应提出有效的风险防范对策，避免风险的发生或将风险损失降低到最小程度，这样才能有助于提高投资的安全性，使得项目获得成功。风险对策研究的结果应及时反馈到可行性研究的各个方面，并据此修改部分数据或调整方案。另外，可行性研究阶段的风险对策可为投资项目实施过程的风险监督与管理提供依据。

（5）风险分析结果。在完成上述步骤后，可归纳整理项目的风险分析结果，如表 7-6 所示。

表 7-6　风险分析结果表

主要风险	风险起因	风险程度	后果与影响	主要对策
A				
B				
⋮				

四、风险分析的方法

（一）盈亏平衡分析

盈亏平衡分析是指通过分析产品产量、成本和盈利之间的关系，找出方案盈利和亏损在产量、单价、成本等方面的临界点，以判断不确定性因素对方案经济效果的影响程度，说明方案实施的风险大小。这个临界点被称为盈亏平衡点（Break Even Point，简称 BEP）。

盈亏平衡分析又被称为量本利分析。盈亏平衡点有多种表达形式，如可以用产量、生产能力利用率、销售收入或产品售价等表示，其中以产量和生产能力利用率表示的盈亏平衡点应用最为广泛。根据生产成本及销售收入与产量（销售量）之间是否呈线性关系，盈亏平衡分析又可分为线性盈亏平衡分析和非线性盈亏平衡分析，这里着重介绍线性盈亏平衡分析。

1. 线性盈亏平衡分析运用的假设条件

（1）产量等于销售量。

（2）产量变化，单位可变成本不变，从而总生产成本是产量的线性函数。

（3）产量变化，销售单价不变，从而销售收入是销售量的线性函数。

（4）只生产单一产品，或者生产多种产品，但可以换算为单一产品或折算成同一货币单位计算。

2. 盈亏平衡点及其确定

A　以产品销售量表示的盈亏平衡点

盈亏平衡点可以有多种表达，一般是从销售收入等于总成本费用即盈亏平衡方程式中导出。设企业的销售价格（P）不变，则

$$B = PQ \tag{7-18}$$

式中　B——税前销售收入（从企业角度看）；

P——单位产品价格（完税价格）；

Q——产品销售量。

企业的总成本费用（C），从决策用的成本概念来看，包括固定成本（C_f）和变动成本（C_vQ），即

$$C = C_f + C_vQ \tag{7-19}$$

式中　C_f——固定成本；

C_v——单位产品变动成本。

这里需要说明的是，变动成本是指随产品产量的变动而变动的费用。大部分变动成本与产量呈线性关系，也有一部分变动成本与产量不呈线性关系，如生产工人工资中的部分附加工资、某些工艺的能耗费用等，这部分变动成本随产量变动的规律一般呈阶梯形曲线，通常称这部分变动成本为半变动成本。由于半变动成本通常在总成本费用中所占比例较小，因此，在经济分析中一般可近似地认为变动成本与产品产量成正比例关系。

当盈亏处于平衡状态时，总收入 B 等于总成本 C，则有

$$PQ^* = C_f + C_vQ^* \tag{7-20}$$

式中　Q^*——盈亏平衡点的产量。

由式（7-20）可知：

$$Q^* = \frac{C_f}{P - C_v} \tag{7-21}$$

式（7-21）中，$P-C_v$ 表示每销售单位产品在补偿了变动成本之后的剩余，被称为单位产品的边际贡献。盈亏平衡产量就是用边际贡献补偿固定成本的产量。盈亏平衡分析如图 7-8 所示。

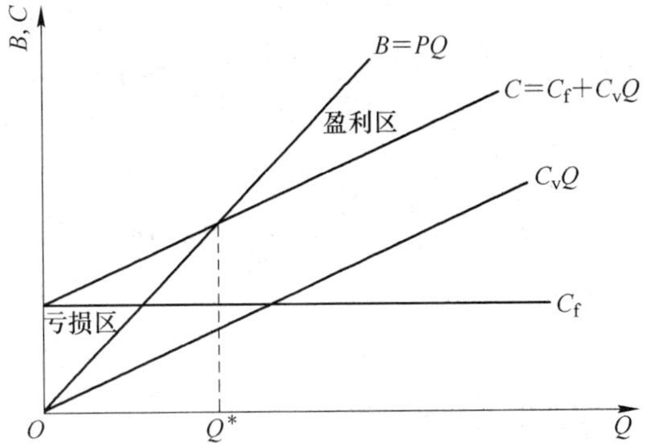

图 7-8　盈亏平衡分析图

图 7-8 中纵坐标表示销售收入与成本费用，横坐标表示产品产量。销售收入线 B 与总成本线 C 的交点称为盈亏平衡点，也就是项目盈利与亏损的临界点。当产量 $0<Q<Q^*$ 时，线 C 位于线 B 之上，此时企业处于亏损状态；而当产量 $Q>Q^*$ 时，线 B 位于线 C 之上，此时企业处于盈利状态。

B　以生产能力利用率表示的盈亏平衡点

在产品销售价格、固定成本和变动成本不变的情况下，盈亏平衡销售收入为：

$$B^* = PQ^* = \frac{PC_f}{P - C_v} \tag{7-22}$$

若方案设计生产能力为 Q_c，则盈亏平衡生产能力利用率为：

$$E^* = \frac{Q^*}{Q_c} \times 100\% = \frac{C_f}{(P - C_v)Q_c} \times 100\% \tag{7-23}$$

C　以销售价格表示的盈亏平衡点

若按设计生产能力进行生产和销售，且产品固定成本、变动成本不变，则盈亏平衡销售价格为：

$$P^* = \frac{B}{Q_c} = \frac{C}{Q_c} = C_v + \frac{C_f}{Q_c} \tag{7-24}$$

D　以单位产品变动成本表示的盈亏平衡点

若按设计生产能力进行生产和销售，且产品销售价格、固定成本不变，则盈亏平衡单位产品变动成本为：

$$C_v^* = \frac{C - C_f}{Q_c} = \frac{B - C_f}{Q_c} = P - \frac{C_f}{Q_c} \tag{7-25}$$

E　以固定成本表示的盈亏平衡点

若按设计生产能力进行生产和销售，且产品销售价格、单位产品变动成本不变，则盈亏平衡固定成本为：

$$C_f = (P - C_v)Q_c \tag{7-26}$$

【例 7-14】　某冶金项目年设计生产能力为生产某种产品 4 万吨，单位产品销售价格 3250 元，总成本费用 8000 万元，其中固定成本 3000 万元，总可变成本与产品产量成正比例关系，求以产量、生产能力利用率、销售价格、单位产品可变成本表示的盈亏平衡点。

解：根据已知可以求出单位产品可变成本：

$$C_v = \frac{(8000 - 3000) \times 10^4}{4 \times 10^4} = 1250 元/t$$

盈亏平衡产量：

$$Q^* = \frac{3000 \times 10^4}{3250 - 1250} = 15000t$$

盈亏平衡生产能力利用率：

$$E^* = \frac{3000 \times 10^4}{(3250 - 1250) \times 4 \times 10^4} \times 100\% = 37.5\%$$

盈亏平衡销售价格：

$$P^* = 1250 + \frac{3000 \times 10^4}{4 \times 10^4} = 2000 元/t$$

盈亏平衡单位产品可变成本：

$$C_v^* = 3250 - \frac{3000 \times 10^4}{4 \times 10^4} = 2500 元/t$$

在该例中，若未来的产品销售价格及生产成本与预期相同，项目不发生亏损的条件是年销售量不低于 15000t、生产能力利用率不低于 37.5%；如果按照设计生产能力生产并全部销售，生产成本与预期相同，项目不发生亏损的条件是产品价格不低于 2000 元/t；如果销售量、产品价格与预期值相同，项目不发生亏损的条件是单位产品可变成本不高于 2500 元/t。

（二）敏感性分析

1. 敏感性分析的概念

敏感性分析（sensitivity analysis）是一种常用的评价投资项目风险的不确定性分析方法，它是研究不确定性因素对项目经济效果的影响程度，具体地说，它是研究各种经济变量发生变化时，各种决策指标的变化程度。例如生产能力、销售收入、市场价格、投资、生产成本等发生变化时，表现项目经济效果的各种指标（如 NPV、IRR 等）的变化程度如何。不同的不确定因素对投资项目评价指标的影响程度也是不同的，即投资项目的评价指标对于每个不确定因素的敏感程度是不相同的。敏感性分析的目的是要从这些不确定因素中找出特别敏感的因素，以便提出相应的控制对策，供决策时参考。

2. 敏感性分析的步骤

（1）确定分析指标。分析指标是敏感性分析的具体分析对象。评价一个项目经济效果的指标有多个，如净现值、内部收益率、投资回收期等，它们都可以作为敏感性分析指标。但对某一个具体项目而言，没有必要对所有的指标都作敏感性分析，即分析指标的选择应针对实际需要而定。选择的原则有两点：1）敏感性分析的指标应与确定性分析的指标相一致，不应超出确定性分析所用指标的范围而另立指标；2）确定性经济分析中所用指标比较多时，应选择最能够反映该项目经济效益、最能够反映该项目经济合理与否的一个或几个最重要的指标作为敏感性分析的对象。一般最常用的敏感性分析指标是内部收益率和净现值等动态指标，此外，还可以将投资回收期和借款偿还期等静态指标作为分析对象。

（2）选择待分析的不确定因素，并设定其变化范围。影响项目经济效果的不确定因素有很多，而且严格说来，凡是影响项目经济效果的因素对项目的未来收益都具有某种不确定性。实践中没有必要也不可能对全部因素都进行敏感性分析，事先应仔细选定不确定因素。其选定的原则是该因素在项目的寿命期内，确有可能发生较大变动且在可能变动的范围内，其变动结果会较强烈的影响经济效果评价指标。在冶金项目分析中，通常可能发生变化的不确定因素有矿物原料供应、冶金产品价格、冶金产品市场需求与供给、生产成本、固定资产投资、建设工期、通货膨胀率及外汇牌价等。在选定需要分析的不确定因素之后，要根据实际情况设定这些因素可能的变化范围。

（3）计算分析不确定因素不同变动幅度对分析指标的影响程度。假定一次变动一个或多个不确定因素，其他因素不变，计算各种可能的不确定因素的变化对经济指标影响的具体数值。然后，采用敏感性分析计算表或分析图的形式，把不确定因素的变动与经济指标的对应数量关系反映出来。能使经济指标相对变化最大的或分析图中曲线斜率最大的因素，即为敏感因素。

项目对不确定因素的敏感程度还可以表示为经济效果评价指标达到临界点的程度，如内部收益率等于基准收益率、净现值等于零时，允许某个不确定因素变化的最大幅度，即极限变化。如果该不确定因素的变化超过了此极限，则该项目不能接受。

【例 7-15】 某冶金投资项目现金流量如表 7-7 所示，基准收益率为 10%，试以销售收入、固定资产投资、经营成本三个因素对该项目进行敏感性分析。

表 7-7 现金流量表（万元）

序号	项 目	建设期/年	生产期/年				
		1	2	3	4	5~20	21
	生产负荷/%		80	90	100	100	100
1	现金流入		28000	31500	35000	35000	39265
1.1	销售收入		28000	31500	35000	35000	35000
1.2	回收固定资产余值						511.69
1.3	回收流动资金						3753.31
2	现金流出	14008.99	26916.00	27167.02	30110.15	29736.90	29736.90
2.1	固定资产投资	14008.99					
2.2	流动资金		3025.65	353.41	373.25		
2.3	经营成本		20875.36	23361.62	25847.89	25847.89	25847.89
2.4	销售税金及附加		1958.14	2202.90	2447.68	2447.68	2447.68
2.5	所得税		1056.85	1249.09	1441.33	1441.33	1441.33
3	净现金流量	-14008.99	1084.00	4332.98	4889.85	5263.10	9528.10
4	累计净现金流量	-14008.99	-12924.99	-8592.01	-3702.16	80507.44	90035.54
5	所得税前净现金流量	-14008.99	2140.85	5582.07	6331.18	6704.43	10969.43
6	所得税前累计净现金流量	-14008.99	-11868.14	-6286.07	45.11	107315.99	118285.42
所得税后：内部收益率=29.14%，净现值=24167.64 万元，投资回收期=4.71 年							
所得税前：内部收益率=37.03%，净现值=34860.78 万元，投资回收期=4.00 年							

解：(1) 销售收入变化：由于销售收入对经济评价指标的影响是正向的，因此，仅需要分析销售收入出现下降的情况。当销售收入下降 5%，其他条件不变时，所得税后内部收益率为 22.86%，财务净现值为 15898.11 万元。

(2) 固定资产投资变化：由于固定资产投资对经济评价指标的影响是反向的，因此，仅需要分析固定资产投资出现上升的情况。当固定资产投资增加 10%，其他条件不变时，所得税后内部收益率为 26.86%，财务净现值为 22894.10 万元。

(3) 经营成本变化：由于经营成本对经济评价指标的影响是反向的，因此，仅需要分析经营成本出现上升的情况。当经营成本上升 5%，其他条件不变时，所得税后内部收益为 23.61%，财务净现值为 16889.83 万元。

以上计算分析结果如表 7-8 所示。由此可知，在三个影响因素中，销售收入为最敏感因素，经营成本为其次敏感因素，固定资产投资为最不敏感因素。

表 7-8 敏感性分析表

项　目	变化率/%	内部收益率/%	净现值/万元	投资回收期/年
基本方案	0	29.14	24167.64	4.71
销售收入	-5	22.86	15898.11	5.61
固定资产投资	+10	26.86	22894.10	4.97
经营成本	+5	23.61	16889.83	5.48

总体来说，通过敏感性分析，可以使决策者找出并了解各种主要因素变化对项目经济评价指标的影响程度，还可以预计因素值在多大范围内变动时，不会影响到决策的有效性；超过某一个变动范围，原来认为可以接受的方案就会变得不可接受，从而权衡利弊，决定是否对该项目投资或另择效益较高的项目进行投资。但敏感性分析也有其局限性，它不能明确指出某个因素变动对经济效果影响的可能性有多大。实际工作中，通过敏感性分析确定的某个敏感因素，在某个可能发生的变化范围内出现的概率很小，可以不考虑它的影响；但另一个不太敏感的因素，却在某个可能发生的变化范围内出现的概率很大，实际上带来的风险比那个敏感因素更大，而必须考虑它的变化对项目经济效果的影响。这类问题是敏感性分析无法解决的，需要根据项目的特点和实际需要进行概率分析。

(三) 概率分析

1. 概率分析的概念

概率分析是通过研究各种不确定性因素发生不同变动幅度的概率分布及其对项目经济效益指标的影响，对项目可行性和风险性以及方案优劣做出判断的一种风险分析方法。概率分析是根据不确定因素在一定范围内的随机变动，分析并确定这种变动的概率分布，从而计算出其期望值及标准偏差，为项目的风险决策提供依据的一种分析方法。期望值法在项目评估中应用最为普遍，是通过计算项目净现值的期望值和净现值不小于零时的累计概率，来比较方案优劣、确定项目可行性和风险程度的方法。

2. 评价指标和方法

A 评价指标

(1) 经济效果的期望值。

（2）经济效果的标准差。

B　分析方法

进行概率分析的方法主要有期望值法、效用函数法和模拟分析法等。

（1）期望值法。期望值法在项目评估中应用最为普遍，是通过计算项目净现值的期望值和净现值不小于零时的累计概率，来比较方案优劣、确定项目可行性和风险程度的方法。

（2）效用函数法。所谓效用，是对总目标的效能价值或贡献大小的一种测度。在风险决策的情况下，可用效用来量化决策者对待风险的态度。通过效用这一指标，可将某些难以量化、有质的差别的事物（事件）给予量化，将要考虑的因素折合为效用值，得出各方案的综合效用值，再进行决策。效用函数反映决策者对待风险的态度，不同的决策者在不同的情况下，其效用函数是不同的。

（3）模拟分析法。模拟分析法就是利用计算机模拟技术，对项目的不确定因素进行模拟，通过抽取服从项目不确定因素分布的随机数，计算分析项目经济效果评价指标，从而得出项目经济效果评价指标的概率分布，以提供项目不确定因素对项目经济指标影响的全面情况。

3. 分析步骤

（1）列出各种必须要考虑的不确定因素。例如销售价格、销售量、投资和经营成本等，且所选取的不确定因素之间应是相互独立的。

（2）分析各不确定因素可能发生的变化情况。

（3）分析各种可能发生情况的概率。

（4）计算目标值的期望值。可根据方案的具体情况选择适当的方法。例如采用净现值为目标值，一种方法是将各年净现金流量所包含的各不确定因素在各可能情况下的数值与其概率分别相乘后再相加，得到各年净现金流量的期望值，然后求得净现值的期望值。另一种方法是直接计算净现值的期望值。

（5）求出目标值不小于零的累计概率。对于单个方案的概率分析应求出净现值不小于零的概率，由该概率值的大小可以估计方案承受风险的程度。该概率值越接近 1，说明技术方案的风险越小；反之，方案的风险越大。可以列表求得净现值不小于零的概率。

【例 7-16】 某冶金项目年生产规模为 200t，其投资额、产品售价和年经营成本可能发生的情况及概率见表 7-9～表 7-11。项目寿命周期为 10 年，基准收益率为 12%，投资者期望的净现值为 3200 万元。试进行概率分析，计算该项目净现值的期望值，并做出投资与否的决策。

表 7-9　投资额及概率估算表

项　目	第 1 年		第 2 年	
可能情况	Ⅰ按计划完成	Ⅱ返工	Ⅰ按计划完成	Ⅱ返工
概率	0.9	0.1	0.8	0.2
投资额/万元	1200	1400	2400	2800

表 7-10 产品售价及概率估算表

项 目	第 3~10 年		
可能情况	Ⅰ激烈竞争	Ⅱ一般竞争	Ⅲ无竞争
概率	0.2	0.7	0.1
产品售价/万元·吨$^{-1}$	11	12	13

表 7-11 年经营成本及概率估算表

项 目	第 3~10 年		
可能情况	Ⅰ激烈竞争	Ⅱ一般竞争	Ⅲ无竞争
概率	0.2	0.7	0.1
经营成本/万元	950	750	650

解：分析过程如表 7-12~表 7-15 所示。

表 7-12 投资额概率分析表

项 目	第 1 年		第 2 年	
可能情况	Ⅰ按计划完成	Ⅱ返工	Ⅰ按计划完成	Ⅱ返工
概率	0.9	0.1	0.8	0.2
投资额/万元	1200	1400	2400	2800
投资额期望值/万元	1200×0.9+1400×0.1=1220		2400×0.8+2800×0.2=2480	

表 7-13 产品售价概率分析表

项 目	第 3~10 年		
可能情况	Ⅰ激烈竞争	Ⅱ一般竞争	Ⅲ无竞争
概率	0.2	0.7	0.1
产品售价/万元·吨$^{-1}$	11	12	13
销售收入期望值/万元	(11×0.2+12×0.7+13×0.1)×200=2380		

表 7-14 年经营成本概率分析表

项 目	第 3~10 年		
可能情况	Ⅰ激烈竞争	Ⅱ一般竞争	Ⅲ无竞争
概率	0.2	0.7	0.1
经营成本/万元	950	750	650
经营成本期望值/万元	950×0.2+750×0.7+650×0.1=780		

表 7-15　项目收益净现值估算表

项　目	1	2	3~10
投资额期望值/万元	1220	2480	
经营成本期望值/万元			780
销售收入期望值/万元			2380
净现金流量期望值/万元	-1220	-2480	1600
净现值期望值/万元	3269. 95		

项目期望净现值为 3269. 95 万元 > 3200 万元，因此，该项目可行。

（四）层次分析法

层次分析法（Analytic Hierarchy Process，简称 AHP）是将与决策总是有关的元素分解成目标、准则、方案等层次，在此基础之上进行定性和定量分析的决策方法。该方法是美国运筹学家匹茨堡大学教授 T. L. Saaty 于 20 世纪 70 年代初，在为美国国防部研究“根据各个工业部门对国家福利的贡献大小而进行电力分配”课题时，应用网络系统理论和多目标综合评价方法，提出的一种层次权重决策分析方法。

（五）其他风险分析方法

近年来，随着各种数学方法在风险分析中的深入运用，尤其随着计算机技术的发展，对冶金项目风险分析的方法越来越多，如网络模型法、投影寻踪法、等风险图法、实物期权法、灰色系统分析法、熵权法以及各种组合法等，这些方法的运用丰富了风险分析的内涵，在使用时应根据项目特点和决策目标进行选择。

复习思考题

一、名词解释

现金流量、资金时间价值、利息、利率、单利、复利、资金等值、贴现、贴现率、资金的现值、净现值、净现值指数、内部收益率、投资回收期、盈亏平衡分析、敏感性分析、概率分析、层次分析法

二、简答题

1. 如何理解资金的时间价值？
2. 影响资金等值计算的要素有哪些？
3. 资金等值计算公式。
4. 净现值评价方法的优缺点。
5. 净现值和净现值指数的判别准则。
6. 内部收益率的判别准则及计算方法。
7. 内部收益率评价方法的优缺点。
8. 静态投资回收期的计算方法、判别准则及优缺点。

9. 动态投资回收期的计算方法、判别准则及优缺点。
10. 费用现值和费用年值的计算方法、适用范围及判别准则。
11. 风险分析的目的、步骤及主要方法。
12. 敏感性分析的步骤。
13. 概率分析的主要方法及步骤。

第八章　冶金项目财务评价方法

第一节　投资估算与资金筹措

一、投资估算

（一）固定资产投资估算

见本书第六章第三节有关内容。

（二）流动资金估算

流动资金是指生产经营性项目投产后，为进行正常生产运营，用于购买原材料、燃料，支付工资及其他经营费用等所需的周转资金。流动资金估算一般是参照现有同类企业的状况采用分项详细估算法，个别情况或者小型项目可采用扩大指标法。

1. 分项详细估算法

流动资金的显著特点是在生产过程中不断周转，其周转额的大小与生产规模及其周转速度直接相关。分项详细估算是根据周转额与周转速度之间的关系，对构成流动资金的各项流动资产和流动负债分别进行估算。在可行性研究中，为简化计算，仅对存货、现金、应收账款和应付账款四项内容进行估算。计算公式为：

$$流动资金 = 流动资产 - 流动负债$$

$$流动资产 = 应收账款 + 存货 + 现金$$

$$流动负债 = 应付账款$$

$$流动资金本年增加额 = 期末流动资金总额 - 期初流动资金总额$$

流动资金估算的具体步骤，首先计算各类流动资产和流动负债的年周转次数，然后再分项估算占用资金额。

（1）周转次数计算。周转次数是指流动资金的各个构成项目在1年内完成的生产过程数。

$$周转次数 = 360 \div 最低周转天数$$

存货、现金、应收账款和应付账款的最低周转天数，可参照同类企业的平均天数并结合项目特点确定，或按部门（行业）规定计算。又因为：

$$周转次数 = 周转额 \div 各项流动资金平均占用额$$

如果周转次数已知，则：

$$各项流动资金平均占用额 = 周转额 \div 周转次数$$

（2）应收账款估算。应收账款是指企业对外赊销商品、劳务而占用的资金。应收账款的周转额应为全年赊销收入。在可行性研究时，用销售收入代替赊销收入。计算公式为：

$$应收账款 = 年销售收入 \div 应收账款周转次数$$

（3）存货估算。存货是企业为销售或者生产耗用而储备的各种物资，主要有原材料、辅助材料、燃料、低值易耗品、维修备件、包装物、在产品、自制半成品和产成品等。为简化计算，仅考虑外购原材料、外购燃料、在产品和产成品，并分项进行计算。计算公式为：

存货 = 外购原材料 + 外购燃料 + 在产品 + 产成品

外购原材料占用资金 = 年外购原材料总成本 ÷ 原材料周转次数

外购燃料 = 年外购燃料 ÷ 按种类分项周转次数

在产品 = (年外购原材料 + 年外购燃料 + 年工资及福利费 + 年修理费 + 年其他制造费) ÷ 在产品周转次数

产成品 = 年经营成本 ÷ 产成品周转次数

（4）现金需要量估算。项目流动资金中的现金是指货币资金，即企业生产运营活动中停留于货币形态的那部分资金，包括企业库存现金和银行存款。计算公式为：

现金需要量 = (年工资及福利费 + 年其他费用) ÷ 现金周转次数

年其他费用 = 制造费用 + 管理费用 + 销售费用 − (以上三项费用中所含的工资及福利费、折旧费、摊销费、修理费)

（5）流动负债估算。流动负债是指在 1 年或者超过 1 年的一个营业周期内，需要偿还的各种债务。在可行性研究中流动负债的估算只考虑应付账款一项。计算公式为：

应付账款 = (年外购原材料 + 年外购燃料) ÷ 应付账款周转次数

根据流动资金各项估算结果，汇总编制流动资金估算表。

2. 扩大指标估算法

扩大指标估算法是根据现有同类企业的实际资料，求得各种流动资金率指标，也可依据经验和行业、部门给定的参数值确定比率。各类流动资金率乘以相应的费用基数来估算流动资金。一般常用的基数有固定资产投资、销售收入、经营成本和总成本费用等，究竟采用何种基数依行业习惯而定。扩大指标估算法简便易行，但准确度不高，适用于项目建议书阶段的估算。计算流动资金的经验公式如表 8-1 所示。

表 8-1　扩大指标估算法计算年流动资金

年费用基数	年流动资金额	流动资金率/%
固定资产投资	固定资产投资 ×（10%~20%）	10~20
销售收入	销售收入 ×（30%~50%）	30~50
经营成本	经营成本 ×（45%~60%）	45~60
总成本费用	总成本费用 ×（40%~55%）	40~55

3. 估算流动资金应注意的问题

（1）在采用分项详细估算法时，应根据项目实际情况分别确定现金、应收账款、存货和应付账款的最低周转天数，并考虑一定的保险系数。因为最低周转天数减少，将增加周转次数从而减少流动资金需用量，因此必须切合实际地选用最低周转天数。对于存货中的外购原材料和燃料，要分品种和来源，考虑运输方式和运输距离，以及占用流动资金的比例大小等因素确定。

（2）在不同生产负荷下的流动资金，应按不同生产负荷所需的各项费用金额，分别按上述的计算公式进行估算，而不能直接按照100%生产负荷下的流动资金乘以生产负荷求得。

（3）流动资金属于长期性（永久性）流动资产，流动资金的筹措可通过长期负债和资本金（一般要求占30%）的方式解决。流动资金一般要求在投产前一年开始筹措，为简化计算，可规定在投产的第一年开始按生产负荷安排流动资金需用量。其借款部分按全年计算利息，流动资金利息应计入生产期间财务费用，项目计算期末收回全部流动资金（不含利息）。

二、资金筹措

充足的投资资金是保证项目得以顺利实施的前提条件，因此资金筹措也就成为投资项目资金规划的重要内容。只有在明确筹资前景的情况下，才有条件进行项目的可行性研究，如果筹集不到资金，投资方案不合理，也就不能付诸实施。

（一）项目投资资金总额的构成

在资金筹措阶段，项目投资资金总额由自有资金和借入资金两部分组成。

1. 自有资金

企业自有资金是指企业为进行生产经营活动所经常持有，可以自行支配使用并无须偿还的那部分资金。按规定可用于固定资产投资和流动资金的资金。也就是在项目投资资金总额中投资者缴付的出资额，包括资本金和资本溢价。自有资金不还本付息，但要分配利润或向股东分配股息。

（1）资本金。根据我国《企业财务通则》规定："设立企业必须有法定的资本金。资本金是指企业在工商行政管理部门登记的注册资金。"我国有关法规遵循实收资本与注册资金相一致的原则。资本金在不同类型企业中的表现形式有所不同。股份有限公司的资本金被称为股本，股份有限公司以外的一般企业的资本金被称为实收资本。根据投资主体的不同，资本金可分为国家资本金、法人资本金、个人资本金及外商资本金等。资本金的筹集可以采用国家投资、各方集资或者发行股票等方式。企业投资者可以用现金、实物和无形资产等进行投资。

（2）资本溢价。资本溢价指有限责任公司投资者交付的出资额大于按合同、协议所规定的出资比例计算的部分，是资本公积金的组成之一。有限责任公司在创立时，投资者认缴的出资额，都作为资本金记入"实收资本"科目，实际收到或者存入企业开户银行的金额超过其在该企业注册资本中所占份额的部分，计入资本公积。

2. 借入资金

借入资金是企业对外资金筹措，是指企业在金融市场上通过负债方式从资金提供者那里取得的资金，又称债务资金。借入资金包括国内外银行借款、国际金融机构借款、外国政府借款、出口信贷、补偿贸易、发行债券等方式筹集的资金。借入资金需要还本付息。

（二）项目投资资金筹措规划

建设项目资金筹措规划是根据项目可行性研究估算的投资需要量，通过资金来源与运用表，研究、安排资金的来源与运用，为项目寻求适宜的筹资方案，选择财务费用最经济的筹资方式，并在此基础上估计获得资金的可能性，以适应项目预期的现金流量。

资金筹措和投资方案选择是项目财务评价中相互影响的两个方面。充足的建设资金是项目建设的前提条件，是项目可行性研究的基础。如果资金筹措不到位，投资方案再合理，也不能付诸实施。投资方案的选择必须建立在技术上可行、经济上合理的基础上，投资方案一旦确定，项目投资也基本确定，进而直接影响到资金筹措。

（三）项目投资资金筹措渠道

冶金项目投资资金筹措渠道（即冶金企业融资），是指冶金企业在项目建设、冶炼生产过程中主动进行的资金筹集和资金运用行为。冶金企业融资的主要来源是银行贷款，但在不同时期的融资需求和融资特点有所不同，项目建设期的融资需求主要是厂房建设、设备购置和设备安装等，资金需求量大，融资手段多样化；项目投产进入经营期，该阶段的资金需求主要是流动资金以及偿还债务，资金需求量大，融资手段相对单一。

1. 项目融资

项目融资始于20世纪30年代美国油田开发项目，后来逐渐扩大范围，广泛应用于石油、天然气、煤炭、铜、铝等矿产资源的开发，以及电力、公路、海底隧道等基础设施建设项目。近年来，随着项目融资运用范围的扩大，这种融资方式在工业领域也得到了较多运用，如澳大利亚波特兰铝厂项目、加拿大塞尔加纸浆厂项目和中国四川水泥厂项目等，均通过项目融资方式进行筹资。项目融资作为一种重要的融资方式，是以项目本身良好的经营状况和项目建成、投入使用后的现金流量作为还款保证来融资的。它不需要以投资者的信用或有形资产作为担保，也不需要政府部门的还款承诺，贷款的发放对象是专门为项目融资和经营而成立的项目公司。对于资金需求量较大、项目预期收益较好的大型冶金项目来说，项目融资是一种较为合适的融资方式。

2. 股权融资

股权融资是指企业通过公开发行股票或者私募的方式增加资本，借以融资，无需还本付息，但需要分配红利。股权融资主要包括风险投资、私募融资、上市前融资及管理层收购等方式。

股权融资的优势主要表现在：股权融资吸纳的是权益资本，因此，公司股本返还甚至股息支出压力小，增强了公司抗风险的能力。若能吸引拥有特定资源的战略投资者，还可通过利用战略投资者的管理优势、市场渠道优势、政府关系优势以及技术优势等产生协同效应，迅速壮大自身实力。股权融资最大的风险在于股份稀释可能失去公司的控制权、一部分收益权，甚至有可能出现因公司战略和经营目标、经营手法等与新股东有重大分歧而导致公司经营困难，以至分道扬镳的情况。

3. 债权融资

债权融资是指企业从外部借款，按期承担还本付息的义务，主要包括银行贷款、信托计划、短期融资券、企业债、可转债以及资产支持证券等。

（1）银行贷款。银行贷款是指银行根据政策以一定的利率将资金贷放给资金需要者，并约定期限归还的一种经济行为。包括国内银行贷款和国际银行及金融机构贷款。

（2）委托贷款。委托贷款是由政府部门、企事业单位及个人等委托人提供资金，由金融机构（受托人）根据委托人确定的贷款对象、用途、金额、期限、利率等发放的贷款。

受托金融机构只负责代为发放、监督使用并协助收回，不承担任何形式的贷款风险。适用范围：委托人所确定的贷款对象和用途，必须符合国家有关法律、法规和政策规定，项目本身具有较好的经济效益和社会效益。

（3）信托抵押贷款。项目方将可以办理质押的证件抵押给资方，资方委托银行直接放款给项目方。

4. 融资租赁

融资租赁是指出租人根据承租人对租赁物件的特定要求和对供货人的选择，出资向供货人购买租赁物件，并租给承租人使用，承租人则分期向出租人支付租金，在租赁期内租赁物件的所有权属于出租人所有，承租人拥有租赁物件的使用权。融资租赁和传统租赁一个本质的区别就是：传统租赁以承租人租赁使用物件的时间计算租金，而融资租赁以承租人占用融资成本的时间计算租金。

第二节　财务基础数据测算

财务基础数据测算是在经过项目建设必要性审查、生产建设条件评估和技术可行性评估之后，并在市场需求调查、销售规划、技术方案和规模经济分析论证的基础上，从项目评价的要求出发，按照现行财务制度规定，对项目有关的成本和收益等财务基础数据进行收集、测算，并编制财务基础数据测算表等一系列工作。

一、成本与费用的测算

生产成本费用是企业生产经营过程中发生的各种耗费及其补偿价值。可采用制造成本法或要素分类法进行测算。按照制造成本法，总成本费用由生产成本和期间费用两部分构成。经营成本是由总成本费用扣除折旧费、摊销费和利息支出而得。

（一）生产成本

生产成本也称制造成本，是指企业生产经营过程中实际消耗的直接材料、直接人工、其他直接支出和制造费用。

（1）直接材料。直接材料包括企业生产经营过程中实际消耗的原材料、辅助材料、设备配件、外购半成品、燃料、动力、包装物、低值易耗品以及其他直接材料等。

（2）直接工资。直接工资包括企业直接从事产品生产人员的工资、奖金、津贴和补贴。

（3）其他直接支出。其他直接支出包括直接从事产品生产人员的职工福利费等。

（4）制造费用。制造费用是指企业各个生产单位（分厂、车间）为组织和管理生产所发生的各项费用，包括各生产单位车间、分厂管理人员的工资、职工的福利费、折旧费、维简费、修理费、物料消耗及低值易耗品摊销、劳动保护费、水电费、办公费、差旅费、运输费、保险费、租赁费（不包括融资租赁费）、设计制图费、试验检验费、环境保护费以及其他制造费用等。

（二）期间费用

期间费用是指在一定会计期间发生的与生产经营没有直接关系或关系不密切的管理费用、财务费用和营销费用。期间费用不计入产品的生产成本，直接体现为当期损益。

（1）管理费用。管理费用是指企业行政管理部门为管理和组织生产经营活动所发生的各项费用。包括公司经费、职工教育经费、业务招待费、税金、技术转让费、无形资产摊销、咨询费、诉讼费、开办费摊销、上缴上级管理费、劳动保险费、待业保险费、董事会会费、财务报告审计费、筹建期间发生的开办费以及其他管理费用。

（2）财务费用。财务费用是指企业在生产经营过程中为筹集资金而发生的筹资费用。包括企业生产经营期间发生的利息支出（减利息收入）、汇兑损益、金融机构手续费以及筹资发生的其他财务费用等。

（3）销售费用。销售费用是指企业在销售产品、自制半成品和提供劳务等过程中发生的各项费用。包括由企业负担的包装费、运输费、广告费、装卸费、保险费、委托代销手续费、展览费、租赁费（不含融资租赁费）和销售服务费、销售部门人员工资、职工福利费、差旅费、折旧费、修理费、物料消耗、低值易耗品摊销以及其他经费等。与销售有关的差旅费应计入销售费用。

（三）成本与费用的测算

生产成本与费用主要是根据过去的统计资料和经验预估确定的，常用的估算方法有以下两种。

1. 扩大指标法

扩大指标法是根据单位成本费用扩大指标或类似冶金项目的实际单位成本与费用直接选取，要尽量选取与被评价项目的建设地点、生产能力、技术水平、工艺装备、辅助设施、冶炼工艺等相类似的项目。冶炼产品种类不同，成本与费用的估算也不同。

2. 分项成本累加法

分项成本累加法是按照成本构成逐项进行估算，然后累加求和。

（1）材料。材料为冶金产品生产成本（制造成本）中的物质消耗。材料费用的计算公式为：

$$材料费 = \Sigma 某种材料消耗量 \times 单价$$

材料消耗量可根据项目设计方案详细计算，也可参考相邻地区或类似冶金项目的实际资料估算；单价可以参照相邻冶金项目的实际综合单价估算。

（2）燃料动力。

$$燃料动力成本 = 全年产量 \times 单位产品燃料动力成本$$

全年产量可根据测定的设计生产能力和生产负荷加以确定，单位产品燃料动力成本依据燃料动力消耗定额及单价确定。

（3）工资。工资费用的计算公式：

$$工资费用 = \Sigma 某岗位定员人数 \times 该类人员平均工资$$

（4）福利费。福利费是指工资之外实际支付给职工个人和用于集体的福利费用。主要包括医疗卫生费、职工生活困难补助费、集体福利事业的补助和集体福利设施费等。福利费按照计税工资总额14%的提存比例计算。

（5）修理费。修理费是指企业为了保证固定资产的正常使用年限，对固定资产进行修理而发生的费用。

$$修理费 = 固定资产原值 \times 2\%$$

（6）折旧费。在冶炼生产过程中，固定资产可以长期参与生产经营而仍保持其原有的实物形态，但其价值将随着固定资产的使用而逐渐转移到生产出的冶炼产品中，构成了企业的成本或费用。这部分随着固定资产的磨损而逐渐转移的价值，即转移到冶炼产品中去的价值，称之为固定资产折旧。

我国现行固定资产折旧方法，一般是采用平均年限法或工作量法。在采用平均年限法和工作量法计算折旧时，净残值率按固定资产原值3%~5%确定，净残值率低于3%或高于5%的，由企业自主确定，并报主管财政部门备案。国家有关部门在适当缩短了现行规定的折旧年限的弹性区间，允许企业根据实际情况，在这个区间自行确定折旧年限。投资项目财务分析的固定资产折旧估算中，为了计算分析上的方便，折旧年限的确定有时可能会与该固定资产在财会核算中的折旧年限不同。

(7) 摊销费用。摊销费用是指无形资产与递延资产在使用期限内分期摊销的费用额。

无形资产是指能长期使用但没有实物形态的资产，如专利权、商标权、著作权、土地使用权、非专利技术、商誉等。无形资产摊销的关键是确定摊销期限，没有规定期限的，按不少于10年的期限分期摊销。

递延资产是指不能全部计入当年损益，应当记在以后年度摊销的各项费用，如开办费和以经营租赁方式租入的固定资产改良支出等。开办费是指企业在筹建期间发生的费用。一般按不少于5年的期限摊销。

(8) 利息支出。利息支出是指因筹集资金而发生的各项费用，包括生产经营期间发生的利息净支出，即在生产期发生的建设投资借款利息与流动资金借款利息之和。

$$\text{建设投资借款利息} = \text{年初借款本息累计余额} \times \text{年利率}$$

$$\text{流动资金借款利息} = \text{流动资金年初累计借款额} \times \text{年利率}$$

(9) 其他费用。其他费用是指在制造费用、管理费用、财务费用和销售费用中扣除工资及福利费、折旧费、修理费、摊销费及利息支出后的费用。在项目评估中，其他费用一般是根据总成本费用中前七项（材料、燃料动力、工资、福利费、修理费、折旧费及摊销费）之和的一定比率计算的，其比率应按照同类企业的经验数据加以确定。

根据总成本费用估算表将上述各项合计，即得出生产期各年的总成本费用。

二、销售收入、利润及税金的测算

(一) 销售收入

销售收入也称作营业收入，是指销售产品、自制半成品或提供劳务等而取得的货币收入。营业收入按比重和业务的主次及经常性情况，一般可分为主营业务收入和其他业务收入。

$$\text{销售收入} = \sum \text{产品销售数量} \times \text{产品销售单价}$$

产品销售单价的确定是财务分析中的一个重要问题。销售单价一般采用出厂价格，也可根据需要采用送达用户的价格或离岸价格。由于所有的计算均是针对未来的，因此产品销售单价的确定既要考虑近几年市场已实现的价格，也要考虑未来市场的供求状况，并做出较为合理的预测。在进行不确定性分析时，要分析由于单价变化而给项目所造成的影响。

（二）利润

（1）利润总额。利润总额是项目在一定时期内实现盈亏的总额，它是项目最终的财务成果。

年利润总额 = 年产品销售收入 － 年产品销售税金及附加 － 年总成本费用

年销售税金及附加 = 年增值税 + 年城市维护建设税 + 年教育费附加税

（2）利税总额

年利税总额 = 年产品销售收入 － 年总成本费用

年利税总额 = 年利润总额 + 年销售税金及附加

（三）税后利润

税后利润是利润总额按照国家规定（如减免所得税、弥补上年度亏损等）做相应调整后，依法缴纳所得税后所剩的利润。

税后利润 = 利润总额 － 所得税

税后利润一般按下列分配：

（1）弥补以前年度亏损。企业的年度亏损，可以由下一年度的税前利润弥补，下一年度税前利润尚不足以弥补的，可以由以后年度的利润继续弥补，但用税前利润弥补以前年度亏损的连续期限不超过 5 年。5 年内弥补不足的，用本年税后利润弥补。

（2）提取法定公积金。根据《中华人民共和国公司法》(2018 年修正)(以下简称"《公司法》"）的规定，法定盈余公积金的提取比例为当年税后利润（弥补亏损后）的 10%。当法定盈余公积金已达到注册资本的 50%时可不再提取。

（3）提取任意公积金。根据《公司法》的规定，公司从税后利润中提取法定公积金后，经股东会或者股东大会决议，还可以从税后利润中提取任意公积金。

（4）向投资者分配利润。根据《公司法》的规定，弥补亏损和提取公积金后所余税后利润，可以向股东（投资者）分配股利（利润），其中有限责任公司股东按照实缴的出资比例分取红利，全体股东约定不按照出资比例分取红利的除外；股份有限公司按照股东持有的股份比例分配，但股份有限公司章程规定不按持股比例分配的除外。

（四）未分配利润

未分配利润是企业未作分配的利润。它在以后年度可继续进行分配，在未进行分配之前，属于所有者权益的组成部分。从数量上来看，未分配利润是期初未分配利润加上本期实现的净利润，减去提取的各种公积金和分出利润后的余额。

（五）税金

1. 增值税

增值税是以商品（含应税劳务）在流转过程中产生的增值额作为计税依据而征收的一种流转税。从计税原理上说，增值税是对商品生产、流通、劳务服务中多个环节的新增价值或商品的附加值征收的一种流转税。

应纳税额 = 当期销项税额 － 当期进项税额

当期销项税额 = 销售收入 × 增值税税率

当期进项税额是指纳税人当期购进货物或接受应税劳务，向销售方支付的增值税额。在生产企业，可根据从销售方取得的增值税专用发票（或海关的完税凭证）注明的增值税税额确定本期进项税额。项目评价时的进项税额，可根据外购原材料、燃料动力、备品、配件等各种物质与劳务的金额和适用税率测算。

根据《关于深化增值税改革有关政策的公告》(财政部　税务总局　海关总署公告2019年第39号)，现行增值税税率共三档：基本税率13%、低税率9%及零税率。冶金项目所属的制造业增值税税率为13%。

2. 城市维护建设税

城市维护建设税是我国为了加强城市的维护建设，扩大和稳定城市维护建设资金的来源，而对有经营收入的单位和个人征收的一个税种。

$$应纳税额 = 增值税 \times 税率$$

城市维护建设税实行分区域的差别比例税率，即按纳税人所在城市、县城或镇等不同的行政区域分别规定不同的比例税率。具体规定为：纳税人所在地在市区的，税率为7%；纳税人所在地在县城、镇的税率为5%；纳税人所在地不在市区、县城、县属镇的，税率为1%。

3. 教育费附加税

教育费附加税是对在城市和县城凡缴纳增值税、消费税的单位和个人，就实际缴纳的两种税税额征收的一种附加。

$$应纳税额 = 增值税 \times 3\%$$

4. 环境保护税

环境保护税是指为保护和改善环境、减少污染物排放以及推进生态文明建设，而对开发利用环境资源的主体，根据其开发、利用环境资源的程度及其对环境污染的损害程度进行税款征收或减免的一种税收制度。

根据《中华人民共和国环境保护税法》，环境保护税纳税主体是在中华人民共和国领域和中华人民共和国管辖的其他海域，直接向环境排放应税污染物的企业事业单位和其他生产经营者。应税污染物为《中华人民共和国环境保护税法》所附《环境保护税税目税额表》《应税污染物和当量值表》规定的大气污染物、水污染物、固体废弃物和噪声。应税大气污染物、应税水污染物的应纳税额根据污染物当量数乘以具体适用税额确定，应税固体废弃物的应纳税额为固体废弃物排放量乘以具体适用税额，应税噪声的应纳税额为超过国家规定标准的分贝数对应的具体适用税额。环境保护税税目税额见表8-2。

表8-2　环境保护税税目税额

税目		计税单位	税额	备注
大气污染物		每污染当量	1.2~12元	
水污染物		每污染当量	1.4~14元	
固体废弃物	煤矸石	t	5元	
	尾矿	t	15元	
	危险废物	t	1000元	
	冶炼渣、粉煤灰、炉渣、其他固体废弃物（含半固态、液态废物）	t	25元	

续表 8-2

<table>
<tr><th colspan="2">税 目</th><th>计税单位</th><th>税额</th><th>备 注</th></tr>
<tr><td rowspan="6">噪声</td><td rowspan="6">工业噪声</td><td>超标 1~3 分贝</td><td>每月 350 元</td><td rowspan="6">1. 一个单位边界上有多处噪声超标，根据最高一处超标声级计算应纳税额；当沿边界长度超过 100m 有两处以上噪声超标，按照两个单位计算应纳税额。
2. 一个单位有不同地点作业场所的，应当分别计算应纳税额，合并计征。
3. 昼、夜均超标的环境噪声，昼、夜分别计算应纳税额，累计计征。
4. 声源一个月内超标不足 15 天的，减半计算应纳税额。
5. 夜间频繁突发和夜间偶然突发厂界超标噪声，按等效声级和峰值噪声两种指标中超标分贝值高的一项计算应纳税额</td></tr>
<tr><td>超标 4~6 分贝</td><td>每月 700 元</td></tr>
<tr><td>超标 7~9 分贝</td><td>每月 1400 元</td></tr>
<tr><td>超标 10~12 分贝</td><td>每月 2800 元</td></tr>
<tr><td>超标 13~15 分贝</td><td>每月 5600 元</td></tr>
<tr><td>超标 16 分贝以上</td><td>每月 11200 元</td></tr>
</table>

应税污染物和当量值表详见《中华人民共和国环境保护税法》附表 2。各类污染物的具体适用税额按各地区相关规定确定。例如北京市应税大气污染物适用税额为每污染当量 12 元；应税水污染物适用税额为每污染当量 14 元。天津市应税二氧化硫适用税额为每污染当量 6 元；烟尘适用税额为每污染当量 6 元。河北省将环保税主要污染物税额标准按地域分为三档，分别按照国家规定最低标准的 8 倍、5 倍、4 倍执行。

5. 企业所得税

企业每一纳税年度的收入总额，减除不征税收入、免税收入、各项扣除以及允许弥补的以前年度亏损后的余额，为应纳税所得额。企业所得税的税率为 25%。

$$应纳税额 = 应纳税所得额 \times 25\%$$

收入总额是指企业以货币形式和非货币形式从各种来源取得的收入，包括：销售货物收入，提供劳务收入，转让财产收入，股息、红利等权益性投资收益，利息收入，租金收入，特许权使用费收入，接受捐赠收入，其他收入等。

不征税收入是指从性质和根源上不属于企业营利性活动带来的经济利益、不负有纳税义务并不作为应纳税所得额组成部分的收入，包括财政拨款，依法收取并纳入财政管理的行政事业性收费、政府性基金，国务院规定的其他不征税收入。

免税收入是指属于企业的应税所得但按照税法规定免予征收企业所得税的收入。《中华人民共和国企业所得税法》所称的免税收入包括国债利息收入，符合条件的居民企业之间的股息、红利收入，在中国境内设立机构、场所的非居民企业从居民企业取得与该机构、场所有实际联系的股息、红利收入，符合条件的非营利组织的收入等。

各项扣除详见《中华人民共和国企业所得税法》。

第三节 财务效益分析

财务效益分析是在财务基础数据测算的基础上，计算财务分析指标，考察和分析项目的盈利能力、偿债能力和财务生存能力，判断项目的财务可行性，明确项目对财务主体的价值以及对投资者的贡献，为投资决策、融资决策以及银行审贷提供决策依据。项目类型的不同会影响财务分析内容的选择。对于经营性项目，应进行全面的财务分析；对于非经营性项目，主要分析项目的财务生存能力。

一、财务分析报表

财务分析各种报表格式的设置以现行会计制度为依据，同时结合项目评价的特点进行简化和调整。财务分析报表在编制过程中应注意相关表格的注释，结合项目具体情况适当增减科目。

财务分析报表、辅助报表等具体可参考《建设项目经济评价方法与参数（第3版)》。

二、融资前后财务能力分析

项目决策可分为投资决策和融资决策两个层次。投资决策重在考察项目净现金流的价值是否大于其投资成本，融资决策重在考察资金筹措方案能否满足要求。投资决策在先，融资决策在后。根据不同决策的需要，财务分析可分为融资前分析和融资后分析。

财务分析一般宜先进行融资前分析，融资前分析是指在考虑融资方案前就可以开始进行的财务分析，即不考虑债务融资条件下进行的财务分析。在融资前分析结论满足要求的情况下，初步设定融资方案，再进行融资后分析。融资后分析是指以设定的融资方案为基础进行的财务分析。

在项目的初期研究阶段，也可只进行融资前分析。融资前分析只进行盈利能力分析，并以项目投资折现现金流量分析为主，计算项目投资内部收益率和净现值指标，也可计算投资回收期指标。融资后分析主要是针对项目资本金折现现金流量和投资各方折现现金流量进行分析，既包括盈利能力分析，又包括偿债能力分析和财务生存能力分析等内容。

三、盈利能力分析

(一) 盈利能力静态与动态分析

1. 静态分析

静态分析是指不采取折现方式处理数据，根据利润与利润分配表计算项目资本金净利润率和总投资收益率等指标。静态分析计算公式简单，缺点是没有考虑资金时间价值因素。

2. 动态分析

动态分析依据资金具有时间价值，通过折现方式处理财务数据，主要包括以下两个层次：

(1) 项目资本金现金流量分析。从项目资本金出资者整体的角度，确定其现金流入和现金流出，编制项目资本金现金流量表，利用资金时间价值的原理进行折现，计算项目资本金财务内部收益率指标，考察项目资本金可获得的收益水平。

(2) 投资各方现金流量分析。考虑投资各方实际收入和支出的角度，确定其现金流入与流出，考察投资各方可能获得的收益水平。当投资各方不按股本比例进行发配或有其他不对等的收益时，可选择投资各方现金流量分析。

（二）盈利能力分析指标

盈利能力分析指标主要包括财务内部收益率（*FIRR*）、财务净现值（*FNPV*）、投资回收期（P_t）、总投资收益率（*ROI*）和项目资本金净利润率（*ROE*）等。指标选取应根据项目实际情况、目的和要求等综合考虑。其中，财务内部收益率、财务净现值、投资回收期的计算见第七章相应内容。

1. 总投资收益率

总投资收益率（Return on Investment，简称 ROI）表示总投资的盈利水平。计算公式为：

$$ROI = \frac{EBIT}{TI}$$

式中 *EBIT*——投资项目正常年份的年息税前利润或运营期内年平均息税前利润；

TI——项目总投资。

总投资收益率不低于行业的收益基准值，则表明用总投资收益率表示的项目盈利能力满足要求；反之，则不能满足要求。

2. 资本金净利润率

资本金净利润率（Rate of Return on Common Stock Holders' Equity，简称 ROE）表示项目资本金的盈利水平。计算公式为：

$$ROE = \frac{NP}{EC} \times 100\%$$

式中 *NP*——项目达到设计生产能力后正常年份的税后净利润或运营期内税后年平均净利润；

EC——项目资本金。

资本金净利润率不低于行业的利润率参考值，则表明用项目资本金净利润率表示的项目盈利能力满足要求；反之，则不能满足要求。

四、偿债能力分析

（一）概述

偿债能力是指企业偿还到期债务的能力。对于大多数企业来说，资金来源除了所有者权益外，还有相当一部分来自对外负债。由于任何一笔债务都负有支付利息和到期偿还本金的义务，因此企业支付利息和到期偿还本金的能力就是其偿债能力。企业偿债能力的强弱，是判断其财务状况好坏的主要标准之一。企业偿债能力的强弱除了取决于企业资产的流动性外，还取决于企业负债的规模以及负债的流动性。因此，分析企业偿债能力，还必须分析企业负债与所有者权益的比例关系以及各项负债占负债总额的比例关系等。企业的偿债能力按其债务到期时间的长短可分为短期偿债能力和长期偿债能力。

（二）偿债能力分析指标

偿债能力分析指标主要包括利息备付率、偿债备付率和资产负债率等指标。

1. 利息备付率

利息备付率（Interest Coverage Ratio，简称 ICR）是指在借款偿还期内的息税前利润

（*EBIT*）与当期应付利息（*PI*）的比例，它表明付息资金来源的充裕度。计算公式为：

$$ICR = \frac{EBIT}{PI}$$

正常情况下，$ICR>1$，表示企业有偿还利息的能力；$ICR<1$，表示企业没有足够的资金支付利息，偿债风险大。

2. 偿债备付率

偿债备付率（Debt Service Coverage Ratio，简称 DSCR），又称偿债覆盖率，是指项目在借款偿还期内，各年可用于还本付息的资金与当期应还本付息金额的比值。计算公式为：

$$DSCR = \frac{EBITDA - TAX}{PD}$$

式中 *EBITDA*——息税前利润加折旧和摊销；

TAX——企业所得税；

PD——当期应还本付息金额。

DSCR 应大于 1，其值越大，表明可用于还本付息的资金保障程度越高。

3. 资产负债率

资产负债率（Loan of Asset Ratio，简称 LOAR）是指各期末负债总额（*TL*）同资产总额（*TA*）的比例。计算公式为：

$$LOAR = \frac{TL}{TA}$$

适度的资产负债率，表明企业经营安全、稳健，具有较强的筹资能力，同样表明企业和债权人的风险较小。对该指标的分析，应结合国家宏观经济状况、行业发展趋势、企业所处竞争环境等具体条件判定。

五、财务生存能力分析

（一）概述

在项目（企业）运营期间，确保从各项经济活动中得到足够的净现金流量是项目能够持续生存的条件。财务分析中应根据财务计划现金流量表，综合考察项目计算期内各年的投资活动、融资活动和经营活动所产生的各项现金流入和流出，计算净现金流量和累计盈余资金，分析项目是否有足够的净现金流量维持正常运营。为此，财务生存能力分析亦可称为资本平衡分析。

财务生存能力分析应结合偿债能力分析进行，如果拟安排的还款期过短，致使还本付息负担过重，导致为维持资金平衡必须筹措的短期借款过多，可以调整还款期，减轻各年还款负担。

通常因运营期前期的还本付息负担较重，故应特别注重运营期前期的财务生存能力分析。

（二）判断准则

一般，可通过以下相辅相成的两个方面判断项目的财务生存能力：

（1）拥有足够的经营净现金流量。拥有足够的经营净现金流量是财务可持续的基本条件，特别是在运营初期。一个项目具有较大的经营净现金流量，说明项目方案比较合理，实现自身资金平衡的可能性大，不会过分依赖短期融资来维持运营；反之，一个项目不能产生足够的经营净现金流量，或经营净现金流量为负值，说明维持项目正常运行会遇到财务上的困难，项目方案缺乏合理性，实现自身资金平衡的可能性小，有可能要靠短期融资来维持运营；或者是非经营项目本身无能力实现自身资金平衡，提示要靠政府补贴。

（2）各年累计盈余资金不出现负值。各年累计盈余资金不出现负值是财务生存的必要条件。在整个运营期间，允许个别年份的净现金流量出现负值，但不能容许任一年份的累计盈余资金出现负值。一旦出现负值时应适时进行短期融资，该短期融资应体现在财务计划现金流量表中，同时短期融资的利息也应纳入成本费用和其后的计算。较大的或较频繁的短期融资，有可能导致以后的累计盈余资金无法实现正值，致使项目难以维持运营。

财务计划现金流量表是项目财务生存能力分析的基本报表，其编制基础是财务分析辅助报表与利润分配表。

复习思考题

一、名词解释

流动资金、分项详细估算、应收账款、存货、现金、流动负债、周转次数、扩大指标估算法、自有资金、资本金、资本溢价、借入资金、项目融资、股权融资、债权融资、融资租赁、财务基础数据测算、生产成本、制造费用、期间费用、管理费用、财务费用、销售费用、固定资产折旧、摊销费用、销售收入、税后利润、未分配利润、增值税、城市维护建设税、教育费附加税、企业所得税、财务效益分析、总投资收益率、资本金净利润率、偿债能力、利息备付率、偿债备付率、资产负债率

二、简答题

1. 估算流动资金的主要方法有哪些？
2. 项目投资资金总额的构成。
3. 冶金项目投资资金筹措渠道有哪些？
4. 融资租赁和传统租赁的本质区别。
5. 常用的生产成本与费用估算方法有哪几种？
6. 税后利润一般如何分配？
7. 融资前后财务能力分析的主要区别。
8. 盈利能力分析指标主要包括哪些？如何计算？
9. 偿债能力分析指标主要包括哪些？如何计算？
10. 财务生存能力分析的主要判断准则。

第九章　冶金项目设备更新和改扩建技术经济分析

第一节　冶金项目设备更新技术经济分析

设备是企业维持正常生产经营活动的重要物质和技术基础。机器设备的质量和技术水平是判断一个企业技术能力、开发能力和创新能力的重要标志，也是影响企业和国民经济各项经济技术评价指标的重要因素。设备从投入使用到报废，通常需要经历一段较长的时间，在这段时间内，设备会逐渐磨损。当设备因物理损坏或因陈旧落后不能继续使用或不宜继续使用时，就需要进行设备更新。如何使企业的技术结构合理化，如何使企业设备利用率、机械效率和设备运营成本等指标保持在良好状态，这就需要冶金企业对设备磨损的类型及补偿方式、设备更新方案的比选进行科学的技术经济分析。

一、设备的磨损和补偿

（一）设备的磨损类型

设备在使用（或闲置）过程中会逐渐产生磨损，磨损是设备陈旧落后的主要原因。设备磨损包括有形磨损和无形磨损两种形式，无论是哪种形式的磨损，其结果都会造成经济损失。为了减少设备磨损和做好设备更新工作，就必须首先弄清楚产生磨损的原因和磨损的规律，以便从价值和实物形态上找出对设备进行补偿的合理方法，采取相应的技术、组织和经济措施。

1. 设备的有形磨损

机器设备在使用（或闲置）过程中发生的实体磨损称为有形磨损或物质磨损，有形磨损使设备的使用价值降低，磨损严重到一定的程度甚至会使设备完全丧失使用价值。有形磨损是设备更新的主要原因，按照成因可划分为两种：

（1）第Ⅰ种有形磨损。运转中的机器设备，在外力的作用下，其零部件会发生摩擦、震动和疲劳，以致设备的实体发生磨损。通常表现为设备零部件的原始尺寸（甚至形状）发生改变、公差配合性质改变以及精度降低、零部件的损坏等。结果有可能导致设备精度降低，劳动生产率下降；达到一定程度时，整个机器功能下降甚至发生故障；使用费剧增，甚至难以继续工作或丧失使用价值。这种磨损的程度与设备的使用强度和使用时间长度有关。

（2）第Ⅱ种有形磨损。设备在闲置过程中受自然力的作用而产生的实体磨损，通常表现为金属件生锈、腐蚀、橡胶和塑料老化等，或是设备由于管理不善和缺乏必要的维护而降低甚至丧失精度和工作能力，失去部分或全部使用价值。机器设备使用价值的降低或丧失，会使设备的原始价值贬值或基本丧失。这种磨损与设备的闲置时间和闲置环境，以及使用或者闲置期间的维护状况有关，与生产过程的使用无关，甚至在一定程度上还与使用程度成反比。

2. 设备的无形磨损

设备除承受有形磨损外，还会承受无形磨损（又称经济磨损或精神磨损）。设备的无形磨损不是由生产过程中使用或自然力的作用造成的，而是由于社会经济环境变化造成的设备原始价值贬值。设备的无形磨损可分为两种情形：

（1）第Ⅰ种无形磨损。由于设备制造厂制造工艺不断改进，劳动生产率不断提高而使生产相同机器所需要的社会必要劳动时间减少了，因而设备的市场价格降低了，这样就使原来购买的设备相应贬值了。其后果仅仅是现有设备的原始价值降低，设备本身的技术特性和功能（使用价值）并未发生变化，故不会影响现有设备的正常使用。

（2）第Ⅱ种无形磨损。由于科学技术的进步，社会上出现了结构更先进、技术更完善、生产效率更高、耗费原材料和能源更少的新型设备，从而使原有设备在技术上显得陈旧落后。其结果不仅使原有设备价值降低，还局部或全部丧失其使用价值，这就可能产生新设备代替旧设备的必要性。当然这种替代的合理性取决于现有设备贬值的程度以及在生产中继续使用旧设备导致经济效益降低的幅度。

3. 设备的综合磨损

设备在使用期内既受到有形磨损，又受到无形磨损，两种磨损互相影响，使设备的价值降低，由此形成的损失和贬值称为设备的综合磨损。对任何特定的设备来说，这两种磨损必然同时发生和同时互相影响。某些方面的技术要求可能加快设备有形磨损的速度，例如高强度、高速度、大负荷技术的发展，必然使设备的有形磨损加剧；同时某些方面的技术进步又可提供耐热、耐磨、耐腐蚀、耐振动、耐冲击的新材料，使设备的有形磨损减缓，但是其无形磨损加快。这两种磨损都会引起设备的贬值，所不同的是遭受有形磨损的设备，特别是有形磨损比较严重的设备在修理之前常常不能工作；而遭受无形磨损的设备，即使无形磨损很严重，仍可继续使用，只是从经济上考虑有时已经不合算了。

（二）设备磨损的补偿方式

设备的磨损必然会引起设备技术性能和价值的下降，因此，为了维持生产和再生产的正常进行，必须对设备的磨损进行补偿。机器设备遭受磨损的形式不同，补偿方式也不一样。补偿分为局部补偿和完全补偿。设备有形磨损的局部补偿是修理，无形磨损的局部补偿是现代化改装。设备有形磨损和无形磨损的完全补偿是更新。设备磨损的三种补偿方式如图 9-1 所示。

修理、更新和现代化改装是设备磨损补偿的三种方式。修理是更换部分已磨损的零部件和调整设备，以恢复设备的生产功能和效率为主；现代化改装是对设备的结构作局部的改进和技术上的革新，如增添新的、必需的零部件，以增加设备的生产功能和效率为主；修理和现代化改装都属于局部补偿。更新是对整个设备进行更换，属于全部补偿。对于可消除的有形磨损，可以通过修理来恢复其功能；对于不可消除的有形磨损，修理已无意义，必须更新才能进行补偿；对于第Ⅱ种无形磨损，由于科技进步产生了相同功能的新型设备，要全部或部分补偿这种差距，只有通过对原设备进行技术更新或对旧设备进行现代化改装来实现。而对于第Ⅰ种无形磨损，则无需更新，也没有合适的补偿方式。以上三种

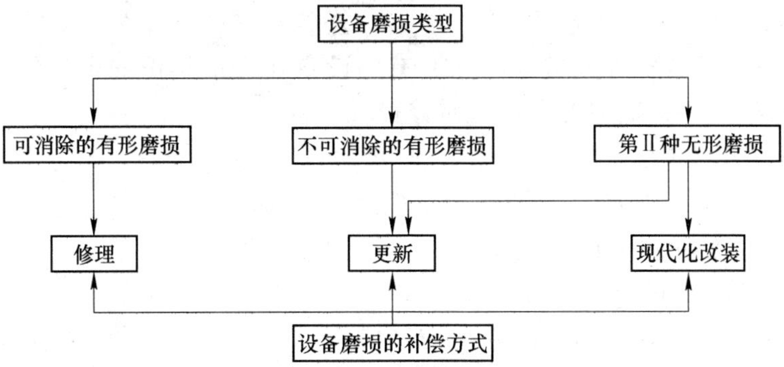

图 9-1　设备磨损的三种补偿方式

补偿方式的选用并非绝对化，实际应用中需要通过经济评价和比选来决定采用何种补偿方式。

（三）设备补偿的技术经济评价方法

为了消除设备磨损和破坏造成的后果，必须采用适当的补偿方式。对运行中的设备可以有五种方案进行选择，即旧设备留用、设备大修理、设备现代化改装、用原型设备更新、用新型设备更新。设备补偿的方案选择时，采用的技术经济评价方法主要有最低总费用法和追加投资回收期法。

1. 最低总费用法

此法首先计算出上述五种方案在相同时间内的总费用现值，然后除以反映各种补偿方式与新设备效率之比的生产率系数，使之在效率上可比，得到不同方案的设备总费用现值。总费用最小的方案就是应该利用的最佳方案。假设残值为零（若有，直接折现即可），则各种补偿方案的总费用现值计算公式如下：

（1）旧设备留用

$$C_{on} = \frac{1}{q_o} \sum_{j=1}^{n} C_{oj}(1+i)^{-t} \tag{9-1}$$

（2）设备大修理

$$C_{rn} = \frac{1}{q_r}\left[I_r + \sum_{j=1}^{n} C_{rj}(1+i)^{-t}\right] \tag{9-2}$$

（3）设备现代化改装

$$C_{mn} = \frac{1}{q_m}\left[I_m + \sum_{j=1}^{n} C_{mj}(1+i)^{-t}\right] \tag{9-3}$$

（4）用原型设备更新

$$C_{in} = \frac{1}{q_i}\left[I_i + \sum_{j=1}^{n} C_{ij}(1+i)^{-t}\right] \tag{9-4}$$

（5）用新型设备更新

$$C_{hn} = \frac{1}{q_h}\left[I_h + \sum_{j=1}^{n} C_{hj}(1+i)^{-t}\right] \tag{9-5}$$

式中，C_{on}、C_{rn}、C_{mn}、C_{in}、C_{hn}为各方案中设备使用到第 n 年末的总费用现值；q_o、q_r、q_m、q_i、q_h 为各方案的生产率系数；I_r、I_m、I_i、I_h 为设备大修理费、设备现代化改装费、原型设备购置费和新设备购置费（扣除原有旧设备在决策年份的可售价值）；C_{oj}、C_{rj}、C_{mj}、C_{ij}、C_{hj}为各方案在第 j 年的操作及维修费。

2. 追加投资回收期法

设备大修理、现代化改装与更新的经济性比较，还可以用计算投资回收期指标的方法来进行。各方案的投资、成本及年生产率等参数的符号同上。

在大多数情况下，设备大修理、现代化改装与更新之间有下列关系：

从投资来讲：$I_r<I_m<I_h$；从费用来讲：$C_r>C_m>C_h$；从生产率来讲：$q_r<q_m<q_h$。

因此，在考虑设备更新方案时，可根据下列标准进行决策：

（1）当 $I_r/q_r>I_m/q_m$，且 $C_r>C_m$ 时，现代化改装方案具有较好的经济效果，不仅经营费用有节约，基本投资也有节约。但这种情况的可能性较少。

（2）当 $I_r/q_r<I_m/q_m$，但 $C_r>C_m$ 时，可用追加投资回收期指标进行决策。

$$t=\frac{I_m/q_m - I_r/q_r}{C_r - C_m} \tag{9-6}$$

式中 t——投资回收期，年。

如果 t 小于企业或部门规定的年数，则选择现代化改装方案。

（3）当 $I_m/q_m>I_h/q_h$，且 $C_m>C_h$ 时，设备更新优于选择现代化改装方案。

（4）当 $I_m/q_m<I_h/q_h$，但 $C_m>C_h$ 时，同样可用追加投资回收期标准进行判断。当 t 不大于企业或部门规定的回收期标准时，更新的方案是合理的；如果大于回收期标准，则应选择现代化改装方案。

二、设备的经济寿命

（一）设备经济寿命的概念和类型

设备的经济寿命是指设备从开始投入使用（或闲置）时起，直至设备遭受有形磨损和无形磨损（贬值），再继续使用在经济上已经不合理为止的全部时间。设备的更新一般取决于设备的经济寿命。在技术经济分析中，设备受到磨损的影响，呈现出不同的寿命状态，不仅要考虑物理寿命，还要考虑技术寿命和经济寿命。设备更新的时机，一般取决于设备的技术寿命和经济寿命。

（1）设备的物理寿命。物理寿命又称自然寿命，指设备从开始使用到因其实际功能下降到不符合要求而最终报废所持续的时间。它是由设备的有形磨损决定的，与使用环境、维护保养的好坏密切相关。做好设备的维修保养可以延长设备的物理寿命，但不能从根本上避免设备的磨损，任何一台设备磨损到一定程度，都必须进行更新或修理。随着设备使用时间的延长，设备维修所支出的费用也逐渐增加，从而出现恶性使用阶段，即经济上不合理的使用阶段，因此，设备的物理寿命不能成为设备更新的估算依据。

（2）设备的技术寿命。技术寿命又称有效寿命，是从技术的角度看设备最合理的使用年限，具体来说是指设备从开始使用到因技术落后而被淘汰所经历的时间，即设备的技术老化周期。设备的技术寿命是由无形磨损决定的。技术寿命的长短与技术进步的速度有关。通过现代化改装，可以延长设备的技术寿命。技术进步越快，技术寿命越短，所以在估算设备寿命时，必须考虑设备技术寿命期限的变化特点及其使用的制约或影响。

（3）设备的经济寿命。经济寿命是指设备从开始使用直至在经济上不合理为止的时间周期。设备在使用过程中，由于有形磨损日益严重而使各项费用逐渐增加，可能造成继续使用的成本大大超过购买新设备的使用成本；或是由于市场售价较低、性能更完善、生产效率更高的新设备出现，使得原有设备继续使用在经济上不合算。因此，设备的经济寿命是由其有形磨损和无形磨损综合作用形成的，经济寿命的长短主要取决于设备使用过程中的经济状况（费用和收益状况）。设备的经济寿命是根据设备使用成本最低的原则来确定的。

（二）设备经济寿命的计算原理

从经济上分析，设备的年平均费用（ATC）由两部分组成，一部分是设备购置费的年分摊额，随着设备使用年限的增加，其会逐渐减少；另一部分是设备的年运行费用，包括操作费、维修费、材料费及能源费等。随着设备使用年限的延长，这部分费用会逐年增加。因此，设备的年平均使用成本随着设备使用时间而变化，在最适当的使用年限会出现年平均使用成本的最低值，这个能使年平均费用达到最低的年数就是设备的经济寿命。如图 9-2 所示。

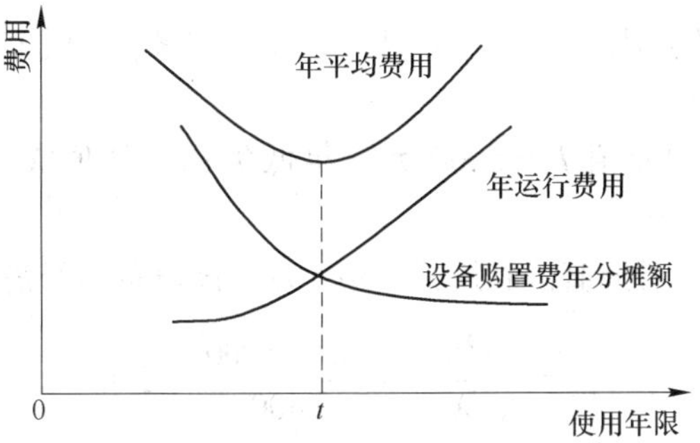

图 9-2　设备年度费用曲线图

在图 9-2 中，横坐标表示设备的使用年限，纵坐标表示设备运行的相关费用。第 t 年时，设备的年平均费用达到最低。因此，设备从开始使用到其年平均费用最小（或年盈利最高）的使用年限 t 为设备的经济寿命。设备的经济寿命就是从经济观点（即成本观点或收益观点）确定的设备更新的最佳时刻。

（三）新设备经济寿命的计算

设备经济寿命的计算方法有很多，常用的有低劣化数值法和年平均费用法。

1. 低劣化数值法

随着设备使用寿命的延长，设备每年的运行费用会以某种速度递增，这种运行费用的逐年递增称为设备的低劣化。该方法的前提条件是假设每年运行成本的劣化增量是相等的，即匀速劣化，此时设备的运行成本呈线性增长。若这种低劣化每年以 λ 增加（λ 称为年低劣化增加值），则 t 年内平均低劣化值为：

$$AC_t = \frac{\lambda + 2\lambda + \cdots + t\lambda}{t} = \frac{t+1}{2}\lambda \tag{9-7}$$

假设设备原值为 I_0，使用 t 年后，残值为 S_v，按直线折旧法计算，平均每年的设备投资费用为：

$$AD_t = \frac{I_0 - S_v}{t} \tag{9-8}$$

因此，若不考虑资金的时间价值，设备年平均费用为：

$$ATC_t = AD_t + AC_t = \frac{I_0 - S_v}{t} + \frac{\lambda(t+1)}{2} \tag{9-9}$$

根据经济寿命原理，使 ATC_t 最小的年份就是设备的经济寿命，用 T_{opt} 表示。

令
$$\frac{dATC}{dt} = 0$$

则
$$T_{opt} = \sqrt{\frac{2(I_0 - S_v)}{\lambda}} \tag{9-10}$$

若考虑年平均费用的资金时间价值，则按不同的使用年限，逐年计算年平均费用，即利用等额分付资金回收系数、等额分付偿债基金系数、等差序列年金系数等计算各年的等额年金。按不同使用年限计算得到的年平均费用大小是不同的。最小年平均费用所对应的年份就是经济寿命，其计算公式如下：

$$ATC_t = I_0(A/P,\ i,\ t) - S_v(A/F,\ i,\ t) + C_1 + \lambda(A/G,\ i,\ t) \tag{9-11}$$

式中，C_1 为初始运行费用。

【例 9-1】 某设备的原值 $I_0 = 5000$ 元，年低劣化增加值 $\lambda = 400$ 元，残值为 0，$i = 10\%$，求该设备的经济寿命。

解：不考虑资金的时间价值，利用式（9-10），该设备的经济寿命为：

$$T_{opt} = \sqrt{\frac{2I_0}{\lambda}} = \sqrt{\frac{2 \times 5000}{400}} = 5\ 年$$

若考虑资金的时间价值，利用式（9-11）计算各年的年平均费用，见表 9-1。

表 9-1　某设备经济寿命的计算　（元）

年份	当年低劣化值（1）	资金现值系数（2）	低劣化现值（3）	低劣化现值累计（4）	资金回收系数（5）	年均低劣化值（6）	年均设备费用（7）	年均总费用（8）
1	400	0.9091	363.6	363.6	1.1000	400.0	5500.0	5900.0
2	800	0.8264	661.1	1024.7	0.5762	590.5	2881.0	3471.5
3	1200	0.7513	901.6	1926.3	0.4021	774.6	2010.5	2785.1
4	1600	0.6830	1092.8	3019.1	0.3155	952.5	1577.5	2530.0
5	2000	0.6209	1241.8	4260.9	0.2638	1124.0	1319.0	2443.0
6	2400	0.5645	1354.8	5615.7	0.2296	1289.4	1148.0	2437.4
7	2800	0.5132	1437.0	7052.7	0.2054	1448.6	1027.0	2475.6

续表 9-1

年份	当年低劣化值（1）	资金现值系数（2）	低劣化现值（3）	低劣化现值累计（4）	资金回收系数（5）	年均低劣化值（6）	年均设备费用（7）	年均总费用（8）
8	3200	0.4665	1492.8	8545.5	0.1874	1601.4	937.0	2538.4
9	3600	0.4241	1526.8	10072.3	0.1736	1748.5	868.0	2616.5
10	4000	0.3855	1542.0	11614.3	0.1627	1889.6	813.5	2703.1

注：(3) = (2) × (1)；(6) = (5) × (4)；(7) = 5000 × (5)；(8) = (7) + (6)。

$$ATC_{t\min} = 2437.4 \quad T_{\text{opt}} = 6\text{ 年}$$

2. 年平均费用法

当设备维护费用不是以每年等额递增时，可采用年平均费用法计算其经济寿命。年平均费用最低的年份就是该设备的经济寿命。

如果不考虑资金的时间价值，其计算公式为：

$$ATC_t = \frac{(I - S_v) + \sum_{t=1}^{t} C_t}{t} \tag{9-12}$$

式中 ATC_t——设备使用 t 年的年平均费用；

$\sum_{t=1}^{t} C_t$——t 年的累计维护费。

若考虑资金的时间价值，设备的原始价值为 I_0，第 n 年末的残值为 S_v，第 j 年的运行费用为 C_j，i 为折现率，第 t 年的设备年平均费用为 ATC_t，则

$$ATC_t = I_0(A/P, i, t) - S_v(A/F, i, t) + \left[\sum_{j=1}^{t} C_j(P/F, i, j)\right](A/P, i, t) \tag{9-13}$$

用上述公式逐年计算设备的年平均费用，最小年平均费用所对应的年份即为设备的经济寿命。

（四）现有设备剩余经济寿命的计算

现有设备剩余经济寿命的计算也是非常必要的，因为过早或过迟更新现有设备都将会造成经济损失。从本质来看，现有设备剩余经济寿命的计算方法与新设备经济寿命的计算方法基本相同，只要用旧设备目前可以实现的残值（I_1）代替新设备的原值（I_0）就可以了，这样可以达到简化计算的效果。现示例如下：

【例 9-2】 某冶炼厂有一台设备已经使用了 3 年，设备原值为 16000 元，目前可以实现的残值为 9000 元，初始运行费用为 1000 元，年均劣化值为 500 元。若基准收益率为 10%，求该设备剩余经济寿命。

解： 已知 $I_1 = 9000$ 元，$S_v = 0$，$\lambda = 500$ 元/年，$C_1 = 1000$ 元。

若不考虑资金时间价值，利用式（9-10），则该设备的剩余经济寿命为：

$$T_{\text{opt}} = \sqrt{\frac{2I_1}{\lambda}} = \sqrt{\frac{2 \times 9000}{500}} = 6\text{ 年}$$

若考虑资金时间价值，利用式（9-11）计算各年的年平均费用，如表 9-2 所示。

表 9-2 现有设备不同使用年限平均总费用计算表 （元）

年 份	设备年均投资（1）$I_1(A/P, i, t)$	劣化值年值（2）$\lambda(A/G, i, t)$	年均总费用（3）$(1)+(2)+C_1$
1	9900	0.00	10900.00
2	5186	238.10	6424.10
3	3619	468.28	5087.28
4	2840	690.58	4530.58
5	2374	905.06	4279.06
6	2066	1111.78	4177.78
7	1849	1310.81	4159.81
8	1687	1502.24	4189.24

$$ATC_{t\min} = 4159.81 \quad T_{\mathrm{opt}} = 7\text{年}$$

因此，现有设备的剩余经济寿命为 7 年。

三、设备折旧及其计算方法

（一）设备折旧的概念

设备在使用过程中，随着磨损将自身的价值逐渐转移到产品中去，构成产品成本的一部分。通常把设备逐渐转移到产品成本中去并等于其损耗的那部分价值称为折旧。对折旧的回收通过从产品实现的销售收入中提取，被提取出的资金称为折旧基金。折旧基金用于恢复生产过程中设备的各种磨损，即进行大修理的费用；还用于设备的更新，即对设备的有形磨损和无形磨损都有补偿作用。

（二）设备折旧的计算方法

折旧率是按年分摊设备价值的比率，年折旧额的大小与设备本身的价值及其使用年限有密切关系。设备价值是个常数，而折旧率的大小则主要取决于设备的使用期限。计算折旧的方法除直线折旧法外，国外还有反映加速折旧的年份数求和法、余额递减法、考虑资金时间因素的偿债基金法等。下面仅介绍常用的直线折旧法及年份数求和法。

1. 直线折旧法

直线折旧法又称平均年限法。即在设备使用期限内，按年平均地分摊设备的价值。这是国内外广泛应用的一种方法。计算公式为：

$$D = (P - S)/N_{\mathrm{D}} \tag{9-14}$$

式中 D——年折旧额；

P——设备的原值，包括设备达到使用状态之前所花的一切费用；

S——残值；

N_{D}——折旧年限。

直线折旧法的折旧率：

$$d = D/P \times 100\% = (1 - S/P)/N_D \times 100\% \qquad (9\text{-}15)$$

【例 9-3】 冶炼厂某设备原值为 35000 元，折旧年限为 10 年，残值为 2000 元，用直线折旧法计算其年折旧额和折旧率。

解： 直线法年折旧额为：

$$D = (P - S)/N_D = (35000 - 2000)/10 = 3300\ 元$$

直线法年折旧率为：

$$d = D/P \times 100\% = 3300/35000 = 9.4\%$$

2. 年份数求和法

年份数求和法的特点是各年设备折旧额不同，设备开始使用年份折旧额高，然后按使用年限有规律地递减。其折旧率计算公式为：

$$年折旧率 = \frac{预计使用年限 - 已使用年限}{预计使用年限 \times (预计使用年限 + 1)/2} \times 100\% \qquad (9\text{-}16)$$

【例 9-4】 冶炼厂某设备原值为 16000 元，预计残值为 2500 元，使用年限为 9 年，试用年份数求和法计算各年的折旧额。

解： 计算过程及结果如表 9-3 所示。

表 9-3　某冶金设备按年份数求和法计算折旧额

年　限	折旧率	年折旧额/元	累计折旧额/元
1	9/45	2700	2700
2	8/45	2400	5100
3	7/45	2100	7200
4	6/45	1800	9000
5	5/45	1500	10500
6	4/45	1200	11700
7	3/45	900	12600
8	2/45	600	13200
9	1/45	300	13500

四、设备更新及其技术经济评价

（一）设备更新的原则

进行设备更新决策时，所面对的方案之一是继续使用现有设备，其余方案则是采用新设备。为保证分析的科学性，应遵循以下原则：

（1）不考虑沉没成本。因为沉没成本是各种过去已经发生的费用，目前的决策无法改变这种费用的大小，所以分析中不必考虑它们。

（2）假定新旧设备产生的收益是相同的。无论是由于性能下降、能力不足，还是由于过时等原因进行设备更新，新设备总是起着旧设备替代物的作用，它所要完成的工作和旧设备通常是相同的。因此，设备更新的技术经济分析只需对各方案的费用进行比较，以费用的高低作为决策的标准。

（3）以残值作为现有设备的投资。即认为现有设备的残值是维持其继续使用所支付的投资额。残值和会计账册中该设备的账面价值无关，而是取决于其现在出售所能获得的收入。

（二）设备更新的决策方法

设备更新的目的不仅在于促进技术进步，同时也要获得更好的经济效益。设备更新经济分析就是确定正在使用的设备是否应该以及什么时候应该用更经济的设备来替代或者改进现有设备。适时更换设备，既能促进技术进步、加速经济增长，又能节约资源，提高经济效益。下面介绍几种更新的决策方法。

1. 无新设备出现的决策方法

有些设备在其使用寿命期内没有更先进的新设备出现，设备在使用过程中发生的磨损主要是有形磨损。在这种情况下，如果设备的维护修理费用以及运行费用迅速上升，而设备的余值迅速减少时，即便用同种类型的设备进行更换，在经济上也可能是有利的。这时的设备更新可以利用设备的经济寿命理论，在其经济寿命时进行更新。设备经济寿命的计算方法前已述及。

2. 出现新设备时的更新决策方法

在技术进步的条件下，由于无形磨损的作用，往往会在原有设备的正常使用期内，市场上出现了技术更先进、效率更高、性能更完善的新设备。此时的设备更新问题，就是在继续使用旧设备和购置新设备两种方案中进行分析，比较哪一种方案在经济上更有利。

在有新型设备出现的情况下，通常可以采用年平均费用比较法进行设备更新决策，即通过计算原有旧设备和新设备在各自经济寿命期内的年平均费用，并进行比较。如果使用新设备的年平均费用小于继续使用旧设备的年平均费用，则应使用新设备进行更新；否则，应继续使用旧设备。

A 旧设备年平均费用的计算

旧设备经济寿命是指已使用设备从决策时刻起到年平均费用最低时的年限。计算经济寿命期内的年平均费用时应注意以下两点：

（1）不考虑旧设备的沉没成本。旧设备的原始价值不是指其最初购置安装时的投资，而是指决策时原设备在市场上可出售的价格加上继续使用旧设备所必须追加的投资。

（2）旧设备的低劣化值是指相对于新设备初始运行成本的低劣化值。当新设备为性能更好的新型设备时，应同时考虑绝对低劣化与相对低劣化。

由于旧设备年低劣化值的增加，旧设备年平均费用会随使用时间的推移而逐年增加。这时，同新设备经济寿命期的年平均费用相比较的旧设备年平均费用就是决策年下一年的总费用。旧设备年平均费用的计算公式为：

$$ATC_0 = (S_{v0} - S_{v01}) + \frac{S_{v0} - S_{v01}}{2}i + \Delta C \tag{9-17}$$

式中 ATC_0——旧设备下一年运行总费用；

S_{v0}——旧设备在决策时可售得的价格；

S_{v01}——旧设备一年后可售得的价格；

i——基准收益率；

ΔC——旧设备继续使用一年在运行费用及生产效率方面的损失；

$\dfrac{S_{v0}-S_{v01}}{2}i$——因继续使用旧设备而占用资金的利息损失。

B　新设备年平均费用的计算

新设备年平均费用的计算，可以先用上面介绍到的方法确定新设备的经济寿命，然后再计算出对应新设备经济寿命年限的年平均费用。新设备年平均费用包括新设备运行低劣化费用和新设备投资费用。

（1）新设备运行低劣化费用。在 t^* 年内年平均低劣化费用为 $\dfrac{t^*-1}{2}\lambda$。

（2）新设备投资费用。在 t^* 年内年平均投资费用为 $\dfrac{I_0-S_v}{t^*}$。

因此，对应于新设备经济寿命年限的年平均费用为：

$$ATC_{t^*}=\frac{I_0-S_v}{t^*}+\frac{t^*-1}{2}\lambda \tag{9-18}$$

由年平均费用最低，可得：

$$ATC_{t^*}=\sqrt{2\lambda(I_0-S_v)}-\frac{\lambda}{2} \tag{9-19}$$

为了简化计算，对资金的时间价值可以只考虑因设备投资占用资金所引起的利息损失。此时，新设备使用 t^* 年的年平均费用为：

$$ATC_{t^*}=\frac{I_0-S_v}{t^*}+\frac{1}{2}(I_0+S_v)i+\frac{t^*-1}{2}\lambda \tag{9-20}$$

设备经济寿命的计算公式仍为：

$$T_{opt}=\sqrt{\frac{2(I_0-S_v)}{\lambda}} \tag{9-21}$$

由年平均费用最低，可得：

$$ATC_{t^*}=\sqrt{2\lambda(I_0-S_v)}+\frac{1}{2}[(I_0+S_v)i-\lambda] \tag{9-22}$$

在年劣化值增量 λ 不易求得时，可根据经验决定新设备的合理使用年数 t^*，然后再求年劣化值增量 λ，这时新设备的年均总费用可用下式计算：

$$ATC_{t^*}=\frac{2(I_0-S_v)}{t^*}+\frac{1}{2}(I_0+S_v)i-\frac{I_0-S_v}{t^{*2}} \tag{9-23}$$

【例 9-5】 若冶炼厂某新设备价格为 60000 元，估计合理使用年限为 12 年，处理时的残值为 5500 元，基准收益率为 10%，旧设备年平均总费用为 17465 元。是否应该用新设备替代旧设备？

解：新设备的年平均费用：

$$ATC_{t^*} = \frac{2(I_0 - S_v)}{t^*} + \frac{1}{2}(I_0 + S_v)i - \frac{I_0 - S_v}{t^{*2}}$$

$$= \frac{2 \times (60000 - 5500)}{12} + \frac{60000 + 5500}{2} \times 10\% - \frac{60000 - 5500}{12^2}$$

$$= 12737 \text{ 元}$$

用新设备更换旧设备每年可节约开支：17465－12737＝4728 元

因此，应该用新设备替代旧设备。

3. 服务期限一定情况下的设备更新

在实际生产中，有时设备服务的年限是一定的，这个年限大于正在使用设备的剩余寿命，而又小于现有设备和更新设备的寿命之和。此时，设备合理更新的时间应该是在既定的设备服务期限内，设备的总使用费用最低的那一年。

假设设备服务年限为 n，正在使用的设备 A 已用 t 年，则更新设备 A′的使用年限为 $n-t$ 年。在使用期内两设备的总费用为：

$$ATC(t) = I_0 - S_{vt} + \sum_{j=1}^{t} AC_j + I'_0 - S'_{v(n-t)} + \sum_{j=1}^{n-t} AC'_j \tag{9-24}$$

式中 I_0，I'_0——设备 A 和更新设备 A′的原值；

S_{vt}，$S'_{v(n-t)}$——设备 A 和更新设备 A′在 t 年末和 $n-t$ 年末的残值；

AC_j，AC'_j——设备 A 和更新设备 A′在某一年度的维护费。

不同的更新时机会有不同的费用，其中最小总费用所对应的年份 t，即为合理更新期。

五、设备修理的经济分析

（一）设备修理的概念和资金来源

1. 设备修理的概念

在实践中，通常把为保持设备在平均寿命期限内的完好使用状态而进行的局部更换或修复工作称为维修。维修的目的是消除设备经常性的有形磨损和排除机器中遇到的各种故障，以保证设备在其寿命期内保持必要的性能（如生产能力、效率、精度等），发挥正常的效用。根据修理范围的大小、修理间隔期长短、修理费用多少，设备修理可分为日常维护修理、小修理、中修理和大修理等几种形式。

（1）日常维护修理。是指与拆除和更换设备中被磨损的零部件无关的一些维修内容，通过减少磨损来保持设备性能，减少故障。如设备的润滑与保洁，定期检验与调整等。

（2）小修理。工作量最小的计划修理，指设备使用过程中为保证设备工作能力而进行的调整、修复或更换个别零部件的修理工作。

（3）中修理。进行设备部分解体的计划修理，其内容有：更换或修复部分不能用到下次计划修理的磨损零件，通过修理、调整，使规定修理部分基本恢复到出厂时的功能水平以满足工艺要求，修理后应保证设备在一个中修理间隔期内能正常使用。

（4）大修理。最大的一种计划修理，在原有实物形态上的一种局部更新。通过对设备全部解体，修理耐久的部分，更换全部损坏的零部件，修复所有不符合要求的零部件，全面消除缺陷，以使设备在大修理之后，无论在生产率、精确度、速度等方面达到或基本达到原设备的出厂标准。

2. 设备修理的资金来源

不同的修理方式，其费用的抵偿方法亦不相同。

（1）小修和中修是对设备进行的局部修理，其间隔时间较短，次数多，费用较少。因此，这种磨损价值补偿的方式，是直接计入企业生产费用的。

（2）大修是对设备进行的全面修理，其工作量大，需要将机器设备全部或部分拆卸、更换或修复已经磨损及腐蚀的零件，以求恢复机器设备的原有性能。由于大修理间隔时间长，所需费用大，因此，这种磨损价值的补偿办法是提存大修理基金，即每月按使用中的固定资产价值和规定的提存率计提大修理基金，计入产品成本，然后从产品销售收入中收回相应的货币资金，积累起来形成大修理基金，作为支付大修理费用的资金来源。

（二）设备大修理的技术经济界限

设备大修理是补偿设备的有形磨损的方法之一。设备发生磨损后，是否应该进行大修理，需要进行经济分析。

1. 设备大修理的经济界限Ⅰ

从理论上讲，当大修理费不大于设备现价（新设备费）与设备残值的差时，大修理在经济上是合理的；否则，宁可去购买新设备也不应进行大修理。因此，大修理费用应低于同种设备的重置价值，这是大修理在经济上具有合理性的起码条件，称为最低经济界限。其最低经济界限为：

$$R \leqslant K_i - L_i \tag{9-25}$$

式中　R——某次大修理的费用；

K_i——设备第 i 次大修理时同种设备的重置价值；

L_i——旧设备被替换时的残值。

2. 设备大修理的经济界限Ⅱ

设备大修理的经济效果如何，不能仅从大修理费用与设备价值之间的关系来判断是否进行大修理，而必须与生产成本联系起来。如果在大修理之后，设备的综合质量下降较多，导致生产单位产品的成本与用同种用途的新设备生产相比较高，那么大修理是不合理的。因此，其评价标准是在大修理后，使用该设备生产单位产品的成本，应该不超过用具有相同功能的新设备生产单位产品的成本。即：

$$C_i \leqslant C_j \tag{9-26}$$

式中　C_i——第 i 次大修理后的旧设备生产单位产品的成本；

C_j——具有相同功能的新设备生产单位产品的成本。

六、设备租赁的经济分析

（一）设备租赁的含义

设备租赁是设备使用者（承租人）按照合同规定向设备所有者（出租人）租借设备，并按期支付一定的租金而取得设备使用权的经济活动。企业在资金短缺和借款受限的情况下，通过租赁的方式使用设备，可以节省设备投资，加快设备更新、避免技术落后的风险，获得良好的技术服务、提高设备的利用率，从而获得更多的收益。但在租赁期间，承租人对租用设备无所有权，只有使用权，故无权随意对设备进行改造，不能处置设备，也不能用于担保、抵押贷款，需严格按照租赁合同的规定使用和管理。

设备租赁费用指企业为租赁设备而发生的所有现金流出量，包括租金、设备安装调试费、利息、手续费、维修费、保险费、担保费等。其中，租金是签订租赁合同的一项重要内容，直接关系到出租人与承租人双方的经济利益。影响租金的因素有很多，如设备的价格、融资的利息及费用、各种税金、租赁保证金、运费、各种费用的支付时间以及租金采用的计算公式等。对于租金的计算，主要有附加率法和年金法。

（二）设备租赁决策的经济分析

设备租赁的经济分析是承租人对设备租赁与购置方案进行比选，即两个互斥方案选优的问题。设备经济寿命相同时可以采用净现值（或费用现值）法，设备经济寿命不同时可以采用净年值（或年成本）法。无论采用净现值法还是净年值法，均以收益效果较大（或成本较少）的方案为宜。

设备经营租赁方案的净现金流量计算如下：

净现金流量 = 销售收入 − 经营成本 − 租赁费用 − 与销售相关的税金 − 所得税率 ×（销售收入 − 经营成本 − 租赁费用 − 与销售相关的税金）

设备购置方案的净现金流量计算如下：

净现金流量 = 销售收入 − 经营成本 − 设备购置费 − 贷款利息 − 与销售相关的税金 − 所得税率 ×（销售收入 − 经营成本 − 折旧 − 贷款利息 − 与销售相关的税金）

在两个经济互斥方案分析中，为了简化计算，常常只需比较两者之间的差异部分。而设备租赁与购置方案经济比选，最简单的方法是在假设所得到设备的销售收入相同的条件下，将租赁方案和购买方案的费用进行比较。根据互斥方案比选的增量原则，只需比较它们之间的差异部分。即：

设备租赁：所得税率 × 租赁费用 − 租赁费用

设备购置：所得税率 ×（折旧 + 贷款利息）− 设备购置费 − 贷款利息

由于每个企业都要依利润大小缴纳所得税，按照财务制度规定，租赁设备的租金允许直接计入成本；购买设备每期计提的折旧费也允许计入成本；若用借款购买设备，其每期支付的利息也可以计入成本。在其他费用保持不变的情况下，计入成本越多，则利润总额越少，企业交纳的所得税也越少。因此在充分考虑各种方式的税收优惠影响下，应该选择税后收益更大或税后成本更小的方案。

【例 9-6】 冶炼厂的某小型设备损坏，现有两种方案，一是购置方案，购置费为 10 万元，预计购置设备可以使用 10 年，残值为零；二是租赁方案，年租金为 1.5 万元，两种方案设备每年的运行费均为 0.8 万元。若所得税率为 25%、折现率为 10%，以直线法计提折旧，则企业应采用哪种方案？

解：若企业采用购置方案，年折旧费 = 10÷10 = 1 万元，计入总成本；租赁方案租金每年 1.5 万元计入总成本。因此，租赁方案每年税金少交金额为 25%×(1.5−1) = 0.125（万元/年）。

$$\text{购置方案的年均费用} = 10 \times (A/P, 10\%, 10) + 0.8 = 2.427 \text{ 万元}$$

$$\text{租赁方案的年均费用} = 1.5 + 0.8 - 0.125 = 2.175 \text{ 万元}$$

显然，租赁方案的年均费用小于购置方案，在设备的经济效益相同的情况下，该冶炼厂应选择设备租赁方案作为更新设备的最佳方案。

第二节　冶金技术改造项目技术经济分析

一、技术改造概述

（一）技术改造的概念

技术改造（technology reform）是在充分利用现代科技成果和先进经验来改造现有设备、工艺、产品等生产技术和组织要素的内涵扩大再生产为主的更新改造。技术改造是以提高产品质量、提高生产率、降低消耗、降低成本、提高企业效益和改善生产条件为目标的技术创新活动，其创新内容是以工艺创新为主，产品创新为辅。

（二）技术改造的内容

（1）设备和工具的更新改造。设备和工具的更新改造是指对在技术上、经济上不宜继续使用的设备和工具，用具有先进技术（结构更先进、性能更完善、效率更高、耗费能源和原材料更少等）的新设备和工具进行更换。

（2）生产工艺改革。生产工艺改革是指工艺配方、工艺流程、操作方法等方面的改进和革新。

（3）产品改造。产品改造包括老产品改造和新产品开发两个方面，即围绕国民经济需要和市场需求来调整产品结构，提高产品质量，进行产品升级换代。

（4）设备现代化改装。设备现代化改装是指按照生产需要，用现代的技术成就和先进经验来改变现有设备的结构（给旧设备换上新部件、新装置、新附件）以及改善现有设备的技术性能，使之全部或局部达到新设备的水平。

（5）厂房、建筑物的改造。随着技术的发展和生产情况的变化，除应加固翻修危险厂房、建筑物外，还应按照工艺、设备和荷重等要求，对厂房、建筑物进行局部改造，使其坚固耐用，主体平面布置合理。

（6）原材料、能源综合利用方面的改造。通过这些技术改造，目的是提高原材料、能源的利用率，开辟新材料、新能源，科学地采用代用品，合理取用资源等。

（7）改善劳动条件、安全生产和保护环境等方面的改造。

（8）改进、完善企业管理手段和办法。包括充实理化试验、技术测试、生产控制和信息手段等。

（三）技术改造的原则

（1）坚持以技术进步为前提，以内涵扩大再生产为主的原则。

（2）从实际出发，采用既适合企业实际情况，又能带来良好经济效益的技术方案。

（3）在提高经济效益的前提下，实行技术改造，扩大生产能力。

（4）资金节约原则。针对企业的薄弱环节改造，把有限的资金用在最急需的地方。

（5）全员参与原则。调动各方面的积极性，参与到企业的技术改造当中。

（四）技术改造的重要性

（1）技术改造是提高企业现代化水平的捷径。

（2）技术改造是内涵式扩大再生产的主要形式。

（3）技术改造是优化产业结构，促进产业技术升级的重要途径。

（4）技术改造可以发挥企业潜力，克服资金短缺，提高资金的经济效益。

二、技术改造项目的经济参数

冶金技术改造项目的经济评价是通过项目的收益和费用而实现的。因此，正确识别和计量技术改造项目中的收益和费用及其所包含的各类经济参数，对于财务评价十分重要。

（一）费用和收益

技术改造项目的财务评价以企业自身作为系统边界，货币支付构成财务费用，货币收入构成财务收益。例如：投资、经营成本、税金等都是货币支付意义上的财务费用，而销售收入则是货币收入意义上的财务收益。

（1）投资。技术改造项目的投资包括固定资产投资和新增流动资金两个部分。新增流动资金不仅包括技术改造项目自身所需的流动资金，还包括原有部分因技术改造项目投产所产生的流动资金变化额。技术改造项目对原企业的生产布局、产品品种、生产数量和生产周期等会产生影响，可能将导致原有非技术改造部分流动资金占用量的变化。因此，在估算新增流动资金需要量时，不仅要考虑影响流动资金数量的一般性因素，还要考虑因技术改造项目对改造部分所产生的影响而导致的流动资金变动量。

（2）经营成本。技术改造项目经营成本的构成同新建项目一样，可按“成本项目”和“费用要素”两种分类方法进行分析。关于其中的工资项，技术改造项目导致的新增职工年工资总额，可按企业原职工平均工资乘以新增职工数计算。

（3）销售收入、利润和税金。技术改造项目的销售收入是指进行技术改造与不进行技术改造两种情况下企业销售收入的差值，即企业销售收入的增值。技术改造项目的利润是指企业在进行技术改造与不进行技术改造两种情况下利润的差值。技术改造项目能够得到销售收入和净增利润，因而同样具有纳税义务。

（二）增量指标

技术改造项目经济评价较为复杂，既具有一般建设项目的共同特征，又具有其特殊性，其特殊性表现在对项目的收益和费用进行增量计算，从而得到增量评价指标，用以判定项目的可行性。

1. 增量收益

增量收益是指企业进行技术改造与不进行技术改造相比所增加的效益。增量收益可以通过“有改造”与“无改造”两个方案在同一时间内的净现金流量差额（增量净现金流量）来表示。增量收益的计算有以下两种方法：

（1）增量收益与企业原有收益能够分开计算。如果技术改造后新增加的收益与企业原有老产品无关，则应将技术改造新增加的收益与企业的原有收益分开计算，采用直接划分法，用增量收益指标计算新增效益。

（2）增量收益与企业原有收益难以分开计算。如果技术改造后新增加的收益与企业原有老产品有关，则应分别计算“有改造”和“无改造”两个方案的总收益，增量收益为两者之差。

2. 增量费用

增量费用是指企业进行技术改造与不进行技术改造相比所增加的费用。增量费用可以通过“有改造”与“无改造”两个方案在同一时间内的费用差额来表示。增量费用包括增量投资、增量经营成本、增量总成本费用等。

（三）净收益

技术改造项目的净收益是一种增量净收益。它是有技改项目时的净收益与无技改项目时净收益的差值，或者技改项目产生的增量收益与增量费用的差值。在动态经济评价方法中，项目净收益是通过净现金流量的计算获得的。

（1）全部投资效益的净现金流量。

净现金流量 = 新增销售收入 － 全部新增投资 － 新增经营成本 －
新增销售税金及附加 + 项目寿命期末新增回收固定资产余值 +
项目寿命期末新增回收流动资金

（2）自有资金投资效益的净现金流量。

净现金流量 = 新增销售收入 － 新增自有资金投资 － 新增经营成本 －
新增销售税金及附加 － 偿还新增贷款的本金和利息 +
项目寿命期末新增回收固定资产余值 +
项目寿命期末新增回收流动资金

三、技术改造项目的评价方法

与新建项目不同，技术改造项目是在原有基础上建设的。对于新建项目而言，所发生的费用和收益都可归于项目，而技术改造项目的费用和收益既涉及新投资部分，又涉及原有基础部分，从而使项目评价变得复杂，因此，需要将技术改造项目中发生的费用和收益从原有基础部分中分离出来。

技术改造项目的技术经济评价涉及两方面的问题：一是评价各种技术改造方案自身的经济效果；二是对不同的技术改造方案进行选择。前者是基础，下面将重点介绍。技术改造项目的评价方法主要包括：按评价范围不同分为项目评价法和企业评价法；按费用、效益计量的范围不同分为总量评价法和增量评价法；按方案对比的方法不同分为前后评价法和有无评价法。

（一）项目评价法和企业评价法

（1）项目评价法。项目评价法也称局部评价法，它以具体的技术改造项目为评价对象。费用、效益的计量范围仅限于项目本身。发生在项目以外而应属于本项目的费用、效益需设法分离出来。这种方法评价范围小，评价的工作量和复杂程度相应也小一些。适用于关系简单，费用、效益容易分离的技术改造项目评价。

（2）企业评价法。企业评价法也称全局评价法，它从企业全局出发，通过比较一个企业（或一个车间、一个分厂）改造和不改造两个不同方案经济效益的变化来评价技术改造项目的经济效果。这种评价方法既考虑了项目的自身效益，又考虑了项目给企业其他部分带来的相关效益，因此更全面、更准确。适用于生产系统复杂，费用、效益不好分离的技术改造项目评价。

（二）总量评价法与增量评价法

1. 总量评价法

总量评价法是以总量来衡量两种不同方案的绝对效果。即在计算进行技术改造的投入产出时，不仅要计算新增加的投入和产出，还要计算原有投入与产出，用其总的投入产出结果与不进行技术改造时相比较。总量评价法的费用、效益计算采用总量指标，如全部投资、全部经营成本、销售收入总额等。应用总量评价法的关键是估算总投资，包括新追加的投资、企业原有固定资产和流动资产的重估值。一般来说，确定原有固定资产的重估值非常繁琐。因此，通常采用增量评价法进行评价。

2. 增量评价法

增量评价法又称差额法，它实质上是把“改造”与“不改造”两个方案转化为一个方案进行比较，利用方案之间的差额数据来评价追加投资的经济效果。具体是将进行技术改造与不进行技术改造两个方案在同一时间内的费用、收益对应相减，得出增量净现金流量，然后据此计算有关经济效益指标。简言之，计算增量净现金流量时，首先要计算出技术改造项目寿命期内各年的净现金流量，然后根据净现金流量计算增量效果，最后做出决策判断。

使用增量法必须用增量数据，用新增销售收入、新增经营成本、新增投资等参数来评价技术改造项目。增量数据的获取是使用该法的关键和难点。增量数据的计算必须满足可比性原则。增量净收益是进行技术改造与不进行技术改造项目的净收益差值。若企业不进行技术改造，其每年的净收益可能逐年增加、不变或降低，因此进行改造后的增量净收益可能出现 3 种情况：

（1）企业不进行技术改造，但由于现有产品市场有需求，企业也有潜力，通过改善经营管理净收益仍然可以逐年增加；但若进行技术改造，可使企业的净收益逐年增加更快，这时技术改造后的增量净收益为两者之差值，如图 9-3a 所示。

（2）企业不进行技术改造，其净收益维持原有收益水平；若进行技术改造可以使净收益逐年增长，如图 9-3b 所示。

（3）企业不进行技术改造其收益水平逐年下降，进行技术改造后企业的净收益逐年增加，此时改造后的增量净收益是收益下降部分与增加部分之和，如图 9-3c 所示。

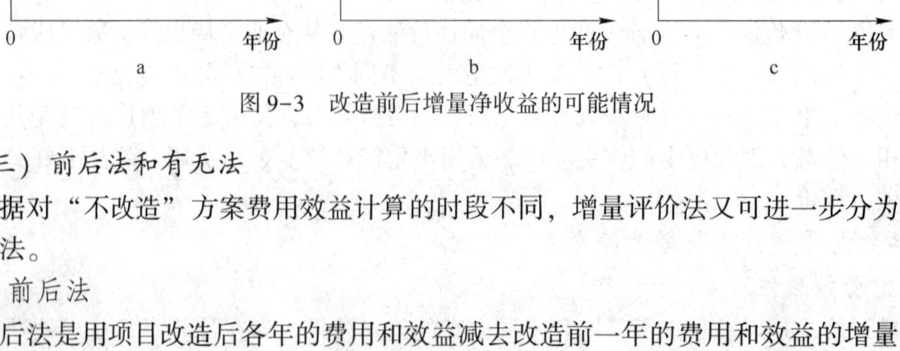

图 9-3 改造前后增量净收益的可能情况

（三）前后法和有无法

根据对“不改造”方案费用效益计算的时段不同，增量评价法又可进一步分为前后法和有无法。

1. 前后法

前后法是用项目改造后各年的费用和效益减去改造前一年的费用和效益的增量数据来

评价项目改造的经济效果。该方法不完全符合方案的可比性原则，因为技术改造项目评价实际是“改造”与“不改造”两种方案的对比评价，如果改造方案的数据取自改造后各年的预测数据，而不改造方案的数据取自改造前一年的数据，那么两个方案在时间上就不可比。前后法若要满足可比性原则必须符合一个假设条件，即该项目如果不改造，在未来若干年内经营状态保持不变。显然，这个假设很难满足。

用前后法评价技术改造项目因没有考虑不改造方案未来效益的变化情况，会产生效益计算的误差，如图 9-4 所示。当不改造方案的收益呈上升趋势时，改造带来的实际效益为面积 *ABCD*，而前后法计算的效益是面积 *ABCE*，多算了面积 *ADE* 这部分效益。当不改造方案的收益呈下降趋势时，改造带来的实际效益为面积 *ABCF*，前后法少算了面积 *AEF* 这部分效益。只有不改造方案的收益保持不变，前后法计算的效益才与实际情况相符。

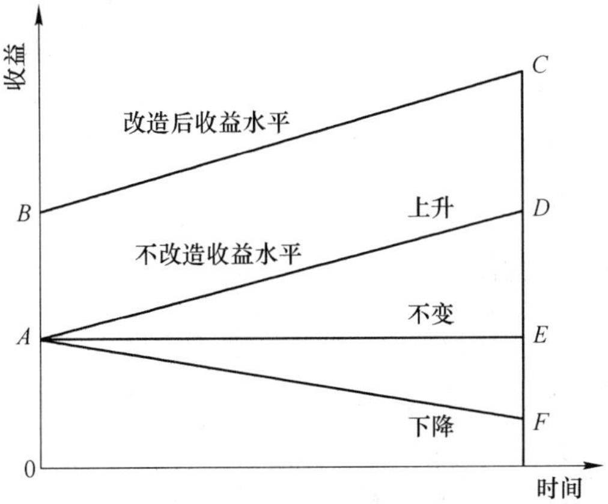

图 9-4　前后法效益计算比较

2. 有无法

为避免前后法的缺陷，在对技术改造项目进行技术经济评价时可以采用有无法。有无法强调的是“有改造”和“无改造”两个方案的全面对比。不仅要对改造方案未来的费用、效益进行预测，还要对不改造方案未来的费用、效益进行预测，用上述预测数据计算改造带来的费用、效益的增量。该方法满足可比性原则，更符合实际。

在采用有无法进行经济评价时，“有改造”和“无改造”项目设备的经济寿命一般不同，为使项目具有可比性，应以“有改造”项目的计算期为基准，根据具体情况对“无改造”项目的计算期进行调整，处理方法有以下两种：

（1）一般情况下，通过追加投资（局部更新或全部更新）来维持“无改造”项目的生产经营时，将其原有设备的经济寿命延长到与“有改造”项目的计算期相同，并在计算期末将固定资产余值回收。

（2）在某些情况下，通过追加投资延长“无改造”项目设备的经济寿命，在技术上不可行或经济上明显不合理时，应将“无改造”项目的生产适时终止，其后各年的现金流量视为零。但这种计算方法不如第一种处理方法更接近实际，因为根据项目决策分析与评价的稳妥原则，实践中很少采用这种方式，除非有充分的理由能说明其合理性。

【例 9-7】　某冶炼厂为提高竞争能力而进行技术改造。原有固定资产重估价值为 800 万元，改造前年销售收入为 900 万元，年经营费用为 500 万元，生产尚能维持 6 年；

若进行改造，需投入1200万元，当年改造完成，年销售收入将达到2500万元，年经营费用为1500万元，寿命期10年，基准收益率为10%。若通过追加投资150万元，可使项目寿命期到10年并维持效益在项目前的水平。试分析该项目是否有必要进行技术改造？

解：已知项目原始投资800万元，寿命期6年。

（1）在“无改造”情况下：若追加投资150万元，无技术改造项目固定资产950万元，寿命期10年；现金流入 $CI=900$ 万元，现金流出 $CO=500$ 万元。

（2）在“有改造”情况下：固定资产投资 $K=800+1200=2000$ 万元，寿命期10年；现金流入 $CI=2500$ 万元，现金流出 $CO=1500$ 万元。

（3）增量数据：

增量投资 =“有改造”投资 -“无改造”投资 = 2000 - 950 = 1050万元

各年增量收入 = 2500 - 900 = 1600万元

各年增量费用 = 1500 - 500 = 1000万元

增量净效益 = 1600 - 1000 = 600万元

则增量净现值为：$\Delta NPV=-1050+600(P/A,10\%,10)=2636.76$ 万元

项目增量净现值大于零，因此有必要进行技术改造。

四、技术改造项目的评价指标

（一）评价注意事项

（1）与企业存量基础密切相关。技术改造项目是在企业原有基础上进行的，其新增加的投资及新形成的资产都与企业原有资产密切相关，而且必须结合在一起才能发挥作用。

（2）着眼于增量效益。技术改造项目是通过增加投资，对现有企业进行以扩大再生产为宗旨的设备更新或改建、扩建，其最终目的表现为经济效益的增加。所以在对技术改造项目进行经济分析时，必须着眼于技改投资的增量效益。

（3）效益和费用多样。技术改造的效益可能表现在某一方面，也可能通过几个方面综合表现出来，如扩大产量、增加品种、提高质量、降低消耗、提高劳动生产率、改善环境、改进劳动条件等。技术改造的费用也包括多个方面内容，不仅包括技术改造项目本身的投资，技术改造后新增加的运行费用，还应当包括技术改造过程中对企业带来的影响，如暂时的停产或减产损失等。

（4）经济评价难度大。由于技术改造项目涉及新增投资的分析、新增经济效益的计算以及技术改造过程中现有生产所受到的影响等方面问题，因此，其经济效果计算及评价的难度比新建项目要大。

（二）评价指标

技术改造项目经济评价应采用一套综合的评价指标体系，包括基本评价指标与辅助评价指标两部分。基本评价指标是依据性的，主要有内部收益率、净现值（净现值指数）和投资回收期三类指标；辅助评价指标是参考性的，根据项目的具体情况加以选用，主要有总产值、产值利润率、产值利税率、单位产品占用资金、单位产品利润、单位产品耗能、劳动生产率、某些实物指标和财务指标等。技术改造项目的经济指标计算与判别方法均与新建项目相同，只是技术改造项目需要计算和编制反映“有改造”和“无改造”项目增量差值的数据，即增量指标。

第三节　冶金改扩建项目技术经济分析

一、改扩建项目概述

（一）改扩建项目的含义

改扩建项目是指现有企业利用原有资产与资源，投资形成新的生产（服务）设施，扩大或完善原有生产（服务）系统的活动，包括改建、扩建、迁建和停产复建等，目的在于增加产品供给，开发新产品，调整产品结构，提高技术水平，降低资源消耗，节省运行费用，提高产品质量，改善劳动条件，治理生产环境等。

（二）改扩建项目的特点

改扩建项目是在原有企业的基础上进行建设的，它与新建项目相比具有以下特点：

（1）以现有企业为基础，以技术进步为前提，以增量调动存量。改扩建是在现有企业的基础上，主要依靠企业自身力量进行的，因此它在不同程度上利用了现有的资产和资源，再追加适量的投入，实现增量与存量的有机结合，以增量调动存量，即调动原有生产要素的效率和潜能，以较小的新增投资取得较大的新增效益。这一特性决定了在经济效益分析时，必须采用不同于新建项目的特殊方法。

（2）目标的多样性。由于进行改扩建的现有企业在技术、工艺、设备等方面千差万别，致使改扩建的目标和内容多种多样。如：有的是为了实现产品的升级换代；有的是为了提高产品质量；有的是为了节约能源、降低成本；有的是为了扩大生产规模，实现规模经济；有的是为了改善劳动条件、减轻劳动强度；有的是为了保护环境等。

在实践中，改扩建项目的目标并不都是单一的，往往在一个项目中几种目标同时存在，取得的投资效益也是多方面的，而且现有企业的生产经营状况还会发生变化，这样也就决定了在改扩建项目经济效益分析中，项目效益和费用的识别、计算，要比新建项目复杂得多。

（3）改扩建项目与周围环境的相关性。改扩建的对象是现有企业，改扩建项目与现有企业之间存在着既相对独立又相互依存的特定关系。在改扩建期间，改扩建项目的实施建设与现有企业的生产经营是同步进行的，可能会造成现有企业的停产或减产。因此，在改扩建项目经济效益分析中，应将其损失作为项目的费用处理。

从上述分析可以看出，改扩建项目的经济效益分析除应遵循新建项目经济效益分析的基本原理和方法外，还必须针对以上特点，在具体分析方法上做一些特殊的处理。在分析改扩建项目效益的时候，对同一项效益，往往要用几个不同的数据来描述其不同的侧面，才能形成完整的识别。

（三）改扩建项目范围的界定

改扩建项目范围的界定是改扩建项目可行性研究中经济评价的重要环节，范围的界定合适与否与项目的经济效益和评价的繁简程度有直接关系。在经济评价中，为了减少数据收集和计算的工作量，在不影响评价结论的前提下，项目范围的界定应以能说明项目的效益和费用为准。

（1）整体改扩建项目。对于“整体改扩建项目”，项目范围包括整个现有企业，除要使用现有企业的部分原有资产、场地、设备外，还要另外新投入一部分资金进行扩建或技术改造。企业的投资、融资、还债和经营主体是统一的，项目的范围就是企业的范围。“整体改扩建项目”不仅要识别和估算与项目直接有关的费用和效益，还要识别和估算现有企业其余部分的费用和效益。

（2）局部改扩建项目。对于“局部改扩建项目”，项目范围只包括现有企业的一部分，只使用现有企业的一部分原有资产、资源、场地、设备，加上新投入的资金，形成改扩建项目。企业的投资、融资和还债主体仍然是一致的，但可能与经营主体分离。即整个企业只有一部分包含在项目“范围内”，还有相当一部分在“企业内”，但属于项目“范围外”。

（四）改扩建项目的收益与费用

改扩建项目范围界定后，应当正确识别与估算项目范围内、外的收益与费用。

1. 改扩建项目的收益

改扩建项目因目标不同，实施方法各异，其效益可以表现在增加产量、扩大品种、提高质量、降低能耗、合理利用资源、提高技术装备水平、改善劳动条件、降低劳动强度、保护环境和提高综合利用等一个或多个方面。

（1）扩大生产规模的项目。其经济效益主要表现为产品销售量增加以及由于产量增加而使成本降低所获得的实际收益。

（2）提高产品质量的项目。其经济效益主要表现为由于产品质量提高而使得产品销售对象、销售量、销售价格或生产成本变化所获得的实际收益。

（3）改进原有工艺、更新陈旧设备的项目。其经济效益主要表现为由于劳动生产率提高，设备使用费用和修理费用减少，单位产品成本下降所获得的实际收益。

（4）采用先进的管理方法，改进试验测试手段的项目。其经济效益主要表现为由于产品质量的提高而增加的销售收入。

（5）改善劳动条件，消除环境污染的项目。其效益有经济效益，也有非经济效益。其中，经济效益表现为提高劳动生产率、节约医疗费用、减少污染处理费用等。

（6）合理利用资源项目。其经济效益主要表现为优化产品结构而使企业整体经济效益增加所获得的收益。

2. 改扩建项目的费用

改扩建项目的费用应包括新增固定资产投资、可利用的原有固定资产投入、新增流动资金、新增经营费用，以及项目改扩建过程中可能的停产或减产损失、废弃固定资产的拆除费用等。

二、改扩建项目的经济评价方法

（一）总量评价法和增量评价法

改扩建项目评价是考察项目建设与不建设两种情况下费用和收益的差别。通过计算其经济效果，为是否进行改扩建提供决策依据，一般来说，评价方法有总量评价法（简称总量法）和增量评价法（简称增量法）。

1. 总量评价法

总量法是对“进行改扩建”（有项目）与“不进行改扩建”（无项目）两个不能同时

存在的互斥方案各自的总量经济效果进行评价的方法，通过比较“有”和“无”各自独立存在时的评价指标来决策。具体做法是：先分别计算无项目和有项目两种情况的绝对效果，如 *NPV*、内部收益率等，再进行比较。

无项目建设投资 = 原有固定资产投资 + 无项目追加投资

有项目建设投资 = 原有固定资产价值 + 新增建设投资

【例 9-8】 某钢铁厂现有固定资产估价为 18000 万元，流动资金 2000 万元，若进行改扩建，需投资 4000 万元，改扩建当年见效益。改扩建与不改扩建的每年收入、支出预测如表 9-4 所示。假定改扩建、不改扩建的寿命期均为 7 年，基准折现率 $i=10\%$，问该企业是否应当改扩建？

表 9-4　收支预测　（万元）

项　目	不改扩建			改扩建		
年份	0	1~6	7	0	1~6	7
投资	-20000			-24000		
销售收入		7000	7000		9000	9000
资产回收			5000			6800
支出		4000	4000		5000	5000
年净现金流量	-20000	3000	8000	-24000	4000	10800

解：

$$NPV_1 = -20000 + 3000(P/A, 10\%, 6) + 8000(P/F, 10\%, 7) = -2828.5 \text{ 万元}$$

$$NPV_2 = -24000 + 4000(P/A, 10\%, 6) + 10800(P/F, 10\%, 7) = -1036.24 \text{ 万元}$$

此时 $NPV_1<NPV_2<0$，因此，两方案都不可行，但进行改扩建比不进行改扩建的效益要好。

总量评价法的优点在于不仅能够显示出项目改扩建与否的相对效果，而且能够显示其绝对效果。但需要将原有资产视为投资，从而需要对原有资产进行估价，而资产估价是一件十分复杂和困难的工作，其工作量和难度往往超出项目评价本身。此外，总量评价法不能显示用于改扩建的专项投资可达到的收益水平，只能对进行改扩建与否的两种方案的相对优劣做出判断，无法说明当存在其他投资机会时，进行改扩建是否为最优选择。因此，总量评价法并不是改扩建项目评价的理想方法。在实际工作中，一般情况下，非扭亏项目通常不采用总量法评价。

2. 增量评价法

增量评价法是根据改扩建产生的增量费用和增量收益，计算出它们的增量现金流量，然后根据增量现金流量进行增量效果指标计算，最后做出决策判断。增量法不必进行原有资产的估价。计算增量效果可以采用净现值和内部收益率指标以及其他一些辅助指标，称为增量净现值和增量内部收益率。

【例 9-9】 仍以例 9-8 的数据来分析，计算如下：

$$\Delta NPV = -4000 + (4000 - 3000)(P/A, 10\%, 6) + (10800 - 8000)(P/F, 10\%, 7)$$
$$= 1792.26 \text{ 万元}$$

此时，如果根据 $\Delta NPV>0$ 做出应当进行改扩建的结论就过于草率了，因为均未通过总量法对经济效果的评价。增量法所体现的仅仅是相对经济效果，而不是绝对经济效果。相对经济效果只能判断方案间的相对优劣，而绝对经济效果才能判断方案能否达到最低标准要求。因此，从理论上讲，互斥方案比较应同时通过绝对经济效果和相对经济效果评价才能决定最优方案。

不难证明，在若干个互斥方案中，如果前一方案通过了绝对效果检验，后一方案与前一方案比较又通过了相对效果检验，那么后一方案一定也能通过绝对效果检验。因此，在改扩建项目评价中，若满足下列条件之一就可行：（1）不进行改扩建时能通过总量评价，进行改扩建时能通过增量效果评价；（2）进行改扩建能同时通过总量效果和增量效果评价。

但这样仍然至少要做一次总量效果评价。这与希望回避资产估价的愿望不符。可以验证：在改扩建项目评价中，一般情况下只需要进行增量效果评价；只有当现有企业面临严重亏损，需要就将企业关闭、拍卖还是进行改扩建做出决策时，才需要同时作增量效果评价和总量效果评价。

（二）前后法与有无法

该两种方法前已述及（见本章第二节），下面举例说明。

【例 9-10】 某铜冶炼加工企业现有固定资产 8000 万元，流动资产 2000 万元，改扩建前（即现在，第 0 年）的有关预测数据如表 9-5 所示；如果进行改扩建，需要增加投资 3000 万元，假设改扩建当年见效，改扩建后的有关预测数据如表 9-6 所示。若基准折现率 $i=10\%$，该企业不存在关停并转的可能，问是否应该进行改扩建？

表 9-5 改扩建前现金流量预测表 （万元）

年　份	0	1~5	6~9	10
销售收入	1800	1700	1700	1600
经营成本	1200	1300	1350	1350
资产残值				1600

表 9-6 改扩建后现金流量预测表 （万元）

年　份	0	1~5	6~9	10
销售收入	1800	2600	2600	2600
经营成本	1200	1500	1500	1500
资产残值				2000
新增投资	3500			

解：

（1）前后法。用前后法计算的增量现金流如表 9-7 所示（用表 9-6 各年的数据减去表 9-5 第 0 年的数据）。

表 9-7　用前后对比法计算的增量现金流　（万元）

年　份	0	1~5	6~9	10
销售收入		800	800	800
经营成本		300	300	300
资产残值				400
新增投资	3500			

$$\Delta NPV = -3500 + (800-300)(P/A, 10\%, 9) + (800-300+400)(P/F, 10\%, 10)$$
$$= -273.55 \text{ 万元}$$

（2）有无法。用有无法计算的增量现金流如表 9-8 所示（用表 9-6 各年的数据减去表 9-5 对应年份的数据）。

表 9-8　用有无法计算的增量现金流　（万元）

年　份	0	1~5	6~9	10
销售收入		900	900	1000
经营成本		200	150	150
资产残值				400
新增投资	3500			

$$\Delta NPV = -3500 + (900-200)(P/A, 10\%, 5) + (900-150)(P/A, 10\%, 4)$$
$$(P/F, 10\%, 5) + (1000-150+400)(P/F, 10\%, 10)$$
$$=1111.58 \text{ 万元}$$

从上述计算结果可以看出，用前后法得出的结论是不进行改扩建，但用有无法得出的结论是应该进行改扩建。由此可知，本例用前后法计算，会低估改扩建项目的增量效益，而用有无法计算则更加符合实际情况。

三、改扩建项目的评价指标与财务报表

（1）评价指标。改扩建项目的盈利能力、清偿能力分析指标与新建项目基本相同，详见第八章有关内容。可根据项目的特点及财务分析的目的、要求等选择使用。

（2）财务报表。改扩建项目财务评价的基本报表有：项目投资现金流量表、项目资本金现金流量表、投资各方现金流量表、利润与利润分配表、财务计划现金流量表、资产负债表、借款还本付息计划表、资金来源与运用表、财务外汇平衡表等。

辅助报表可参照一般项目的辅助报表格式和改扩建辅助报表格式进行编制。主要包括：新增固定资产投资估算表（概算法）、流动资金估算表、投资使用计划与资金筹措表、固定资产折旧费估算表、销售收入、销售税金及附加估算表、总成本费用估算表等。

复习思考题

一、名词解释

设备的有形磨损、设备的无形磨损、设备的综合磨损、设备的经济寿命、设备折旧、设备修理、设备租赁、技术改造、增量收益、增量费用、净收益、项目评价法、企业评价法、总量评价法、增量评价法、前后法、有无法、改扩建项目

二、简答题

1. 设备磨损的类型及补偿方式有哪些？
2. 设备的寿命有哪几种？
3. 设备更新应遵循哪些原则？
4. 设备修理的资金来源。
5. 技术改造的主要内容。
6. 技术改造项目的经济评价方法。
7. 改扩建项目的特点。
8. 改扩建项目的收益与费用。
9. 改扩建项目的经济评价方法。

第十章 案例 I——M 冶金项目环境影响评价

以 P 公司所属年产 40 万吨阴极铜的 F 冶炼厂环境影响评价为例，重点介绍了该冶炼项目的环境现状调查与评价、环境影响预测与评价、环境风险评价和经济损益分析等冶炼项目环境影响评价侧重的相应内容。由于篇幅所限，其中部分重要内容，例如清洁生产和循环经济分析、总量控制、污染防治措施、环境管理与环境监测、公众参与等将不再介绍。

评价基准日：2016 年 7 月 30 日。

第一节 总 论

一、建设项目概况

F 冶炼厂场址位于福建省某市东部临海的冶金产业园区。项目建设内容为从铜精矿港口卸船入厂开始直至阴极铜和有价副产品产出为止的全部生产和公用辅助设施。按照项目总体规划，整个厂区分为原料和仓库区、熔炼区、制酸区、电解区、阳极泥处理区、综合利用区、渣选矿区、公辅区及厂前区等九个区域。环保工程包括各项废气、废水处理措施，噪声控制措施及固体废弃物贮存场地。

M 冶金项目主要产品为高纯阴极铜 400kt/a，副产硫酸（折合 100%硫酸）1464kt/a，同时回收生产电积铜、金锭、银锭、粗硒、黑铜粉、碱式碳酸锌、电铅、精铋、铅冰铜等。

二、评价依据与标准

（一）评价依据

（1）国家法律、法规及规定（略）。

（2）地方性法规及规范性文件（略）。

（3）项目相关文件。P 公司的环评委托书、《P 公司 M 铜冶炼项目可行性研究报告》以及 P 公司提供的其他与项目有关的技术资料。

（4）技术导则和规范。《环境影响评价技术导则总纲》（HJ 2.1—2011）、《环境影响评价技术导则：大气环境》（HJ 2.2—2008）、《环境影响评价技术导则：地面水环境》（HJ/T 2.3—93）、《环境影响评价技术导则：地下水环境》（HJ 610—2016）、《环境影响评价技术导则：生态影响》（HJ 19—2011）、《环境影响评价技术导则：声环境》（HJ 2.4—2009）、《建设项目环境风险评价技术导则》（HJ/T 169—2004）、《制定地方大气污染物排放标准的技术原则与方法》（GB/T 13201—91）、《清洁生产标准铜冶炼业》（HJ 558—2010）、《清洁生产标准铜电解业》（HJ 559—2010）、《海洋生态环境监测技术规程》（国家海洋局，2002

年4月)、《海洋生物质量监测技术规程》(国家海洋局，2002年4月)、《陆源入海排污口及邻近海域监测技术规程》(HY/T 076—2005)。

（二）评价标准

1. 环境质量标准

（1）环境空气：SO_2、NO_2、TSP、PM10执行《环境空气质量标准》(GB 3095—2012)二级标准；铅日均浓度执行《大气中铅及其无机化合物的卫生标准》(GB 7355—1987)；镉、汞、砷年均浓度氟化物小时浓度执行《环境空气质量标准》(GB 3095—2012）附录A中的参考标准；Ni执行《大气污染物综合排放标准详解》标准；硫酸雾、As、Hg的日均浓度、小时浓度选用《工业企业设计卫生标准》(GBZ 1—2010）中居住区大气中的最高容许浓度作为参考标准。

（2）海水水质按相应功能区执行《海水水质标准》(GB 3097—1997）第二类、第三类标准；海洋沉积物按照相应的海域使用功能和环境保护目标执行《海洋沉积物标准》(GB 18668—2002）第一类和第二类标准。

（3）地下水执行《地下水质量标准》(GB/T 14848—1993）Ⅲ类标准；地下水Ⅲ类标准中没有的项目执行《生活饮用水卫生标准》(GB 5749—2006)。

（4）声环境执行《声环境质量标准》(GB 3096—2008）3类标准；声环境敏感点执行《声环境质量标准》(GB 3096—2008）2类标准。

（5）土壤执行《土壤环境质量标准》(GB 15618—1995）2级标准。

2. 污染物排放标准

（1）废气：除燃气锅炉外所有废气执行《铜、镍、钴工业污染物排放标准》(GB 25467—2010）修改单大气污染物特别排放限值；燃气锅炉执行《锅炉大气污染物排放标准》(GB 13271—2014）表2中的标准限值；硫化氢执行《恶臭污染物排放标准》(GB 14554—93）表2中的标准限值。

（2）废水：含重金属废水处理后达到《铜、镍、钴工业污染物排放标准》(GB 25467—2010）回用于工艺，不外排；外排的废水处理反渗透浓盐水及纯水制备浓盐水生产废水执行《污水排入城镇下水道水质标准》(GB/T 31962—2015）B等级规定的排放限值要求；生活污水经处理达到《污水综合排放标准》(GB 8978—1996）三级标准后进入工业园区污水处理站进一步处理外排。

（3）噪声：施工期场界噪声执行《建筑施工场界环境噪声排放标准》(GB 12523—2011)。营运期噪声执行《工业企业厂界环境噪声排放标准》(GB 12348—2008）3类标准。

（4）固体废弃物：工业固体废弃物定性执行《国家危险废物名录》和《危险废物鉴别标准》(GB 5085—2007)，处置按定性结果分别执行《危险废物贮存污染控制标准》(GB 18597—2001)、《一般工业固体废物贮存、处置场污染控制标准》(GB 18599—2001）及其修改单的有关规定。

三、环境影响因素识别及评价因子筛选

（一）环境影响因素识别

根据拟建项目的生产工艺和污染物排放特征以及所处地区环境状况，分析工程对自然

环境、生态环境、社会环境、人文资源等诸因素可能产生的影响，采用矩阵法对可能受拟建项目影响的环境要素进行识别筛选，结果见表10-1。

表 10-1 拟建项目环境影响因素识别表

影响因素		自然环境				社会经济环境			
		大气	水	声	生态	社会经济	生活水平	人群健康	就业
施工期	挖填土方	-2S		-2S	-1S	+2S	+1S	-1S	+1S
	物料堆存	-1S						-1S	
	材料运输	-1S		-1S				-1S	+1S
	建筑施工	-1S	-1S	-2S	-1S	+2S	+1S	-1S	+1S
运营期	废气排放	-2L			-1L			-1L	
	废水排放		-1L						
	固废处置		-1L		-1L			-1L	
	项目运营	-2L	-1L	-1L	-1L	+3L	+2L	-1L	+2L
	事故排放	-3S	-3S	-1S	-2S			-2S	

注："+"表示正效应、"-"表示负效应；"1"表示轻微影响、"2"表示中等影响、"3"表示重大影响；"S"表示短期影响、"L"表示长期影响。

综合分析认为：

(1) 工程施工期对环境的影响主要是对土地资源占用，对周围环境产生的负面影响主要是对大气环境和声环境质量的短期影响。

(2) 拟建项目投入运行后，能够产生较好的经济效益和社会效益，有利于促进区域经济发展；运营期的废气及噪声的污染，对环境质量有一定的影响；工程产生的固体废弃物与废水均采取了妥善的处理、处置措施，不会对周边大气环境、地表水及地下水环境产生明显影响。

(二) 评价因子筛选

根据建设项目周围地区的环境现状及本建设项目排污的特点，确定的评价因子见表10-2。

表 10-2 评价因子一览表

环境因素		现状评价因子	预测评价因子
大气环境		SO_2、NO_2、PM10、TSP、硫酸雾、氟化物、Pb、As、Cd、Hg、Ni、Cu	SO_2、NO_2、PM10、硫酸雾、As、Pb、Hg、Cu、Cd
海域水环境	海域水质	水温、盐度、pH值、悬浮物、化学需氧量、溶解氧、营养盐（硝酸盐、亚硝酸盐、铵盐、活性磷酸盐）；石油类、总汞、铜、铅、锌、总铬、镉、砷	
	海域表层沉积物	有机碳、总汞、铜、铅、锌、总铬、镉、砷、石油	

续表 10-2

环境因素		现状评价因子	预测评价因子
声环境		连续等效声级 Leq	连续等效声级 Leq
生态环境	陆地生态环境	主要调查项目区和周边区域土地利用方式、土壤类型、土壤理化性质、植被和防护林空间分布、植被类型与植被生物量、项目区周边动物分布、项目区景观结构、土壤和农作物重金属含量	
	海域生态环境	调查叶绿素 a、初级生产力、浮游植物、浮游动物、采泥底栖生物、拖网底栖生物、鱼卵仔鱼、游泳生物、潮间带生物种类以及海洋生物重金属残留量（石油烃、铜、锌、铅、镉、总汞、砷、铬）	
土壤环境		铜、铅、锌、镉、铬、砷、镍、汞	
地下水环境	常规水质	K^+、Na^+、Ca^{2+}、Mg^{2+}、CO_3^{2-}、HCO_3^-、Cl^-、SO_4^{2-}	Cu、Zn、As、氟化物和硫酸盐
	基本水质	pH、氨氮、硝酸盐、亚硝酸盐、挥发性酚类、氰化物、砷、汞、铬（六价）、总硬度、铅、氟、镉、铁、锰、溶解性总固体、高锰酸盐指数、硫酸盐、氯化物、总大肠菌群、细菌总数	
	特征因子	SO_4^{2-}、砷、铜、镍、锌和氟化物	
人群健康		项目所在地周边人群（特别是中小学生）的血铅浓度	

四、评价重点和评价目的

（一）评价重点

根据本项目的工程特点与厂址周围的环境特征，本评价以工程分析、大气环境影响评价、环境风险评价和公众参与为重点，兼评水环境影响、噪声环境影响、生态环境影响等。

（二）评价目的

（1）通过现场踏勘、资料收集，了解评价区自然与社会环境情况。在对工程污染流程和主要产污环节、产污特点分析的基础上，通过物料衡算和类比分析，算清工程投产后主要污染物的产生和排放情况。

（2）通过收集资料和现场监测，查清评价区域环境质量现状，根据工程特点与评价区环境质量现状，以及拟建场址附近区域社会、经济、自然、生态环境等方面的状况，预测和评价拟建工程在施工期、营运期对各环境要素的影响程度和范围。

（3）分析建设项目清洁生产水平，论证工程环保治理措施的可行性、可靠性和经济合理性，并按国家达标排放、总量控制和清洁生产要求，对建设项目及其采取的环保措施提出评价改进要求或建议，为本工程的下一步设计、施工及投产运营提供环保依据。

（4）通过公示等方式公布本项目环评信息、对评价区公众进行抽样问卷调查等方式，了解评价区公众的环保意识和对本工程建设的态度，归纳公众对项目建设的污染问题、地方经济发展等方面的看法、建议和要求，供项目的设计、施工和工程管理参考。

五、评价工作等级及评价范围

（一）评价工作等级的确定

1. 大气环境评价工作等级

根据《环境影响评价技术导则——大气环境》（HJ 2.2—2008），选择1～3种主要污染物，分别计算每一种污染物的最大地面浓度占标率P_i，以及地面浓度达标准限值10%时所对应的最远距离$D_{10\%}$来判定。判定依据见表10-3。判定公式如下：

$$P_i = C_i/C_{0i} \times 100\%$$

式中　P_i——第i个污染物的最大地面浓度占标率，%；

C_i——第i个污染物的最大地面浓度，mg/m^3；

C_{0i}——第i个污染物的环境空气质量标准，mg/m^3。

表10-3　评价工作等级判定依据

评价工作等级	评价工作分级判据
一级	$P_{max}\geqslant 80\%$且$D_{10\%}\geqslant 5km$
二级	其他
三级	$P_{max}\leqslant 10\%$或$D_{10\%}\leqslant$污染源距厂界最近距离

根据工程分析可知，本项目建成投产后排放的大气污染物种类较多，主要有SO_2、NO_2、烟尘、铅及其化合物、硫酸雾等。因此，根据导则的要求，并考虑本项目的特点，选择SO_2、NO_2、PM10、铅及其化合物和硫酸雾等5种主要因子进行评价等级的确定计算。

利用《环境影响评价技术导则——大气环境》（HJ 2.2—2008）附录A中的推荐模型，计算结果见表10-4。

表10-4　污染物估算结果

污染物	污染源	浓度标准值 /$mg \cdot m^{-3}$	最大浓度出现距离/m	最大浓度 /$mg \cdot m^{-3}$	最大浓度占标率/%	$D_{10\%}$范围 /m	评价等级
As	P5	0.009	281	0.000195	2.16333	—	三级
Cl_2	P31	0.1	115	0.00285	2.85	—	三级
H_2S	P50	0.01	109	0.001243	12.43	200～300	二级
H_2SO_4	电解车间	0.3	354	0.07572	25.24	2000～2100	二级
NO_x	P48	0.2	757	0.0353	17.63	400～500	二级
NO_2	P52	0.25	1007	0.01618	6.472	—	三级
Pb	P6	0.0045	254	0.0002355	5.23333	—	三级
PM10	P52	0.45	1007	0.00905	2.01111	—	三级
SO_2	渣缓冷场	0.5	231	0.3388	67.76	1100～1200	二级
Hg	P52	0.0009	1007	2.80×10^{-6}	0.31111	—	三级
TSP	渣缓冷场	0.9	231	1.585	176.11111	2100～2200	二级

2. 海域水环境评价工作等级

本项目厂区初期雨水收集后回用，全厂重金属废水为零排放。生产及生活外排水总量为 701m^3/d，其中生产废水外排水量为 611m^3/d（主要为生产废水处理站排出的含盐水 347m^3/d 及化学水处理站排出的含盐水 264m^3/d），生活污水排水量为 90m^3/d，外排至市政污水排水管网，进入园区污水处理厂处理。外排水质复杂程度为简单，根据海湾环境影响评价分级的判据，水环境影响评价的工作等级低于三级。

3. 地下水环境评价工作等级

根据《环境影响评价技术导则——地下水环境》(HJ 610—2016) 附录 A，确定建设项目所属的地下水环境影响评价项目类别为有色金属冶炼，属Ⅰ类项目。综合环境敏感点类型、与建设场地的距离、市政规划、所在的地下水单元补径排关系等因素，建设项目区周围地下水环境敏感点均在工业园区拆迁规划中，均处于项目地下水上游补给区，且地下水主要用作冲厕、卫生、农田浇灌，有自来水作为饮用水保障，所以确定地下水环境敏感程度为不敏感。根据 HJ 610—2016，确定本项目地下水环境影响评价等级为二级。

4. 声环境评价工作等级

本项目厂址所在功能区属于《声环境质量标准》(GB 3096—2008) 规定的Ⅲ类标准的地区，且本项目厂址周围 200m 范围内拆迁后无村庄、居民区等声环境敏感点，因此，根据《环境影响评价技术导则——声环境》(HJ 2.4—2009) 确定本项目声环境影响评价等级为二级。

5. 生态环境评价工作等级

本项目位于工业区，评价区海域水生生物以浮游动植物和底栖动物为主，陆域多为山丘，根据对工程及项目所在区域的勘察分析：(1) 该工程占地 88.26 万平方米，考虑卫生防护距离影响，直接影响范围约 2km^2，小于 20km^2，并且项目占地由工业园提供，因此本项目不涉及直接占地。(2) 项目厂界范围内主要为围海形成的人工湿地，生物多样性减少不明显，不涉及珍稀濒危物种。根据《环境影响评价技术导则》(非污染生态影响) (HJ 19—2011) 中的评价等级划分标准，确定本项目生态影响评价等级为三级。

6. 风险评价等级

本次评价选择二氧化硫、天然气作为本项目的主要危险物质，根据《危险化学品重大危险源辨识》(GB 18218—2014) 辨识结果，本项目天然气存储量大于 50t，属重大危险源。根据《建设项目环境风险评价技术导则》(HJ/T 169—2004)，确定环境风险评价等级为一级。

（二）评价范围的确定

(1) 大气环境评价范围。根据区域地形、主导风向、冶炼厂周围居民状况、大气环境评价等级，本项目大气环境评价范围确定为以冶炼厂为中心，半径为 $D_{10\%}$ 的圆形区域。

(2) 海域水环境评价范围。根据地面水评价等级的划分，本项目海域评价范围确定为接纳项目废水的园区污水处理厂排放口为中心半径 1.5km 的海域范围。

(3) 地下水环境评价范围。西边界为低山丘陵分水岭，东边界和南边界为内海汊港，北边界为海域和低山，以西北丘陵及北部的低山中地形最高点作为局域分水岭，定义为隔水边界，东南侧的河流定义为给定水头边界，总面积约 12.1 平方公里。

（4）噪声环境评价范围。厂界及厂界往外 200m 的范围内。

（5）生态环境评价范围。以项目厂址为中心，根据大气预测结果以及项目的主导风向和地形因素，综合考虑生态完整性，上风向以鸟屿为界，下风向延伸至红树林保护区的云淡片区边界，测风向以山脊线为界，形成不规则多边形，总评价范围约为 60.34km^2。海域评价范围为以接纳项目废水的园区污水处理厂排放口为中心半径 1.5km 的海域范围。

（6）风险评价范围。本项目天然气储罐为重大危险源，环境空气风险评价范围为距离源点 5km 的范围。

第二节 工程分析

一、生产工艺

本项目设计规模为以铜精矿为原料年产阴极铜 400kt/a。冶炼工艺流程采用“双闪”工艺，即仓式配料→蒸汽干燥→闪速熔炼→闪速吹炼→回转式阳极炉+NGL 炉精炼→电解精炼→“双转双吸”制酸→熔炼渣选矿→阳极泥处理及贵金属回收的生产工艺。

（1）粗铜冶炼。主要生产工序为精矿贮存、配料、精矿干燥、闪速熔炼、闪速吹炼等。

（2）火法精炼。进一步除掉粗铜中的有害杂质，以满足电解精炼对阳极板化学成分的要求，配备阳极炉进行精炼；为了处理电解车间返回的残极、不合格阴极、黑铜板以及阳极浇铸产生的不良阳极等，配备 NGL 炉处理残极。

（3）电解精炼。电解精炼采用 DBSA 电解技术，电解液净化采用双向平行流电积脱铜、真空蒸发生产硫酸铜、诱导法脱除砷、锑、铋的工艺流程。

（4）阳极泥处理工艺。铜阳极泥硫酸化蒸硒焙烧→铜浸出→NSL 炉粗炼（NSL 炉特点：一个炉内完成熔炼、吹炼、精炼功能）→金银电解。

（5）综合回收。烟尘等物料采用湿法工艺+火法工艺的综合回收工艺。

（6）制酸。硫酸生产采用动力波稀酸洗涤净化、非衡态高浓度两转两吸技术，采用“一头两尾”即一套净化、两套干吸转化的制酸方案，产品规格为 98%工业硫酸。

（7）渣选矿。碎磨采用半自磨工艺，选用粗碎→半自磨→球磨碎磨流程；浮选工艺采用二粗、三扫、三精；脱水采用浓密、过滤二段脱水工艺。

二、主要原辅材料和生产设备

（一）原料来源、消耗量及成分

拟建工程铜精矿消耗量为 1734105t/a，原料的 50%来自于 P 公司所属 T 铜矿，另外 50%铜精矿从市场采购。从市场采购的铜精矿成分与采购批次及精矿产地有很大关系，本项目充分参考了国内外多个冶炼厂实际处理的精矿成分，结合 T 铜矿成分，经综合分析确定了本项目铜精矿的混合成分，详见表 10-5。

表 10-5　可研采用的混合精矿设计成分

成分	Cu	Fe	S	SiO_2	MgO	Pb	Zn	As	Au	Ag	Se
单位	%	%	%	%	%	%	%	%	g/t	g/t	%
均值	23.71	24.695	28.25	9.34	2.5	0.81	2.935	0.4	1.135	203.64	0.024
成分	Bi	Sb	Al_2O_3	Cl	F	Hg	Ni	Co	Cd	Cr	CaO
单位	%	%	%	$\times10^{-6}$	$\times10^{-6}$	$\times10^{-6}$	%	$\times10^{-6}$	$\times10^{-6}$	$\times10^{-6}$	%
均值	0.04	0.09	1.10	<37	651.85	3.19	0.015	41.97	49	37	0.5

注：铜精矿含水 8%，粒度-200 目占 80%。

本项目入炉原料符合《重金属精矿产品中有害元素的限量规范》(GB 20424—2006)规定，对比结果详见表 10-6。

表 10-6　本项目与规范对比结果

GB 20424—2006 中所列有害元素	Pb	As	F	Cd	Hg
含量不大于/%	6.0	0.50	0.10	0.05	0.01
本项目含量	0.81	0.4	0.0652	0.0049	0.0003
符合性	符合	符合	符合	符合	符合

（二）主要辅助材料

本项目主要辅助材料使用情况见表 10-7，炉体燃料天然气成分见表 10-8，熔炼及吹炼造渣用石英砂及生石灰成分详见表 10-9。

表 10-7　主要辅助材料消耗表

序号	项　目	单　位	数　量	备　注
1	石英砂	t/a	205082.81	
2	生石灰粉	t/a	22024	CaO 90%
3	石灰石粉	t/a	40084	
4	耐火材料	t/a	1140	
5	硫酸钡	t/a	800	
6	盐酸	t/a	112.6	
7	硝酸	t/a	289.68	
8	氢氧化钠	t/a	1183.83	
9	缓蚀阻垢剂/杀菌剂	t/a	224.23	
10	钒触媒	t/a	90	
11	硫化钠（60%）	t/a	10257.14	
12	电石渣	t/a	6170	
13	双氧水（27.5%）	t/a	830	
14	铁粉	t/a	80	
15	铁屑	t/a	492	
16	钢球	t/a	1193.2	

续表 10-7

序号	项　目	单　位	数　量	备　注
17	衬板	t/a	286.37	
18	胶带	t/a	2330.3	
19	Z-200	t/a	178.98	
20	2#油	t/a	71.59	
21	碳酸氢钠	t/a	596.6	
22	黄油	t/a	190.91	
23	碳酸钠	t/a	3210.9	
24	液氯	t/a	56	
25	硅氟酸	t/a	35.4	
26	天然气	$\times 10^4 m^3/a$	2520.8	
27	焦炭	t/a	1655.38	
28	乙炔	m^3/a	2160	

表 10-8　天然气化学成分、发热值

成分	CH_4	C_2H_6	C_3H_8	N_2	H_2O	Q 低（标态）(kJ/m^3)	其他
%	93.49	3.9	1.71	0.28	0.006	37185	0.614

表 10-9　熔剂的化学成分及粒度

名　称	SiO_2	Fe	CaO	其他	粒　度
石英砂	94	1.0	—	5	<1mm，其中 0.1~0.5mm 占 80%
闪速吹炼炉用生石灰	1.8		90	8.2	<2mm

（三）主要生产设备

本项目主要生产设备包括闪速熔炼炉、闪速吹炼炉、阳极炉、NGL 炉、NSL 炉、竖炉、反射炉以及各个生产环节所需的运输机、振动筛、配料仓、破碎机、风机、浇铸机、制氧机、磨机、冷却塔、反应槽、过滤机等。因本项目生产设备种类和数量较多，详细设备信息略。

三、污染源分布及污染物排放情况

（一）施工期主要污染源、污染物治理及排放

（1）废气。主要来自施工过程中土方开挖、物料输送产生的粉尘、汽车尾气等，可通过洒水增湿来减少施工粉尘逸散飞扬。

（2）废水。主要为施工设备清洗废水和施工人员产生的生活污水，生活污水经化粪池处理后排园区内的污水处理厂。

（3）固体废弃物。主要是施工过程中的渣土和废旧垃圾。

（4）噪声。主要是各种施工机械设备在运作过程中产生的噪声，噪声值约在 90~105dB(A) 之间，噪声随施工设备的开停而间断发生。

（二）营运期主要污染源、污染物治理及排放

1. 废气

主要来自于物料贮存、输送、楼面清扫以及蒸汽干燥、闪速熔炼、闪速吹炼、阳极炉+NGL炉精炼、电解精炼、制酸、渣选矿、阳极泥处理和贵金属回收等生产环节产生的废气。

（1）物料贮存、输送、楼面清扫废气。各运输、配料和清扫环节产生的废气排放总量（标态）约为177920m^3/h，主要污染物成分及浓度为：颗粒物（2~4g/m^3）、铅及其化合物（0.03g/m^3）、砷及其化合物（0.016g/m^3）、铜及其化合物（0.94g/m^3）。设置16组除尘系统，除尘效率99%以上，经工业吸尘器净化后的烟气中含尘浓度<10mg/m^3，铅尘排放浓度<0.08mg/m^3，砷尘排放浓度<0.04mg/m^3，处理后达标废气经排气筒排放。污染物排放浓度均符合《铜、镍、钴工业污染物排放标准》（GB 25467—2010）排放限值要求。

（2）冶炼生产排放烟气。各冶炼生产环节排放的烟气主要包括精矿干燥烟气、精矿气流输送烟气、冰铜磨烟气、熔剂输送烟气、吹炼渣风淬烟气、烟尘输送烟气、锅炉烟气等。烟气排放总量（标态）约为404675m^3/h，主要污染物为颗粒物、铅、砷、铜等金属及其化合物。设置8组除尘系统，除尘效率99.5%以上，经工业吸尘器净化后的烟气中含尘浓度<10mg/m^3，铅尘排放浓度<0.08mg/m^3，砷尘排放浓度<0.04mg/m^3，铜尘排放浓度<2.3mg/m^3，处理后达标废气经排气筒排放。污染物排放浓度均符合《铜、镍、钴工业污染物排放标准》（GB 25467—2010）排放限值要求。

（3）分析监测中心、阳极泥处理车间、综合回收车间等系统产生的粉尘。废气排放总量（标态）约为138000m^3/h，设置5组除尘系统，除尘处理后颗粒物浓度（标态）<10mg/m^3，铅及其化合物浓度（标态）<0.7mg/m^3，氯气浓度（标态）<40mg/m^3，处理后达标废气通过排气筒排放。

（4）制酸尾气。闪速熔炼炉烟气、闪速吹炼炉烟气、回转窑蒸硒烟气、竖炉烟气经收尘净化后汇合环集烟气、脱硫解析气一起送制酸系统制酸，混合烟气量（标态）为157710m^3/h，烟气温度约（205±20）℃，烟气含SO_2浓度为18.12%，含尘（标态）≤0.5g/m^3。制酸工艺流程为稀酸洗涤净化，两转两吸流程，设置两级动力波洗涤器（其中二级动力波设置两段喷嘴）和两级电除雾。制酸尾气采用双氧水脱硫技术，脱硫塔顶部再设一级除雾设施，脱硫效率为99.95%。脱硫后尾气排放量为213187m^3/h，外排废气中SO_2浓度80mg/m^3，铬及其化合物浓度<0.01mg/m^3，颗粒物浓度<30mg/m^3，铅及其化合物浓度<0.10mg/m^3，汞及其化合物浓度<0.008mg/m^3，硫酸雾浓度<10mg/m^3，砷及其化合物浓度<0.01mg/m^3，氮氧化物浓度<100mg/m^3，符合《铜、镍、钴工业污染物排放标准》（GB 25467—2010）要求；外排废气中镉及其化合物浓度<0.01mg/m^3，符合《大气污染物综合排放标准》（GB 16297—1996）排放限值要求。废气处理达标后，由厂区200m高的环保烟囱排放。

（5）脱硫废气。收尘处理后的冰铜风淬烟气、阳极炉烟气、NGL炉烟气、NSL炉烟气、反射炉烟气和环境集烟烟气集中脱硫处理，混合烟气量（标态）为412756m^3/h，烟气温度102℃，烟气含SO_2浓度为0.097%，采用预洗涤+有机溶剂法脱硫工艺，脱硫效率97.5%；脱硫后再增设湿式电除雾器，同时增加脱硫再沸器以提高解吸能力。处理后尾气

排放量 386329m^3/h，外排废气中 SO_2 浓度 65mg/m^3，颗粒物浓度<30mg/m^3，铬及其化合物浓度<0.12mg/m^3，铅及其化合物浓度<0.15mg/m^3，汞及其化合物浓度<0.010mg/m^3，砷及其化合物浓度<0.15mg/m^3，氮氧化物浓度<80mg/m^3，符合《铜、镍、钴工业污染物排放标准》(GB 25467—2010）排放限值要求；外排废气中镉及其化合物浓度<0.10mg/m^3，符合《大气污染物综合排放标准》(GB 16297—1996）排放限值要求。以上废气处理达标后，与脱硫后的制酸尾气一起由厂区 200m 高的环保烟囱排放。

（6）电解、净液车间等产生的硫酸雾。生产过程中排出的含酸雾废气，采用废气净化回收器+玻璃钢酸雾净化塔处理（用2%～6%NaOH 溶液中和酸雾)，酸雾净化塔净化效率96.67%以上，硫酸雾排放浓度（标态)<20mg/m^3，符合《铜、镍、钴工业污染物排放标准》(GB 25467—2010）排放限值要求。

（7）金银电解工段产生的氮氧化物。金银电解工段造液搅拌产生的废气为氮氧化物，采用喘球塔，利用尿素净化处理由 20m 排气筒排放。净化系统总风量（标态）为 350m^3/h，氮氧化物排放浓度（标态)<100mg/m^3，满足《铜、镍、钴工业污染物排放标准》(GB 25467—2010）排放限值要求。

（8）污酸处理站废气。废酸处理工段产生的含 H_2S 废气经除害塔处理后由除害塔顶部 20m 排气筒排放，除害塔净化效率为 95%，除害塔废气排放量为 3000m^3/h，H_2S 初始浓度约 150mg/m^3，排放浓度（标态）7.6mg/m^3，排放速率 0.023kg/h，满足《恶臭污染物排放标准》(GB 14554—93）排放限值要求。

（9）无组织排放。

1）电解净液车间酸雾。电解车间容积为 28.27×$10^4$$m^3$/h，按照一小时换气 3 次计，电解车间厂房废气排放量为 84.82×$10^4$$m^3$/h，车间内酸雾按照《工业企业设计卫生标准》(GBZ 1—2010）中的时间加权平均容许浓度 1mg/m^3，电解车间硫酸雾无组织排放量为 0.848kg/h，合 7.12t/a。

2）熔炼车间、渣缓冷场等无组织排放。熔炼车间出铜、出渣采用集气罩，溜槽为密闭形式，集气效率按 99%考虑，则有 1%的无组织排放量，粉尘和 SO_2 无组织排放量均为 14t/a；渣包转运及堆存的风淬缓冷场由于渣上面生成一层膜，粉尘和 SO_2 难以散发，估算烟尘无组织排放量为 2t/a、SO_2 为 3t/a。因此粉尘无组织排放量总计 16t/a，SO_2 无组织排放量总计 17t/a。

2. 废水

主要来自于阳极泥车间污水、硫酸车间污水、生产废水、厂区地面初期雨水、化学水处理站含盐水以及生活污水等。

（1）阳极泥车间污水。经金银回收后产生的废液为 157m^3/d，属高盐重金属污水。主要污染物成分为 Cu、As、Sb、Bi、Pb、Se、Te、Na、Cl 和 SO_4，该污水进入阳极泥污水处理站，拟采用“纳米技术处理系统+COF 一体化装置+过滤”工艺，经处理后回用于渣缓冷场补充水。

（2）硫酸车间污水。硫酸车间的废酸处理后液、脱硫排液、沉锌后液、净液车间生产污水，以及硫酸车间围堰内地面冲洗水、下雨初期地面上的雨水等收集后进入硫酸车间污水处理站，合计约 1746～2213m^3/d，主要污染物成分为 H_2SO_4、Cu、Fe、Zn、Pb、As、

F、Bi、Sb和NaOH。其中，废酸处理后液（污酸）先采用石膏法处理后，再与其他污水一起采用“一段铁盐-石灰中和+电化学”处理工艺，处理后的废水达到《铜、镍、钴工业污染物排放标准》(GB 25467—2010）排放限值要求，全部回用于生产，回用点为渣缓冷场补充水、冰铜磨喷淋系统补充水、冰铜风淬及运输溜冲洗涤塔补水、硫酸石灰石浆化用水等。

（3）生产废水。主要来自本项目各净循环水系统的排污水，废水量为2312m^3/d。主要污染物及其成分为：Ca（270mg/L）、TDS（800~1000mg/L）、硫酸盐（34.3mg/L）。采用“纯碱软化澄清+多介质过滤+超滤+反渗透”，并将纯碱软化与混凝沉淀在同一个反应设施中进行处理，产出脱盐水1965m^3/d，全部回用于硫酸一、二吸收塔酸冷器冷却水补充水；产出含盐水347m^3/d，外排至市政污水排水管网，外排含盐水的水质成分为pH值为6.5~9.5、溶解性总固体<2000mg/L、氯化物<600mg/L、硫酸盐<600mg/L，可以满足《污水排入城镇下水道水质标准》(CJ 343—2010）中规定的排放限值要求。

（4）厂区地面初期雨水。本项目除硫酸车间外的其他生产区域产生的初期雨水收集后进初级雨水处理设施，该设施处理规模为1800m^3/d，处理工艺采用“重金属离子捕集剂+过滤”。经处理后的出水水质均符合国家《铜、镍、钴工业污染物排放标准》(GB 25467—2010）排放限值要求，外排至市政雨水排水管网。

（5）化学水处理站含盐水。按《火力发电机组及蒸汽动力设备水汽质量标准》(GB 12145—2008）对中压锅炉给水水质的要求，须对自来水进行化学除盐处理后再供给各个锅炉。化学水处理工艺采用一级除盐+混床的方案，处理后产生含盐水264m^3/d，外排至市政污水管网。含盐水的水质可以满足《污水排入城镇下水道水质标准》(CJ 343—2010）中规定的排放限值要求。

（6）生活污水。主要污染物为COD、BOD_5、悬浮物等。生活污水产生量为90m^3/d，经化粪池处理达《污水综合排放标准》(GB 8978—1996）表4中三级标准要求后排入市政管网。

3. 固体废弃物

本项目生产过程中产生的大量中间物料可以在项目内部作为二次资源循环利用。闪速熔炼产生的炉渣进入渣选矿系统，闪速吹炼的炉渣返回熔炼炉，电解车间返回的残极、不合格阴极、黑铜板以及阳极浇铸产生的不良阳极等进入NGL炉处理，电解车间产生的阳极泥进入阳极泥处理车间提取金银，吹炼车间白烟尘、阳极泥处理的熔炼渣和NSL炉烟尘、硫酸生产的铅滤饼等进入综合回收车间回收多种有价金属。符合循环经济的要求。

最终产生的固体废弃物主要包括渣选尾矿、污水处理石膏、废耐火材料、污水处理硫化滤饼、中和渣、废触媒、硫化砷渣、石膏渣、竖炉渣、锑烟尘、氯化渣等各生产环节产生的废渣以及厂区生活垃圾等。

（1）渣选尾矿。渣选矿车间产生的废渣，尾矿含铜0.3%，主要含Fe、SiO_2等，产生量约1215693t/a，暂存于选矿车间内的中转场，不能及时转运的情况下，启用备用的室外露天尾矿堆场，尾矿渣最终外售，综合利用。属于第Ⅱ类一般工业固体废弃物。

（2）污水处理石膏。废水中和处理产生，主要成分为$CaSO_4 \cdot 2H_2O$，产生量约60293t/a，暂存于石膏中转库，外售。属于第Ⅱ类一般工业固体废弃物。

（3）废耐火材料。来自冶炼炉，产生量约1140t/a，暂存于综合仓库，返回厂家回收利用。属于第Ⅰ类一般工业固体废弃物。

（4）污水处理硫化滤饼。来自硫酸系统废酸处理过程，含硫化砷 43.40%，产生量约 6745t/a，暂存于复杂物料中转库，送有资质企业处理。属于危险废物。

（5）中和渣。废水处理产生，含水率 40%，产生量约 6529t/a，暂存于复杂物料中转库，送有资质企业处理。属于危险废物。

（6）废触媒。来自制酸系统，产生情况为 1 次/年，产生量约 90t/a，暂存于复杂物料中转库，返回生产厂家回收。属于危险废物。

（7）硫化砷渣。综合回收车间硫化工段中产生，含砷 54.61%，硫 31.17%，产生量约 1791t/a，暂存于复杂物料中转库，送有资质企业处理。属于危险废物。

（8）石膏渣。综合回收车间石膏工段中产生，含硫 17.58%，含砷 0.95%，产生量约 1372t/a，暂存于复杂物料中转库，外售。属于第Ⅱ类一般工业固体废弃物。

（9）竖炉渣。综合回收车间竖炉熔炼产生，含铅 3.13%，含砷 3.83%，产生量约 2115.26t/a，暂存于复杂物料中转库，送有资质企业处理。属于危险废物。

（10）锑烟尘。综合回收车间熔析除铜工段产生，含锑 75.18%，产生量约 306.53t/a，暂存于复杂物料中转库，送有资质企业处理。属于危险废物。

（11）氯化渣。综合回收车间精铋熔炼工段产生，含铅 68.6%，产生量约 203.72t/a，暂存于复杂物料中转库，送有资质企业处理。属于危险废物。

（12）生活垃圾。本项目在册人员 1036 人，全厂年运行时间按 330 天考虑，垃圾产生量按每人 0.5kg/d 计，则本项目生活垃圾产生量为 170.9t/a，送市政环卫部门统一处置。

4. 噪声

高噪声设备主要有各式破碎机、风机、制氧机、振动筛、磨机、冷却塔、水泵、真空机组及蒸汽汽轮机等，其噪声值一般在 85～110dB(A)。通过基础减振、安装消声器、设立独立厂房、安装音屏障、设置隔音操作室等防治措施，噪声值可降低至 75～85dB(A)。

（三）非正常工况及事故排放分析

1. 废气非正常排放情况

熔炼炉一般每 3 年进行一次小修，8 年进行一次大修，平均每年需停炉进行一次检修。在熔炼炉准备停炉检修时，自动控制系统将减少相关生产设备的投料，以使各车间能够同步减产。当投料减少时，熔炼系统产生烟气中的 SO_2 浓度降低，无法达到制酸指标的要求，经除尘器除尘后将其直接接入制酸尾气脱硫系统，以确保尾气经脱硫达标排放。

低温开炉烟气（≤800℃）由环保风机直接送至 200m 全厂环保烟囱排放；高温开炉烟气（>800℃）经过余热锅炉、电收尘系统处理后由环保风机直接送至 100m 全厂环保烟囱排放；停炉保温烟气由环保风机直接送至 200m 全厂环保烟囱排放。

当制酸系统出现故障时，火法冶炼部分停止投料，炉体进入保温状态。故障阶段产生的烟气经由余热锅炉、电收尘系统处理后由环保风机直接送至 200m 全厂环保烟囱排放。

2. 废气事故工况

硫酸系统由于各种原因致使 SO_2 的综合转化利用率下降，尾气中 SO_2 排放量增加。造成这种情况的原因主要有以下几类：

（1）冶炼烟气电除尘器除尘效率降低，致使净化系统负荷增加，净化效率下降，烟气中尘、砷等杂质含量达不到制酸的净化指标要求，带入转化系统并造成触媒中毒，SO_2 转化率下降；当触媒永久性中毒后，需要更换触媒。

（2）净化系统漏入大量空气，使进入转化工序的烟气 SO_2 浓度降低，不能保持转化自然热平衡，最终使转化率降低。

随着熔炼与吹炼烟气静电除尘器性能的进一步稳定和提高，目前发生因烟气中尘量过大而致使触媒中毒，进而造成 SO_2 转化率降低的情况已大大减小。且一旦转化率降低时，本项目制酸尾气将通过脱硫系统来降低 SO_2 的排放量，最大限度地减小非正常工况下 SO_2 排放对周边环境的影响。本评价按 SO_2 转化率下降到99%来考虑这种事故工况的排放情况。非正常生产状况及事故工况下污染物的排放参数见表10-10。

表10-10 非正常生产状况及事故工况下污染物的排放参数

非正常/事故状况	烟气量/$m^3 \cdot h^{-1}$	污染物种类	排放浓度/$mg \cdot m^{-3}$	源高/m
制酸尾气中 SO_2 浓度达不到制酸要求，SO_2 转化率下降到99%	213187	SO_2	5177	100

（四）污染物排放汇总

本项目废气、废水以及固体废弃物中各项污染物的产生量、削减量及排放量详见表10-11。

表10-11 项目污染物排放汇总表

项 目	污染物	单 位	产生量	削减量	排放（处置）量
废气	废气量	$\times 10^4 m^3/a$	1364295.45	—	1364295.45
	颗粒物	t/a	469007.5	468812.06	195.44
	SO_2	t/a	1022065	1021733.32	331.68
	NO_x	t/a	253.22	—	253.22
	硫酸雾	t/a	1293.22	1271.67	21.55
	铅及其化合物	t/a	19787.83	19786.67	1.16
	汞及其化合物	t/a	4.58	4.537	0.043
	镉及其化合物	t/a	108.05	107.731	0.319
	砷及其化合物	t/a	9988.33	9987.68	0.65
	铬及其化合物	t/a	314.76	314.38	0.38
	铜及其化合物	t/a	107871.72	107854.94	16.78
	H_2S	t/a	3.54	3.361	0.179
	氯气	t/a	9.50	7.6	1.9
废水	水量	t/a	1667685	1411820	255865
固体废弃物	一般Ⅰ类工业固废	t/a	1140	—	1140
	一般Ⅱ类工业固废	t/a	1275986	—	1275986
	危险废物	t/a	23504.51	—	23504.51
	生活垃圾	t/a	170.90	—	170.90

注：各类固体废弃物均为处置量。

第三节 建设项目环境质量现状及评价

一、大气环境质量现状监测及评价

（一）大气环境质量现状监测

（1）监测布点。根据本项目位置及大气污染物排放特点，结合当地的环境现状，针对评价区域内环境敏感点分布情况并考虑主导风向，拟在评价区域范围内布设6个环境空气监测采样点。

（2）监测项目。TSP、SO_2、NO_2、PM10、硫酸雾、氟化物、As、Pb、Hg、Ni、Cu，同时对地面风向、风速、气温、湿度、气压等常规气象因素进行观测。

（3）监测频率。本项目大气环境质量现状监测由W环境检测技术服务有限公司于2016年4月19日~4月25日连续监测7天。其中SO_2、NO_2、氟化物小时平均浓度每天采样4次，具体采样时间为北京时间02：00、08：00、14：00、20：00；SO_2、NO_2、氟化物、TSP、PM10以及重金属指标监测日均值。

（4）监测方法。按照《环境空气质量标准》(GB 3095—2012）中的有关规定进行。

（5）监测结果（略）。

（二）大气环境质量现状评价

1. 评价方法

单因子标准指数法。

2. 评价结论

评价区内的SO_2、NO_2、氟化物的小时浓度能够满足《环境空气质量标准》(GB 3095—2012）中的相关要求，SO_2、NO_2、氟化物、TSP以及PM10的日均浓度也能满足《环境空气质量标准》(GB 3095—2012）中的相关要求；硫酸雾、铅、砷、汞的日均浓度监测值也能满足相关要求，各监测因子的最大占标率均较低，评价区域内的空气环境质量现状良好。而镍、铜以及镉没有相应的日均浓度质量标准，本次评价仅作为背景值，不进行评价。

二、地下水环境质量现状监测及评价

（一）地下水环境质量现状监测

（1）监测布点。根据区域的水文地质条件，地下水结合区域内的保护目标，在评价区内选择5个地下水水质采样点位。重点评价项目区域滨海平原松散堆积孔隙潜水含水层地下水质量状况。

（2）监测项目。地下水常规离子（K^+、Na^+、Ca^{2+}、Mg^{2+}、CO_3^{2-}、HCO_3^-、Cl^-、SO_4^{2-}）共8项；基本水质因子（pH值、氨氮、硝酸盐、亚硝酸盐、挥发性酚类、氰化物、砷、汞、铬（六价）、总硬度、铅、氟、镉、铁、锰、溶解性总固体、高锰酸盐指数、硫酸盐、氯化物、总大肠菌群、细菌总数）共21项；废水处理站、阳极泥处理车间排出含高盐重金属生产污水，制酸车间排出重金属酸性生产污水，选择特征因子（SO_4^{2-}、砷、铜、镍、锌和氟化物)，包括重复的因子共计30项。

（3）监测频率。丰水期和枯水期各取样一次，水样瓶冲洗3~4次后再取样，由W环境检测技术服务有限公司于2016年5月4日现场取样。

（4）监测方法。按照《地下水环境监测技术规范》（HJ/T 164—2004）执行。

（5）监测结果（略）。

（二）地下水环境质量现状评价

1. 评价方法

单因子标准指数法。

2. 评价结论

参照《地下水质量标准》（GB/T 14848—93）Ⅲ类标准，分析监测结果可知，除了某水质监测点氯离子略微超标（超标倍数1.004，该点正在进行吹填，存在海水的渗入造成氯离子浓度增大），其余各因子均未超标，说明区域地下水质量现状较好。

三、声环境现状监测及评价

（一）声环境现状监测

（1）监测布点。本项目厂址东、西、南、北面、邻近村庄以及运矿道路处共布设6个监测点位。

（2）监测项目。测量昼夜连续等效A声级Leq。

（3）监测频率。由W环境检测技术服务有限公司于2016年4月20日进行噪声监测。

（4）监测方法。按照《声环境质量标准》（GB 3096—2008）执行。

（5）监测结果（略）。

（二）声环境现状评价

1. 评价标准

厂址区域为声环境3类功能区，执行《声环境质量标准》（GB 3096—2008）3类标准，声环境敏感点执行《声环境质量标准》（GB 3096—2008）中的2类标准。

2. 评价结论

本项目各声环境监测点昼间和夜间声环境均能满足《声环境质量标准》（GB 3096—2008）中的相应要求，说明评价范围的声环境现状良好。

四、土壤环境现状监测及评价

（一）土壤环境现状监测

（1）监测布点。根据项目对土壤环境影响的特点，共布置5个土壤监测点。

（2）监测项目。pH值、Cu、Pb、Zn、As、Hg、Cr、Cd、Ni共9项。

（3）监测频率。由W环境检测技术服务有限公司于2016年4月21日进行监测，对土壤表层土进行采样分析。

（4）监测方法。按照《土壤环境监测技术规范》（HJ/T 166—2004）、《环境监测分析方法》、《土壤元素的近代分析方法》、《土壤环境质量标准》（GB 15618—2008）执行。

（5）监测结果（略）。

（二）土壤环境现状评价

1. 评价方法

单因子标准指数法。

2. 评价结论

所有土壤监测点位中的重金属含量均满足《土壤环境质量标准》（GB 15618—2008）二级标准的限值要求。

五、农作物环境现状监测及评价

（一）农作物环境现状监测

（1）监测布点。植物监测布点与土壤监测布点一致，主要监测对象为村庄附近种植的蔬菜。

（2）监测项目。Cu、Pb、Zn、As、Hg、Cr、Cd、Ni 共 8 项。

（3）监测频率。由 W 环境检测技术服务有限公司于 2016 年 4 月 21 日进行监测，对村庄附近的蔬菜进行采样分析。

（4）监测结果（略）。

（二）农作物环境现状评价

1. 评价方法

单因子标准指数法。

2. 评价结论

蔬菜样中各重金属指标监测值均能满足《食品中污染物限量》（GB 2762—2012）中的相关要求。

六、陆生生态环境现状调查及评价

（一）陆生生态环境现状调查

1. 调查内容

调查评价区及邻近区域的项目生态功能区划、生态系统组成类型、土地利用状况、林业规划、植被资源、动物资源等。

2. 调查方法

采用基础资料收集、野外实地调查（包括 GPS 地面类型取样、群落调查、野生动物调查）以及基于空间信息技术的生态制图等方法。

3. 调查情况

（1）项目生态功能区划。根据《某省生态功能区划》，工业区规划范围属于中心城市生态功能区，不在该省省级重要生态功能区范围内，其主要功能为城市开发，符合开发要求。

（2）生态系统组成类型。主要包括森林生态系统、低山丘陵灌草丛生态系统、农田生态系统、水域湿地生态系统和建筑用地生态系统。调查情况（略）。

（3）土地利用类型。项目范围内陆域土地主要可分为林地、草地、耕地、园地、农村宅基地、海洋湿地、设施农用地、交通用地以及工矿建筑用地九大类。海域湿地面积为

1827.09hm^2，占整个评价范围的30.28%；陆域范围内主要的用地类型为林地，包括林地、灌木林地以及其他林地，面积为1791.59hm^2，占评价区面积的29.69%；设施农用地的面积为931.74hm^2，占评价区面积的15.44%。另外，由于项目所在区域位于工业园区内，附近已有企业入驻，因此评价范围内工矿用地也相对较多。

（4）植被资源。受到人为因素和自然因素的长期破坏，项目所在区域内的地带性原生天然植被早已消失殆尽。现有植被多为人工营造或自然次生植被和人工栽培植被，主要有林地植被、园地植被、农田植被和草地植被，植物群落结构较为简单，生物多样性相对较低。评价区域内一些村庄星散分布有少量具有科学研究、历史文化和旅游观赏价值的古树名木，以古榕树为主，同时村庄附近还有少量的樟树。除外，现场调查过程中未在项目评价范围内发现有其他受国家Ⅰ、Ⅱ级重点和地方重点保护的野生植物分布。

（5）动物资源。评价区内陆域脊椎动物科分为哺乳类、鸟类、爬行类和两栖类四大类。其中，哺乳类主要有野猪、青羊、野兔、松鼠、刺猬、鼬獾、东方田鼠、野猫、中化竹鼠、小家鼠、黑家鼠等；鸟类主要有麻雀、斑鸠、棕背伯劳、喜鹊、乌鸦、家燕、山雀、八哥、画眉、杜鹃、布谷鸟、鹭类、鸥类等；爬行类主要有乌龟、蜥蜴、壁虎、石龙子、盲蛇、白环蛇、灰鼠蛇、蝮蛇等；两栖类主要有青蛙、蟾蜍等。评价区所在地现有陆域畜牧养殖种类主要有猪、鸡、鸭、牛、羊等；现有陆域池塘水面养殖有鱼、虾、蟹、贝等水产动物，以跳跳鱼为主。

调查期间，评价区内及周边附近陆域除红树林保护区的云淡片区北部有鹭类分布外，未发现有其他受国家Ⅰ、Ⅱ级重点和省重点保护的陆生珍稀或濒危野生动物分布。

（二）陆生生态环境现状评价

1. 评价方法

景观生态学理论及相关方法。

2. 评价结论

总体来看，评价区的景观生态系统是长期生态演替进化和人为活动影响的结果，具有一定的稳定性。评价区内的灌草地多为人为因素破坏后短期内恢复形成，说明评价区内物种流、能源流没有被阻断，物种立地条件以及适应性较好，较利于物质和能量的交换。景观组织具有一定的抵抗力和恢复力，但是在持续的人为因素干扰下，可能彻底改变其生态系统的结构和功能，形成完全以人为景观为主的生态系统。

七、社会环境现状调查及评价

（一）人群健康调查

（1）调查对象。本次调查从拟建地周边自然村常住人口中抽取134人组成样本，样本中11~15岁学生79人。

（2）调查内容。调查对象血样中铅的含量。

（3）调查方法。依据《职业慢性铅中毒诊断标准》（GBZ 37—2002）中有关人体铅中毒的诊断及分级标准进行检测。

（4）调查情况。2016年5月16、18日Z医学检验所对拟建地周边人群进行了血液采样和血铅调查。

（二）人群健康评价

1. 检测方法

钨舟原子吸收法。

2. 检测结果

抽查的134人中，79名11~15岁学生的检测结果均未超过100μg/L标准限值，55名成人也未超过200μg/L标准限值，说明抽检人群血铅未超标。

第四节　环境影响预测及评价

一、施工期环境影响预测及评价

（一）大气环境影响分析

施工过程中所产生的主要大气污染物为扬尘。工地道路扬尘视其路面质量不同相差较大，但其影响范围一般为道路两侧各约50m的区域；表土剥离扬尘污染严重，空气中扬尘浓度可达20mg/m^3，随着距离的增加，TSP浓度迅速下降，影响范围主要在周围50m内；建筑工地扬尘的影响范围主要在施工场地外100m以内。本项目施工场地距离最近的村庄160m，施工场地扬尘对其影响不大。

通过以上分析，重污染带位于施工场地内，但如果控制不好容易对村庄产生影响。建议采取以下措施减轻其影响：

（1）施工单位应制订土方施工处理计划，及时夯实填土。

（2）施工场地需配备洒水车定期洒水，防止浮尘产生。

（3）运输车辆进入施工场地应低速或限速行驶，减少产尘量。

（4）运输易起尘的原材料时应使用密闭车辆，并通过封闭系统运送到仓库，避免露天堆放；所有往来施工场地的多尘物料应用帆布覆盖。

（二）地表水环境影响分析

施工期废污水为生产废水和生活污水。生产废水主要为施工设备清洗废水，主要污染物为SS和石油类。生活污水来自基建施工人员排放的生活污水，生活污水的主要污染物是BOD_5、COD和氨氮。为减少施工期废水对地表水环境影响，建议采取以下措施：

（1）施工期临时生活区应同步建设生活污水处理设施，食堂污水经收集池、隔油池处理后可以洒水降尘；粪便可设置采用移动厕所，收集后供农灌施肥或运至污水处理厂处理。

（2）施工期场地冲洗水、机械冲洗水设置隔油池、沉砂池处理后用于洒水降尘或绿化灌溉。

（三）固体废弃物环境影响分析

本项目施工期固体废弃物主要为施工过程产生的建筑废料以及施工人员产生的生活垃圾。为减缓固体废弃物对环境的影响，需采取下列措施：

（1）建筑垃圾和生活垃圾应定点收集，严禁随意堆放。

（2）生活垃圾袋装化，由市政统一处理；垃圾指定专人管理，委托当地环卫部门及时清运。

（3）建筑废料应实行分类堆放，对于可回收的建筑废料，应予以回收处理。

（四）声环境影响分析

施工期的噪声主要是施工时打桩机、推土机、装载机、自卸卡车等大型设备产生的噪声。其中打桩机噪声强度较大，200m范围外仍然超过《建筑施工场界环境噪声排放标准》（GB 12523—2011）标准限值，距离施工区最近的村落敏感点仅160m，因此，施工噪声可能对其声环境产生一定影响。

因此，在施工作业中必须合理安排各类施工机械的工作时间，尤其是夜间严禁打桩机等强噪声机械进行作业，减少这类噪声对附近居民的影响。同时对不同施工阶段，按《建筑施工场界环境噪声排放标准》（GB 12523—2011）对施工场界进行噪声控制。

（五）生态环境影响分析

本工程所在工业区属于填海造地，前期工业园填海造地均由工业园区负责，填海造地完成后，本工程场地将由原有的海域滩涂地段变为工业供地，将改变现有土地利用格局。工程施工期占用土地、施工器械堆放及施工固体废弃物堆弃将影响施工作业区的景观环境。此外，施工期人为活动和机械噪声也会对野生动物造成影响。但这些影响为短期影响，随着施工的结束而消失。因此，项目的建设对陆域生态环境产生的影响相对较小。

二、营运期环境影响预测及评价

（一）大气环境影响分析

正常排放情况下，本项目新增污染源预测因子和区域拟建项目污染源预测因子（SO_2、NO_2、NO_x、TSP、Cl_2、Hg、Cd、Cr、As、Pb、Cu、硫酸雾、H_2S、PM_{10}）在环境空气保护目标处、网格点、区域最大地面浓度点的小时浓度值、日均浓度值和年均浓度值都能满足《环境空气质量标准》（GB 3095—2012）二级标准限值、《工业企业设计卫生标准》（GBZ 1—2010）和《大气污染物综合排放标准详解》的要求。

非正常排放情况下，SO_2预测值及预测值叠加背景值后，小时浓度值在各关心点都能满足《环境空气质量标准》（GB 3095—2012）二级标准限值、《工业企业设计卫生标准》（GBZ 1—2010）中居住区有害物质最高容许浓度限值，但地面最大浓度值均超标。

本项目各无组织废气排放源未造成超标点，故本项目不设大气环境防护距离。本项目最终确定的卫生防护距离为电解车间、渣缓冷场均为100m，熔炼车间为200m、制酸车间400m，卫生防护距离内不存在环境敏感保护目标。

（二）地表水环境影响分析

本项目仅264m^3/d的含盐水和90m^3/d的生活污水通过S污水处理厂处理达标后排入地表水环境。S污水处理厂排污口距码头近420m，根据《S污水处理厂一期工程环境影响报告书》的预测结论：S污水处理厂近期正常排放COD的混合区范围面积为0.077km^2，一期0.46km^2，均小于《污水海洋处置工程污染物控制标准》（GB 18486—2016）中允许的混合区面积（$Aa \leqslant 1.5km^2$）。污水处理厂投产后有效收集并集中排放当地城镇生活污水和工业项目区的工业废水，有利于项目周边海域污染负荷的降低，海水环境容量的增大，总体上S污水处理厂排污对其周边的环境影响较小。

（三）地下水环境影响分析

区域地表水和地下水资源较为丰富，但是项目的建设和运营期厂区内均不采用地下水，因此对地下水水量无影响。水质指标主要为废水中 Cu、As、Zn、氟化物和硫酸盐等。正常工况下，初期受污雨水经重金属离子捕集剂+过滤处理后，排至市政污水排水管网；硫酸车间的重金属离子废水、阳极泥车间的重金属离子废水处理后全部回用于生产使用，处理目标符合国家《铜、镍、钴工业污染物排放标准》(GB 25467—2010)；厂区生活污水在厂区内单独设置排水管网，经化粪池初级处理符合《污水综合排放标准》(GB 8978—1996) 中三级标准要求后，外排至市政污水排水管网。

事故工况下，初期雨水处理站、阳极泥处理区和废酸处理车间的部分水池底部发生局部渗漏时，有可能对地下水环境造成影响。通过预测该厂区的污染渗漏迁移情况可知，Cu、As、Zn、氟化物和 SO_4^{2-} 发生渗漏后会沿地下水迁移，但迁移的垂向和横向距离较短，总体对地下水环境的影响较小，污染物浓度随着运移时间会逐渐降低，但在泄露中心处仍然会超标，因此要做好基本的防渗措施。

（四）海洋生态环境影响分析

本项目营运对海洋的影响主要体现在外排废水对海洋生态的影响。根据敏感目标分布，排污口距最近的海藻养殖区约 560m，网箱养殖约 660m，贝类养殖约 2000m，项目排污口排放规模在 12.0×10^4t/d 内时，污水排放对附近现状养殖有一定的影响。排污口距最近的自然保护区约 7.3km，距最近的鱼类繁殖保护区约 11.8km，由于距离较远，污水排放对两个保护区影响不大。此外，本项目废水各净循环水系统排污水采用“纯碱软化澄清+多介质过滤+超滤+反渗透工艺”处理，纯水站纯水制备脱盐产生的浓盐水采用一级除盐+混床的方案。各净循环水系统排污水经膜处理后产生的含盐水、纯水制备产生的含盐水，水质达到《铜、镍、钴工业污染物排放标准》(GB 25467—2010) 的间接排放标准、《污水排入城镇下水道水质标准》(CJ 343—2010) 排入园区市政污水管网标准，最后纳入 S 污水处理厂进一步处理。因此，本项目废水没有直接排入海洋，所排入的 S 污水处理站已通过环评。总体上，在含重金属和持久性有机污染物等工业废水引到湾外海域排放的前提下，污水排放对附近海域生态环境影响较小。

（五）陆域生态环境影响分析

项目营运期对生态环境的影响主要通过排放的废气来实现的，项目产生的大气污染物主要为 SO_2、NO_2、PM10、Pb 等。本项目 SO_2 叠加背景浓度后最大小时值为 0.4855mg/(m^3·h)，远低于 SO_2 对叶部的伤害（18.13mg/(m^3·h)）、可见伤害（3.25mg/(m^3·h)）以及隐性伤害（0.65mg/(m^3·h)）的阈值剂量；NO_x 的最大叠加小时浓度为 0.1845mg/(m^3·h)，远低于 NO_x 对植物生长代谢影响（1.32mg/(m^3·h)）和叶部伤害（5.64mg/(m^3·h)）的阈值剂量；PM10 浓度最大叠加小时浓度为 0.88mg/(m^3·h)，对植物的影响不大；评价区内 Pb 及其化合物浓度均在较低水平，对项目周边环境影响不大。

本项目大气排放中含有的重金属污染物将对周边土壤造成一定的影响，但对土壤造成的影响与标准值相比是可以接受的。其中随着时间的推移，铅、砷、汞、铬的含量逐渐降低，仅有镉的含量随着时间推移增加，至 30 年时，其含量为 0.28mg/kg。

根据大气预测结果，项目排放的大气污染物在红树林保护区的落地浓度较低，Hg、Cd、Cr、As、Pb 在保护区内的浓度分别为 1.3×10^{-6} mg/m^3、1×10^{-5} mg/m^3、1.154×10^{-5} mg/m^3、2.156×10^{-5} mg/m^3、8.78×10^{-5} mg/m^3，同时重金属的沉降量较小，加之保护区植

被本身对重金属的富集能力，因此项目营运产生的重金属对保护区产生的不利影响较小。

（六）声环境影响分析

在正常工况下，采取降噪措施后东、南、西、北厂界均能达到《工业企业厂界环境噪声排放标准》（GB 12348—2008）中的3类标准；距离本工程较近的村庄噪声预测值均满足《声环境质量标准》（GB 3096—2008）2类区，本工程对噪声敏感点影响不大，且附近村庄近期将搬迁，本项目噪声对其影响更小。

本工程距离最近高速及省道仅5.5km，运输可以通过高速或省道外运，汽车运输总量为346.4×10^4t/a，预计一般选用40t左右载重汽车运输，根据运输量可知，每小时需11车次左右，车流量较小，并且汽车运输大部分可以走高速，对运输道路周边居民影响较小。

（七）固体废弃物环境影响分析

本工程最终处置的各类固体废弃物均修建专门库房和堆场存放，避免在堆存过程中产生扬尘，库房和堆场按照相关标准进行防渗处理，设计采用HDPE膜防渗结构，并设置导流管和液体收集装置。

本工程渣选尾矿以及闪速熔炼炉炉渣是临时堆放于室外的固体废弃物，渣选尾矿由于其含水量高，不易产生扬尘，因此对土壤的影响较小；闪速熔炼炉炉渣由于颗粒大，并且设置有防尘网可有效防止渣飞散。针对渣选尾矿露天堆场设有雨水导流渠，场内设沉淀池，收集的废水进入本工程污水处理站处理；针对沿海地区多台风暴雨等大风天气情况，在暴雨或台风预警前将用粘布覆盖堆场防止雨水淋溶和废渣飞散。渣场四周设有排水沟、挡墙、防尘网，以及沉淀池等。以上防治措施可以有效减少固体废弃物对大气、水和土壤环境的影响。

根据工业固体废弃物的性质、收集方式、处理处置方式、运距及运输频率，配备带有明显标志的专用运输车辆，对各种废弃物分区、定期收运。其中，承载危险废物的车辆需持有运输许可证，司乘人员应经过专门培训，掌握紧急情况处置方法；严格执行危险废物转移联单管理办法，废弃物包装应注明废弃物名称、性质、转运地点等，并由专人押运；运输计划和行驶路线应事先做出周密安排，并提供备用运输路线，同时制定有效的废弃物泄露情况下的应急措施。在运输路线的确定方面，尽量不使用乡村公路，不经过城市闹市商业街，优先选择国道，其次选择高速公路，尽量避开饮用水源保护区及其他敏感区。同时运输过程中注意遮盖，避免物料遗撒，防止运输途中产生扬尘。

综上所述，本项目产生的各种固体废弃物均得到了妥善的处置或综合利用，实现了固体废弃物的资源化和无害化处理，避免因固体废弃物的堆存对环境造成的影响，在严格落实处理措施与管理制度的情况下，对外环境产生影响较小。

第五节 环境风险与经济损益分析

一、环境风险分析

（一）环境风险识别

1. 物质风险识别

拟建项目可能产生的危险有害物质包括天然气（LNG）、二氧化硫、三氧化硫、柴油、乙炔、液氯、硫酸、硝酸、盐酸、双氧水、氢氧化钠、硫化钠等，具体分布场所及危害特征见表10-12。

表10-12　拟建项目涉及主要物质危险性情况

序号	名称	主要分布场所	贮存量	临界量	物质类别	主要危害特性	备注
1	成品硫酸	制酸车间成品罐区	10×10^4t（98%硫酸）	100t（发烟硫酸）	腐蚀品 酸性腐蚀品 氧化锌物质	与易燃物和有机物（如糖、纤维素等）接触会发生剧烈反应，甚至引起燃烧；能与一些活性金属粉末发生反应，放出氢气；遇水大量放热，可发生沸溅；具有强腐蚀性	副产品辅料
2	二氧化硫	制酸系统	11.86t	20t	毒害品 毒性气体	不燃，若遇高热，容器内压增大，有开裂和爆炸的危险；易被湿润的黏膜表面吸收生成亚硫酸、硫酸；对眼及呼吸道黏膜有强烈的刺激作用；大量吸入可引起肺、喉水肿、声带痉挛而致窒息	中间产品
3	三氧化硫	制酸系统	0.5t	75t	毒害品 毒性物质	不燃，具强腐蚀性、强刺激性，可致人体灼伤；与水发生爆炸性剧烈反应；与有机材料如木、棉花或草接触，会引起燃烧；吸湿性极强，在空气中产生有毒的白烟；毒性表现与硫酸同；对皮肤、黏膜等组织有强烈的刺激和腐蚀作用，可引起结膜炎、水肿，角膜混浊，以致失明；引起呼吸道刺激症状，重者发生呼吸困难和肺水肿；高浓度引起喉痉挛或声门水肿而死亡	中间产品
4	硝酸	阳极泥处理磨浮车间	500kg	—	毒害品 毒性物质	浓硝酸加热时产生硝酸蒸气，也可分解产生二氧化氮，吸入后可引起急性氮氧化物中毒	辅料
5	盐酸	阳极泥处理磨浮车间	300kg	—	腐蚀品 酸性腐蚀品	能与一些活性金属粉末发生反应，放出氢气；遇氰化物能产生剧毒的氰化氢气体；与碱发生中和反应，并放出大量的热；具有较强的腐蚀性	辅料
6	过氧化氢（双氧水）	阳极泥处理烟气脱硫	24.5t	50t	氧化剂	助燃，具强刺激，眼直接接触液体可致不可逆损伤甚至失明；口服中毒出现腹痛、胸口痛、呼吸困难、呕吐、一时性运动和感觉障碍、体温升高	辅料
7	乙炔	金银电解车间	0.68t	1t	易燃易爆 毒性气体	强还原剂；与空气混合能形成爆炸性混合物；遇明火、高热能引起燃烧爆炸；属剧毒类气体	辅料

续表 10-12

序号	名称	主要分布场所	贮存量	临界量	物质类别	主要危害特性	备注
8	轻柴油	加油站	25.2t	200t	易燃固体	具有强还原性，性质活泼，可燃，遇明火可能发生爆炸	辅料
9	天然气	LNG 储罐	85t	50t	毒害品 毒性气体	强烈的神经毒物，对黏膜有强烈刺激作用；易燃，与空气混合能形成爆炸性混合物，遇明火、高热能引起燃烧爆炸	辅料
10	氯气	铋回收	1t	5t	毒害品 毒性气体	剧毒气体	辅料
11	氢氧化钠	污酸处理 酸雾吸收	15t	—	腐蚀品	与酸发生中和反应并放热；遇潮时对铝、锌和锡有腐蚀性，并放出易燃、易爆的氢气；本品不燃，遇水和水蒸气大量放热，形成腐蚀性溶液；具有强腐蚀性	辅料

临界量按照《危险化学品重大危险源辨识》(GB 18218—2014）判定，物质风险按照附录 A.1 进行风险判定。本项目的主要风险物质为：二氧化硫、氯气、天然气，其中二氧化硫半致死浓度为 6600mg/kg（大鼠吸入，1h)，属于一般毒性物质；氯气半致死浓度为 850mg/kg（大鼠吸入，1h)，属于一般毒性物质；天然气属于易燃易爆气体。

2. 生产设施风险识别

本项目生产过程中存在的危险因素主要是有害化学品泄漏和火灾、爆炸，另外还存在可造成腐蚀、电气伤害、机械伤害等事故的危险因素。厂区各生产装置风险识别见表 10-13。根据表 10-13，本项目环境风险事故主要包括以下几类。

表 10-13　生产设施风险识别一览表

序号	事故地点	事故类型	潜在事故与危害		
			易发事故环节	可能引发的事故	潜在危害
1	熔炼系统	二氧化硫泄漏事故	气体净化系统有缺陷或故障；管道、设备连接处密封不良或腐蚀；密封件损坏，紧固件松动；系统设备管道破裂，熔炼、吹炼产生的有毒烟气泄漏	含二氧化硫烟气溢出；有毒烟气弥散导致设备损坏；引发人员中毒等事故	腐蚀危害 中毒事故
2	制酸系统	硫酸泄漏	设备进出口连接处密封不良，被腐蚀或超期服役；管道、阀门、泵连接处密封不良，被腐蚀或超期服役；密封件损坏，紧固件松动；系统设备管道破裂	硫酸溢出导致地坪及周围设备遭受腐蚀；可能人员被灼伤；可能引起火灾	腐蚀危害 灼伤、火灾

续表 10-13

序号	事故地点	事故类型	潜在事故与危害		
			易发事故环节	可能引发的事故	潜在危害
3	储运系统	硫酸泄漏	浓硫酸产品外售采用罐车运输，存在因交通事故（碰撞翻车等）导致罐车破裂引起硫酸泄露的危险	直接对输送道路周围的环境造成影响	腐蚀危害 灼伤、火灾
		柴油泄漏	储运系统、设备泄漏跑油，加油时灌装过满冒油，卸油时逸散油气	遇明火、机械火星、高温高热、静电火花、雷电放电、烟囱飞火等点火源，可能导致火灾爆炸事故的发生	火灾、爆炸
		氯气泄漏	被腐蚀或超期服役；管道、阀门、泵连接处密封不良；密封件损坏，紧固件松动；系统设备管道破裂	泄漏中毒事故	中毒事故
		乙炔泄漏爆炸	金银电解车间需使用乙炔，最大消耗量（标态）3.75m^3/h，压力 0.3MPa。为满足工艺要求，设置 1 组乙炔汇流排，汇流排规格为 2×10 瓶，如乙炔瓶汇入管线泄漏，遇明火可发生爆炸	可能引发爆炸	火灾或爆炸
		天然气泄漏爆炸	本项目设置天然气储存设施，以满足闪速熔炼炉和闪速吹炼炉等主要设备 48h 的保安用气，设置 2 台 100m^3 的 LNG 储罐及相应的增压、气化设备	可能引发爆炸	火灾或爆炸
4	辅助生产系统	污水管网泄漏事故	一般情况下，污水管网不会发生堵塞、破裂和爆炸。发生该类事故的可能原因主要有管网设计不合理、往下水道倾倒大量固体废弃物和易燃易爆物质等	污水未经处理外泄	引发污染事故

A 化学毒物危害

铜冶炼系统产生高浓度 SO_2、铅尘、砷尘的烟气，正常状态下系统内部为负压，如后续烟气除尘系统及其制酸工艺发生故障，设备及管道内部则会形成正压，造成烟气从炉门、管道接缝密闭不严处等部位泄露。制酸系统包括制酸工段和硫酸储罐区，生产中大量使用 SO_2，得到产品 H_2SO_4 并有较大的贮存规模，如发生泄露，会造成作业场所人员及区域环境化学毒物的危害。氯气储罐泄漏时发生中毒事故。

B　火灾爆炸危险

制酸系统浓 H_2SO_4 具有强氧化性，如发生泄露遇易燃物质有发生火灾的危险。电气系统、仪表控制操作系统等存在火灾、爆炸的潜在危险。柴油属易燃液体，如果储运系统、设备泄漏跑油，加油时灌装过满冒油，卸油时逸散油气，遇明火、机械火星、高温高热、静电火花、雷电放电、烟囱飞火等点火源，可能导致火灾爆炸事故的发生。乙炔、天然气属于易燃气体，泄漏容易引发火灾或爆炸。

C　腐蚀危害

本工程中的硫酸、SO_2 等都有很强的腐蚀性，在生产、储存、运输过程中，储罐焊缝、管道阀门、法兰等处因腐蚀穿孔易发生泄漏；在生产、装卸、运输时，如因操作不当、装卸接口密封不严、管理不善等，都可能发生泄漏。腐蚀性物品泄漏危害主要是导致人体接触部位和呼吸道的灼伤，而且还可能造成设备受损，建构筑物遭腐蚀破坏，导致易燃物或有毒物质大量泄漏，形成火灾、爆炸或中毒等安全隐患。

D　灼烫危害

本期工程利用冶炼烟气为原料制造硫酸，在生产过程中，稍有疏忽或产生喷溅、泄漏，均可能产生酸液灼伤事故。

3. 重大危险源辨识

根据《危险化学品重大危险源辨识》(GB 18128—2009）规定，一个（套）生产装置、设施或场所，或同属一个生产经营单位的且边缘距离小于 500m 的几个（套）生产装置、设施或场所可以划为一个单元。结合本项目总图布置，识别重大危险源包括装置区和罐区单元，根据《建设项目环境风险评价技术导则》(HJ/T 169—2004）附录 A 中表 2~表 4 对有毒物质、易燃物质和爆炸性物质规定的临界量，结合本项目涉及的风险物质分析可知，本项目涉及的在 GB 18128—2009 中的物质主要有 SO_2、98%硫酸、天然气、氯气、柴油等。

本工程产生的化学品中，SO_2、SO_3、轻柴油、氯气、乙炔、硝酸的在线输送量或储存量均远小于 GB 18218—2014 中生产场所临界量的要求，故不属于重大危险源。本工程酸库及装酸设施设置 10000t 贮酸罐 10 台，储量可达 10×10^4t。参照 GB 18218—2014，发烟硫酸（浓度超过 100%的硫酸）在生产场所的临界量为 100t，而本工程的硫酸产品为 98%的浓硫酸不属于发烟硫酸，对一般工业硫酸无储存临界量的标准。因此，本项目工业硫酸储罐不属于重大危险源。

三氧化硫和双氧水临时堆存量未超过临界量，不属于重大危险源，其他危险化学品氢氧化钠、盐酸等均不在 GB 18218—2014 名录内，也不属于重大危险源。本项目设置 2 台 $100m^3$ 的 LNG 储罐及相应的增压、气化设备，天然气储存量为 85t。根据 GB 18218—2014 可知，天然气重大危险源临界量为 50t，因此，天然气构成重大危险源。

4. 最大可信事故确定

根据《建设项目环境风险评价技术导则》HJ/T 169—2004，结合危险物质、生产装置区的风险识别，将生产过程中 SO_2 泄漏、硫酸、氯气储罐泄漏和天然气的火灾爆炸事故确定为最大可信事故，具体见表 10-14。

表 10-14　最大可信事故

序号	风险事故类型	影响方式	可能受影响的环境因素	影响可能性	泄漏速率计算
1	SO_2 输送管道事故	SO_2 泄漏污染	环境空气	SO_2 为毒性气体，其泄漏存在威胁群众身体健康及动植物生长的可能性，影响较大	9. 93kg/s
2	酸罐事故	硫酸泄漏	环境空气	硫酸泄露后挥发产生硫酸雾，影响较小	不计算
			生态系统	对泄漏处地表植被、土壤、水环境均产生影响，致使局部地区动植物死亡，但通过事故后生态恢复等措施降低环境影响	
3	液氯钢瓶发生泄漏	液氯	环境空气	有毒气体对人员造成伤害	0. 0239kg/s
4	天然气管道发生泄漏	引起火灾、爆炸	环境空气	对人员造成伤害	19. 67kg/s

（二）风险事故后果预测及分析

1. 预测模式

根据物质泄漏及有毒蒸汽释放的事故特点，物质挥发扩散的预测模式采用《建设项目环境风险评价技术导则》（HJ/T 169—2004）推荐多烟团叠加模式来预测下风向落地浓度。在计算事故风险时，不仅要考虑事故的发生概率，也考虑不利天气条件出现的概率及下风向的人口分布。

2. 评价指标

本次评价将对 SO_2、天然气进行预测，本项目涉及的泄漏物质各伤害浓度的评价指标，见表 10-15。

表 10-15　泄漏物质各伤害浓度

污染物	项　目	标准/$mg \cdot m^{-3}$	损害特征	来　源
SO_2	IDLH	261. 8	对生命或健康有即时危险的浓度	GB/T 18664—2002
	半致死浓度	6600	大鼠吸入（1h）半致死浓度（LC50）	GBZ 2. 1—2007
氯气	IDLH	88	对生命或健康有即时危险的浓度	GB/T 18664—2002
	半致死浓度	850	半致死浓度 LC50 1390mg/m^3，4h，（大鼠吸入）	
甲烷		176825mg/m^3 为甲烷窒息阈值		

3. 预测结果分析及评价

气象条件分别取静风（0. 5m/s）、小风（1. 0m/s）和较大风速（3m/s），稳定度分别取 A（强不稳定）、D（中性）和 F 类（稳定）。不同气象条件组合下污染物泄漏事故影响预测结果如下：

（1）SO_2。通过计算可知，SO_2管道泄露事故发生后，下风向最大浓度为5378.23mg/m³；泄漏口下风向500m的范围SO_2浓度会超过IDLH浓度，但不会出现半致死浓度。结合项目总平面布置图可知，在项目邻近两个村庄拆迁后，厂界外800m范围内没有居民点，不会对周边环境敏感点带来危害。建议600m范围作为该装置事故状态时的控制范围，事故一旦发生在该范围内的职工需立即组织撤离，非专业救援人员禁止入内，同时应定期安排职工进行紧急撤离演习。

（2）氯气。不同气象条件下氯气泄漏产生的最大浓度均未超过相应标准限值、半致死浓度和IDLH浓度，不会出现超过短时间允许接触浓度的影响。

（3）天然气。天然气泄漏后不发生燃烧和爆炸，预测天然气中甲烷对外环境影响。通过计算可知，天然气泄漏事故发生后，44m处出现最大浓度为295403.73mg/m³，超过甲烷窒息阈值，均在厂区范围内，150m范围处未超过甲烷窒息阈值。建议150m范围作为该装置事故状态时的控制范围，事故一旦发生在该范围内的职工需立即组织撤离，非专业救援人员禁止入内，同时应定期安排职工进行紧急撤离演习。

（三）环境风险防范措施及减缓措施

（略）。

（四）应急预案

（略）。

二、环境经济损益分析

（一）环保费用估算

与本项目有关的环保措施主要包括：脱硫、除尘及酸雾净化设施，工业废水与生活污水处理站，固体废弃物堆场、危废暂存库，噪声控制措施及厂区绿化等。本工程总投资为475534.79万元，其中环保设施投资为51211.15万元，占建设总投资的10.77%。具体环保投资估算见表10-16。

表10-16 环保投资估算

序号	项 目	投资内容	投资/万元	占环保总投资的百分比/%
1	废气治理	脱硫设施、气箱覆膜袋式除尘器等除尘设施、湿式电除雾器、酸雾净化系统等	23155.40	45.22
2	废水处理	污酸、酸性废水、高盐重金属生产污水、生活污水处理设备及构筑物等	10986.59	21.45
		循环水系统、初期雨水收集池	6791.43	13.26
3	噪声防治措施	消声器、减振器、隔声间	830.95	1.62
4	固废处理措施	尾矿渣、废渣及危废暂存库	2103.78	4.11
5	环境绿化	植树种草及绿化坛等	195.00	0.38
6	水土保持	挡土墙、临时防护措施	1548.00	3.02
7	在线监测系统	环境集烟、制酸系统	3000.00	5.86

续表 10-16

序号	项　目	投资内容	投资/万元	占环保总投资的百分比/%
8	厂内常规监测设施	环境监测站及化验室	1000.00	1.95
9	风险防范	事故应急池、酸罐围堰	1600.00	3.12
合　计			51211.15	100.0

（二）环保设施投资效益估算

环保工程的运行主要减少了废水与废气污染物排放量，另外本项目的固体废弃物综合利用可产生较大的经济效益，这部分属于直接经济效益。本项目产生的固体废弃物包括尾矿渣、熔炼渣、炉渣等，基本上全部综合利用，环保设施直接效益为 13553.82 万元/年。具体利用方式及经济效益见表 10-17。

表 10-17　环保设施经济收益估算

序号	固体废弃物名称	产生量/$t \cdot a^{-1}$	排放去向	单价/元·吨$^{-1}$	效益/万元·年$^{-1}$
1	渣选尾矿	1102290	暂存后外售	80	8818.32
2	硫化滤饼	6745	暂存后外售	5000	3372.50
3	石膏	66992	暂存后外售	50	334.96
4	中和渣	10881	暂存后外售	50	54.41
5	废触媒	90	返回厂家回收再生	2000	18.00
6	废耐火材料	1140	返回厂家回收利用	20	2.28
7	硫化砷渣	1791	暂存后外售	5000	895.50
8	石膏渣	1372	暂存后外售	30	4.12
9	竖炉渣	2115	暂存后外售	50	10.58
10	锑白粉	26.8	暂存后外售	2000	5.36
11	铜浮渣	278.5	暂存后外售	80	2.23
12	反射炉渣	101	暂存后外售	1000	10.10
13	氯化渣	204	暂存后外售	1000	20.40
14	银锌渣	49.9	暂存后外售	1000	4.99
15	铜渣	0.73	暂存后外售	1000	0.07
小计	直接经济效益				13553.82
16	废水回用（循序水、循环水、回用水）	总计 721649m^3/d，23814×10^4t/a	二次利用水	0.5	11907
小计	间接经济效益				11907
合　计					25460.82

废水处理的间接效益可采用水资源价值法进行估算。项目采取处理后的废水回用和设备冷却水循环使用措施，循序水量为 1424m^3/d，循环水量为 706276m^3/d，回用水量 13949m^3/d。这些措施不但节约了水资源，也减少了这些废水的污染。按年生产 330 天、用水价格 0.5 元/t 计，则废水回用和冷却水循环可节约费用为 11907 万元/年，同时还节

约了排污费。环保设施可计算的间接效益为11907万元/年。由表10-17可知，项目完成后环保设施每年创造的经济收益为25460.82万元。

（三）环保设施经济损益分析

本项目年运行费用按环保投资的8%计算，为4096.89万元。根据上述分析，拟建工程环保设施效益即为收益与运行费之差，即：环保设施年效益=环保设施年收益-环保设施运行费=25460.82-4096.89=21363.93万元/年。计算结果表明，拟建工程建成投产后，其环保设施经济效益约21363.93万元，表明企业环保设施的运行具有很大的经济效益。

（四）社会环境效益分析

（1）良好的经济效益。本项目的经济效益较好，投产后预计年均销售营业额为1666541.74万元，年均利润总额为80179.26万元。

（2）良好的社会效益。本项目利用国外资源生产阴极铜，有利于弥补国内精铜供应不足，临海建厂，精矿倒运费大幅降低，厂址优势明显，项目所采用的工艺先进、成熟、节能、环保，具有吨铜投资低、加工成本低等优势，一次建成40×10^4t，规模效益显著。此外，项目遵循循环经济的发展理念，“变废为宝”，对资源（如烟尘）进行综合回收等措施均为项目竞争力提供了保障。

项目建成后，可提供近千个工作岗位，缓解当地的就业压力，如考虑项目所带动其他产业及配套服务，所提供的就业岗位将更多。可见，项目具有显著的社会效益。

（3）增加财政收入。项目在整个生产期内可年均实现净利润60134.44万元，上缴所得税20044.82万元，销售税金及附加为2645.47万元。

（五）环保综合效益分析

综上所述，拟建工程在建设时认真贯彻执行“清洁生产”“污染物达标排放”“增产减污”等环保政策，在提高产能的基础上，降低了原料和燃料的单位消耗量，提高了物料的综合利用率，尽可能减少了污染物的产生量和排放量。因此，拟建工程的建设具有较好的工程经济效益、良好的社会效益和环境效益，可达到三者协调发展的目的。

第十一章　案例Ⅱ——N 冶炼厂财务评价

E 公司所属 N 冶炼厂烟化炉含锌烟灰约 30000t/a，其中锅炉含锌烟灰含有较高的金、银、铅等计价系数较低的贵重金属，以含锌烟灰形式全部外售，影响公司的经济效益。本项目位于 N 冶炼厂厂区内，为技术改造项目，重点处理含锌烟灰，提高贵金属回收率，提高企业的经济效益。以该技改项目为例，简要介绍了项目的基本情况、建设规模及产品方案，重点介绍了项目总投资与成本估算、财务评价部分。评价基准日：2018 年 4 月 13 日。

第一节　项 目 概 况

一、项目位置、交通及自然地理

（一）交通地理位置

N 冶炼厂位于山东某乡镇，距最近城区约 20km、距港口 60km、距空港 50km，距火车站 20km；紧邻厂区北围墙外有一条公路，另外还有两条一级公路，沥青混凝土路面，其宽度为 12m。交通较为便捷。

（二）自然地理及水文气象资料

N 冶炼厂所在区属于北温带季风大陆性气候，受海洋调节影响，雨水丰富，气候温和湿润；夏季盛行南风，冬季盛行北风，年平均风速为 3.9m/s（4 月份最大为 4.6m/s）；极端最低气温为-19.6℃，极端最高气温为 38.2℃，年平均气温为 11.6℃；年平均降水量为 732.2mm，但分配不均匀，主要集中在 6~9 月份；年相对湿度为 72%，其中 7~8 月湿度最大为 84%，3~5 月湿度最小为 55%；年平均蒸发量为 1830mm（5 月蒸发量最大，平均为 271mm，11~2 月蒸发量最小）；基本风压为 0.55kPa，基本雪压为 0.4kPa，雷暴日数为 23.2 天，年最大冻土深度为 50cm；根据《中国地震动参数区划图》(BG 18306—2015）可知，该地区抗震设防烈度为 7 度。

二、项目建设条件

（1）原辅材料供应状况。本项目主要生产原料为 N 冶炼厂烟化炉自产含锌烟灰，原料供应有保障。所需要的主要辅助材料有硫酸（98%）、锌粉等，其中硫酸由 N 冶炼厂制酸系统提供，管道输送；锌粉市场外购。

（2）供水条件。本项目建在 N 冶炼厂厂区内，生产用水和生活用水来自已有供水管道，直接接入作为本项目生产、消防和生活用水。水量、水质及水压均满足项目生产、消防和生活用水需要。

（3）蒸汽供应条件。本项目浸出及净化过程需消耗蒸汽，由 N 冶炼厂提供，可满足项目要求。

（4）供电条件。N冶炼厂厂区内现有一座35kV变电站，站内主变设计容量为2×16MVA，电压35/10kV，现投运1台主变，35kV、10kV系统均按单母线运行，运行负荷为7000kVA。建设单位将根据用电负荷情况提前投运第二台主变，实现35kV、10kV系统单母线分段运行，保证可靠供电。

三、建设方案

（1）建设规模及产品方案。本项目设计生产规模为处理含锌烟灰29978.10t/a。产品方案：1）金银富集渣8993.43t/a（Ag 433.65g/t，Au 3.36g/t）；2）0号锌（Zn 99.995%）15000t/a。

（2）冶炼工艺。N冶炼厂产出的氧化炉含锌烟灰，采用湿法工艺回收其中锌等有价金属，并使氟、氯等杂质元素开路，金银富集渣返回N冶炼厂以综合回收金、银、铅等有价金属。设计处理三种烟灰的总规模为约30000t/a。本项目采用的冶炼原则工艺流程为：含锌烟灰两段常压浸出→锌净化→小极板电积→阴极锌熔铸。

（3）总平面布置。本项目由浸出净化、锌电积、锌熔铸及成品库3个厂房组成。根据用地形状及工艺流程，在场地西北侧面对提金尾渣综合回收利用项目厂区道路开出入口，不设大门；将锌浸出净化靠近出入口布置于场地北侧，靠近原料烟灰的来源；锌电积与锌熔铸及成品库为一栋厂房，锌熔铸及成品库布置于净化工段的南侧，二者通过管道建立生产工艺流程的联系。

四、原料及主要辅助材料

（1）原料。本项目所处理的原料为烟化炉自产的含锌烟灰，通过汽车运输至厂区。含锌烟灰成分见表11-1。

表11-1　含锌烟灰的主要化学成分

组　成	Zn	Pb	Fe	S	Cu
%	48.61	18.94	1.03	1.73	0.02
组　成	Ni	Au(g/t)	Ag(g/t)	Cl	F
%	0.0004	1.0	130	0.10	0.05

（2）主要辅助材料。主要辅助材料有锌粉、浓硫酸、锰矿粉等。锌粉（Zn 98%），消耗量933.01t/a，粒度100~150目，要求无夹杂、无大颗粒、无结块；市场外购，汽车运输。浓硫酸（H_2SO_4 98%），消耗量为1670.53t/a，用于含锌烟灰浸出，来自制酸系统，管道输送。锰矿粉（MnO_2>65%）耗量520t/a，市场外购，汽车运输。

第二节　项目总投资与成本估算

一、项目投资估算及资金筹措

根据投资估算，该技改项目建设投资为12159.46万元。其中：工程费用9477.17万元，工程建设其他费用1379.49万元，预备费1302.80万元。项目总投资为建设投资、建设期借款利息和流动资金之和。建设期借款利息为 0 万元，流动资金为 3889. 23 万元。项目总投资为 16048. 69 万元。

（一）估算依据

（1）工程量及计价参数依据。工程量及计价参数依据各设计专业提供的设计工程量及设计技术参数。

（2）定额指标依据。

1）建筑工程。建筑工程参照类似工程实际造价并结合本项目实际情况取定造价指标。

2）安装工程。安装工程根据本项目的实际情况，根据不同专业拟定安装系数进行估算。

3）费用费率。工程建设其他费用费率，执行中国有色金属工业协会颁布的（2013）《有色金属工业工程建设其他费用定额》；设备备品备件购置费，根据（2013）《有色金属工业工程建设其他费用定额》按设备原价的 1%计算；工程预备费，按照工程费用与工程建设其他费用之和的 12%计取。

（3）材料价格依据。主要材料价格采用甲方提供的当地材料价格计取，部分材料根据最新价格信息略做调整。

（4）设备价格依据。所有设备价格均采用厂家询价或类似工程实际到厂设备价格。缺项的设备价格参考《机电产品报价手册》中的价格计算。

（二）投资分析

本项目按费用性质构成的投资分析见表 11-2，按生产用途划分的投资分析见表 11-3，按建设专业划分的投资分析见表 11-4，投资估算总表详见表 11-5。

表 11-2　按费用性质构成划分的投资分析表

序号	名　称	单　位	估算价值	占总估算比例/%
1	建筑	万元	3980. 69	32. 74
2	设备	万元	3647. 89	30. 00
3	安装	万元	1848. 59	15. 20
4	工器具费	万元	84. 72	0. 70
5	其他	万元	1294. 77	10. 65
6	预备费	万元	1302. 80	10. 71
	合　计	万元	12159. 46	100. 00

表 11-3　按生产用途划分的投资分析表

序号	名　称	单　位	金　额	占总值/%
1	直属生产工程	万元	7157. 02	58. 86
2	辅助生产工程	万元	2320. 15	19. 08
3	其他费用	万元	1379. 49	11. 35
4	预备费	万元	1302. 80	10. 71
	合　计	万元	12159. 46	100. 00

表 11-4 按建设专业划分的投资分析表

序号	名称	单位	金额	占总值/%
1	土建	万元	3219.22	26.48
2	冶炼	万元	3500.83	28.79
3	水道	万元	234.56	1.93
4	供电	万元	1038.23	8.54
5	电动	万元	569.86	4.69
6	仪表	万元	65.00	0.53
7	总图	万元	849.47	6.99
8	其他费用	万元	1379.49	11.34
9	预备费	万元	1302.80	10.71
	合计	万元	12159.46	100.00

表 11-5 建设投资总估算表

序号	工程及费用名称	估算价值/万元						占总值/%
		建筑	设备	安装	工器具	其他	总值	
1	主要生产及直属生产工程	2353.02	3203.67	1600.33			7157.02	58.86
1.1	锌系统	2353.02	3203.67	1600.33			7157.02	
1.1.1	浸出及净化	1424.94	2211.40	765.02			4401.36	
1.1.2	锌电积	652.68	685.19	732.29			2070.16	
1.1.3	锌熔铸及成品库	275.40	307.08	103.02			685.50	
	其中：非标设备		1108.61				1108.61	
2	辅助生产及公用系统	1627.67	444.22	248.26			2320.15	19.08
2.1	总图运输	761.47	88.00	0.00			849.47	
2.1.1	工业场地	761.47	0.00	0.00			761.47	
2.1.2	运输设备	0.00	88.00	0.00			88.00	
2.2	110kV 变电站	16.20	208.98	28.21			253.39	
2.3	厂区通信及综合布线系统	0.00	3.00	0.30			3.30	
2.4	厂区电视监控系统	0.00	10.00	1.00			11.00	
2.5	厂区高低压网络	0.00	5.40	120.50			125.90	
2.6	厂区综合管网	765.00	0.00	65.00			830.00	
2.7	计算机控制系统	0.00	50.00	15.00			65.00	
2.8	循环水泵房	85.00	78.84	18.25			182.09	
	工程费用合计（1+2）	3980.69	3647.89	1848.59			9477.17	
3	工程建设其他费用				84.72	1294.77	1379.49	11.35
3.1	征地					3.00	3.00	
3.2	建设单位管理费					86.27	86.27	
3.3	工程建设监理费					162.19	162.19	

续表 11-5

序号	工程及费用名称	估算价值/万元						占总值/%
		建筑	设备	安装	工器具	其他	总值	
3.4	可行性研究费					30.00	30.00	
3.5	环境影响评价及竣工验收费					11.50	11.50	
3.6	劳动安全卫生评价费					18.95	18.95	
3.7	工程勘察费					37.91	37.91	
3.8	工程设计费					348.44	348.44	
3.9	非标设计费					133.03	133.03	
3.10	其他各项费用				84.72	463.48	548.20	
3.10.1	施工图预算编制费					34.84	34.84	
3.10.2	工程竣工图编制费					27.88	27.88	
3.10.3	施工图设计文件审查费					11.66	11.66	
3.10.4	工程保险费					23.69	23.69	
3.10.5	联合试运转费					75.82	75.82	
3.10.6	生产人员提前进厂费及培训费					120.00	120.00	
3.10.7	办公及生活家具购置费				30.00		30.00	
3.10.8	工器具及生产家具购置费				54.72		54.72	
3.10.9	建设单位临时设施费					47.39	47.39	
3.10.10	招标代理服务费					122.20	122.20	
4	预备费（12%）					1302.80	1302.80	10.71
5	流动资金						0.00	0.00
6	建设投资	3980.69	3647.89	1848.59	84.72	2597.57	12159.46	100.00
	占总投资/%	32.74	30.00	15.20	0.70	21.36	100.00	

（三）资金筹措

（1）项目建设投资来源。建设投资全部由企业自筹。

（2）生产经营的流动资金来源。30%为企业自有，70%由企业向银行借款，借款年利率4.35%。

（3）项目建设期为1年，流动资金使用按达产计划投入。项目资金的筹措及使用分别见表11-6。

表11-6 项目总投资使用计划与资金筹措表 （万元）

序号	项目名称	建设期	运营期		合计
		1	2	3	
1	总投资	12159.46	3424.06	465.17	16048.69
1.1	建设投资	12159.46			12159.46
1.2	建设期利息				
1.3	流动资金		3424.06	465.17	3889.23

续表 11-6

序号	项目名称	建设期	运营期		合 计
		1	2	3	
2	资金筹措	12159.46	3424.06	465.17	16048.69
2.1	项目资本金	12159.46	1027.22	139.55	13326.23
2.1.1	建设投资	12159.46			12159.46
2.1.2	建设期利息				
2.1.3	流动资金		1027.22	139.55	1166.77
2.2	债务资金		2396.84	325.62	2722.46
2.2.1	建设投资				
2.2.2	建设期利息				
2.2.3	流动资金		2396.84	325.62	2722.46

二、成本与费用估算

（一）估算根据

（1）生产成本的计算范围。原料从含锌烟灰开始，经浸出、净化、电积、熔铸等工艺后生产出锌锭。

（2）项目的成本费用包括制造成本、管理费用、销售费用及财务费用。本项目设计成本费用以不含税价估算。

（3）制造成本估算中的各种材料消耗定额以相关专业提供的条件为基准，所需原料参照市场现行收购价；辅助材料及动力单价依据实际到厂价格或当地市场价格预测到基建期末。主要原辅材料、燃料及动力的含税及不含税价格见表 11-7。

表 11-7 主要原辅材料、燃料及动力价格

序号	材料名称	单 位	含税价	不含税价
1	原料价格			
	含锌烟灰量	元/吨	15400	13162.39
2	辅助材料价格			
2.1	硫酸（98%）	元/吨	300	256.41
2.2	锰矿粉	元/吨	3000	2564.10
2.3	氯化铵（98.5%）	元/吨	1200	1025.64
2.4	阴极板（铝）1.13m^2	元/块	800	683.76
2.5	阳极板 1.2m^2（铅，含 Ag：0.5%）	元/块	1950	1666.67
2.6	滤布	元/平方米	600	512.82
2.7	锌粉（含锌 98%）	元/块	16000	13675.21
3	燃料及动力价格			
3.1	电	元/千瓦时	0.65	0.56
3.2	水	元/吨	3	2.70
3.3	蒸汽	元/吨	150	128.21

(4) 职工薪酬。根据企业职工目前收入水平，职工薪酬生产工人每人每年按60000元计，技术管理人员按72000元计。

(5) 折旧费用。固定资产折旧费采用分类折旧计算，建构筑物折旧年限按20年计，机器设备按15年计。固定资产残值率均按3%考虑。

(6) 固定资产修理费率采取分类计取，房屋建筑物按其原值的1.5%，机器设备按其原值的3.5%。

(7) 管理费用包括其他资产摊销费、业务招待费、安全生产费及其他管理费用等。

(8) 财务费用为项目建设投资贷款利息和生产期流动资金贷款利息支出。

(9) 销售费用：按销售收入的1%计算。

(二) 成本费用估算

1. 制造成本

经估算，项目达产年平均制造成本为29158.38万元/年。详见表11-8。

表11-8 达产年平均制造成本估算表 (万元)

序号	项 目	单 位	单价/元	总消耗	单位成本/元·吨$^{-1}$	总成本/万元·年$^{-1}$
1	原料费（含锌烟灰量）	t/a	13162.39	15993.01	14033.75	21050.62
2	辅助材料费				1389.77	2084.66
2.1	硫酸（98%）	t/a	256.41	1800.00		46.15
2.2	锰矿粉	t/a	2564.10	525.00		134.62
2.3	氯化铵（98.5%）	t/a	1025.64	20.00		2.05
2.4	阴极板（铝）1.13m^2	块	683.76	3900.00		266.67
2.5	阳极板1.2m^2（铅，含Ag：0.5%）	块	1666.67	3850.00		641.67
2.6	滤布	m^2	512.82	1000.00		51.28
2.7	锌粉（含锌98%）	t/a	13675.21	689.00		942.22
3	燃料及动力费				2765.26	4147.89
3.1	电	kW·h	555.56	53048.00		2947.13
3.2	新水	t/a	2.70	59860.00		16.16
3.3	蒸汽	t/a	128.21	92395.00		1184.60
4	职工薪酬	元/(人·年)	60000.00	128.00	512.00	768.00
5	制造费用				738.14	1107.21
5.1	职工薪酬	元/(人·年)	72000.00	6.00		43.20
5.2	折旧费					656.12
5.3	修理费					297.17
5.4	其他制造费用					110.72
6	制造成本				19438.92	29158.38
7	加工成本				5405.17	8107.76

2. 期间费用

期间费用包括管理费用、财务费用和销售费用三项。经估算，项目达产期平均管理费用为873.57万元/年、财务费用为119.30万元/年、销售费用为341.97万元/年。

3. 总成本费用

项目总成本费用估算详见表11-9。经估算，项目达产年平均总成本费用为30493.22万元/年。其中平均可变成本为27625.13万元/年，固定成本为2868.09万元/年；达产年平均经营成本为29717.80万元/年。

表11-9 项目达产年生产成本费用估算表 （万元）

序号	项目	运营期		达产年平均
		2	3~16	
1	制造成本	23701.75	29158.38	29158.38
1.1	原料费	16840.49	21050.62	21050.62
1.2	辅助材料费	1667.73	2084.66	2084.66
1.3	燃料及动力费	3318.32	4147.89	4147.89
1.4	职工薪酬	768.00	768.00	768.00
1.5	制造费用	1107.21	1107.21	1107.21
	其中：折旧费	656.12	656.12	656.12
	修理费	297.17	297.17	297.17
2	管理费用	818.86	873.57	873.57
2.1	业务招待费	82.07	102.59	102.59
2.2	安全生产费	136.79	170.98	170.98
2.3	摊销费及其他管理费用	600.00	600.00	600.00
3	财务费用	105.02	119.30	119.30
3.1	建设投资借款利息	0.00	0.00	0.00
3.2	流动资金借款利息	105.02	119.30	119.30
4	销售费用	273.57	341.97	341.97
5	总成本费用	24899.20	30493.22	30493.22
5.1	其中：可变成本	22100.11	27625.13	27625.13
5.2	固定成本	2799.09	2868.09	2868.09
6	经营成本	24138.06	29717.80	29717.80
7	外购原辅材料及动力进项税	3745.87	4673.50	4673.50

第三节 财务评价

一、产品销售收入

项目投产后，主要产品有锌锭、金银富集渣等产品。根据对产品市场的分析和价格预测，销售收入计算中产品均按不含税价格计，生产期平均销售收入为34196.54万元。各年产品价格计取及收入计算见表11-10。

二、产品销售税金及附加

根据项目具体情况，产品销售税金及附加计算如下：

1. 增值税

项目增值税应纳税额为当期销项税额抵扣当期进项税额后的金额，增值税为价外税，不计入当期项目损益。本项目产品、原材料、辅助材料和电的增值税率均为17%，水为11%。

根据最新营改增的税收政策，企业可将购进的固定资产设备进项税和自建不动产的建安工程进项税予以抵扣。经计算，可抵扣外购固定资产投资进项税为725.54万元。本项目达产年平均应交增值税为1139.91万元/年。逐年增值税计算详见表11-10。

2. 销售税金及附加

销售税金及附加是城市维护建设税和教育费附加税，按照当地税收政策分别为增值税的7%和5%。城市维护建设税和教育费附加税达产年平均分别为79.79万元和57.00万元，环保税额为54.04万元，具体估算见表11-10。

表11-10 销售收入及销售税金估算表

序号	项　目	单　位	运营期		达产年平均
			2	3~16	
	生产负荷	%	80	100	100
1	销售收入	万元	27357.23	34196.54	34196.54
1.1	锌锭（含锌99.995%）	万元	20512.82	25641.03	25641.03
	产量	t	12000.00	15000.00	15000.00
	销售价格	元/吨	17094.02	17094.02	17094.02
1.2	金银富集渣含Pb	万元	5730.55	7163.19	7163.19
	产量	t	4545.59	5681.99	5681.99
	销售价格	元/吨	12606.84	12606.84	12606.84
1.3	金银富集渣含Ag	万元	760.00	950.00	950.00
	产量	t	3120.00	3900.00	3900.00
	销售价格	元/千克	2435.90	2435.90	2435.90
1.4	金银富集渣含Au	万元	353.86	442.32	442.32
	产量	g	24000.00	30000.00	30000.00
	销售价格	元/克	147.44	147.44	147.44
2	增值税	万元/年	179.32	1139.91	1139.91
2.1	销项税	万元/年	4650.73	5813.41	5813.41

续表 11-10

序号	项 目	单 位	运营期		达产年平均
			2	3~16	
2.2	原材料进项税	万元/年	3745.87	4673.50	4673.50
2.3	可抵扣设备进项税	万元/年	725.54		
3	销售税金及附加	万元/年	64.75	190.83	190.83
3.1	城市维护建设税	万元/年	12.55	79.79	79.79
3.2	教育费附加税	万元/年	8.97	57.00	57.00
3.3	环保税	万元/年	43.23	54.04	54.04

三、企业所得税及利润分配

(一) 所得税及利润

项目投产后，按照国家税收政策，企业所得税税率按25%计征。税后利润提取10%的盈余公积金。经计算，本项目生产期年平均利润总额为3512.49万元/年、所得税为878.12万元/年，净利润为2634.37万元/年。如表11-11所示。

表 11-11 损益表 (万元)

序号	项 目	运营期		生产期平均
		2	3~16	
1	销售收入	27357.23	34196.54	34196.54
2	销售税金及附加	64.75	190.83	190.83
	(增值税)	179.32	1139.91	1139.91
2.1	城市维护建设税	12.55	79.79	79.79
2.2	教育费附加税	8.97	57.00	57.00
2.3	环保税	43.23	54.04	54.04
3	总成本费用	24899.20	30493.22	30493.22
4	利润总额	2393.28	3512.49	3512.49
5	弥补上年亏损			
6	应纳所得额	2393.28	3512.49	3512.49
7	所得税	598.32	878.12	878.12
8	净利润	1794.96	2634.37	2634.37
9	法定盈余公积金	179.50	263.44	263.44
10	未分配利润	1615.46	2370.93	2370.93
11	息税前利润	2498.31	3631.79	3631.79
12	息税折旧摊销前利润	3154.43	4287.91	4287.91

（二）净利润分配

缴纳所得税后的利润按照下列顺序分配：

（1）弥补项目以前年度的亏损：企业发生的年度亏损，可以用下一年度的税前利润弥补，下一年度利润不足弥补的，可以在5年内继续弥补，5年内不足弥补的，用税后利润弥补。

（2）提取法定盈余公积金：按照税后利润扣除前项后的10%提取。

（3）未分配利润：指用于偿还贷款的利润。

（4）应付利润：是指企业应付给投资者的利润。

四、财务盈利能力分析

盈利指标分析主要包括财务内部收益率、财务净现值、投资回收期、总投资收益率、资本金净利润率等。项目全部投资及资本金现金流量见表11-12、表11-13。项目财务评价指标列于表11-14。

表11-12　项目投资现金流量表　（万元）

序号	项　目	建设期	运营期			
		1	2	3	4~15	16
1	现金流入		28082.77	34196.54	34196.54	39677.87
1.1	销售收入		27357.23	34196.54	34196.54	34196.54
1.2	可抵扣设备进项税		725.54			
1.3	回收流动资金					3889.23
1.4	回收固定资产余值					1592.10
2	现金流出	12159.46	27626.87	30373.80	29908.63	29908.63
2.1	建设投资	12159.46				
2.2	流动资金		3424.06	465.17		
2.3	经营成本		24138.06	29717.80	29717.80	29717.80
2.4	销售税金及附加		64.75	190.83	190.83	190.83
2.5	维持运营投资					
3	所得税前净现金流量	-12159.46	455.90	3822.74	4287.91	9769.24
4	累计所得税前净现金流量	-12159.46	-11703.56	-7880.82	43574.10	53343.34
5	所得税		624.58	907.95	907.95	907.95
6	所得税后净现金流量	-12159.46	-168.68	2914.79	3379.96	8861.29
7	累计所得税后净现金流量	-12159.46	-12328.14	-9413.35	31146.17	40007.46
计算指标		税后			税前	
FIRR/%		21.13			27.25	
FNPV(i=10%)		10227.72			16271.66	
T_p/a		5.79			4.84	

表 11-13 项目资本金现金流量表 (万元)

序号	项 目	建设期	运营期			
		1	2	3	4~15	16
1	现金流入		28082.77	34196.54	34196.54	39677.87
1.1	销售收入		27357.23	34196.54	34196.54	34196.54
1.2	回收流动资金					3889.23
1.3	回收固定资产余值					1592.10
1.4	可抵扣外购设备进项税		725.54			
2	现金流出	12159.46	25933.37	31045.60	30906.05	30906.05
2.1	项目资本金	12159.46	1027.22	139.55		
2.2	经营成本		24138.06	29717.80	29717.80	29717.80
2.3	销售税金及附加		64.75	190.83	190.83	190.83
2.4	所得税		598.32	878.12	878.12	878.12
2.5	偿还借款本金					
2.6	偿还借款利息		105.02	119.30	119.30	119.30
2.7	维持运营投资					
3	净现金流量	-12159.46	2149.40	3150.94	3290.49	8771.82
4	计算指标	资本金财务内部收益率		24.43%		

表 11-14 财务评价指标表

序号	指标名称	单 位	数 量	备 注
1	项目投资财务内部收益率			
	所得税前	%	27.25	
	所得税后	%	21.13	
2	项目投资财务净现值			$i=10\%$
	所得税前	万元	16271.66	
	所得税后	万元	10227.72	
3	项目投资回收期			含建设期1年
	所得税前	a	4.84	
	所得税后	a	5.79	
4	项目资本金财务内部收益率	%	24.43	
5	总投资收益率	%	22.63	
6	项目资本金净利润率	%	19.77	

由表 11-12~表 11-14 可以得出：项目投资所得税后财务内部收益率 21.13%>10%，财务净现值 10227.72 万元，投资回收期 5.79 年（含建设期 1 年），总投资收益率 22.63%。根据项目评价准则，该项目在财务上可行。

五、财务生存能力分析

在财务分析辅助表和损益表的基础上编制了财务计划现金流量表，通过考察项目计算期内的投资、融资和经营活动所产生的各项现金流入和流出，计算净现金流量和累计盈余资金，分析项目是否有足够的净现金流量维持正常运营，以实现财务可持续性，具体见表11-15。

表11-15　财务计划现金流量表　　（万元）

序号	项　目	建设期	运营期			
		1	2	3	4~15	16
1	经营活动净现金流量		3281.64	3409.79	3409.79	3409.79
1.1	现金流入		28082.77	34196.54	34196.54	34196.54
1.1.1	销售收入		27357.23	34196.54	34196.54	34196.54
1.1.2	可抵扣外购设备进项税		725.54			
1.2	现金流出		24801.13	30786.75	30786.75	30786.75
1.2.1	经营成本		24138.06	29717.80	29717.80	29717.80
1.2.2	销售税金及附加		64.75	190.83	190.83	190.83
1.2.3	所得税		598.32	878.12	878.12	878.12
2	投资活动净现金流量	-12159.46	-3424.06	-465.17		
2.1	现金流出	12159.46	3424.06	465.17		
2.1.1	建设投资	12159.46				
2.1.2	维持运营投资					
2.1.3	流动资金		3424.06	465.17		
3	筹资活动净现金流量	12159.46	3319.04	345.87	-119.30	-119.30
3.1	现金流入	12159.46	3424.06	465.17		
3.1.1	项目资本金投入	12159.46	1027.22	139.55		
3.1.2	建设投资借款					
3.1.3	流动资金借款		2396.84	325.62		
3.2	现金流出		105.02	119.30	119.30	119.30
3.2.1	利息支出		105.02	119.30	119.30	119.30
3.2.2	偿还债务本金					
4	净现金流量	0	3176.62	3290.49	3290.49	3290.49
5	累计盈余资金	0	3176.62	6467.11	45952.97	49243.46

从表11-15可以看出，项目有足够大的经营活动净现金流量，生产期末累计盈余资金为正值。说明项目具有一定的财务生存能力。

六、偿债能力分析

（1）债务资金。本项目没有建设投资贷款，只有流动资金贷款，其流动资金贷款为

2722.46 万元，流动资金贷款利率为 4.35%。

（2）可偿还债务资金来源。可偿还债务资金来源包括未分配利润、折旧费、摊销费等。

（3）贷款偿还分析。流动资金借款利息计入产品成本，本金在生产期末偿还。

（4）资产负债。为综合反映项目在计算期内各年的资产、负债和所有者权益的增减变化及对应关系，编制了资产负债表，详见表 11-16。

表 11-16 资产负债表 （万元）

序号	项 目	建设期	运营期				
		1	2	3	4	5~15	16
1	资产	12159.46	18107.69	21389.53	24023.90	53001.94	55636.31
1.1	流动资产总额		7329.89	11267.85	14558.34	50753.72	54044.21
1.1.1	应收账款		1067.26	1267.57	1267.57	1267.57	1267.57
1.1.2	存货		2893.38	3330.28	3330.28	3330.28	3330.28
1.1.3	现金		192.63	202.89	202.89	202.89	202.89
1.1.4	累计盈余资金		3176.62	6467.11	9757.60	45952.97	49243.46
1.2	在建工程	12159.46					
1.3	固定资产净值		10777.80	10121.68	9465.56	2248.23	1592.11
1.4	无形及其他资产净值						
1.5	固定资产进项税抵扣余额						
2	负债及投资者权益	12159.46	18107.69	21389.53	24023.90	53001.94	55636.31
2.1	流动负债总额		3126.05	3633.97	3633.97	3633.97	3633.97
2.1.1	应付账款		729.21	911.51	911.51	911.51	911.51
2.1.2	流动资金借款		2396.84	2722.46	2722.46	2722.46	2722.46
2.2	建设投资借款						
	负债合计		3126.05	3633.97	3633.97	3633.97	3633.97
2.3	投资者权益	12159.46	14981.64	17755.56	20389.93	49367.97	52002.34
2.3.1	资本金	12159.46	13186.67	13326.23	13326.23	13326.23	13326.23
2.3.2	累计盈余公积金		179.50	442.93	706.37	3604.17	3867.61
2.3.3	累计未分配利润		1615.47	3986.40	6357.33	32437.57	34808.50
3	资产负债率/%		17.26	16.99	15.13	6.86	6.53

资产负债率是反映项目各年所面临的财务风险程度及偿债能力的指标。由表 11-16 可以看出，项目达产第一年年末资产负债率为 16.99%，资产负债率不高，且以后各年逐年递减，说明项目资产变现能力较强、清偿能力较强。

七、项目风险分析

（一）盈亏平衡分析

在盈亏平衡分析中，根据正常生产年份的产品设计产量、销售收入、生产成本等数据测算，项目达产第一年盈亏平衡点所对应的产量为设计产量的 44.95%，即 6742.5t，当年产量大于临界产量时项目才有盈利。

盈亏平衡点是在产品销售收入和成本不变的条件下计算得出的，在实际生产经营中，随着销售收入和生产经营成本的变化，盈亏平衡点也将相应发生变化。因此，项目建成投产后应不断加强经营管理，努力降低成本，尽快达到设计产量，才能获得预期的经济效益。

（二）敏感性分析

根据项目的特点，选择产品价格、产品产量、经营成本、建设投资的变化对财务内部收益率的影响，分析结果见表 11-17。

表 11-17 敏感性分析表

序号	不确定性因素	变化率/%	*FIRR*/%	敏感度系数
0	基本方案	0	21.13	—
1	产品价格	+10	40.56	4.66
		-10	0.10	5.32
2	经营成本	+10	18.15	-0.87
		-10	25.19	-0.87
3	产品产量	+10	37.89	4.00
		-10	4.14	4.32
4	建设投资	+10	19.81	-0.46
		-10	23.84	-0.53

由表 11-17 可知，产品价格的变化对项目经济效益的影响最大，其次为产品产量，再次为经营成本，建设投资的变化对项目经济效益的影响相对较小。由于价格因素是受市场制约的，而经营成本在很大程度上取决于企业的经营管理水平。因此，项目应尽快建成达产，并不断提高生产技术和经营管理水平，努力降低成本，才能取得预期的经济效益。

为使项目更好地发挥经济效益，企业应努力做好以下几点：

（1）尽早使工人熟悉生产工艺流程，尽快使项目达产。

（2）密切关注市场动态，通过各种必要的营销手段，使产品销路畅通并取得好的售价。

（3）加强技术管理、生产管理，使项目投产后能及时达产达标。

（4）组织好内部职工的生产技术、技能的培训工作，在安全生产的前提下，力争提高劳动生产率。

（5）抓好内部生产管理，降低各物料、动力的消耗，降低成本，减少不必要的费用开支。

附录　复利系数表

i=1%

年限 *n*/年	(*F/P*, *i*, *n*)	(*P/F*, *i*, *n*)	(*F/A*, *i*, *n*)	(*A/F*, *i*, *n*)	(*A/P*, *i*, *n*)	(*P/A*, *i*, *n*)
1	1.0100	0.9901	1.0000	1.0000	1.0100	0.9901
2	1.0201	0.9803	2.0100	0.4975	0.5075	1.9704
3	1.0303	0.9706	3.0301	0.3300	0.3400	2.9410
4	1.0406	0.9610	4.0604	0.2463	0.2563	3.9020
5	1.0510	0.9515	5.1010	0.1960	0.2060	4.8534
6	1.0615	0.9420	6.1520	0.1625	0.1725	5.7955
7	1.0712	0.9327	7.2135	0.1386	0.1486	6.7282
8	1.0829	0.9235	8.2857	0.1207	0.1307	7.6517
9	1.0937	0.9143	9.3685	0.1067	0.1167	8.5660
10	1.1046	0.9053	10.4622	0.0956	0.1056	9.4713
11	1.1157	0.8963	11.5668	0.0865	0.0965	10.3676
12	1.1268	0.8874	12.6825	0.0788	0.0888	11.2551
13	1.1381	0.8787	13.8093	0.0724	0.0824	12.1337
14	1.1495	0.8700	14.9474	0.0669	0.0769	13.0037
15	1.1610	0.8613	16.0969	0.0621	0.0721	13.8651
16	1.1726	0.8528	17.2579	0.0579	0.0679	14.7179
17	1.1843	0.8444	18.4304	0.0543	0.0643	15.5623
18	1.1961	0.8360	19.6147	0.0510	0.0610	16.3983
19	1.2081	0.8277	20.8109	0.0481	0.0581	17.2260
20	1.2202	0.8195	22.0190	0.0454	0.0554	18.0456
21	1.2324	0.8114	23.2392	0.0430	0.0530	18.8570
22	1.2447	0.8034	24.4716	0.0409	0.0509	19.6604
23	1.2572	0.7954	25.7163	0.0389	0.0489	20.4558
24	1.2697	0.7876	26.9735	0.0371	0.0471	21.2434
25	1.2824	0.7798	28.2432	0.0354	0.0454	22.0232
26	1.2953	0.7720	29.5256	0.0339	0.0439	22.7952
27	1.3082	0.7644	30.8209	0.0324	0.0424	23.5596
28	1.3213	0.7568	32.1291	0.0311	0.0411	24.3164
29	1.3345	0.7493	33.4504	0.0299	0.0399	25.0658
30	1.3478	0.7419	34.7849	0.0287	0.0387	25.8077

$i=2\%$

年限 n/年	$(F/P, i, n)$	$(P/F, i, n)$	$(F/A, i, n)$	$(A/F, i, n)$	$(A/P, i, n)$	$(P/A, i, n)$
1	1.0200	0.9804	1.0000	1.0000	1.0200	0.9804
2	1.0404	0.9612	2.0200	0.4950	0.5150	1.9416
3	1.0612	0.9423	3.0604	0.3268	0.3468	2.8839
4	1.0824	0.9238	4.1216	0.2426	0.2626	3.8077
5	1.1041	0.9057	5.2040	0.1922	0.2122	4.7135
6	1.1262	0.8880	6.3081	0.1585	0.1785	5.6014
7	1.1487	0.8706	7.4343	0.1345	0.1545	6.4720
8	1.1717	0.8535	8.5830	0.1165	0.1365	7.3255
9	1.1951	0.8368	9.7546	0.1025	0.1225	8.1622
10	1.2190	0.8203	10.9497	0.0913	0.1113	8.9826
11	1.2434	0.8043	12.1687	0.0822	0.1022	9.7868
12	1.2682	0.7885	13.4121	0.0746	0.0946	10.5753
13	1.2936	0.7730	14.6803	0.0681	0.0881	11.3484
14	1.3195	0.7579	15.9739	0.0626	0.0826	12.1062
15	1.3459	0.7430	17.2934	0.0587	0.0778	12.8493
16	1.3728	0.7284	18.6393	0.0537	0.0737	13.5777
17	1.4002	0.7142	20.0121	0.0500	0.0700	14.2919
18	1.4282	0.7002	21.4123	0.0467	0.0667	14.9920
19	1.4568	0.6864	22.8406	0.0438	0.0638	15.6785
20	1.4859	0.6730	24.2974	0.0412	0.0612	16.3514
21	1.5157	0.6598	25.7833	0.0388	0.0588	17.0112
22	1.5460	0.6468	27.2990	0.0366	0.0566	17.6580
23	1.5769	0.6342	28.8450	0.0347	0.0547	18.2922
24	1.6084	0.6217	30.4219	0.0329	0.0529	18.9139
25	1.6406	0.6095	32.0303	0.0312	0.0512	19.5235
26	1.6734	0.5976	33.6709	0.0297	0.0497	20.1210
27	1.7069	0.5859	35.3443	0.0283	0.0483	20.7069
28	1.7410	0.5744	37.0512	0.0270	0.0470	21.2813
29	1.7758	0.5631	38.7922	0.0258	0.0458	21.8444
30	1.8114	0.5521	40.5681	0.0246	0.0446	22.3965

$i=3\%$

年限 n/年	$(F/P, i, n)$	$(P/F, i, n)$	$(F/A, i, n)$	$(A/F, i, n)$	$(A/P, i, n)$	$(P/A, i, n)$
1	1.0300	0.9709	1.0000	1.0000	1.0300	0.9709
2	1.0609	0.9426	2.0300	0.4926	0.5226	1.9135
3	1.0927	0.9151	3.0909	0.3235	0.3535	2.8286
4	1.1255	0.8885	4.1836	0.2390	0.2690	3.7171
5	1.1593	0.8626	5.3091	0.1884	0.2184	4.5797
6	1.1941	0.8375	6.4684	0.1546	0.1846	5.4172
7	1.2299	0.8131	7.6625	0.1305	0.1605	6.2303
8	1.2668	0.7894	8.8923	0.1125	0.1425	7.0197
9	1.3048	0.7664	10.1591	0.0984	0.1284	7.7861
10	1.3439	0.7441	11.4639	0.0872	0.1172	8.5302
11	1.3842	0.7224	12.8078	0.0781	0.1081	9.2526
12	1.4258	0.7014	14.1920	0.0705	0.1005	9.9540
13	1.4685	0.6810	15.6178	0.0640	0.0940	10.6350
14	1.5126	0.6611	17.0863	0.0585	0.0885	11.2961
15	1.5580	0.6419	18.5989	0.0538	0.0838	11.9379
16	1.6047	0.6232	20.1569	0.0496	0.0796	12.5611
17	1.6528	0.6050	21.7616	0.0460	0.0760	13.1661
18	1.7024	0.5874	23.4144	0.0427	0.0727	13.7535
19	1.7535	0.5703	25.1169	0.0398	0.0698	14.3238
20	1.8061	0.5537	26.8704	0.0372	0.0672	14.8775
21	1.8603	0.5375	28.6765	0.0349	0.0649	15.4150
22	1.9161	0.5219	30.5368	0.0327	0.0627	15.9369
23	1.9736	0.5067	32.4529	0.0308	0.0608	16.4436
24	2.0328	0.4919	34.4265	0.0290	0.0590	16.9355
25	2.0938	0.4776	36.4593	0.0274	0.0574	17.4131
26	2.1566	0.4637	38.5530	0.0259	0.0559	17.8768
27	2.2213	0.4502	40.7096	0.0246	0.0546	18.3270
28	2.2879	0.4371	42.9309	0.0233	0.0533	18.7641
29	2.3566	0.4243	45.2189	0.0221	0.0521	19.1885
30	2.4273	0.4120	47.5754	0.0210	0.0510	19.6004

$i=4\%$

年限 n/年	$(F/P, i, n)$	$(P/F, i, n)$	$(F/A, i, n)$	$(A/F, i, n)$	$(A/P, i, n)$	$(P/A, i, n)$
1	1.0400	0.9615	1.0000	1.0000	1.0400	0.9615
2	1.0816	0.9246	2.0400	0.4902	0.5302	1.8861
3	1.1249	0.8890	3.1216	0.3203	0.3603	2.7751
4	1.1699	0.8548	4.2465	0.2355	0.2755	3.6299
5	1.2167	0.8219	5.4163	0.1846	0.2246	4.4518
6	1.2653	0.7903	6.6330	0.1508	0.1908	5.2421
7	1.3159	0.7599	7.8983	0.1266	0.1666	6.0021
8	1.3686	0.7307	9.2142	0.1085	0.1485	6.7327
9	1.4233	0.7026	10.5828	0.0945	0.1345	7.4353
10	1.4802	0.6756	12.0061	0.0833	0.1233	8.1109
11	1.5395	0.6496	13.4864	0.0741	0.1141	8.7605
12	1.6010	0.6246	15.0258	0.0666	0.1066	9.3851
13	1.6651	0.6006	16.6268	0.0601	0.1001	9.9856
14	1.7317	0.5775	18.2919	0.0547	0.0947	10.5631
15	1.8009	0.5553	20.0236	0.0499	0.0899	11.1184
16	1.8730	0.5339	21.8245	0.0458	0.0858	11.6523
17	1.9479	0.5134	23.6975	0.0422	0.0822	12.1657
18	2.0258	0.4936	25.6454	0.0390	0.0790	12.6593
19	2.1068	0.4746	27.6712	0.0361	0.0761	13.1339
20	2.1911	0.4564	29.7781	0.0336	0.0736	13.5903
21	2.2788	0.4388	31.9692	0.0313	0.0713	14.0292
22	2.3699	0.4220	34.2480	0.0292	0.0692	14.4511
23	2.4647	0.4057	36.6179	0.0273	0.0673	14.8568
24	2.5633	0.3901	39.0826	0.0256	0.0656	15.2470
25	2.6658	0.3751	41.6459	0.0240	0.0640	15.6221
26	2.7725	0.3607	44.3117	0.0226	0.0626	15.9828
27	2.8834	0.3468	47.0842	0.0212	0.0612	16.3296
28	2.9987	0.3335	49.9676	0.0200	0.0600	16.6631
29	3.1187	0.3207	52.9663	0.0189	0.0589	16.9837
30	3.2434	0.3083	56.0849	0.0178	0.0578	17.2920

$i=5\%$

年限 n/年	$(F/P, i, n)$	$(P/F, i, n)$	$(F/A, i, n)$	$(A/F, i, n)$	$(A/P, i, n)$	$(P/A, i, n)$
1	1.0500	0.9524	1.0000	1.0000	1.0500	0.9524
2	1.1025	0.9070	2.0500	0.4878	0.5378	1.8594
3	1.1576	0.8638	3.1525	0.3172	0.3672	2.7232
4	1.2155	0.8227	4.3101	0.2320	0.2820	3.5460
5	1.2763	0.7835	5.5256	0.1810	0.2310	4.3295
6	1.3401	0.7462	6.8019	0.1470	0.1970	5.0757
7	1.4071	0.7107	8.1420	0.1228	0.1728	5.7864
8	1.4775	0.6768	9.5491	0.1047	0.1547	6.4632
9	1.5513	0.6446	11.0266	0.0907	0.1407	7.1078
10	1.6289	0.6139	12.5779	0.0795	0.1295	7.7217
11	1.7103	0.5847	14.2068	0.0704	0.1204	8.3064
12	1.7959	0.5568	15.9171	0.0628	0.1128	8.8633
13	1.8856	0.5303	17.7130	0.0565	0.1065	9.3936
14	1.9799	0.5051	19.5986	0.0510	0.1010	9.8986
15	2.0789	0.4810	21.5786	0.0463	0.0963	10.3797
16	2.1829	0.4581	23.6575	0.0423	0.0923	10.8378
17	2.2920	0.4363	25.8404	0.0387	0.0887	11.2741
18	2.4066	0.4155	28.1324	0.0355	0.0855	11.6896
19	2.5270	0.3957	30.5390	0.0327	0.0827	12.0853
20	2.6533	0.3769	33.0660	0.0302	0.0802	12.4622
21	2.7860	0.3589	35.7193	0.0280	0.0780	12.8212
22	2.9253	0.3418	38.5052	0.0260	0.0760	13.1630
23	3.0715	0.3256	41.4305	0.0241	0.0741	13.4886
24	3.2251	0.3101	44.5020	0.0225	0.0725	13.7986
25	3.3864	0.2953	47.7271	0.0210	0.0710	14.0939
26	3.5557	0.2812	51.1135	0.0196	0.0696	14.3752
27	3.7335	0.2678	54.6691	0.0183	0.0683	14.6430
28	3.9201	0.2551	58.4026	0.0171	0.0671	14.8981
29	4.1161	0.2429	62.3227	0.0160	0.0660	15.1411
30	4.3219	0.2314	66.4388	0.0151	0.0651	15.3725

$i=6\%$

年限 n/年	$(F/P, i, n)$	$(P/F, i, n)$	$(F/A, i, n)$	$(A/F, i, n)$	$(A/P, i, n)$	$(P/A, i, n)$
1	1.0600	0.9434	1.0000	1.0000	1.0600	0.9434
2	1.1236	0.8900	2.0600	0.4854	0.5454	1.8334
3	1.1910	0.8396	3.1836	0.3141	0.3741	2.6730
4	1.2625	0.7921	4.3746	0.2286	0.2886	3.4651
5	1.3382	0.7473	5.6371	0.1774	0.2374	4.2124
6	1.4185	0.7050	6.9753	0.1434	0.2034	4.9173
7	1.5036	0.6651	8.3938	0.1191	0.1791	5.5824
8	1.5938	0.6274	9.8975	0.1010	0.1610	6.2098
9	1.6895	0.5919	11.4913	0.0870	0.1470	6.8017
10	1.7908	0.5584	13.1808	0.0759	0.1359	7.3601
11	1.8983	0.5268	14.9716	0.0668	0.1268	7.8869
12	2.0122	0.4970	16.8699	0.0593	0.1193	8.3838
13	2.1329	0.4688	18.8821	0.0530	0.1130	8.8527
14	2.2609	0.4423	21.0151	0.0476	0.1076	9.2950
15	2.3966	0.4173	23.2760	0.0430	0.1030	9.7122
16	2.5404	0.3936	25.6725	0.0390	0.0990	10.1059
17	2.6928	0.3714	28.2129	0.0354	0.0954	10.4773
18	2.8543	0.3503	30.9057	0.0324	0.0924	10.8276
19	3.0256	0.3305	33.7600	0.0296	0.0896	11.1581
20	3.2071	0.3118	36.7856	0.0272	0.0872	11.4699
21	3.3996	0.2942	39.9927	0.0250	0.0850	11.7641
22	3.6035	0.2775	43.3923	0.0230	0.0830	12.0416
23	3.8197	0.2618	46.9958	0.0213	0.0813	12.3034
24	4.0489	0.2470	50.8156	0.0197	0.0797	12.5504
25	4.2919	0.2330	54.8645	0.0182	0.0782	12.7834
26	4.5494	0.2198	59.1564	0.0169	0.0769	13.0032
27	4.8223	0.2074	63.7058	0.0157	0.0757	13.2105
28	5.1117	0.1956	68.5281	0.0146	0.0746	13.4062
29	5.4184	0.1846	73.6398	0.0136	0.0736	13.5907
30	5.7435	0.1741	79.0582	0.0126	0.0726	13.7648

i=7%

年限 n/年	$(F/P, i, n)$	$(P/F, i, n)$	$(F/A, i, n)$	$(A/F, i, n)$	$(A/P, i, n)$	$(P/A, i, n)$
1	1.0700	0.9346	1.0000	1.0000	1.0700	0.9346
2	1.1449	0.8734	2.0700	0.4831	0.5531	1.8080
3	1.2250	0.8163	3.2149	0.3111	0.3811	2.6243
4	1.3108	0.7629	4.4399	0.2252	0.2952	3.3872
5	1.4026	0.7130	5.7507	0.1739	0.2439	4.1002
6	1.5007	0.6663	7.1533	0.1398	0.2098	4.7665
7	1.6058	0.6227	8.6540	0.1156	0.1856	5.3893
8	1.7182	0.5820	10.2598	0.0975	0.1675	5.9713
9	1.8385	0.5439	11.9780	0.0835	0.1535	6.5152
10	1.9672	0.5083	13.8164	0.0724	0.1424	7.0236
11	2.1049	0.4751	15.7836	0.0634	0.1334	7.4987
12	2.2522	0.4440	17.8885	0.0559	0.1259	7.9427
13	2.4098	0.4150	20.1406	0.0497	0.1197	8.3577
14	2.5785	0.3878	22.5505	0.0443	0.1143	8.7455
15	2.7590	0.3624	25.1290	0.0398	0.1098	9.1079
16	2.9522	0.3387	27.8881	0.0359	0.1059	9.4466
17	3.1588	0.3166	30.8402	0.0324	0.1024	9.7632
18	3.3799	0.2959	33.9990	0.0294	0.0994	10.0591
19	3.6165	0.2765	37.3790	0.0268	0.0968	10.3356
20	3.8697	0.2584	40.9955	0.0244	0.0944	10.5940
21	4.1406	0.2415	44.8652	0.0223	0.0923	10.8355
22	4.4304	0.2257	49.0057	0.0204	0.0904	11.0612
23	4.7405	0.2109	53.4361	0.0187	0.0887	11.2722
24	5.0724	0.1971	58.1767	0.0172	0.0872	11.4693
25	5.4274	0.1842	63.2490	0.0158	0.0858	11.6536
26	5.8074	0.1722	68.6765	0.0146	0.0846	11.8258
27	6.2139	0.1609	74.4838	0.0134	0.0834	11.9867
28	6.6488	0.1504	80.6977	0.0124	0.0824	12.1371
29	7.1143	0.1406	87.3465	0.0114	0.0814	12.2777
30	7.6123	0.1314	94.4608	0.0106	0.0806	12.4090

$i=8\%$

年限 n/年	$(F/P, i, n)$	$(P/F, i, n)$	$(F/A, i, n)$	$(A/F, i, n)$	$(A/P, i, n)$	$(P/A, i, n)$
1	1. 0800	0. 9259	1. 0000	1. 0000	1. 0800	0. 9259
2	1. 1664	0. 8573	2. 0800	0. 4808	0. 5608	1. 7833
3	1. 2597	0. 7938	3. 2464	0. 3080	0. 3880	2. 5771
4	1. 3605	0. 7350	4. 5061	0. 2219	0. 3019	3. 3121
5	1. 4693	0. 6806	5. 8666	0. 1705	0. 2505	3. 9927
6	1. 5869	0. 6302	7. 3359	0. 1363	0. 2163	4. 6229
7	1. 7138	0. 5835	8. 9228	0. 1121	0. 1921	5. 2064
8	1. 8509	0. 5403	10. 6366	0. 0940	0. 1740	5. 7466
9	1. 9990	0. 5002	12. 4876	0. 0801	0. 1601	6. 2469
10	2. 1589	0. 4632	14. 4866	0. 0690	0. 1490	6. 7101
11	2. 3316	0. 4289	16. 6455	0. 0601	0. 1401	7. 1390
12	2. 5182	0. 3971	18. 9771	0. 0527	0. 1327	7. 5361
13	2. 7196	0. 3677	21. 4953	0. 0465	0. 1265	7. 9038
14	2. 9372	0. 3405	24. 2149	0. 0413	0. 1213	8. 2442
15	3. 1722	0. 3152	27. 1521	0. 0368	0. 1168	8. 5595
16	3. 4259	0. 2919	30. 3243	0. 0330	0. 1130	8. 8514
17	3. 7000	0. 2703	33. 7502	0. 0296	0. 1096	9. 1216
18	3. 9960	0. 2502	37. 4502	0. 0267	0. 1067	9. 3719
19	4. 3157	0. 2317	41. 4463	0. 0241	0. 1041	9. 6036
20	4. 6610	0. 2145	45. 7620	0. 0219	0. 1019	9. 8181
21	5. 0338	0. 1987	50. 4229	0. 0198	0. 0998	10. 0168
22	5. 4365	0. 1839	55. 4568	0. 0180	0. 0980	10. 2007
23	5. 8715	0. 1703	60. 8933	0. 0164	0. 0964	10. 3711
24	6. 3412	0. 1577	66. 7648	0. 0150	0. 0950	10. 5288
25	6. 8485	0. 1460	73. 1059	0. 0137	0. 0937	10. 6748
26	7. 3964	0. 1352	79. 9544	0. 0125	0. 0925	10. 8100
27	7. 9881	0. 1252	87. 3508	0. 0114	0. 0914	10. 9352
28	8. 6271	0. 1159	95. 3388	0. 0105	0. 0905	11. 0511
29	9. 3173	0. 1073	103. 9659	0. 0096	0. 0896	11. 1584
30	10. 0627	0. 0994	113. 2832	0. 0088	0. 0888	11. 2578

$i=9\%$

年限 n/年	$(F/P, i, n)$	$(P/F, i, n)$	$(F/A, i, n)$	$(A/F, i, n)$	$(A/P, i, n)$	$(P/A, i, n)$
1	1.0900	0.9174	1.0000	1.0000	1.0900	0.9174
2	1.1881	0.8417	2.0900	0.4785	0.5685	1.7591
3	1.2950	0.7722	3.2781	0.3051	0.3951	2.5313
4	1.4116	0.7084	4.5731	0.2187	0.3087	3.2397
5	1.5386	0.6499	5.9847	0.1671	0.2571	3.8897
6	1.6771	0.5963	7.5233	0.1329	0.2229	4.4859
7	1.8280	0.5470	9.2004	0.1087	0.1987	5.0330
8	1.9926	0.5019	11.0285	0.0907	0.1807	5.5348
9	2.1719	0.4604	13.0210	0.0768	0.1668	5.9952
10	2.3674	0.4224	15.1929	0.0658	0.1558	6.4177
11	2.5804	0.3875	17.5603	0.0569	0.1469	6.8052
12	2.8127	0.3555	20.1407	0.0497	0.1397	7.1607
13	3.0658	0.3262	22.9534	0.0436	0.1336	7.4869
14	3.3417	0.2992	26.0192	0.0384	0.1284	7.7862
15	3.6425	0.2745	29.3609	0.0341	0.1241	8.0607
16	3.9703	0.2519	33.0034	0.0303	0.1203	8.3126
17	4.3276	0.2311	36.9737	0.0270	0.1170	8.5436
18	4.7171	0.2120	41.3013	0.0242	0.1142	8.7556
19	5.1417	0.1945	46.0185	0.0217	0.1117	8.9501
20	5.6044	0.1784	51.1610	0.0195	0.1095	9.1285
21	6.1088	0.1637	56.7645	0.0176	0.1076	9.2922
22	6.6586	0.1502	62.8733	0.0159	0.1059	9.4424
23	7.2579	0.1378	69.5319	0.0144	0.1044	9.5802
24	7.9111	0.1264	76.7898	0.0130	0.1030	9.7066
25	8.6231	0.1160	84.7009	0.0118	0.1018	9.8226
26	9.3992	0.1064	93.3240	0.0107	0.1007	9.9290
27	10.2451	0.0976	102.7231	0.0097	0.0997	10.0266
28	11.1671	0.0895	112.9682	0.0089	0.0989	10.1161
29	12.1722	0.0822	124.1354	0.0081	0.0981	10.1983
30	13.2677	0.0754	136.3075	0.0073	0.0973	10.2737

$i=10\%$

年限 n/年	$(F/P, i, n)$	$(P/F, i, n)$	$(F/A, i, n)$	$(A/F, i, n)$	$(A/P, i, n)$	$(P/A, i, n)$
1	1. 1000	0. 9091	1. 0000	1. 0000	1. 1000	0. 9091
2	1. 2100	0. 8264	2. 1000	0. 4762	0. 5762	1. 7355
3	1. 3310	0. 7513	3. 3100	0. 3021	0. 4021	2. 4869
4	1. 4641	0. 6830	4. 6410	0. 2155	0. 3155	3. 1699
5	1. 6105	0. 6209	6. 1051	0. 1638	0. 2638	3. 7908
6	1. 7716	0. 5645	7. 7156	0. 1296	0. 2296	4. 3553
7	1. 9487	0. 5132	9. 4872	0. 1054	0. 2054	4. 8684
8	2. 1436	0. 4665	11. 4359	0. 0874	0. 1874	5. 3349
9	2. 3579	0. 4241	13. 5795	0. 0736	0. 1736	5. 7590
10	2. 5937	0. 3855	15. 9374	0. 0627	0. 1627	6. 1446
11	2. 8531	0. 3505	18. 5312	0. 0540	0. 1540	6. 4951
12	3. 1384	0. 3186	21. 3843	0. 0468	0. 1468	6. 8137
13	3. 4523	0. 2897	24. 5227	0. 0408	0. 1408	7. 1034
14	3. 7975	0. 2633	27. 9750	0. 0357	0. 1357	7. 3667
15	4. 1772	0. 2394	31. 7725	0. 0315	0. 1315	7. 6061
16	4. 5950	0. 2176	35. 9497	0. 0278	0. 1278	7. 8237
17	5. 0545	0. 1978	40. 5447	0. 0247	0. 1247	8. 0216
18	5. 5599	0. 1799	45. 5992	0. 0219	0. 1219	8. 2014
19	6. 1159	0. 1635	51. 1591	0. 0195	0. 1195	8. 3649
20	6. 7275	0. 1486	57. 2750	0. 0175	0. 1175	8. 5136
21	7. 4002	0. 1351	64. 0025	0. 0156	0. 1156	8. 6487
22	8. 1403	0. 1228	71. 4027	0. 0140	0. 1140	8. 7715
23	8. 9543	0. 1117	79. 5430	0. 0126	0. 1126	8. 8832
24	9. 8497	0. 1015	88. 4973	0. 0113	0. 1113	8. 9847
25	10. 8347	0. 0923	98. 3471	0. 0102	0. 1102	9. 0770
26	11. 9182	0. 0839	109. 1818	0. 0092	0. 1092	9. 1609
27	13. 1100	0. 0763	121. 0999	0. 0083	0. 1083	9. 2372
28	14. 4210	0. 0693	134. 2099	0. 0075	0. 1075	9. 3066
29	15. 8631	0. 0630	148. 6309	0. 0067	0. 1067	9. 3696
30	17. 4494	0. 0573	164. 4940	0. 0061	0. 1061	9. 4269

i=12%

年限 n/年	(F/P, i, n)	(P/F, i, n)	(F/A, i, n)	(A/F, i, n)	(A/P, i, n)	(P/A, i, n)
1	1. 1200	0. 8929	1. 0000	1. 0000	1. 1200	0. 8929
2	1. 2544	0. 7972	2. 1200	0. 4717	0. 5917	1. 6901
3	1. 4049	0. 7118	3. 3744	0. 2963	0. 4163	2. 4018
4	1. 5735	0. 6355	4. 7793	0. 2092	0. 3292	3. 0373
5	1. 7623	0. 5674	6. 3528	0. 1574	0. 2774	3. 6048
6	1. 9738	0. 5066	8. 1152	0. 1232	0. 2432	4. 1114
7	2. 2107	0. 4523	10. 0890	0. 0991	0. 2191	4. 5638
8	2. 4760	0. 4039	12. 2997	0. 0813	0. 2013	4. 9676
9	2. 7731	0. 3606	14. 7757	0. 0677	0. 1877	5. 3282
10	3. 1058	0. 3220	17. 5487	0. 0570	0. 1770	5. 6502
11	3. 4785	0. 2875	20. 6546	0. 0484	0. 1684	5. 9377
12	3. 8960	0. 2567	24. 1331	0. 0414	0. 1614	6. 1944
13	4. 3635	0. 2292	28. 0291	0. 0357	0. 1557	6. 4235
14	4. 8871	0. 2046	32. 3926	0. 0309	0. 1509	6. 6282
15	5. 4736	0. 1827	37. 2797	0. 0268	0. 1468	6. 8109
16	6. 1304	0. 1631	42. 7533	0. 0234	0. 1434	6. 9740
17	6. 8660	0. 1456	48. 8837	0. 0205	0. 1405	7. 1196
18	7. 6900	0. 1300	55. 7497	0. 0179	0. 1379	7. 2497
19	8. 6128	0. 1161	63. 4397	0. 0158	0. 1358	7. 3658
20	9. 6463	0. 1037	72. 0524	0. 0139	0. 1339	7. 4694
21	10. 8038	0. 0926	81. 6987	0. 0122	0. 1322	7. 5620
22	12. 1003	0. 0826	92. 5026	0. 0108	0. 1308	7. 6446
23	13. 5523	0. 0738	104. 6029	0. 0096	0. 1296	7. 7184
24	15. 1786	0. 0659	118. 1552	0. 0085	0. 1285	7. 7843
25	17. 0001	0. 0588	133. 3339	0. 0075	0. 1275	7. 8431
26	19. 0401	0. 0525	150. 3339	0. 0067	0. 1267	7. 8957
27	21. 3249	0. 0469	169. 3740	0. 0059	0. 1259	7. 9426
28	23. 8839	0. 0419	190. 6989	0. 0052	0. 1252	7. 9844
29	26. 7499	0. 0374	214. 5828	0. 0047	0. 1247	8. 0218
30	29. 9599	0. 0334	241. 3327	0. 0041	0. 1241	8. 0552

$i=15\%$

年限 n/年	$(F/P, i, n)$	$(P/F, i, n)$	$(F/A, i, n)$	$(A/F, i, n)$	$(A/P, i, n)$	$(P/A, i, n)$
1	1.1500	0.8696	1.0000	1.0000	1.1500	0.8696
2	1.3225	0.7561	2.1500	0.4651	0.6151	1.6257
3	1.5209	0.6575	3.4725	0.2880	0.4380	2.2832
4	1.7490	0.5718	4.9934	0.2003	0.3503	2.8550
5	2.0114	0.4972	6.7424	0.1483	0.2983	3.3522
6	2.3131	0.4323	8.7537	0.1142	0.2642	3.7845
7	2.6600	0.3759	11.0668	0.0904	0.2404	4.1604
8	3.0590	0.3269	13.7268	0.0729	0.2229	4.4873
9	3.5179	0.2843	16.7858	0.0596	0.2096	4.7716
10	4.0456	0.2472	20.3037	0.0493	0.1993	5.0188
11	4.6524	0.2149	24.3493	0.0411	0.1911	5.2337
12	5.3503	0.1869	29.0017	0.0345	0.1845	5.4206
13	6.1528	0.1625	34.3519	0.0291	0.1791	5.5831
14	7.0757	0.1413	40.5047	0.0247	0.1747	5.7245
15	8.1371	0.1229	47.5804	0.0210	0.1710	5.8474
16	9.3576	0.1069	55.7175	0.0179	0.1679	5.9542
17	10.7613	0.0929	65.0751	0.0154	0.1654	6.0472
18	12.3755	0.0808	75.8364	0.0132	0.1632	6.1280
19	14.2318	0.0703	88.2118	0.0113	0.1613	6.1982
20	16.3665	0.0611	102.4436	0.0098	0.1598	6.2593
21	18.8215	0.0531	118.8101	0.0084	0.1584	6.3125
22	21.6447	0.0462	137.6316	0.0073	0.1573	6.3587
23	24.8915	0.0402	159.2764	0.0063	0.1563	6.3988
24	28.6252	0.0349	184.1678	0.0054	0.1554	6.4338
25	32.9190	0.0304	212.7930	0.0047	0.1547	6.4641
26	37.8568	0.0264	245.7120	0.0041	0.1541	6.4906
27	43.5353	0.0230	283.5688	00035	0.1535	6.5135
28	50.0656	0.0200	327.1041	0.0031	0.1531	6.5335
29	57.5755	0.0174	377.1697	0.0027	0.1527	6.5509
30	66.2118	0.0151	434.7451	0.0023	0.1523	6.5660

$i=18\%$

年限 n/年	$(F/P, i, n)$	$(P/F, i, n)$	$(F/A, i, n)$	$(A/F, i, n)$	$(A/P, i, n)$	$(P/A, i, n)$
1	1. 1800	0. 8475	1. 0000	1. 0000	1. 1800	0. 8475
2	1. 3924	0. 7182	2. 1800	0. 4587	0. 6387	1. 5656
3	1. 6430	0. 6086	3. 5724	0. 2799	0. 4599	2. 1743
4	1. 9388	0. 5158	5. 2154	0. 1917	0. 3717	2. 6901
5	2. 2878	0. 4371	7. 1542	0. 1398	0. 3198	3. 1272
6	2. 6996	0. 3704	9. 4420	0. 1059	0. 2859	3. 4976
7	3. 1855	0. 3139	12. 1415	0. 0824	0. 2624	3. 8115
8	3. 7589	0. 2660	15. 3270	0. 0652	0. 2452	4. 0776
9	4. 4355	0. 2255	19. 0859	0. 0524	0. 2324	4. 3030
10	5. 2338	0. 1911	23. 5213	0. 0425	0. 2225	4. 4941
11	6. 1759	0. 1619	28. 7551	0. 0348	0. 2148	4. 6560
12	7. 2876	0. 1372	34. 9311	0. 0286	0. 2086	4. 7932
13	8. 5994	0. 1163	42. 2187	0. 0237	0. 2037	4. 9095
14	10. 1472	0. 0985	50. 8180	0. 0197	0. 1997	5. 0081
15	11. 9737	0. 0835	60. 9653	0. 0164	0. 1964	5. 0916
16	14. 1290	0. 0708	72. 9390	0. 0137	0. 1937	5. 1624
17	16. 6722	0. 0600	87. 0680	0. 0115	0. 1915	5. 2223
18	19. 6733	0. 0508	103. 7403	0. 0096	0. 1896	5. 2732
19	23. 2144	0. 0431	123. 4135	0. 0081	0. 1881	5. 3162
20	27. 3930	0. 0365	146. 6280	0. 0068	0. 1868	5. 3527
21	32. 3238	0. 0309	174. 0210	0. 0057	0. 1857	5. 3837
22	38. 1421	0. 0262	206. 3448	0. 0048	0. 1848	5. 4099
23	45. 0076	0. 0222	244. 4868	0. 0041	0. 1841	5. 4321
24	53. 1090	0. 0188	289. 4945	0. 0035	0. 1835	5. 4509
25	62. 6686	0. 0160	342. 6035	0. 0029	0. 1829	5. 4669
26	73. 9490	0. 0135	405. 2721	0. 0025	0. 1825	5. 4804
27	87. 2598	0. 0115	479. 2211	0. 0021	0. 1821	5. 4919
28	102. 9666	0. 0097	566. 4809	0. 0018	0. 1818	5. 5016
29	121. 5005	0. 0082	669. 4475	0. 0015	0. 1815	5. 5098
30	143. 3706	0. 0070	790. 9480	0. 0013	0. 1813	5. 5168

$i=20\%$

年限 n/年	$(F/P, i, n)$	$(P/F, i, n)$	$(F/A, i, n)$	$(A/F, i, n)$	$(A/P, i, n)$	$(P/A, i, n)$
1	1.2000	0.8333	1.0000	1.0000	1.2000	0.8333
2	1.4400	0.6944	2.2000	0.4545	0.6545	1.5278
3	1.7280	0.5787	3.6400	0.2747	0.4747	2.1065
4	2.0736	0.4823	5.3680	0.1863	0.3863	2.5887
5	2.4883	0.4019	7.4416	0.1344	0.3344	2.9906
6	2.9860	0.3349	9.9299	0.1007	0.3007	3.3255
7	3.5832	0.2791	12.9159	0.0774	0.2774	3.6046
8	4.2998	0.2326	16.4991	0.0606	0.2606	3.8372
9	5.1598	0.1938	20.7989	0.0481	0.2481	4.0310
10	6.1917	0.1615	25.9587	0.0385	0.2385	4.1925
11	7.4301	0.1346	32.1504	0.0311	0.2311	4.3271
12	8.9161	0.1122	39.5805	0.0253	0.2253	4.4392
13	10.6993	0.0935	48.4966	0.0206	0.2206	4.5327
14	12.8392	0.0779	59.1959	0.0169	0.2169	4.6106
15	15.4070	0.0649	72.0351	0.0139	0.2139	4.6755
16	18.4884	0.0541	87.4421	0.0114	0.2114	4.7296
17	22.1861	0.0451	105.9306	0.0094	0.2094	4.7746
18	26.6233	0.0376	128.1167	0.0078	0.2078	4.8122
19	31.9480	0.0313	154.7400	0.0065	0.2065	4.8435
20	38.3376	0.0261	186.6880	0.0054	0.2054	4.8696
21	46.0051	0.0217	225.0256	0.0044	0.2044	4.8913
22	55.2061	0.0181	271.0307	0.0037	0.2037	4.9094
23	66.2474	0.0151	326.2369	0.0031	0.2031	4.9245
24	79.4968	0.0126	392.4842	0.0025	0.2025	4.9371
25	95.3962	0.0105	471.9811	0.0021	0.2021	4.9476
26	114.4755	0.0087	567.3773	0.0018	0.2018	4.9563
27	137.3706	0.0073	681.8528	0.0015	0.2015	4.9636
28	164.8447	0.0061	819.2233	0.0012	0.2012	4.9697
29	197.8136	0.0051	984.0680	0.0010	0.2010	4.9747
30	237.3763	0.0042	1181.8816	0.0008	0.2008	4.9789

i=25%

年限 n/年	(F/P, i, n)	(P/F, i, n)	(F/A, i, n)	(A/F, i, n)	(A/P, i, n)	(P/A, i, n)
1	1.2500	0.8000	1.0000	1.0000	1.2500	0.8000
2	1.5625	0.6400	2.2500	0.4444	0.6944	1.4400
3	1.9531	0.5120	3.8125	0.2623	0.5123	1.9520
4	2.4414	0.4096	5.7656	0.1734	0.4234	2.3616
5	3.0518	0.3277	8.2070	0.1218	0.3718	2.6893
6	3.8147	0.2621	11.2588	0.0888	0.3388	2.9514
7	4.7684	0.2097	15.0735	0.0663	0.3163	3.1611
8	5.9605	0.1678	19.8419	0.0504	0.3004	3.3289
9	7.4506	0.1342	25.8023	0.0388	0.2888	3.4631
10	9.3132	0.1074	33.2529	0.0301	0.2801	3.5705
11	11.6415	0.0859	42.5661	0.0235	0.2735	3.6564
12	14.5519	0.0687	54.2077	0.0184	0.2684	3.7251
13	18.1899	0.0550	68.7596	0.0145	0.2645	3.7801
14	22.7374	0.0440	86.9495	0.0115	0.2615	3.8241
15	28.4217	0.0352	109.6868	0.0091	0.2591	3.8593
16	35.5271	0.0281	138.1085	0.0072	0.2572	3.8874
17	44.4089	0.0225	173.6357	0.0058	0.2558	3.9099
18	55.5112	0.0180	218.0446	0.0046	0.2546	3.9279
19	69.3889	0.0144	273.5558	0.0037	0.2537	3.9424
20	86.7362	0.0115	342.9447	0.0029	0.2529	3.9539
21	108.4202	0.0092	429.6809	0.0023	0.2523	3.9631
22	135.5253	0.0074	538.1011	0.0019	0.2519	3.9705
23	169.4066	0.0059	673.6264	0.0015	0.2515	3.9764
24	211.7582	0.0047	843.0329	0.0012	0.2512	3.9811
25	264.6978	0.0038	1054.7912	0.0009	0.2509	3.9849
26	330.8722	0.0030	1319.4890	0.0008	0.2508	3.9879
27	413.5903	0.0024	1650.3612	0.0006	0.2506	3.9903
28	516.9879	0.0019	2063.9515	0.0005	0.2505	3.9923
29	646.2349	0.0015	2580.9394	0.0004	0.2504	3.9938
30	807.7936	0.0012	3227.1743	0.0003	0.2503	3.9950

$i=30\%$

年限 n/年	$(F/P, i, n)$	$(P/F, i, n)$	$(F/A, i, n)$	$(A/F, i, n)$	$(A/P, i, n)$	$(P/A, i, n)$
1	1.3000	0.7692	1.0000	1.0000	1.3000	0.7692
2	1.6900	0.5918	2.3000	0.4348	0.7348	1.3609
3	2.1970	0.4552	3.9900	0.2506	0.5506	1.8161
4	2.8561	0.3501	6.1870	0.1616	0.4616	2.1662
5	3.7129	0.2693	9.0431	0.1106	0.4106	2.4356
6	4.8268	0.2072	12.7560	0.0784	0.3784	2.6427
7	6.2749	0.1594	17.5828	0.0569	0.3569	2.8021
8	8.1573	0.1226	23.8577	0.0419	0.3419	2.9247
9	10.6045	0.0943	32.0150	0.0312	0.3312	3.0190
10	13.7858	0.0725	42.6195	0.0235	0.3235	3.0915
11	17.9216	0.0558	56.4053	0.0177	0.3177	3.1473
12	23.2981	0.0429	74.3270	0.0135	0.3135	3.1903
13	30.2875	0.0330	97.6250	0.0102	0.3102	3.2233
14	39.3738	0.0254	127.9125	0.0078	0.3078	3.2487
15	51.1859	0.0195	167.2863	0.0060	0.3060	3.2682
16	66.5417	0.0150	218.4722	0.0046	0.3046	3.2832
17	86.5042	0.0116	285.0139	0.0035	0.3035	3.2948
18	112.4554	0.0089	371.5180	0.0027	0.3027	3.3037
19	146.1920	0.0068	483.9734	0.0021	0.3021	3.3105
20	190.0496	0.0053	630.1655	0.0016	0.3016	3.3158
21	247.0645	0.0040	820.2151	0.0012	0.3012	3.3198
22	321.1839	0.0031	1067.2796	0.0009	0.3009	3.3230
23	417.5391	0.0024	1388.4635	0.0007	0.3007	3.3254
24	542.8008	0.0018	1806.0026	0.0006	0.3006	3.3272
25	705.6410	0.0014	2348.8033	0.0004	0.3004	3.3286
26	917.3333	0.0011	3054.4443	0.0003	0.3003	3.3297
27	1192.5333	0.0008	3971.7776	0.0003	0.3003	3.3305
28	1550.2933	0.0006	5164.3109	0.0002	0.3002	3.3312
29	2015.3813	0.0005	6714.6042	0.0001	0.3001	3.3317
30	2619.9956	0.0004	8729.9855	0.0001	0.3001	3.3321

参考文献

[1] 毕梦林．冶金技术经济学［M］．北京：冶金工业出版社，1986.

[2] 毕梦林．冶金技术经济［M］．北京：科学出版社，1990.

[3] 编委会．有色冶金炉设计手册［M］．北京：冶金工业出版社，2000.

[4] 编制组．冶金工业建设工程工程量清单计价规则（2013 版）［M］．北京：冶金工业出版社，2014.

[5] 蔡跃洲．技术经济学研究方法及方法论述评［J］．数量经济技术经济研究，2009（10）：148~155.

[6] 陈雯，刘中华．冶金技术经济分析［M］．重庆：重庆大学出版社，1999.

[7] 陈迅．技术经济学［M］．重庆：重庆大学出版社，2010.

[8] 戴德明，林钢，赵西卜．财务会计学［M］．8 版．北京：中国人民大学出版社，2015.

[9] 戴立新．锂冶炼及其深加工领域的研究进展［J］．有色金属，2007，59（4）：123~126.

[10] 杜长坤．冶金工程概论［M］．北京：冶金工业出版社，2012.

[11] 冯聚和，艾立群，刘建华．铁水预处理与钢水炉外精炼［M］．北京：冶金工业出版社，2006.

[12] 傅家骥，仝允桓．工业技术经济学［M］．3 版．北京：清华大学出版社，1996.

[13] 傅家骥，万海川．技术经济学概论［M］．北京：高等教育出版社，1992.

[14] 傅家骥，张吉平，仝允恒，等．工程师经济分析与决策［M］．北京：中国科学技术出版社，1989.

[15] 傅杰．现代电炉炼钢理论与应用［M］．北京：冶金工业出版社，2009.

[16] 高微，冯花兰．市场调查与预测［M］．3 版．北京：首都经济贸易大学出版社，2011.

[17] 郭鸿发．冶金工程设计（第 1 册）：设计基础［M］．北京：冶金工业出版社，2006.

[18] 国家发展改革委，建设部．建设项目经济评价方法与参数［M］．3 版．北京：中国计划出版社，2006.

[19] 海洋生态环境监测技术规程［S］．国家海洋局，2002.

[20] 海洋生物质量监测技术规程［S］．国家海洋局，2002.

[21] 何俊德．项目评估理论与方法［M］．3 版．武汉：华中科技大学出版社，2015.

[22] 何元斌，杜永林．工程经济学［M］．成都：西南交通大学出版社，2016.

[23] 蒋红妍．工程项目评价［M］．北京：冶金工业出版社，2014.

[24] 蒋继穆．我国锌冶炼现状及近年来的技术进展［J］．中国有色冶金，2006（5）：19~23.

[25] 荆新，王化成，刘俊彦．财务管理学［M］．6 版．北京：中国人民大学出版社，2012.

[26] 朗宏文．技术经济学［M］．北京：科学出版社，2009.

[27] 李慧民．冶金建设工程［M］．北京：冶金工业出版社，2010.

[28] 李伟，陶红霞．工程经济学［M］．北京：北京理工大学出版社，2016.

[29] 李晓，周园园，郝阳，等．我国炼钢工艺现状与发展趋势分析［J］．冶金经济与管理，2018（3）：51~55.

[30] 李新创．智能制造助力钢铁工业转型升级［J］．中国冶金，2017，27（2）：1~5.

[31] 刘家顺，史宝娟．技术经济学［M］．北京：中国铁道出版社，2010.

[32] 刘世通．冶金企业安全知识读本［M］．北京：气象出版社，2013.

[33] 刘又礼．技术经济学教程［M］．天津：天津大学出版社，1999.

[34] 刘志斌，马登军．环境影响评价［M］．徐州：中国矿业大学出版社，2007.

[35] 陆宁，史玉芳．建设项目评价［M］．北京：化学工业出版社，2009.

[36] 罗清平，郭朋成，李存增，等．我国锂资源分布及提取工艺研究现状［J］．湿法冶金，2012，31（2）：67~70.

[37] 吕靖，梁晶．技术经济学［M］．北京：化学工业出版社，2008.

[38] 吕学伟．冶金概论［M］．北京：冶金工业出版社，2017.
[39] 马楠，周和生，李宏欣．建设工程造价管理［M］．2 版．北京：清华大学出版社，2012.
[40] 欧阳培．企业技术经济学［M］．北京：航空工业出版社，1994.
[41] 钱小青，葛丽英，赵由才．冶金过程废水处理与利用［M］．北京：冶金工业出版社，2008.
[42] 钱瑜．环境影响评价［M］．2 版．南京：南京大学出版社，2012.
[43] 全国造价工程师执业资格考试培训教材编审委员会．建设工程计价［M］．北京：中国计划出版社，2017.
[44] 全国造价工程师执业资格考试培训教材编审委员会．建设工程造价管理［M］．北京：中国计划出版社，2017.
[45] 沈景明，王云峰，张世雄，等．技术经济分析［M］．北京：机械工业出版社，1987.
[46] 宋航．化工技术经济［M］．3 版．北京：化学工业出版社，2012.
[47] 孙怀玉，王子学，宋冀东．实用技术经济学［M］．北京：机械工业出版社，2003.
[48] 谭世语．化工技术经济学［M］．重庆：重庆大学出版社，1991.
[49] 万君康，蔡希贤．技术经济学［M］．武汉：华中科技大学出版社，1996.
[50] 王淀佐，邱冠周，胡岳华．资源加工学［M］．北京：科学出版社，2005.
[51] 王捷．电解铝生产工艺与设备［M］．北京：冶金工业出版社，2006.
[52] 王玖宏，雷建强．冶金工程设计施工理论与实践［M］．北京：冶金工业出版社，2014.
[53] 王明海．冶金生产概论［M］．北京：冶金工业出版社，2008.
[54] 王新华．钢铁冶金：炼钢学［M］．北京：高等教育出版社，2007.
[55] 王新江．现代电炉炼钢生产技术手册［M］．北京：冶金工业出版社，2009.
[56] 王永海．财务管理原理［M］．武汉：武汉大学出版社，2003.
[57] 魏昶，李存兄．锌提取冶金学［M］．北京：冶金工业出版社，2013.
[58] 魏威，陈海清，陈启元，等．湿法炼锌浸出渣处理技术现状［J］．湖南有色金属，2012，28（6）：37～39.
[59] 项保华，王世良，凌春华．技术经济与企业管理［M］．杭州：浙江大学出版社，1992.
[60] 肖鹏．技术经济学［M］．北京：对外经济贸易大学出版社，2013.
[61] 徐强．技术经济学原理与方法［M］．北京：北京科学技术出版社，1993.
[62] 徐蓉．工程经济学［M］．北京：冶金工业出版社，2015.
[63] 徐寿波．技术经济学［M］．北京：经济科学出版社，2012.
[64] 徐新阳．环境影响评价教程［M］．北京：化学工业出版社，2010.
[65] 薛正良．钢铁冶金概论［M］．北京：冶金工业出版社，2008.
[66] 闫军印．建设项目评估［M］．2 版．北京：机械工业出版社，2011.
[67] 杨重愚．轻金属冶金学［M］．北京：冶金工业出版社，2007.
[68] 杨大锦，朱华山，陈加希．湿法提锌工艺与技术［M］．北京：冶金工业出版社，2006.
[69] 杨金林，肖汉新，罗美秀，等．锌的冶炼方法概述［J］．金属材料与冶金工程，2016，44（3）：41～45.
[70] 杨克磊．技术经济学［M］．上海：复旦大学出版社，2007.
[71] 杨敏．改扩建项目评估中经济效益评价的系统研究［D］．西安：西安建筑科技大学，2005.
[72] 游达明．技术经济与项目经济评价［M］．北京：清华大学出版社，2009.
[73] 余疆江，郑绵平，伍倩．富锂盐湖提锂工艺研究进展［J］．化工进展，2013，32（1）：13～21.
[74] 原材料工业司．2017 年钢铁行业运行情况及 2018 年工作考虑［EB/OL］．http：//www.miit.gov.cn/n1146285/n1146352/n3054355/n3057569/n3057577/c6053336/content.html，2018-02-07.
[75] 袁熙志，吴秋廷，周若愚．冶金工艺工程设计［M］．2 版．北京：冶金工业出版社，2014.

[76] 云正宽．冶金工程设计（第2册 工艺设计）[M]．北京：冶金工业出版社，2006.
[77] 张国旺．技术经济学教程 [M]．北京：首都经济贸易大学出版社，2007.
[78] 张伦和．我国氧化铝工业能耗及节能措施（上）[J]．轻金属，2009（11）：3~6.
[79] 张伦和．我国氧化铝工业能耗及节能措施（下）[J]．轻金属，2010（1）：3~5.
[80] 赵国杰．工程经济学 [M]．天津：天津大学出版社，2004.
[81] 郑明贵．矿业技术经济学 [M]．北京：冶金工业出版社，2017.
[82] 郑明贵，王佳男，徐冰．中国稀土中长期需求预测及政策建议——基于协整误差修正模型 [J]．稀土，2018，39（2）：148~158.
[83] 中国有色金属工业协会专家委员会．中国铝业 [M]．北京：冶金工业出版社，2013.
[84] 朱世云，林春锦．环境影响评价 [M]．北京：化学工业出版社，2007.
[85] 朱航宇，李正邦，王董青．电渣冶金法生产大型钢锭综述 [J]．铸造技术，2012，33（3）：311~313.
[86] 朱苗勇．现代冶金学（钢铁冶金卷）[M]．北京：冶金工业出版社，2005.
[87] 朱荣，魏光升，董凯．电弧炉炼钢绿色及智能化技术进展 [C]．第11届中国钢铁年会论文集，2017.
[88] 朱文龙，黄万抚．国内外锂矿物资源概况及其选矿工艺综述 [J]．现代矿业，2010，26（7）：1~4.
[89] 朱直平．工业技术经济学——项目经济评价 [M]．北京：中国物资出版社，1995.
[90] Dong Z，Li W，Long M，et al. Effect of temperature reversion on hot ductility and flow stress-strain curves of C-Mn continuously cast steels [J]. Metallurgical and Materials Transactions B，2015，46（4）：1885~1894.
[91] Kumar P R，Madhusudhanrao V，Nageswararao B，et al. Enhanced electrochemical performance of carbon-coated $LiMPO_4$（M=Co and Ni）nanoparticles as cathodes for high-voltage lithium-ion battery [J]. Journal of Solid State Electrochemistry，2016，20（7）：1855~1863.
[92] Xie X，Chen D，Long H，et al. Mathematical modeling of heat transfer in mold copper coupled with cooling water during the slab continuous casting process [J]. Metallurgical and Materials Transactions B，2014，45（6）：2442~2452.
[93] CECA/GC 1—2015，建设项目投资估算编审规程 [S].
[94] CECA/GC 2—2015，建设项目设计概算编审规程 [S].
[95] CECA/GC 5—2010，建设项目施工图预算编审规程 [S].
[96] CECA/GC 9—2013，建设项目工程竣工决算编制规程 [S].
[97] CJ 343—2010，污水排入城镇下水道水质标准 [S].
[98] DZ/T 0290—2015，地下水水质标准 [S].
[99] GB 12348—2008，工业企业厂界环境噪声排放标准 [S].
[100] GB 12523—2011，建筑施工场界环境噪声排放标准 [S].
[101] GB 13271—2014，锅炉大气污染物排放标准 [S].
[102] GB 14554—93，恶臭污染物排放标准 [S].
[103] GB 15618—1995，土壤环境质量标准 [S].
[104] GB 15618—2008，土壤环境质量标准（修订）[S].
[105] GB 15618—2018，土壤环境质量——农用地土壤污染风险管控标准（试行）[S].
[106] GB 16297—1996，大气污染物综合排放标准 [S].
[107] GB 16889—2008，生活垃圾填埋场污染控制标准 [S].
[108] GB 18218—2014，危险化学品重大危险源辨识 [S].
[109] GB 18486—2016，污水海洋处置工程污染物控制标准 [S].

[110] GB 18597—2001，危险废物贮存污染控制标准（2013 年修订）[S].
[111] GB 18598—2001，危险废物填埋污染控制标准 [S].
[112] GB 18599—2001，一般工业固体废物贮存、处置场污染控制标准 [S].
[113] GB 18668—2002，海洋沉积物质量 [S].
[114] GB 20424—2006，重金属精矿产品中有害元素的限量规范 [S].
[115] GB 25467—2010，铜、镍、钴工业污染物排放标准 [S].
[116] GB 2762—2012，食品中污染物限量 [S].
[117] GB 3095—2012，环境空气质量标准 [S].
[118] GB 3096—2008，声环境质量标准 [S].
[119] GB 3097—1997，海水水质标准 [S].
[120] GB 36600—2018，土壤环境质量 建设用地土壤污染风险管控标准（试行）[S].
[121] GB 3838—2002，地表水环境质量标准 [S].
[122] GB 50013—2018，室外给水设计规范 [S].
[123] GB 50014—2006（2016 年版），室外排水设计规范 [S].
[124] GB 50015—2009，建筑给水排水设计规范 [S].
[125] GB 50016—2014（2018 年版），建筑设计防火规范 [S].
[126] GB 50050—2017，工业循环冷却水处理设计规范 [S].
[127] GB 50052—2009，供配电系统设计规范 [S].
[128] GB 50053—2013，20kV 及以下变电所设计规范 [S].
[129] GB 50060—2008，3~110kV 高压配电装置设计规范 [S].
[130] GB 50140—2005，建筑灭火器配置设计规范 [S].
[131] GB 50141—2008，给水排水构筑物工程施工及验收规范 [S].
[132] GB 50187—2012，工业企业总平面设计规范 [S].
[133] GB 50268—2008，给水排水管道工程施工及验收规范 [S].
[134] GB 50500—2013，建设工程工程量清单计价规范 [S].
[135] GB 50544—2009，有色金属企业总图运输设计规范 [S].
[136] GB 50603—2010，钢铁企业总图运输设计规范 [S].
[137] GB 5085.1—2007，危险废物鉴别标准 [S].
[138] GB 50919—2013，有色金属冶炼厂节能设计规范 [S].
[139] GB 50974—2014，消防给水及消火栓系统技术规范 [S].
[140] GB 5749—2006，生活饮用水卫生标准 [S].
[141] GB 7355—87，大气中铅及其无机化合物的卫生标准 [S].
[142] GB 8978—1996，污水综合排放标准 [S].
[143] GBZ 1—2010，工业企业设计卫生标准 [S].
[144] GBZ 2.1—2007，工作场所有害因素职业接触限值：化学有害元素 [S].
[145] GBZ 37—2002，职业性慢性铅中毒诊断标准 [S].
[146] GB/T 12145—2008，火力发电机组及蒸汽动力设备水汽质量标准 [S].
[147] GB/T 12145—2016，火力发电机组及蒸汽动力设备水汽质量标准 [S].
[148] GB/T 13201—91，制定地方大气污染物排放标准的技术方法 [S].
[149] GB/T 14848—1993，地下水质量标准 [S].
[150] GB/T 14848—2017，地下水质量标准 [S].
[151] GB/T 15316—2009，节能监测技术通则 [S].
[152] GB/T 15587—2008，工业企业能源管理导则 [S].

[153] GB/T 21010—2017，土地利用现状分类标准 [S].
[154] GB/T 23331—2012，能源管理体系要求 [S].
[155] GB/T 2589—2008，综合能耗计算通则 [S].
[156] GB/T 31962—2015，污水排入城镇下水道水质标准 [S].
[157] GB/T 50064—2014，交流电气装置的过电压保护和绝缘配合设计规范 [S].
[158] GB/T 50934—2013，石油化工工程防渗技术规范 [S].
[159] GB/T 6422—2009，用能设备能量测试导则 [S].
[160] HJ 130—2014，规划环境影响评价技术导则——总纲 [S].
[161] HJ 2.1—2016，环境影响评价技术导则——总纲 [S].
[162] HJ 2.2—2018，环境影响评价技术导则——大气环境 [S].
[163] HJ 2.3—2018，环境影响评价技术导则——地表水环境 [S].
[164] HJ 2.4—2009，环境影响评价技术导则——声环境 [S].
[165] HJ 19—2011，环境影响评价技术导则——生态影响 [S].
[166] HJ 25.1—2014，场地环境调查技术导则 [S].
[167] HJ 25.2—2014，场地环境监测技术导则 [S].
[168] HJ 558—2010，清洁生产标准铜冶炼业 [S].
[169] HJ 559—2010，清洁生产标准铜电解业 [S].
[170] HJ 610—2016，环境影响评价技术导则——地下水环境 [S].
[171] HJ 663—2013，环境空气质量评价技术规范（试行）[S].
[172] HJ 664—2013，环境空气质量监测点位布设技术规范 [S].
[173] HJ 964—2018，环境影响评价技术导则——土壤环境（试行）[S].
[174] HJ/T 164—2004，地下水环境监测技术规范 [S].
[175] HJ/T 166—2004，土壤环境监测技术规范 [S].
[176] HJ/T 169—2004，建设项目环境风险评价——技术导则 [S].
[177] HJ/T 169—2018，建设项目环境风险评价——技术导则 [S].
[178] HJ/T 338—2018，饮用水水源保护区划分技术规范 [S].
[179] HY/T 076—2005，陆源入海排污口及邻近海域监测技术规程 [S].